냉혹한 친절

Cold-Blooded Kindness
by Barbara Oakley

Title of original American edition : Cold Blooded Kindness
by Barbara Oakley ⓒ 2011 Prometheus Books, Inc.
All rights reserved. This translation published under license.
Korean translation copyright ⓒ 2012 by Yoldaerim Publishing Co.
This Korean edition published by arrangement with Prometheus Books, Inc.,
USA through Yu Ri Jang Literary Agency, Korea.

이 책의 한국어판 저작권은 유리장 에이전시를 통해
저작권자와 독점계약한 도서출판 열대림에 있습니다.
신저작권법에 의해 한국 내에서 보호를 받는 저작물이므로
무단 전재와 복제를 금합니다.

냉혹한 친절

친절의 가면 뒤에 숨은 위선과 뒤틀린 애정

바버라 오클리 지음 | 박은영 옮김

옮긴이 **박은영**

이화여자대학교 국어국문학과를 졸업하고 여성지 월간《스위트 홈》, 월간《디자인》등의 잡지 기자를 거쳐 현재는 전문 번역가로 활동 중이다.《불량의학》,《불량 음식》,《돈을 사랑한 예술가들》,《커피의 역사》,《국경 없는 의사회》,《모차르트, 천번의 입맞춤》,《식품주식회사》등 다수의 책을 우리말로 옮겼다.

냉혹한 친절
친절의 가면 뒤에 숨은 위선과 뒤틀린 애정

초판 1쇄 인쇄 2012년 12월 10일
초판 1쇄 발행 2012년 12월 15일

지은이 | 바버라 오클리
옮긴이 | 박은영
펴낸이 | 정차임
디자인 | 신성기획
펴낸곳 | 도서출판 열대림
출판등록 | 2003년 6월 4일 제313-2003-202호
주소 | 서울시 영등포구 양평동3가 66 삼호 1-2104
전화 | 332-1212
팩스 | 332-2111
이메일 | yoldaerim@naver.com

ISBN 978-89-90989-52-9 03180

* 잘못된 책은 바꿔드립니다.
* 값은 뒤표지에 있습니다.

추천의 글들

"인간의 선한 본성에 피해자의 모습으로 호소하는 이들과, 우리를 포함해 그들의 제물이 되는 사람들 사이의 불온한 관계를 밝혀주는 훌륭하고 지적이며 매혹적인 연구. 일반 독자를 사로잡기에도 부족함이 없으며 남을 돌보는 직업에 종사하는 이들은 반드시 읽어야 할 책이다. 이후로 이 같은 책을 또 만나기는 매우, 매우 어려울 것이다." — 이언 맥길크리스트, 정신과 의사, 《주인과 그의 밀사(The Master and His Emissary)》의 저자

"바버라 오클리는 진정한 범죄에 관한 최고의 야심작을 써냈다. 이 책은 잘 쓰여진 이야기의 수준을 훌쩍 뛰어넘어, 비극적 살인이라는 요리가 끓고 있는 정신병리학적 조리기구의 뚜껑을 여는 역할을 자임했다. 《냉혹한 친절》은 우리 모두에게 좀처럼 잊을 수 없는 경고를 해주고 있다. 뿐만 아니라 살인은, 아무리 미소 띤 얼굴을 하고 있을 때라도, 단지 아집의 고삐 풀린 방종에 불과하다는 기본적인 진실을 보여준다." — 로웰 코피엘, 《뉴욕타임스》 선정 베스트셀러 《비밀의 집(House of Secrets)》의 저자

"《냉혹한 친절》은 깊이 있는 분석과 강력한 서사가 융합된 걸출한 책이다. 우리가 일상적으로 인간 본성의 복잡함을 판단(그리고 오판)할 때 저지르게 되는 지나치게 단순화한 도덕적 이분법의 오류가 대단히 예리하게 폭로된다. 게다가 매혹적이기도 하다." — 엘코논 골드버그, NYU 의과대학 신경학 임상 교수, 《새롭게 실행하는 뇌(The New Executive Brain)》 및 《현명한 역설(The Wisdom Paradox)》의 저자

"바버라 오클리는 얼핏 평범해 보이는 가정폭력 사건에 예리한 시선을 던져 그 이면에 숨겨진 다층적 측면을 드러내 보여주었다. 예술적 재능을 지녔으며 겉보기에는 친절하고 남을 잘 돌봐주는 것 같은 한 여성이 남편을 죽이는 데까지 이르게 된 정신분석학적, 사회적, 문화적인 힘의 작용을 낱낱이 해부해 보여준다. 그녀는 학대당한 희생자일까, 아니면 피해자 플레이를 한 걸까? 《냉혹한 친절》을 읽고 알아보기 바란다." ─ 마크 블룸버그, 아이오와 대학교의 F. 웬델 밀러 심리학 교수, 《자연의 변덕(Freaks of Nature)》의 저자

"마침내 '친절'의 추악하고 잔인한 취약점을 폭로한 책이 나왔다. 오클리 박사는 에너지 또는 감정의 소모가 그 자체로서 나쁘거나 좋은 것이 아니라, 어떻게 전달되고 방향을 잡는지의 문제라는 것을 우리에게 일깨워준다. 선과 악은 놀랄 만큼 닮은꼴이며, 악인이냐 아니냐는 실제로는 매우 사소한 행동으로 결정된다. 《냉혹한 친절》은 연구 저널리즘으로서 대단히 훌륭한 글이며, 모든 것이 다 갖춰진 매혹적인 읽을거리이다. 트루먼 카포티를 떠올리게 하는 책, 손에서 내려놓고 싶지 않을 것이다!" ─ 마거릿 코크런 박사, 《당신이 두려워하는 것은?(What Are You Afraid Of?)》의 저자

"이 용감하고 중요한 책은 최선의 의도를 지닌 가설조차도 오래 검증되지 않으면 편견으로 전락하고 만다는 사실을 일깨워준다. 진실과 정의는 늘 엄정하고 정직한 관심의 대상이 되어야 한다. 우리는, 편리한 거짓보다는 진실과 정의가 최후의 보루가 되어줄 것을 믿어야 한다. 생생함과 서스펜

스, 낯섦과 통찰을 갖춘 이 불온한 책을 꼭 읽어보기 바란다." ― 제니퍼 마이클 헤흐트, 《기쁨과 의혹의 신화 ― 역사(The Happiness Myth and Doubt ― A History)》의 저자

죄의식, 순수함, 희생자, 가해자의 의식이 거의 절망적으로 뒤얽힌 매혹적이며 불온한 탐사. 오클리 박사는 친절하고 이타적인 행동 이면에 자리한 동기를 대단히 냉철하게 밀착 탐구해 냈다는 찬사를 받고 있다. 그녀는 모든 일이 늘 눈에 보이는 대로가 아니라는 것, '친절함에 따른 살인'이란 대중의 상식과 편견에 기반한 것일 뿐이라는 이야기를 들려준다. ― 조이스 캐롤 오츠, 프린스턴 대학교 예술대학 교수, 소설 《그들(Them)》로 1969년 전미 도서상 수상

"굉장한 책이다. 전통적인 이야기 기술에 과학을 접목시켰고, 선과 악을 감상적이거나 냉소적으로 보지 않는 견고한 관점을 유지하고 있다." ― 스티븐 핑커, 하버드 대학교 심리학과 교수, 《마음은 어떻게 작동하는가(How the Mind Works)》와 《검은 슬레이트(Black Slate)》의 저자

"걸작이다. 우리 문화는 친절과 이타심에서 나오는 행동은 모두 좋은 행동이라고 잘못 가르침으로써 친절 역시 누군가에 의해 조정되고, 남을 조종하며, 해를 끼칠 수 있음을 아는 많은 희생자들을 간과해 왔다. 이 책은 그들을 위한 구원이다." ― 헬렌 스미스 박사, 법정 정신의학자, 《무서워하는 마음(The Scarred Heart)》의 저자

"대단한 역작이다. 바버라 오클리는 수준 높은 신경과학자의 통찰력을 타고난 소설가로서의 작가적 재능과 연결시킨다. 《냉혹한 친절》은 충격적인 범죄로 시작하지만 점차로 모습을 드러내는 건 거대한 스케일의 '이중성의 깊은 미궁'이다. 그 속으로 이끌려가며, 읽는 동안 오싹함에 몸을 떨다가 소리 내어 웃는 일을 반복했다. 이 책은 살인 미스터리이며, 사회병리학적 연구이기도 하고, 동시에 한 예술가의 전기, 법정 드라마, 과학 수사 이야기이기도 하다. 인간적 예의, 법체계의 무결성, 가장 기이하고 어두운 인간 행동을 조명하는 과학의 힘 등이 위태롭게 느껴진다. 《냉혹한 친절》은 엄청난 성취다." — 조세프 캐럴, 세인트루이스 소재 미주리 대학 영문과 교수. 《진화와 문학이론(Evolution and Literary Theory)》의 저자

"단번에 읽느라 밤을 새웠다. 오클리 박사의 매혹적인 서사, 서정적인 산문, 블랙 유머, 사고의 명확성, 세밀한 주의력은《냉혹한 친절》을, 신경학자적 통찰에 의해 담보되는 독자성을 차지하면, 마지 카포티의 《냉혈한(In Cold Blood)》과 《사형집행인의 노래(Mailer's Executioner's Song)》에 비견하게 한다. — 로버트 버튼, 의학 박사, 신경학자.《확실성에 대하여(On Being Certain)》의 저자

차례

추천의 글들 _5
방법론 노트 _11
인물들 _12
서문 _15

1장　한밤의 살인사건 _21
2장　정신과 의사의 불온한 폭로 _27
3장　위태로운 낙원 _37
4장　거친 사랑 _43
5장　매 맞는 여자 증후군 _49
6장　돌봄 강박증 _61
7장　타인의 고통에 대해 _75
8장　캐럴의 성장 배경 _93
9장　예심이 시작되다 _101
10장　마티의 성장 배경 _119
11장　숨은 셜록 홈즈 _135
12장　변호인의 반대심문 _149
13장　회상 _161
14장　피해자의 존엄 _167

15장 목가적 환경 _181
16장 정신과 의사의 비판적 사고 _193
17장 예술과 연애, 그리고 수상쩍은 죽음 _205
18장 같은 유전자, 다른 인성 _229
19장 동료들의 증언 _237
20장 친구의 말 _255
21장 나는 옳고 당신은 틀렸어 _261
22장 지지자들 _277
23장 검찰의 작전실 _283
24장 캐럴의 회고록 _299
25장 언론 플레이 _317
26장 예심, 그리고 대단원 _325
27장 마티의 좋은 면 _337
28장 우리가 아는 정신질환들 _351
29장 거래 _373
30장 종결 _385

감사의 말 _415
옮긴이의 말 _420
미주 _424
사진과 그림 저작권 _455
찾아보기 _457

방법론 노트

이 책은 경찰 기록과 법정 증언, 인터뷰를 바탕으로 씌어졌다. 대화는 관련자들의 기억 중 가장 믿을 만한 것들과 구할 수 있는 최선의 자료를 재구성한 것이며, 증언이나 문서, 그 외 신빙성 있는 자료와 상충될 여지가 있으면 거듭 검토했다. '사실'이라고 기술한 내용은 신뢰할 만한 자료에서 뽑은 것들로, 또 다른 신뢰할 만한 자료와 맞지 않으면 매번 재검토했다. '오류'를 없애기 위해 최선을 다했지만 기억이 지닌 오류의 가능성과 나 자신의 이해 부족 등, 사람이 하는 일에 필연적으로 따르는 오류가 전혀 없지는 않을 것이다. 어느 경우든 사실의 오류나 해석의 오류 모두 온전히 나 자신의 것으로 남겨둘 것임을 강조하고 싶다.

이 책에 자세히 소개된 사건에 대한 캐럴 앨든 당사자의 생각은 그녀가 2008년 11월부터 2009년 5월까지 수개월에 걸쳐 내게 보낸 100여 쪽에 달하는 편지에서 뽑아낸 것이다. 캐럴의 글은 저작권법 때문에 다른 표현으로 바뀌었지만, 원 문장의 의미와 문맥을 그대로 옮기기 위해 대단히 세심하게 신경썼. 편의상 캐럴 앨든의 다양한 이름 중 그녀의 결혼 전 이름을 썼음을 밝혀둔다. 나는 건강 전문가가 아니므로 의료적 진찰이 동원되는 관찰은 어떤 식으로도 하지 않았다.

인물들

캐럴 앨든 유타 주의 예술가로, 기발한 작품과 직물 조각품들이 여러 갤러리와 유타 아트 페스티벌에서 주목받았다. 첫 두 남편에게서 남자아이 둘과 여자아이 셋을 얻었으며, 46세이던 2006년 7월 29일 아침, 세 번째 남편인 마티 세션스를 총으로 쏘아 죽였다고 경찰에 전화했다.

리처드 센프트 캐럴 앨든의 첫 번째 남편.

브라이언 폴슨 캐럴 앨든의 두 번째 남편.

앤디 브리스토 두 번째와 세 번째 남편 사이에 사귀었던, 캐럴 앨든을 약물 중독으로 이끈 그녀의 남자친구. 모호한 상황에서 '복합 약물 중독'으로 사망했다.

마티 세션스 캐럴 앨든의 세 번째 남편. 캐럴 앨든에 의해 2006년 7월 28일 늦은 저녁에서 7월 29일 이른 아침 사이의 어느 시간에 살해당했으며, 사망 당시 마흔아홉 살이었다.

앨런 레이크 캐럴 앨든의 친구. 7월 29일 아침, 캐럴이 마티 세션스를 살해하는 것을 보고 레이크도 경찰을 불렀다.

페니 패커 캐럴의 중학교 때 미술 교사이며 시시콜콜한 이야기를 나누는 오래된 지인.

커너 러섹 캐럴 앨든이 첫 남편 리처드 센프트와의 사이에서 낳은 맏아들. 사건 당시 스물다섯 살이었다.

멜러니 보즈먼 캐럴 앨든이 첫 남편 리처드 센프트와의 사이에서 낳은 첫 딸. 살인사건 당시 스물세 살이었다.

크리스털 러섹 캐럴 앨든이 첫 남편 리처드 센프트와의 사이에서 낳은 둘째 딸. 사건 당시 스무 살이었다.

에밀리 폴슨 캐럴 앨든의 셋째 딸. 양부인 마티가 살해당할 때 열 살이었다.

제이슨 폴슨 캐럴 앨든의 둘째 아들로, 사건 당시 열네 살이었다.

애너 세션스 마티 세션스가 캐럴 앨든과 만나기 전에 있던 딸. 아버지가 죽었을 때 스물아홉 살이었다.

에디 세션스 마티 세션스가 캐럴 앨든과 만나기 전에 있던 작은 딸. 아버지 사망 당시 스물일곱 살이었다.

드니스 데니 세션스 마티 세션스보다 두 살 어린 남동생.

모리스 버튼 부보안관인 토니 페더슨과 함께 살해 현장에 가장 먼저 도착한 사람 중 한 명인 밀라드 카운티 보안관 사무소의 경사.

토니 페더슨 유타 주 밀라드 카운티의 부보안관. 살해 현장에 가장 먼저 도착한 사람 중 하나.

패트릭 핀린슨 새로 부임한 유타 주 밀라드 카운티의 부검사. 마이클 웜스와 패트릭 놀런을 보조하여 캐럴 앨든을 기소했다.

리처드 제이콥스 밀라드 카운티 보안관 사무소의 스타 수사관. 마티 세션스 살인사건 수사의 핵심 역할을 맡았다.

패트릭 놀런 유타 주 정부의 부검사. 주 정부 대 캐럴 앨든 사건에서 기소 측의 핵심 역할을 한 인물이다.

마이클 웜스 유타 주 지방법원 범죄국 특검팀의 수장. 캐럴 앨든 사건에서 대표 검사를 맡았다. 또한 저서인 《천국의 기치 아래(Under the Banner of

Heaven)》에서 존 크라카우어가 묘사한 극단주의자 살인범 론 래퍼티를 기소하는 일에도 참여했다.

제임스 슬레이븐스 캐럴 앨든의 변호사. 애매하게도 그는 이전에 마티 세션스의 변호사였다.

마이클 맥그러스 뉴욕 주 로체스터에서 온 법정 정신의학자. '매 맞는 여자 증후군' 전문가이다.

르노어 워커 1970년대 말에 신체 학대를 당하는 여자들이 왜 가해자에게서 떠나지 않는지를 설명하기 위해 '매 맞는 여자 증후군'이라는 말을 만든 학자이다.

캐럴린 잔 왁슬러 국립 정신건강연구소의 뛰어난 연구자. 공감과 돌봄 행동의 근원과 발전에 관한 연구를 주로 해왔다.

* 가명은 이탤릭체로 표기하였다.

서문

데이비드 슬론 윌슨

 윌리엄 셰익스피어의 《맥베스》에서 트루먼 카포티의 《냉혈한(In Cold Blood)》까지, 타인의 생명을 앗는 일은 대개 '인간의 조건', 즉 상황에 굴복하고 마는 인간적 비극을 나름의 방식으로 굴절시키는 렌즈 같은 것이라고 생각되어 왔다. 이 책 《냉혹한 친절(Cold-Blooded Kindness)》에서 바버라 오클리가 그 굴절 또는 왜곡의 전통을 잇는다. 오클리는 놀라운 스토리텔링 능력에 더하여 과학이 제공해 주는 최선의 것을 끌어들이되, 천부적 재능을 지닌 작가들이 그러듯, 과학의 형식적인 도구 없이도 인간의 본성을 포착해 작품의 주제로 삼았다.

 예술가이며 동물애호가이자 다섯 아이의 어머니인 캐럴 앨든이 경찰에 전화해 자기가 정당방위로 남편을 죽였다고 말했다. 얼핏 흔히 볼 수 있는 배우자 학대 사례로 여길 법한 일이다. 그런데 오클리는 이 사건을 가지고 '친절'이 어떤 식으로 어두운 측면을 지닐 수 있는지 보여주는 사례 보고서를 쓰고자 했다. 내가 관심을 갖게 된 것이 이 부분이다. 나는 진화학자로서 친절이란 것이 환경에 따라 성공하거나 실패할 수 있는 전략이라고 생각한다. 친절한 사람들이 친절을 아끼지 않을 때 삶은 활짝 피어난다. 그러나 친절한 사람들은 그다지 친절하지 않은 사람들에게 쉽게 이용당한다. 반대로

이기심과 착취는 어떤 형태로든 단기간은 당사자에게 이득을 가져다준다. 다른 사람들에게는 피해를 주든 어쩌든, 심지어 그 피해가 모든 사람에게 미치고 장기간 지속되든 말든 말이다. 사실 진화론의 관점에서 보면 공존하기 위한 사회적 전략이 제각기 비용과 편익에 따라 서로 다른 것은 당연하며, 이러한 면에서 다양한 종이 어울린 생태계의 한 구성원으로서의 인간도 예외가 아니다. 이것이 내가 인간의 조건에 대해 반영하는 렌즈이며, 그런 점에서 내게 오클리는 훌륭한 동지이다.

캐럴 앨든이 공존의 전략상 지나치게 친절하며 다른 사람을 돕고자 하는 마음이 너무 강해서 쉽사리 사회적 포식자의 먹이가 될 여자였던 것이 아닐까? 이것이 바버라 오클리 박사가 언론 보도용 보고서에 근거하여 설정한 첫 번째 가정이었다. 그러나 오클리는 사건에 더 깊이 파고들수록 더욱 복잡하고 어둡고 흥미로운 것들을 발견했다. 다양한 측면에서 앨든은 희생자에서 예술행위자로 바뀌기 시작했다. 포식자는 바로 앨든이었고, 그녀가 죽인 남자는 그녀에게 희생된 유일한 제물이 아니었다.

이 독특하고 흥미로운 이야기를 들려주는 오클리는, 우리 모두가 관련된 더 넓은 주제로 독자를 안내할 완벽한 조건을 갖춘 사람이다. 그녀는 이 책을 집필할 당시에 옥스퍼드 대학 출판부에서 펴낸 《병리적 이타주의(Pathological Altruism)》의 편집본 구성작업을 동시에 진행하고 있었는데, 덕분에 캐럴 앨든 사건에 관해 자문을 구하고 싶은 거의 모든 전문가들과 함께 작업할 수 있었다. 《병리적 이타주의》가 수십 년 동안 과학적 연구에 공헌해 온 최고의 성과물로 인정받아 온 점을 감안하면, 결국 《냉혹한 친절》 역시 단독 살인을 분석하는 다른 어떤 책보다 학문적 권위의 뒷받침을 받은 성과물임을 입증하는 셈이다.

기본적으로 캐럴 앨든 사건이 극적 상황과 맞물려 있어 얼핏 법정 과학 영역에 국한되어 다루어졌을 것이라고 생각하기 쉽지만, 사람들이 유대관계 때문에 때로 파국으로 치닫거나 심지어 죽음으로 끝맺는 악순환에도 불구하고 왜 상대와의 관계를 진전시키는가 하는 부분을 파고듦으로써 통상적인 법정 과학의 영역을 넘어 더 확대된 심리학을 아우르고 있다는 이야기다. 사실 서로가 서로를 파괴하는 상호관계에서 누가 피해자이고 누가 가해자인지의 구분은 불명확하다. 쌍방이 공히 상황을 만들고 유지하는 일에 한 몫을 담당하기 때문이다. 달아나려고 안간힘을 쓰는 먹이를 포식자가 단숨에 움켜쥐는 식처럼 단순하지 않다는 말이다.

《냉혹한 친절》이 과학에서 많은 정보를 끌어오기는 했지만, 오클리야말로 과학이 존재와 현상에 대한 온갖 해답을 제공해 왔다는 사실을 증언해 줄 최후의 일인이다. 사실, 이 책의 페이지 속에는 두 번째 살해가 숨어 기다리고 있다. 한 가설에 대한 무분별하고 열정적인 옹호로 말미암은 '객관적 진실'의 살해가 그것이다. 혹자는 배우자 학대 같은 중요한 이슈야말로 과학의 힘으로 주목을 끌어야 하는 가장 의미 있는 문제라고 생각할 수도 있다. 그러나 이런 이슈에 대한 인식을 끌어올리려 나선 개혁론자들은 피해자와 가해자에 대해 회색 그늘을 용납하지 않는, 흑백논리적인 관점을 유지해 온 것이 사실이다. 그 결과 상호 파괴적인 유대관계에 대한 신뢰할 만한 과학 연구는 아직 밝혀야 할 많은 부분이 시작 단계에 머물고 있다. 오클리의 객관적인 과학 탐구 정신은 오도된 개혁 운동가들의 견해를 걸러내고 온전한 의미를 더 선명하게 부각시키는 역할을 한다.

마지막으로, 살인에 대해 객관성을 앞세운 과학적 진단을 내리는 일이 인간에 대한 측은지심을 배제한 것처럼 여겨질 수 있으나 진실의 힘은 생각보다 강하다. 《냉혹한 친절》에 나오는 모든 인물은 음으로 양으로 사건과 관련되어 있고 탐구 과정에서 오클리가 제시하는 엄정한 과학적 잣대 때문에 힘들어하기도 했지만, 어떤 경우에도 한결같이 사랑해 주는 가족이나 친구들과 더불어 지금도 최선을 다해 자신의 삶을 살아나간다. 심지어 사건과 가장 긴밀하게 연관된 인물들 중 몇 명은, 이전에는 생각하지 못했던 방식으로 사건을 마무리할 수 있게 도와주었다며 오클리에게 감사를 표하기도 했다. 남의 목숨을 해치는 일이 지금까지는 인간의 조건을 반영하는 것으로 여겨져 왔을지 몰라도, 《냉혹한 친절》에서 오클리가 들이대는 시선은 더할 나위 없이 날카롭다.

데이비드 슬론 윌슨
뉴욕 주립대학교 생물학과 인류학 교수. 《진화론의 유혹(Evolution for Everyone)》, 《종교는 진화한다(Darwin's Cathedral)》의 저자

악행이 얼마나 해롭든,
선의의 이름을 단 악행이야말로 가장 유해하다.

— 니체

1
한밤의 살인사건

> 우리가 왜 여기 있는지는 모르지만, 재미있게 놀기 위해서가
> 아니라는 것은 꽤 확실하다.[1]
> —루트비히 비트겐슈타인(비트겐슈타인은 또한 이렇게 썼다. "좋은 안내원은 사람들을
> 불리한 길보다는 더 중요한 길로 안내하는 경우가 훨씬 많지만, 나쁜 안내원은 그 반대로
> 행동한다. 철학자로서 나는 나쁜 안내원에 속한다.")[2]

캐럴 엘리자베스 앨든은 그레이트베이슨 분지의 서늘한 어느 저녁, 두려움에 떨며 그늘에 서 있었다. 땀에 젖은 그녀는 표적물이었다. 저녁 내내 그녀는 한 발자국을 내디딜 때마다 눈에 띄지 않게 조심하면서 이 방 저 방을 미끄러지듯 옮겨 다녔다.

새장 속의 쥐는 죽은 지 며칠이 지나 수분이 말라가고 있었고, 도마뱀은 별도의 우리에서 바싹 긴장한 채로 그래도 살아 있었다. 뱀은 먹잇감이 될 만한 제3의 생물을 포착하기 위해 피트기관(뱀의 입 근처에 있는 작은 열 감지 기관 - 옮긴이)을 조율한 채 움직임 없이 기다렸다.

그러나 쥐, 도마뱀, 뱀은 캐럴의 걱정거리로서는 최하위에 있었

다. 실은 그녀 자신도 150센티미터 남짓의 작은 생물에 지나지 않았다. 몸집이 크고 억센 남편은 30센티미터나 더 컸고, 마음만 먹으면 순식간에 그녀의 목을 비틀어 바닥에 내팽개칠 수 있는 상대였다. 그렇게 되면 어떤 일이 일어날지는 하늘만이 알 것이었다.

그녀는 마티가 그들의 집인, 2대를 연결한 트레일러의 좁은 복도를 지나 자신에게 다가오는 소리를 들을 수 있었다. 적어도 진짜 집이 지어질 때까지 트레일러 주택에서는 그게 가능했다. 마티는 자기가 제일 좋아하는 세 가지, 즉 알코올, 마리화나, 메타돈(모르핀보다 강한 마취제 - 옮긴이)에 취해 있었다. 그들 부부는 늘 그렇게 최악의 상황으로 치달았다. 캐럴은 최악으로부터 자식들을 지키려고 무진 애를 썼다. '함께 살고 있는 아이들'을 주말 동안 멀리 보낸 것도 그 때문이었다.

캐럴에게는 아이들이 전부였다.

그녀는 그늘진 곳에서 잔뜩 긴장한 채 숨을 죽이고 있었다.

캐럴은 총을 잘 다루는 편이었다. 실제로 코요테를 쫓느라 총을 쓴 적도 있었다. 그렇기는 해도 그녀의 손은 누군가 조종하기라도 하듯 반동으로 들썩거렸다. 폭발이 너무 빨리 일어나서 손을 제어할 수가 없었다. 전화벨이 울렸다.

마루에 대자로 드러누운 마티를 보자 더럭 겁이 났다. 술과 약에 절어 몸이 축 늘어져 있었다. 늘 그랬듯이.

그녀는 그 모습을 내려다보았다. 일 분쯤 지났을까? 어쩌면 한 시간이 흘렀을지도 모른다.

셔츠가 펄럭거렸다. 숨을 쉬는 것일까? 아니면 에어컨 바람인가?

아니면 그가 정말 죽은 게 아닐까?

그녀는 확인을 해야 했다. 그런 것 같다는 느낌으로는 안심이 되지 않았다.

베개가 필요했다.

몇 분 뒤, 그녀의 손에는 베개가 들려 있었다.

그녀는 마티 앞에 쭈그려 앉아 그의 머리에 베개를 세워 받쳤다. 그의 머리는 눈을 내리뜨는 모양새로 가슴 쪽을 향해 있었다. 여전히 쭈그린 채로 그녀는 스미스앤웨슨 38구경의 총구를 베개에 겨누고 방아쇠를 당겼다. 총알이 바닥과 평행을 이루며 베개를 관통했다. 그리고는 마티의 정수리 해골을 뚫고 그 아래의 연조직 속으로 파고들었다. 백분의 일초도 안 되는 사이에 마티의 말하는 능력은 깨끗이 제거되었다. 그런 능력이 남아 있었다면 말이다. 이어 논리와 수적 감각 등이 사라졌고, 그의 정신을 구성하던 모든 것이 깨끗이 없어졌다. 총알은 끝내 마티의 입천장을 뚫고 왼쪽 턱 아래 부분까지 날려버렸다.

화약에서 묘하게도 소변 냄새가 났다. 그러나 그렇게만 말하기 어려운 것이, 그 집 자체가 죽음의 냄새를 풍겼다.

캐럴은 마티를 쳐다보고 싶지 않아 담요로 그의 몸을 덮었다. 피곤이 몰려왔다. 기절할 정도로 지쳐 있었다.

그러다 그녀는 화들짝 놀라며 정신을 차렸다. 소파에서 미끄러진 것이었다. 퍼뜩, 마티를 집 밖으로 끌어내야 한다는 생각이 들었다. 그것도 얼른. 캐럴은 몸집이 작았지만 힘이 셌다. 툭하면 술과 약에 절어 정신을 놓은 마티를 끌어다 옮기는 일은 이미 익숙해 있었다.

마티 세션스의 사이드테이블. 다양한 약병들이 놓여 있다.

실은 이른 저녁에 이미 한 차례, 구경하던 사람들 몇의 도움을 받아 길 한가운데 드러누운 마티를 지프에 밀어넣어 집으로 운반해 왔었다. 그러나 그녀는 살아 있는 몸을 잡아끄는 일이 사후경직에 들어간 시체를 운반하는 일과 얼마나 다른지를 전혀 모르고 있었다. 200파운드가 넘는 거구의 마티는 그 무게 그대로 완전히 뻣뻣해진 시체로 변해 있었다. 캐럴이 아무리 끌고, 당기고, 씨름을 해도 옴짝달싹도 하지 않았다.

가만. 생각을 해.

생각을 하라고.

밧줄. 그래 그거.

새로 산 가축용 올가미가 질겨서 안성맞춤일 것이었다. 그녀는 담요를 들추고, 올가미를 마티의 양 발에 걸었다. 밀었다 당겼다를 번갈아 하면서 가까스로 올가미를 조금씩 몸의 위쪽으로 끌어올려, 마침내 겨드랑이 바로 아래에 걸칠 수 있었다.

그녀는 밖으로 나가 지프―시누이, 아주버니들이 그녀의 생활고를 돕기 위해 사준―에 올라탔다. 핸들을 반대로 돌려가며 먼지투성이의 뒤창문을 통해 거리를 가늠하면서 집 쪽으로 후진했다.

지프를 뒷문에 최대한 바싹 갖다 댄 다음, 뛰어내려 문밖으로 빼놓은 밧줄을 차의 견인줄 고리에 걸었다. 다시 지프에 오르기까지는 몇 분 걸리지 않았다.

다 닳은 타이어가 시체의 무게를 이기지 못하고 헛바퀴를 돌면서 자갈 위에서 끼익끼익 소음을 냈다.

마티는 움직이지 않았다.

제길.

이제 어떻게 하지?

다시 해보자.

안 움직여. 제기랄!

속도를 높여!

타이어가 자갈에 박힌 채 요란하게 제자리 회전을 하다가, 접지면의 마지막 조각이 마침내 마찰력을 얻어 지프를 앞으로 떠밀었다.

집 안에서는, 밧줄이 문틀에 걸려 팽팽하게 당겨진 채 츠츠츠츠 소리를 내고 있었다. 마티의 시신은 거실 벽에 나란히 쟁여진 동물 우리들과 대조적으로 한쪽으로 기울어져 마치 잠깐 부활하는 것처럼 갑작스런 움직임을 보였다. 뱀들이 움찔하며 쉿쉿거렸다. 마티의 시신은 현관 쪽으로 도로 튕겼다가 다시 뒷문 쪽으로 기울어지면서 핏자국을 남겼고 그 바람에 책꽂이 하나가 밖으로 튀어나왔다.

시신은 결국, 2대 연결 이동주택의 돌출된 알루미늄 프레임에 걸려 문턱에서 잠깐 정지했다가 텅 하는 둔탁한 소리와 함께 마침내 마당으로 떨어졌다. 뒷문 지지대도 같이 떨어졌다.

그렇게 마티는 밖으로 꺼내졌다.

그녀는 지프에서 뛰어내려 시신을 내려다보았다.

그 다음도 쉽지는 않을 것이었다.

2
정신과 의사의 불온한 폭로

> 동반의존적 행동이나 습관은 스스로를 파괴하게 만든다.
> 우리는 자멸하는 사람에게 쉽게 반응함으로써
> 우리 자신을 파괴하는 학습을 한다.
> ―멜로디 비티, 《동반의존은 이제 그만》[1]

정신과 의사인 마이클 맥그러스는 이런 철학을 지니고 있었다. "아무리 힘든 나날이라도 집에 갔을 때 아내와 아이들, 애완동물이 별 탈 없이 지내고 있으면 그날은 그리 나쁘지 않다."[2]

그런데 어느 날 맥그러스는 하이킹을 하러 갔다가, 바위 사이에 팔이 끼어 어찌할 도리 없이 팔을 잘라내야 했던 사람의 이야기를 들었다. 그때부터 맥그러스의 철학은 바뀌었다. "아무리 힘든 나날이라도 집에 갔을 때 신체의 모든 부분이 온전하면 나쁘지 않다."

그럼에도 불구하고 맥그러스 자신의 일상은 나쁜 날의 연속이었다.

그는 법정 자문 정신과 의사이고, 뉴욕 주 서부에서 정신의학과 임상 부교수, 의학 실장, 행동건강과 과장으로 일하고 있으며, 약물 의존 프로그램의 의학 책임자이기도 하고, 성범죄자 프로그램을 담당하기도 했다. 또 지난 20년 동안 먼로 카운티 소시오 리걸 센터의 자문으로서 그곳 입소자들에게 정신의학 상담을 제공했고, 먼로 카운티 법원에 정신건강 문제와 관련된 법정 평가 및 피의자가 재판을 받을 수 있는 상황인지를 판단해 주는 일을 해왔다.

맥그러스는 동반의존에 대해 깊고, 개인적이며, 일생에 걸쳐 관심을 기울인, 이 분야의 전문가이다.

동반의존

동반의존이란, 누군가에게 고도로 기능장애적 행동을 하게 만드는 사람에게 붙이는 용어다. 우리 모두가 '이런 사람'에 대해 알고 있거나 들어본 적이 있다. 남편이 약물 중독에 폭력을 휘두르지만 어쩔 수 없이 참고 사는 부지런한 아내, 차고에 보드카를 숨기는 아내를 둔 헌신적인 성직자, 병적으로 비만한 아들에게 짐마차 한 대분의 먹을거리를 대주는 투잡 엄마 등. 자신들 역시 중독적 행동을 보이는, 알코올 중독자들의 가족 모임인 알라논 사이에서는 유명한 농담이 있다. "알라논이 죽을 때 무슨 일이 생기게?" "누군가 다른 사람의 인생이 그 사람의 눈앞에서 번쩍 스쳐 지나가지."

동반의존이 재미있는 것은, 동정심이란 것이 바위 틈에 끼인 듯한 진퇴양난의 상황 속에 존재하기 때문이다. 남을 기쁘게 하는 행위가 오히려 일을 더 나쁘게 만드는, 직관에 반하는 그런 상황이란 것이다. 별 상관없는 사람이 보면 "그런 식으로 돕는 것 좀 그만해, 벌써 해결됐다고!"라고 할 법한, 일종의 정서적 비만이나 마찬가지다. 그러나 동반의존의 입장에서는 그처럼 단순하지가 않다. 예를 들어 약물 중독에다 때리기까지 하는 남자와 결혼한 여자가 있다고 하자. 이런 경우 그녀가 진지하게 떠날 생각을 하는 순간 말 그대로 목구멍에 진짜 칼이 들어와 박히는 걸 깨닫게 되는 일이 비일비재하다. 만일 아이가 있기라도 하면 상황의 복잡성은 완전히 새로운 국면으로 접어들며, 더구나 그 남편이 집안의 생계를 책임지는 유일한 존재라면 더욱 그렇다. 거기다 이 여자의 기질적 측면 또한 이 난해한 퍼즐에 비틀림을 끼얹는다. 타인의 '고통'에 유난히 민감한 사람들이 있는데, 이들에게는 '아니'라고 말하는 일이 너무 힘든 과제다.

일반적으로 동반의존의 개념은 정형화되어 있지 않다. 아무도 죄가 없고, 모두가 죄가 있다는 식으로 복잡하게 혼재된 개념이다. 관련된 현상을 연구하면서 맥그러스는 이런 글을 썼다. "동반의존적 관계에서는 등장인물들이 동등하지 않다. 상대가 기능장애적 행동을 지속하도록 돕는 인물을 가리켜 조력자(enabler, 본인은 남을 도와주고 있다고 생각하지만 실제로는 망치고 있는 사람 - 옮긴이)라고 하는데, 여기서 조력이라는 표현은 상대를 도와서 변화를 이끌어낸다는 단순한 의미가 아니다."[3] 동반의존 관계에서는 순진함이 첫 희생물이 된다.

동반의존적 행동의 관찰에 대해 모종의 틀을 마련한 최초의 사람들은 임상심리학의 최전방 연구자들이었다. 이들의 초창기 연구 중에 1989년에 나온 책《동반의존 똑바로 보기(Facing Co-dependence)》[4]가 있다. 피아 멜로디가 그녀 자신과 다른 사람들의 증상을 치료한 경험을 바탕으로 쓴 책인데, 여기에 동반의존의 다섯 가지 핵심 증상이 제시되어 있다. 동반의존적인 사람들이 하기 힘들어하는 것들은 이런 것이다.

- 알맞은 수준의 자존감 경험
- 목적에 합당한 만큼의 상황 설정
- 독자적인 자기 존재감 부여
- 자신의 필요와 욕구를 인정하고 직시하기
- 적당한 옷차림, 즉 극단을 피한 패션으로 실재를 경험하고 표현하기

《동반의존 똑바로 보기》는 자립 안내서 종류로는 처음 나온 책인데, 지금까지도 많은 사람들에게 도움이 될 내용을 담고 있다. 아마존닷컴의 어느 서평자는 이렇게 썼다. "이 책은 나 자신을 매우 정확히 표현해 주고 있다. 이전에는 한 번도 다른 사람들이 그런 식으로 나를 이해할 수 있을 것이라고 생각해 보지 않았던 새로운 방식이었다. 살아오면서 나는 오로지 타인을 기쁘게 했다는 사실을 확인하는 식으로 나 자신의 만족을 찾아왔다."[5]

그러나《동반의존 똑바로 보기》는 시작에 지나지 않았다. 또 한 명의 저자인 멜로디 비티는 수백만 독자가 읽은 베스트셀러《동반의존은 이제 그만(Codependent No More)》을 쓰기 위해 버림받음(유기), 납치, 성적 학대, 약물과 알코올 중독 등을 포함한 저자 자신의

개인적인 경험들을 털어놓았다. 비티에 따르면 동반의존 행동은 지극히 정상적인 행동의 극단적 버전으로 이루어져 있으며, 따라서 우리의 인성을 구성하는 요소들을 정상으로 되돌리는 일이 '가능'하다는 것이다. 비티는 그 증거로 그녀 자신의 삶을 제시했다.

그러나 동반의존에 대한 관심 증가와 함께 이에 대해 곱지 않은 시선을 보내는 목소리도 덩달아 커졌다. 제시된 사례들의 경계가 모호해서 지나친 확대 해석의 우

> **멜로디 비티가 제시한 동반의존 인성의 특징**
>
> - 돌보기 성향
> - 낮은 자존감
> - 감정 억제
> - 사물에 대한 집착
> - 제어 욕구의 표출
> - 부정하기
> - 의존성
> - 의사소통의 결여
> - 개인적 경계의 빈약함
> - 자신과 타인에 대한 신뢰 부족
> - 분노
> - 성적인 문제

려가 있고, 그런 식으로 하면 거의 모든 사람이 동반의존적인 사람이거나 사람이었던 것으로 오인될 우려가 있다는 것이다.[6] 로버트 서비의 책 《무심결에 놓치다(Lost in the Shuffle)》가 그런 예인데, 동반의존의 특징인 '무(無)' 증상을 가지고 어떻게 누군가를 동반의존적 인간으로 규정할 수 있겠느냐는 것이다.[7]

과학을 배제한 눈 가리기

진짜 문제는 우리가 심리학과 정신의학의 위상을 새롭고 더 견고하게 정립하는 신경과학 혁명의 한가운데에 놓여 있다는 것이다.

그러나 연구자들과 임상의들은 일반인들이 동반의존을 이해하도록 돕는 일에 이런 과학 도구들을 응용하지 않는다. 사실, 일화 수준의 이야기들만으로도 강력한 출발을 할 수야 있겠지만 과학 연구의 발견들이 가세해야 훨씬 더 많은 성과를 낼 수 있음은 당연하다. 예를 들어 커다란 진보를 이루어낸 자폐증 이해의 경우에도 '냉담한 육아'에 대해 설명해 주는 적절한 이야기들만으로는 불가능했으며, 견고한 과학적 정밀 조사 등 한때 정신분석학의 영역이었던 지점에서 동시에 출발했기 때문에 가능했다는 것을 누가 의심할 수 있겠는가?

그러나 동반의존은 다루기가 매우 까다롭다는 것이 일반적인 의견이다. 학자들이 관심을 가지고 연구해 나가기에는 너무 '여성 지향적'이라고도 한다. 서점에 나와 있는 안내서에도 권위 있는 설명은 거의 실려 있지 않다. 한 예로,《캐플런과 섀덕의 정신의학 개론(Kaplan & Sadock's Comprehensive Textbook of Psychiatry)》(이 책에서는 enabling, denial 등 동반의존과 관련된 용어가 실제의 증후군을 보증하거나 공인된 것이 아니라고 적시하면서 사용을 피하고 있다)에도 동반의존에 대해서는 딱 네 단락만 할애하고 있다.[8]《미국 정신의학회 정신의학 교과(The American Psychiatric Publishing Textbook of Psychiatry)》와《미국 정신의학회 약물 남용 치료 교과서(The American Psychiatric Publishing Textbook of Substance Abuse Treatment)》,《정신장애 진단 통계 편람(DSM-IV-TR)》은 색인에서 동반의존을 다루지조차 않았다.《중독 의학의 원리(Principles of Addiction Medicine)》와《중독 장애의 임상 교과서(Textbook of Addictive Disorders)》는 구체적인 정의 없이 용어만 간단히 언급하고 있다.⁹ 말하자면 학술서조차 이 부분을 독자의 요량에 맡겨두고 있는 셈이다.

과학적 진보의 최전선에 있다고 하는 의학 전문 잡지들도 나을 것이 없다. 마이클 맥그러스가 동반의존에 관한 자신의 연구 보고서에서 말했듯 "전부는 아닐지라도 동반의존에 대한 대부분의 학술 보고서에서 실제 가해자의 행위와 그 배우자, 가족의 관련성을 지적하는데, 저널은 이런 글들에 대해 필요 이상으로 비판적이거나 별 생각 없이 그렇다는 사실을 두루뭉술하게 받아들이려는 경향을 보인다. 전문 기사의 상당한 양이 신뢰성이 빈약한 추론의 경계에 머무는 것이다."¹⁰ 무엇보다 큰 문제는 동반의존에 대한 서로 다른 정의들이 난무하는데, 그 중 어느 것도 체계적인 리서치를 기반으로 하고 있지 않다는 것이다.¹¹

과학의 엄밀함이 뒷받침되지 못할 때 우리가 할 수 있는 일은, 동반의존을 정의하고 이해하려고 노력하는 과정에서 옳다고 느끼는 쪽을 향해 가는 것뿐이다. 진짜 문제는 분명히 옳다고 확신하는 그 느낌이 때로 전혀 옳지 않을 때가 있다는 것. 1950년대에는(그리고 60년대와 70년대에도) 자폐아가 부모로부터 학대를 받았을 것이라는 느낌이 옳은 것으로 여겨졌다. 그 시절에는 누구나 인성이 오로지 환경적 요인 때문이라고 생각했으니까. 뿐만 아니라 궤양이 세균이 아닌 정신적 스트레스에 의해서만 일어난다는 생각이 수십 년 동안이나 옳은 것으로 여겨지기도 했다.

정신의학의 역사는 한때 임상의들에게 '옳다고' 느껴졌던 '오류로 드러남' 신드롬과 '이제는 믿을 수 없음' 치료법으로 가득 차 있다. 남근 선망(penis envy, 남근을 갖고 싶어 하는 소녀의 의식적, 무의식적 욕구 - 옮긴이), 오이디푸스 콤플렉스(아들이 어머니를 독차지하고자 하는 욕망에 근거하여 아버지에게 질투를 느끼는 복합적인 감정 - 옮긴이), 기억 회복 요법(최면이나 약물로 유아기의 외상, 주로 성적 학대에 대한 '기억'을 회복하여 발산하게 함으로써 치료하다는 요법 - 옮긴이), 재탄생 요법(트라우마로 고통받는 환자들에게 출생 당시의 충격, 즉 트라우마를 다시 경험하게 하여 새로 태어나는 듯한 효과를 얻는 치료법 - 옮긴이), 병 속에 갇힌 분노를 해방시켜 공격성 감소시키기 등이 그것들이다. 이들 요법들은 오랜 이력을 지니고 지금도 확대일로에 있다.

고장난 기차처럼 '옳은 느낌 신드롬'의 끝나지 않는 탈선은 심리학으로 하여금 이른바 새로운 인격장애들을 의심의 눈초리로 바라보게 만들었다. 덕분에 미국 정신의학계의 바이블이라 할 《정신질환의 진단 및 통계 편람(Diagnostic and Statistical Manual of Mental Disorders)》에 동반의존을 인격장애로 등재시키고자 하는 노력들은 모두 묵살되었다. 편람에 등재되었더라면 장애로 심각하게 받아들여지고 본격적인 연구를 할 수 있게 자금과 주목을 끌었을 텐데, 그 덕분에 동반의존은 아무도 신경 쓰지 않는 방치상태에 놓이게 되었다. 그리하여 동반의존은 실재하는 것으로 언급은 되지만 아무도 연구하지 않는, 심리학의 백지수표처럼 부유하고 있다.

동반의존은 '매 맞는 여자 증후군'과 관련되어 있다. 이 말은 신체적 학대를 당하면서도 머물기를 선택하는 여자들에게서 보이는 행동 패턴을 나타내는 말이다. 캐럴 앨든과 마티 세션스의 관계에 딱 어울리는 표현이다. 이 증후군 역시 《정신장애 진단 통계 편람》

에 진단명으로 올라 있지 않다. 그 대신에 법령에는 이름을 올렸다. 분명, 유타 주를 포함한 여러 주의 폭행 관련 소송에서 피고를 변호할 근거로 삼기 위한 것이리라.[12]

이렇듯 매 맞는 여자 증후군과 아울러 '그랬겠지, 확실치는 않아'라는 짐작들이 1990년대부터 일말의 재고도 없이 법률 제정의 새로운 기준이 되었고, 결국 이 가차없는 행진은 정신의학자 마이클 맥그러스로 하여금 무자비하고도 불온한 폭로를 할 수밖에 없도록 만들었다.

3
위태로운 낙원

> 1911년 3월, 델타랜드 앤 워터 컴퍼니가 창립되었다. 이들은 노스 앤 사우스트랙이라고 불리는, 캐리 조항(Carey Act)에 해당하는 땅을 엄청난 넓이에 걸쳐 조사했다. 델타 타운의 북서부와 남동부에 걸쳐 있는 광대한 새 땅은 그리스우드, 셰드스케일, 자잘한 래빗브러시 등의 초목으로 덮인 불모의 처녀지였다. 파반트 밸리의 푸른 산맥이 경계를 이룬 계곡에 편평하게 펼쳐진 이 땅에는 초창기 인디언 추장의 이름이 붙여졌다. 나무가 자라지 않고, 햇볕이 강하게 내리쬐며, 강한 바람이 쓸고 다니는 이곳은 수많은 초기 정착민들에게 낯설고도 새로운 모험이었다. 토양의 대부분은 진흙에 드문드문 모래가 섞였고, 이런 환경에 익숙지 않은 이주민들은 험난한 도전에 맞닥뜨렸다.
> ─프랜시스 B. 하먼, 《밀라드의 마일 표석》[1]

부보안관은 종종 시시콜콜한 일을 처리해야 할 때가 있다. 술 취한 운전자의 차를 길 옆으로 대는 일, 창문이 덜커덕거리는 소리를 들은 노 미망인의 전화를 받고 집에 가서 살펴봐 주는 일, 나쁜 약을 구입하기 위해 노 미망인의 집 창문으로 침입하려던 어린 녀석과 추격전을 벌이는 일 등. 이런 식으로 똑같은 기본 테마는 해가 바뀌어도 변하지 않는다. 플로리다에서 워싱턴에 이르기까지 미국 사회가 순조롭게 굴러가도록 지켜주는 일상적인 치안 형태다.

그러나 이따금은 뭔가 특이한 일이 일어난다. 경찰력이 미치는 곳에서 100마일이나 떨어져 있는 외진 유타 주 밀라드 카운티에서도 상상을 초월하는 일이 벌어지기는 한다. 경찰이 용의자의 두 손에 수갑을 채웠는데 알고 보니 의수였다. 의수를 제거하고 체포하는 것으로 해결. 아니면 진공 호스가 배기 장치에서 좌석으로 곧장 뻗어 있고 사막의 열기가 앞좌석의 자살한 희생자를 흙 반죽처럼 녹이고 있는, 길에 반쯤 걸쳐 세워져 있는 차를 조사하기 위해 불려 나갈 수도 있다. 열혈 신참내기를 불러 짓무른 시체를 시체 운반용 자루에 쓸어담으라고 지시하고 옆에서 거드는 것으로 해결. 견인차를 부를 수 있다는 이야기는 하지 말 것. 오로지 신참의 얼굴을 바라보면서 무심한 말투로 가장 가까운 주유소까지의 거리를 일러주기만 한다. 이것이 신참을 다루는 고참의 포스다.

밀라드 카운티에서 부보안관으로 지내려면 임기응변은 기본이다.

부보안관 토니 페더슨은 밀라드 카운티에서 가장 임기응변이 뛰어난 경관 중 한 명이다. 다행인 점은, 페더슨이 자기만큼이나 수완 있는 모리스 버튼 경사와 함께 2006년 7월 29일 오전, 거의 동시에 울린 전화를 처음으로 받은 사람이었다는 사실이다. 사우스트랙이라는 이름의, 그리스우드와 래빗브러시만 자라는 단조롭고 외진 곳, 솔트레이크시티에서 남쪽으로 135마일 떨어진 델타의 작은 읍 내 남쪽 경계 부근에서 총격사건이 일어난 것이다. 페더슨 부보안관은 그날 아침, 어린 시절부터 친구였던 카운티 부검사 패트릭 핀린슨, 동료인 리처드 제이콥슨 형사와 함께 평생의 경력에서 가장 범상치 않은 사건 중 하나 속으로 들어간다.

밀라드 카운티는 역사가 많은 지역이다. 대체로 세 명의 남자가 남긴 유산에 얽힌 역사인데, 세 남자 모두 필모어의 작은 읍을 유타주의 주도(州都)로 선택한 모르몬교의 지도자 브리검 영에 버금가는 중요 인물들이다. 필모어는 결국 군청 소재지가 되는 것에 그치기는 했지만 저들 초기 모르몬교 개심자들의 정신적 힘은 그 후손들에게 대물림되어 필모어에 집중되었다.[2] 마른 몸에 세밀한 주의력과 날카로운 지성의 소유자인 패트릭 핀린슨은 초기 개심자들 중 누구도 핀린슨 가문과는 상관없다고 우스갯말을 하곤 하는데, 덕분인지 그는 아주 조금 다른 인생행로를 걸어오기는 했다. 핀린슨은 5대째 이어온 밀라드 카운티 사람이다. 그의 가계도는 실즈, 처치, 길레스피, 앤더슨, 리먼 등 지역에 관련된 유명한 이름들로 채워져 있었다. 카운티가 조성되는 기간 동안 필모어의 인구는 일부다처제에 따른 첫 세대 사촌들로 폭넓게 구성되었다. 페더슨과 제이콥슨 역시 초기의 다채로운 유산을 공유하는 사이다. 그렇더라도 그 다듬어지지 않았던 시절은 먼 과거일 뿐, 필모어는 50년 가까이 살고 있는 이들을 아직도 '이주자'라고 부르는, 밀라드 카운티 타운들 중 가장 보수적인 곳으로 남아 있다.

미국, 멕시코 국경 남쪽에서 이주해 온 사람들은 필모어에서 일하기를 좋아하는데, 그건 외부인이건 아니건 대우가 좋았고, 일가붙이처럼 존중받았기 때문이다. 민주당원인 보안관 에드 필립스가 견고한 공화당 지지 타운인 필모어에서 일곱 번이나 선출된 것은 그가 품행이 바르기도 하지만 시민들이 공평무사한 사람들이라는 것을 증명하는 일례이다. 다른 곳에서 이주해 온 가게 주인들은 입을 모아 종교와 배경이 다른 자기들이 어떻게 따뜻한 환대를 받았으며, 얼마나 좋은 친구를 사귀었는지 이야기한다.

그러나 이 파라다이스에도 독사는 있다. 밀라드 카운티는 멕시코와 솔트레이크시티를 잇는 주요 마약 연결로이다. 유타의 시골 마을들은 그런 식으로 연료를 채워가며 필로폰 중독의 중심지 역할을 해 왔다. 놀라운 것은 필모어 같은 현대의 작은 타운이 지니는 보수성도 나름의 이점이 있다는 것이다. 맞춤형으로 짜놓은 사회 시스템과 중독에서 벗어날 방법을 찾느라 안간힘을 쓰는 사람들에게 특별히 도움이 될 만한, 세상을 보는 시각을 교회가 제공해 주기 때문이다.

어쨌든 페더슨, 핀린슨, 제이콥슨이 일상을 도모하며 지낼 수 있게 해준 것은 마약이다. 30대 후반인 페더슨과 핀린슨은 지금도 한때 오크시티 보이즈(Oak City Boys, 오크시티는 유타 주 도시의 이름. 이곳에서 마약 거래를 하던 젊은이 무리를 가리키는 듯함 - 옮긴이)로 보낸 시절을 공유하며 편안한 친분관계를 유지하고 있다. '대학 교육이나 경력과는 상관없는 젊은 시절'을 충분히 즐긴 후 고향으로 돌아올 기회를 얻자 두 사람은 불만스러울 것이 없었다. 때마침 유년기의 일탈에 대한 제약 법령이 시효 만료가 되었기 때문이기도 하겠지만 말이다. 셋 중 나이가 제일 많은 제이콥슨은 논리적인 타산으로 차근차근 단계를 밟아가며 밀라드 카운티로 귀향했다. 어린 시절부터 그를 아는 사람이면 누구도 예상할 수 없었겠지만, 그가 논리적이고 체계적인 사고방식을 지닌 것은 놀랄 일이 아니다.

페더슨 보안관은 곤란한 상황에 맞닥뜨려도 거뜬히 문제를 해결할 수 있을 것 같은 단단한 외모를 지니고 있었다. 연갈색의 곧은 머리카락, 햇볕에 그을린 피부를 지닌 근육질의 남자로, 존재감이 확실한 타입이었다. 바로 이런 점이 2006년 7월 29일 환한 아침에 페더슨이 유타 주 델타의 나른한 타운에 위치한 보안관 사무소 분소를 향해 순찰차를 돌리게 한 바로 그 이유이다.

그날 아침, 연속으로 걸려온 두 건의 전화 중 첫 번째 전화는 델타 공공 방재 센터를 통해 연결된 긴급 전화였다. 그 지역에서는 잘 알려진 앨런 레이크라는 남자가 심하게 떨리는 목소리로 총격사건을 전했다.

출동 명령이 떨어지자 모리스 버튼 경사가 페더슨에게 연락했고, 몇 분이 지나지 않아 두 사람은 공공 방재 센터의 유리 패널로 된 아치형 입구에 도착했다. 버튼은 즉시 앨런 레이크에게 질문하기 시작했고, 캐럴 세션스라는 여자가 남편인 마티 세션스를 쏘아 죽였다고 말하더라는 내용을 전달받았다. 레이크는 캐럴에게 경찰을 불러 남편을 죽였다고 이야기하라고, 그렇게 하지 않으면 자기가 경찰에 알리겠다고 분명히 말했다고도 했다. 버튼이 질문하는 동안 레이크는 침착한 목소리였지만, 사실은 심하게 동요하여 정신을 차리기 힘들 정도였다.

밀라드 카운티 보안관 사무소 사람들은 캐럴과 마티 세션스가 누군지 알고 있었다. 6개월 전 이 부부는 늦은 밤에 뒷좌석과 트렁크에 건초더미를 미어지도록 실어, 건초가 봉두난발한 머리카락처럼 차 밖으로 삐죽삐죽 삐져나온 채로 낡은 캐딜락을 몰고 달리다 경찰에 붙잡힌 적이 있다. 이것만으로도 충분히 문제가 될 수 있을 만한데, 더 심각한 건 이들의 이웃 농장주가 그 몇 주 전부터 들판에 모아둔 건초가 매번 없어지고 있다는 민원을 벌써 신청해 두었다는 것이었다(밀라드 카운티에서는 건초 도둑질이 워낙 성행하여 절도가 큰 규모로 이루어질 때는 무선응답기를 설치하여 건초의 이동을 추적할 수 있게 했다). 경찰 심문에서 캐럴은 기르는 동물이 많아 먹이를 대야 해서 어쩔 수 없이 건초를 훔쳤으며, 마티가 그러자고 했다고 진술했다.

경찰은 그 전 해에도 마티가 법정에서 가정폭력의 가해자로 스스로 유죄임을 인정한 적이 있다는 사실을 알고 있었다. 피고의 진술은 일 년 동안 보류되었고, 그후 소송이 기각되었다. 소송이 기각되자, 캐럴은 이번에는 마티가 지프의 엔진 점화 장치 줄을 끊어놓아서 나갈 수가 없다고 신고했다. 한 달 후, 캐럴은 또다시 전화해서 마티가 자기와 앨런 레이크와의 사이를 의심하며 무단으로 자신의 지프를 빼앗아서 협박했다고 신고했다. 사실은 페더슨과 버튼이 총격사건 신고를 받은 바로 그 전날에도 경찰관들은 길 한복판에 술 취한 남자가 드러누워 있다는 신고를 받았었다. 술 취한 남자는 마티 세션스였다. 경관들이 도착할 때쯤에는, 캐럴이 마티를 실어 집으로 데려가고 없었다.

앨런 레이크는 뜨거운 사막의 태양 아래서 땀을 흘려가며 살인에 대해 자기가 아는 것들을 전달하려고 애썼으나 그 시도는 툭툭 끊기기 일쑤였다. 버튼 경사가 레이크와 씨름하는 동안 페더슨은 긴급 통화로 걸려온 두 번째 전화를 받았다. 이번에는 캐럴 세션스 본인이었다. 나중에 밝혀진, 운전면허증상의 이름은 캐럴 엘리자베스 앨든이었다.

4
거친 사랑

> 살인에는 네 가지가 있다. 흉악한 것, 이해되는 것, 정당방위, 칭찬받아야 하는 것.
> —앰브로즈 비어스, 《악마의 사전》[1]

델타 공공 방재 센터를 출발한 뒤 4분이 지나지 않아 페더슨 부보안관과 버튼 경사는 사우스 루럴 4500, 다시 말해 캐럴과 마티의 2대 연결 이동주택으로 이어지는 길고 먼지 나는 진입로에 도착했다.

버튼은 캐럴에게 전화를 걸면서 집 쪽을 흘끗 쳐다보았다. 그는 신중하게 어휘를 골랐다. "알겠습니다. 거기서 지난밤에 문제가 생겼다는 거군요."[2]

"그래요." 캐럴이 대답했다.

트레일러는 길에서 꽤 떨어진 곳에 세워져 있어서 구석구석이 썩 잘 보이지는 않았다. "지금 어디 계십니까?"

간선도로에서 바라본 캐럴과 마티의 2대 연결 이동주택

"앞 현관에 있어요."

"남편은 어디 있습니까?"

"뒷마당에 있어요."

"총은 어디 있죠?"

"앞 현관에요. 제가 가지고 있어요. 장전되지는 않았어요. 총알도 가지고 있어요. 원래는 다 가지고 있었는데 장전을 풀 때 하나를 거실에 떨어뜨렸어요. 그건 못 찾았어요." 캐럴의 목소리는 협조적이었고 미안해하는 느낌이었다. 마치 자기가 경관이 들어오기 쉽지 않은 장소에 있다는 걸 알고 있는 듯한 어조였다.

"그쪽으로 가서 이야기를 나누도록 하겠습니다." 버튼이 말했다. "그러니까 우리가 다가가는 동안 양손을 몸에서 멀리 떨어뜨린 채로 진입로 쪽으로 움직이시면 좋겠어요."

캐럴은 페더슨 부보안관이 차를 진입로를 따라 몰아서 옆에 세울 때까지 시키는 대로 했다.

곧 캐럴에게 수갑이 채워졌다. 그건 그녀 자신을 포함해 모두를 보호하기 위해서였다. 아직 체포된 상태는 아니었지만, 경관들이 사건의 전말을 파악하는 일을 신중하게 진행하기 위한 최선의 조치였다. 버튼은 캐럴에게 미란다 원칙을 읽어주고 자신의 트럭 뒷좌석에 태웠다. 페더슨은 몸을 굽혀 그녀에게 괜찮은지, 즉 의료 조치가 필요하지 않은지 물었다.

"아뇨, 전 괜찮아요." 그녀는 또박또박 말했다. "그 사람이 나를 건드리지는 않았어요. 못 잡았거든요."

몇 분간 대화를 나눈 후, 버튼 경사는 캐럴을 델타로 데려가 취조하기로 결정했다. 페더슨 부보안관은 현장 조사를 위해 남았다.

뒤이어 페더슨은 결코 잊지 못할 범죄 현장과 맞닥뜨리게 될 것이었다.

트럭의 뒷좌석에 조용히 앉은 캐럴과 함께 버튼이 델타 지소로 돌아오는 데는 채 5분이 걸리지 않았다. 그는 캐럴을 유치장에 수감하고, 신발과 양말을 거두어 증거품 자루에 넣었다. 몇 분 후 그는 그녀를 다시 데리고 나와 정해진 절차를 밟았다. 캐럴은 부보안관인 조시 그레이트하우스에게 인도되어 옷을 갈아입었다. 옷을 갈아입는다는 것은 여성 수감자인 캐럴이 일상의 옷을 벗고 죄수복으로 바꿔 입는다는 말이다. 이 과정에서 그레이트하우스는 캐럴의 몸에 흉터나 상처, 멍 자국 등이 있는지를 살펴보게 되어 있었다.

그레이트하우스는 노련하고 인기 있는 부보안관이었다. 그녀는 비포장도로용 오토바이를 타고 다니는 물불 안 가리는 대담성과, 그 지역 라티노(라틴아메리카계 미국인 - 옮긴이)들에 대한 봉사와 배려로 유명했다.

그레이트하우스는 캐럴의 손목 한쪽이 부어 있다는 걸 금세 알아챘다. 그녀는 캐럴의 얼굴을 올려다보며 왜 그런지 물었다. 남편인 마티 세션스가 수갑을 채웠는데 그게 너무 조였다고 캐럴은 설명했다.

그레이트하우스는 부어오른 것에 대해 기록한 뒤 계속 캐럴의 몸을 살펴보았다. 다음으로 캐럴의 머리카락을 뒤로 쓸어넘기자 귀 뒤쪽, 머리털 언저리에 빨간 멍이 조그맣게 나 있었다.

캐럴 자신도 왜 그렇게 됐는지 알지 못했다.

더 살펴보니 캐럴의 귀에서도 빨간 멍이 발견되었다. 그녀는 이것에 대해서도 캐럴에게 물었다.

마티가 고함을 지를 때면 자기 얼굴을 캐럴의 얼굴 위에 얹고서 그녀의 양쪽 귀를 잡아 얼굴을 비틀어 대곤 했다고 캐럴은 말했다.

캐럴은 자신의 이마 한가운데를 가리키면서, 마티가 박치기를 해 부딪힌 자리라고 말했다. 그레이트하우스가 주의 깊게 살폈지만 특이한 점은 발견하지 못했다. 그러나 만져보았을 때는 피부 아래에 옹이처럼 맺힌 상흔을 감지할 수 있었다.

캐럴이 바지를 벗자, 다리 뒤쪽으로 심하게 얼룩진 타박상 자국이 드러났다. 마티가 나흘 전에 널빤지로 때렸기 때문이라고 캐럴은 설명했다. 셔츠를 걷어올리자 팔 안쪽에 다이아몬드 모양의 멍

자국이 나타났는데, 캐럴은 무엇 때문인지 알지 못했지만 마티가 원인 제공자가 아닐까 짐작했다. 등 한복판에는 날카로운 것으로 찍힌 듯한, 폭이 0.5인치, 길이가 1.5인치쯤인 오래된 흉터가 있었다. 마티가 뭔가를 던졌다고 캐럴이 말했다.

계속해서 그레이트하우스는 캐럴의 가슴을 살폈다. 젖꼭지에 피어싱이 되어 있었다. 캐럴은 마티가 자신을 묶어놓고 그렇게 했다고 말했다.

허벅지 안쪽, 음부에서 1인치 가량 떨어진 곳에는 오래 전 것으로 보이는 열상이 있었다. 그것 역시 마티가 그랬다고 캐럴이 알려주었다.

캐럴은 자세를 바꿔 다른 부분도 보여주었다.

음부의 입구 양쪽 가장자리에 각각 두 개씩, 네 개의 피어싱이 있었다.

실제로 그렇게 하지는 않았지만 마티가 피어싱의 뚫린 구멍에 금속 줄을 걸려고 했었다고 캐럴이 말했다. 자신만 열 수 있는, 나름의 정조대를 채우고자 한 것이었다.

누가 뭐래도 이 여자가 평화로운 전원의 가정에서 온 것이 아님은 분명했다. 마티 세션스의 집에서 일어난 일들은 거의 호러 영화 수준이었다.

5
매 맞는 여자 증후군

> 개중에는 통계학의 적절한 해석에 대한 논문과 책들이 있기는
> 하지만, 대다수의 전문적인 보고서와 과학 및 통계학 문헌에서는
> 여전히 기본적인 것들을 잘못 해석하거나, 통계적 추론의
> 기반이 되는 배경 분석이 경시되고 있다.[1]
>
> ─샌더 그린랜드, UCLA 공중보건대학 역학과 교수,
> UCLA 인문과학대학 통계학과 교수

정신의학자 마이클 맥그러스의 불안할 정도로 나쁜 날이 또다시 시작되었다.[2] 그는 입원 환자 및 외래 환자를 대상으로 하는 정신건강 클리닉과 약물 의존 프로그램들을 관리하기 위해 뉴욕 주 로체스터의 여러 곳으로 운전해 다니면서 아침, 점심은 물론 커피를 마시는 시간까지도 가속을 붙였다. 맥그러스의 업무는 '돌봄(care)'의 질, 고객 위험 관리, 직원 채용 및 유지 등에 두루 걸쳐 있는데, 모두가 기업에서 흔히 쓰는 용어 같지만 실제로는 훨씬 큰 부담이 요구되는 일들이다.

맥그러스는 20년 넘게 정신과 개업의와 법정 자문 정신과 의사로 일했으며, 18세 이상의 전 연령층을 대상으로 하는 일반 정신과 의사이기도 하지만 추가로 약물 중독 범죄자와 성 범죄자 관련 학위를 땄고, 법적인 쟁점에 의학적 식견을 제공하는 법정 자문 정신의학을 부전공했다. 즉 검찰이나 변호인이 누군가가 재판정에 설 수 있는지 판단해 보려 애쓸 때, 또는 범행 당시 피고의 심리상태를 이해하려고 머리를 긁적거릴 때 맥그러스가 전문가로서 도움을 줄 수 있다는 의미다. 학대하는 사람과 학대당하는 사람들 양쪽 모두에 대해 법정 평가를 하다 보니 해가 지날수록 맥그러스가 함께하면서 치료한 가정폭력 피해자의 수도 늘어났다. 그는 정신의학을 주제로 한 강연을 하고 사례금을 받으면 매번 그 돈을 '매 맞는 여성의 쉼터'에 기부했다.

맥그러스는 전형적인 와스프(WASP, 앵글로색슨계 백인 신교도. 미국 사회의 주류를 이루는 지배계급으로 여겨진다 - 옮긴이)처럼 보이지만 희끗희끗한 묶은 머리는 그가 일반적인 관행을 따르지 않는 사람이라는 인상을 준다. 그는 이런 글을 썼다.

외과 레지던트 기간에 나는 병원의 매점 점원으로 고용된 스물여섯 살의 아이티 여성과 만났다. 그녀는 일곱 살 때 몇 년 먼저 건너온 어머니와 함께 살기 위해 여동생을 데리고 미국으로 왔다. 재정학 학위를 갖고 있었고, 다음번에는 어떤 인생행로를 택할지 고심하면서, 자기 어머니가 간호사로 근무하는 병원에서 몇 달째 일하고 있었던 것이다. 나는 한눈에 그녀에게 끌렸지만 워낙 예뻤기 때문에 남자친구가 여럿 있을 거라고 지레 짐작했었다. 느린 속도로 서로를 알아가는 과정에서 나는 그녀에게 다섯 살짜리 아들이 있으며, 새 출발하기 위해 캘리포니아(그녀가 결혼하고 몇 년 동안 살았던 곳)에서 돌아왔다는 사실을 알게 되었다. 그녀는 브루클린에 있는 어머니 집에서 살고 있었다. 둘 사이의 끌림이 점점 커지자 오래지 않아 우리는 "사랑해" 같은 넋 나간 소리를 하기에 이르렀다. 1986년 2월에 레슬리와 나는 결혼식을 올렸다. 몇 년 후에는 아내의 아들을 호적에 올렸고, 아내와의 사이에 두 딸을 두었는데, 큰애는 법학도이며, 작은애는 대학에서 역사를 전공한 뒤 지금은 자기가 하고 싶은 일을 탐색 중이다. 꼭 제 엄마처럼. 아들은 공업 엔지니어이며 결혼해서 딸을 낳았다. 우리 부부의 첫 손녀는 오바마 대통령 취임식 날에 태어났다.

아내와 아들, 딸들 덕분에 맥그러스는 소수자와 성적 이슈들에 대해 매우 날카로운 인식을 지니게 되었다. 그는 이렇게 말한다. "내가 백인 남성이라는 사실 하나가 세상을 보는 내 시각을 결정짓는 것은 아니다."

직업의 특성 때문인지 맥그러스는 좀처럼 웃지 않는다. 그가 찍힌 사진들을 보면 카메라를 향해 환심을 살 필요성을 못 느끼는 남자의 모습이 여실히 드러난다. 정말은, 법정 전문가로서 스스로를 표현해 달라는 요청에 그는 이렇게 대답했다. "나 자신을 묘사하라면 그냥 '진실의 대변자'이고 싶어요. 그 외의 것들이 어떤 식으로든 이 점을 왜곡하게 되면 화가 납니다."

이 남자가 조사 중이던 사건이 돌연 깊은 뿌리를 지닌 문제들로 인식되기 시작한 것은 어느 저녁 때였다. 맥그러스의 눈에 그 일은 옳아 보이지 않았다. 정당하지가 않았다.

공정하다는 것

동물들에게도 공정함(정당함)에 대한 감각이 있다. 늑대나 사자, 곰은 자기 새끼들을 상대할 때는 그 조그만 적수들이 날뛰면 짐짓 위협하는 척하지만 발톱과 이빨의 날을 적당히 누그러뜨려 주는 '공정한 게임'을 한다. 원숭이는 대개 양상추를 우적우적 즐겁게 먹다가도 옆 동료에게 달콤한 포도가 주어지면 제 몫을 밀어놓고 입술을 부루퉁하게 내민다. 공정하지 않다는 것이다. 원숭이의 책망하는 듯한 눈은 자신들은 2등급 대우를 받고 싶지 않다고 말하는 듯하다.[3]

공정함에 대한 느낌은, 지극히 빠른 시냅스의 리듬과 패턴들이 마치 음악처럼 신경계를 자극하여 타인을 측은하게 느끼라고 뇌를 조르고 쑤석거리며 이끌어내고 잡아당겨서 겉으로 나타나게 된다. 그러나 이런 신경계 음악은 사람마다 다르다. 여기에 문제가 있다.

전원주택에 살며, 학부모회에서 활동하는 엄마와 어린이 야구 리그 코치인 아빠 밑에서 행복하게 자란 사람에게 코가 부러진 피투성이 여자의 사진을 똑바로 보라고 하면 매우 거북해할 것이다. 그는 아마도 여자의 남편이 토요일 밤에 술에 취해 제정신을 잃었나 보다고 생각하며, 여자가 입원했겠다고 짐작할 것이다. 그러면서, 자신이 자라면서 배운 대로 이 일이 공정하지 않다고 여길 것이다.

그러나 매일 아버지에게 얻어맞는 엄마를 보면서 자란 사람은 저 사진에 대한 반응이 완전히 다르다. 이들의 주변에는 가족 내에서 그와 똑같은 패턴을 겪는 사람들이 허다하다. 어쩌면 그 자신도 뭔가 잘못했을 때(때로는 자기가 하지 않은 일일 때도) 호되게 두들겨 맞기도 했을 테고, 그의 형제자매들은 누가 대장인지를 가리기 위한 전면적 난타전을 벌이기도 했을 것이다. 이런 식으로 자라면 남자가 여자를 때리는 것이 정상적인 행동이라고 여기기가 십상이다. 결국 그의 세상에서는 여자의 자리가 그렇게 굳어진다. 그런 사람이라면 달리 어떤 방법으로 여자의 위치를 정해줄 수 있을까?

더 복잡하고 어려운 쪽은 매 맞거나 정서적으로 학대당하는 사람이 아버지인 경우다. 이런 집에서 아이는 결코 되받아치지 않는 허약한 아버지를 멸시하는 일이 정상이며 그것이 공정하다고 여긴다. 결국 학대당하는 아버지들은 술을 마시거나 약물에 의존하면서 고통을 잊으려 한다.

당황스러운 것은, 심각한 가정폭력 속에서 성장한 아이들이 예외적인 부모가 되기도 하고, 반대로 한 번도 가정폭력에 노출되지 않은 아이들이 폭력 속으로 휘말리기도 한다는 사실이다.

결국 공정함은 구나 정육면체처럼 정확하게 정의되는 형태로 어딘가에 존재하는 완벽한 구성체가 아닌 것이다. 그보다는 삶과 문화라는 실로 불완전하게 짠 두뇌의 직조와 비슷하다(뇌의 두 반구는 이런 것들을 각기 다른 방식으로 감지하는데, 특히 오른쪽 배측 외측 전전두엽이 정의감을 담당하는 것으로 알려져 있다).[4] 유전자는 분명히 강력한 힘을 지니고 있지만 환경에 의해 물리적인 영향—끌어올리거나 가라앉히거나―을 받게 마련이며, 이러한 '환경'에는 다른 사람들, 그들이 어떻게 대하는지 등이, 다시 말해 '문화'가 포함되어 있다.

물론 문화는 바뀌기도 한다. 불과 한 세대 전에 린다 밀스라는 연구자가 《난폭한 파트너들(Violent Partners)》이라는 책에서 이렇게 밝힌 바 있다. "가정폭력은 사사로운 일로 여겨졌다. 남자의 가정은 그의 성(城)이며, 그 안에서 어떤 일이 벌어지든 남이 상관할 부분이 아니라는 식이었다. 또는 결혼생활 중 일어나는 대부분의 폭력은 상대가 가해자를 그렇게 만들었거나(따라서 맞을 만하거나) 자주 일어나는 일은 아니라고(따라서 악천후처럼 참고 견뎌야 하는 일이라고) 생각했다. '그런데도 참견해야 하나?' 하는 식이었다."[5]

그러나 1980년대 초, 미국 문화는 달라졌다. 열린 마음을 지닌 이들은 오랫동안 권리를 박탈당해 온 여성들의 열렬한 외침에 귀를 기울였다. 여성운동이 무시할 수 없는 근본적인 힘이 되어가고 있었다.

대체로 사람들은 '고려'라는 것을 한다. 그래서 대체로는 공정한 편이다. 자신이 자라난 문화의 지적 잣대에 견주어 지나치게 비약하지만 않는다면, 누군가 공정하지 않다는 의견을 제시할 때 자신의 시각을 교정하려는 태도를 보인다. 정서적, 이성적인 부분 모두에서.

그러나 무엇이 공정한지 누가 판단할 것인가?

매 맞는 여자 증후군

그날 저녁, 책이 산더미같이 들어찬 책장 꼭대기에서 딸들의 웃는 사진이 내려다보고 있는 마이클 맥그러스의 연구실에는 그림자가 드리워졌다. 그의 연구실은 자신의 전문적, 개인적 흥미 모두를 충족시켜 주는 곳이었다. 벽에는 명예장 액자들이 머스킷 총, 장식용 칼 컬렉션과 함께 빼곡히 걸려 있었는데, 미처 다 못 건 것들은 따로 한쪽 구석에 어지러이 쌓여 있었다. 그곳은 맥그러스가 때로 마음의 갈피를 잡지 못할 때 아무렇게나 앉아 편안히 시간을 보내는 공간이었는데, 그날만은 연구 서류 더미에 무언가를 휘갈겨 쓰면서 그는 뭔지 모를 섬뜩함을 느꼈다.

맥그러스는 르노어 워커의 《매 맞는 여자 증후군(Battered Woman Syndrome)》을 읽고 있었다. 여성들이 폭력과 학대로 점철된 관계를 유지하며 살아가는 이유를 알고 싶어 하는 사람들에게는 고전이 된 책이다. 법정 자문 정신과 의사로서 맥그러스는 트라우마 증후군의 정신의학적 진단이 얼마나 어려운지를 누구보다 잘 알고 있었다. 사실 그가 새 책 《법정 피해자 연구(Forensic Victimology)》에 매 맞는 여자 증후군을 집어넣어 보라는 요청을 받은 것도 그 때문이었다(범죄자들을 대상으로 하는 범죄학이라는 학문이 있으니 피해자들을 위한 피해자 연구 분야가 있는 것은 당연한 이야기일 수 있다).

워커는 매 맞는 여자들이 본질적으로는 정상이거나 적어도 매 맞고 살기 전까지는 정상적이었음을 기본 전제로 한다.[6] 이 운 없는 여자들은 단순히 학대 성향을 지닌 남자들과 만났을 뿐이다. 맥그러스 역시 경험을 통해 모든 여자들이 정신병리학적 원인 때문에 때리고 맞는 관계로 빠져드는 것이 아님을 알고 있었으므로 워커의 논지에 이의가 없다. 다만 맥그러스가 좀 마음에 걸려 하는 것은 워

매 맞는 여자 증후군

르노어 워커의 《매 맞는 여자 증후군》에서는 이 신드롬을 이렇게 설명하고 있다.

BWS(battered woman syndrome)는 원래 '여자가 친밀한 관계의 상대에게 육체적, 성적 또는/그리고 심리적으로 학대당하여 발생하는 것으로 파악되는 일련의 징조 및 징후의 패턴'으로 생각되었다. 여기서 상대(파트너)는 힘을 행사하여(대체로 남자이지만 늘 그렇지는 않음) 여자의 권리나 감정은 고려하지 않고 원하는 것이 무엇이든 여자를 자기 마음대로 움직이도록 지배하는 존재다. (······) 연구 결과 지금은 BWS가 과학적 실험에 의해 여섯 그룹으로 나뉘며, 이 조건들이 신드롬을 식별하는 방법으로 인정되고 있다. 첫 세 그룹의 징후들은 '심리적 외상 후 스트레스 장애'(PTSD, post-traumatic stress disorder)에서 나타나는 것들과 일치하며, 나중의 세 그룹은 '사적 관계 피해자'(IPV, intimate partner victims)들과 같은 상태를 보인다. 여섯 그룹은 아래와 같다.

1. 트라우마가 된 사건을 강박적으로 되새김
2. 과다 각성과 높은 수준의 근심
3. 회피 행동과 정서적 마비가 내개 의기소침, 해리 증상, 극소화해서 보기, 억누름, 부정 등으로 표현됨
4. 때리는 사람의 힘과 통제 수단으로 인한 대인관계의 붕괴
5. 몸에 대한 이미지의 왜곡 그리고/또는 신체 내지 육체에 대한 불만
6. 성관계의 문제들[7]

커가 쓴 방법론과 범위였다. 그가 파악한 대로라면, 워커의 연구에는 독립적인 통제 그룹이 없었다.[8] 그는 스스로에게 질문을 던져보았다. 워커의 연구 대상자들이 매 맞지 않는 여자들과 닮았는지 다른지를 어떻게 알지?[9] 워커는 그 점을 알고 싶어 하지 않은 걸까?

맥그러스는 의자에 앉아 몸을 이리저리 움직이며, 움직인 횟수만큼 생각을 거듭하다가 워커의 방법론에 대한 설명을 다시 읽기 위해 페이지를 뒤로 건너뛰었다.

> 이 리서치를 설계하는 데는 페미니스트의 시각에서 적당히 영향을 받은 몇 가지 결정이 개입되었다. 이를테면 쓸 수 있는 자원이 한정적이었으므로 통제 그룹에 대해 전통적인 경험적 실험 모형을 포기하고, 설문조사를 통한 유형별 데이터 수집을 이용하는 준실험 설계 모형(다양한 변수를 다 제어하지 못하는 방식의 한정적 실험 설계 - 옮긴이)을 채택했다. 매 맞는 여자들 그룹을 서로 비교하는 것이 매 맞지 않는 여자들 통제 그룹과 비교하는 것보다 더 중요하다고 생각했기 때문이다. 매 맞는 여자들과 매 맞지 않는 여자들을 비교하는 것은 매 맞는 여자들에게서 결함을 찾는다는 의도를 내포하므로, 자칫 피해자 책임 전가 모형의 연장으로 이해될 수 있기 때문이다.[10]

맥그러스는 의자에 몸을 기대며 천장을 바라보다가 다시 아래를 보고는 화들짝 놀랐다.

짓궂은 학계의 유행어로 말하면, 워커는 자기도 모르는 새에 큰일을 낸 것이었다. 위 대목에 따르면 그녀가 찾아낸 매 맞는 여자들은 매 맞지 않은 여자들과 한 번도 비교되지 않았다는 것이다. 게다가 더 중요한 것은, 그녀가 이런 종류의 연구에서 주장의 타당성을 설명하기 위해 꼭 필요한, 표준 통제 그룹을 고용하는 연구를 수행하려는 의도가 없었음을 보고서에서 명시하고 있다는 점이었다.

맥그러스는 알아차렸다. '그녀는 이 규칙들이 자기에게도 적용된다는 생각을 하지 않았던 거야.'

더 깊이 파고들자 더 많은 것들이 보이기 시작했다. 워커의 연구는 다시 검토되거나 검증된 적이 없었다.[11] 사실 그녀는 자신의 그룹을 '정상'인 여자들과 비교해 볼 수 없었는데, 30년 전에는 400명이나 되는 '매 맞은 적 없는' 여자들 그룹을 찾을 수가 없었기 때문이다.[12] 정신분석학자 중에는 '그래서, 어쨌다고? 만약 정상인 여자들이 매 맞는 여자들과 다르다는 게 증명된다 해도, 이 역시 매 맞는 여자들이 지닌 인지적 특질과 정확성을 의미하는 건 아닐 텐데?'라는 생각을 하는 이도 있을 것이다.

그러나 핵심은 그것이 아니었다. 맥그러스는 그 점을 깨달았다. 매 맞는 여자들이 남과 다른 인성을 지녔는데, 그 점을 간과하고 폭력을 행사한 사람에게만 치료적 노력이 집중된다면 결국은 문제를 해결하지 못할 것이다. 두 사람이 함께 추는 탱고리면, 피해자 역시 2인 댄스에서 맡은 역할이 있을 것이기 때문이다. 워커의 연구가 이 부분을 밝힐 수 없는 이유는, 매 맞는 여자가 남과 다른 부분은 오로지 매를 맞는다는 것뿐이며, 이 부분을 빼면 근본적으로 정상이라는, 증명할 수 없는 가설에서 출발했기 때문이다. 따라서 이 방정식으로는 결코 피해 예방의 차원에서 접근할 수가 없다.

물론 맥그러스는 학대자뿐 아니라 피해자에게서도 병리적 소견이 있는지 이해하려고 노력함으로써 오히려 피해자의 부정적인 특질에 지나치게 초점을 맞추는 일이 위험하다는 것은 충분히 이해했다. 그건 문제를 지나치게 간략화할 뿐 아니라 피해자 책임 전가의 예행연습이 되어버릴 가능성이 크기 때문이다. 학대는 결국 영혼의 도살에 불과하다. 여자(또는 남자)는 절대로 기뻐하지 않는 상대를 기쁘게 해주려 노력하느라 달걀 위를 걷는 것 같은 위태로운 삶을 이어간다. 그들의 배우자는 사람들 앞에서는 온화한 미소를 짓다가 닫힌 문 뒤에서는 정서적, 육체적 학대의 마개를 여는 야누스―악몽의 머리를 한―가 될 수 있다. 비난과 책임의 혼란이 얼마나 얽히고설키든, 누군가는 그 또는 그녀가 문제 상황에서 벗어날 필요가 있음을 인식해야 한다. 그러나 '벗어남'이 손가락 한번 튕기는 것처럼 쉬운 일은 물론 아니다. 더구나 아이들이 있다면 더 그렇다.

'그러니 어떻게 하면 이 잠재적인 문제들을 미리 피할 수 있을까?' 맥그러스는 고심했다. '여자들에게 매 맞는 일이 처음 발생한 상황의 원인을 이해시키고, 다시 그런 일이 생기지 않도록 하는 데 과학의 정밀함이 어떤 도움을 줄 수 있을까?' 워커의 연구에서 필요했던 것은 양측 '모두'에게 공정해 보이는 균형 잡힌 접근이었다. 그러나 그녀가 내놓은 것은 균형 잡힌 접근법은 아니었다.

'워커의 접근 방식은 매 맞는 여자를 돕는 일에 필요 불가결하지 않다'고 맥그러스는 생각했다. 학대하는 남자에게 치료의 도움이 집중되고, 정작 맞은 여자에게는 치료적 배려가 제공되지 않을 때 그녀가 맺는 새로운 관계에서 또다시 매 맞는 상황이 재현될 가능성이 너무 농후하기 때문이다(종종 학대당하는 관계 속에 놓인 여자들의

'문제'는 이들의 성품 중 좋은 부분 때문에 생기기도 한다. 쉽게 수긍하는 것, 상대를 잘 믿는 것, 다른 사람을 기꺼이 돕는 것, 항상 밝은 면만 보려고 애쓰는 것 등).

결국 워커의 잘못된 과학적 접근은 전체 이슈를 다 다루지도 않았을 뿐 아니라 완전히 다른 차원의 새로운 문제들을 양산한 결과를 낳았다. 미국의 수많은 주에서 그녀의 연구 결과를 바탕으로 한 법률이 제정되었기 때문이다. 이 말은 검찰과 변호인 측 모두가 매 맞는 여자에 대한 워커의 '추측'을 '사실'로 받아들여 왔다는 뜻이다. 당연히 이에 부합하지 않는 상소는 기각되었다.

분석을 통해 맥그러스는 차츰 더 많은 것을 깨닫기 시작했다. 그때까지 그가 알고 있던 매 맞는 여자 증후군 — 매 맞는 여자가 개입된 살인사건 재판의 법정 쟁점에서 핵심 사안인 — 에 관한 모든 것을 이제 의심의 눈길로 바라보게 되었다.

6
돌봄 강박증

> 79년이 꿈처럼 흘러갔어. 그 세월 동안 주변 사람들에게 좋은 일을 할 기회들이 숱하게 많았을 텐데, 그 기회를 얼마만큼이나 그냥 지나쳐 버렸는지 모르겠어. 그래도 나는 늘 할 수 있는 한 좋은 일을 하며 살았고, 또 나쁜 일은 가능한 한 적게 하려고 애썼어.
> ―캐럴린 엘리 바트리지 리먼, 1827-1908. 유타 주 오크 시티에 묻힘.
> 패트릭 핀린슨 부검사의 증조모.[1]

"난 그저 그애가 너무 걱정돼서, 너무 두려워서요"라고 페니 패커[2]가 소탈한 태도로 말한다. 페니는 캐럴의 중학교 때 미술 교사로, 은퇴한 나이에도 여전히 맑은 눈을 지닌 아름다운 여성이다. 대단히 지적이고 활달한 영혼의 소유자인 페니는 캐럴의 동물 애호 활동의 동반자이다. 그녀가 사는 회색의 조립식 집 근처 목초지에서는 구조되어 온 당나귀 두 마리가 반쯤 눈 먼 말 옆을 따라다니며 풀을 뜯는다.

캐럴 앨든과 그 일가의 오랜 친구 페니는 인터뷰가 이루어지는 앨든 가의 집 거실로 거침없이 들어섰다. 캐럴의 어머니는 주방에서 분주하게 움직이고 있다. 페니는 소파와 의자들을 눈대중으로 가늠해 보더니 불쑥 난로 앞 바닥에 앉는다. 캐럴의 친구와 조력자들이 다들 그렇듯 페니 역시 캐럴이 앞으로 어떻게 될지 몰라 몹시 동요된 상태이다. 그녀는 여전히, 자기가 한때 가르친 눈부시게 창의적이었던 십대 소녀와 오늘날의 성인 캐럴 사이의 간극을 없애보려고 무진 애를 쓰고 있다.

"나는 그냥 미술 선생이지만 캐럴은 '예술가'예요." 페니는 미소를 지으면서도 단언하듯 말한다. 그녀는 캐럴의 〈사막 요람〉(선인장, 도마뱀, 지나치게 현실감 있는 방울뱀으로 둘러싸인 빈 요람으로, 천으로 만들어진 캐럴의 작품)을 생각하고 있는지도 모르겠다. 이 작품은 1993년, 유타 주 여성 미술계 대표작으로 뽑혀 워싱턴 특별구에 있는 국립 여성 박물관에 전시되었고 적지 않은 악평을 들었다. 캐럴은 《솔트레이크 트리뷴》지의 기자인 코닐리어 드브류인에게 이렇게 말했다. "많은 여자들의 삶이 이혼, 학대 등의 고통으로 가득 차 있음을 상징하는 작품이에요."[3] 작품 위쪽의 깃발은 '바보 천치'를 의미한다고 했다. 네 아이의 어머니로서 '어머니답지 않음'으로 비난받는 사람은 자기가 마지막이었으면 한다고도 말했다.

도마뱀과 쥐가 캐럴이 가장 좋아하는 동물이 된 이유는 무엇이었을까? "사람들에게 충격을 주니까요." 페니가 눈을 반짝거리며 대답한다. "캐럴은 '충격'의 가치를 추구하고 그것을 위해 살았어요. 사람들을 일깨워서 안전지대에서 빠져나오게 하는 걸 아주 좋아했지요."

캐럴은 2006년 5월과 6월, 솔트레이크 시와 유타 아트 페스티벌 주관으로 라이브러리 스퀘어 갤러리에서 열린 '자기를 구성하다—30개의 자화상' 전시회에서 이 '부드럽고 예술적인' 용을 선보였다. 당시 그녀는 이 용이 자신을 표현한 것이라고 말했다.

"누구나 화가가 될 수는 있지만, 예술가는 꼭 그렇지만은 않아요. 예술가의 내부에는 자신의 마음을 무한한 창공, 모든 것이 존재하는 바깥으로 내보낼 수 있게 하는 무언가가 있죠. 그들은 단지 이 에너지를 끌어들이기만 하면 그것으로 '실존'하는 것들을 만들어낼 수 있습니다. 또……." 페니는 웃으며 고개를 젓는다. "난 그 사람들이 어떻게 그런 걸 하는지 모르겠어요. 아이디어들, 비전들, 생각들이 그냥 다가와 쏟아지면 그들은 이것들을 다운로드해서 예술 작품으로 빚어내는 거고, 나머지 우리 불쌍한 영혼들은 이해하려고 애쓰며 오로지 바라보기만 하는 거겠죠."

가족 아닌 사람 중에 캐럴을 안다고 할 만한 사람이 있다면 바로 페니 패커다. 멘토로서 시작한 캐럴과의 우정은 캐럴이 중학교 때부터 이어져 왔다. 점심시간이면 캐럴과, 비슷한 성향의 학생 몇몇이 패커의 외딴 퀀셋(벽과 지붕이 반원형으로 연이어진 숙사, 조립주택 - 옮긴이) 미술실로 몰려가 엠앤엠스 초콜릿을 먹으며 닐 다이아몬드의 음악을 듣고 삶의 의미에 대해 토론했다. 패커는 이들의 토론에 가타부타 평가를 하지 않고 들어주었다. 캐럴은 학생들 사이에서 일종의 리더 역할을 했다. 친구들은 이야기를 듣기 위해 그녀 주변에 모여들었다.

실존에 대한 토론 사이사이, 캐럴은 전형적인 십대다움으로 자기 아버지의 고리타분함에 대해 분노를 토해내기도 하고, 자기가 아버지의 심사를 뒤집어놓기 위해 무슨 짓을 했는지 키득거리며 자세히 묘사해 주기도 했다. 캐럴이 중학생이었던 1970년대는 히피 시대의 막바지에 걸쳐 있었다. 캐럴은 그 에토스(정신, 특질 - 옮긴이)와 히피 언어를 흡수하면서 개인의 자유를 신조로 받아들였다. 그녀는 정해진 활동을 싫어했으며, 때로 핵심 아이디어가 마음에 들 때는 페니가 '캐럴스러움(caroleness)'이라고 이름 붙인 신념을 불어넣어 활동 자체를 변화시켰다.

"예술가의 정신은 건강하지요. 우리와는 참 달라요." 페니는 생각에 잠겨 말했다. "그들은 회로 자체가 달라서 사물을 다른 방식으로 봅니다. 캐럴을 지배하는 정서도 마찬가지예요. 그런 압도적인 정서들이 엄청난 양으로 밀어닥쳐 그녀를 꾀어내고 비웃기도 하죠. 캐럴이 정서의 무분별한 공격을 중지시키고 합리적 사고의 가느다란 터널에 주의를 모을 수만 있다면……." 페니의 목소리는 생각에 문혀 점점 낮아졌다. "생활에 얽매이지 않고 우주와 소통하여 자신의 심장이 기뻐할 만한 뭔가를 창조할 수 있는 그곳에 그애를 그대로 두어야 했어요. 생활하기 위해 해야 하는 일상적인 것들이 그애에게 그런 실수를 저지르게 만든 것입니다."

페니는 듣는 사람이 당황스러울 만큼 몸을 기울여 다가오며 말했다. "캐럴은 '교정자'예요. 아픈 동물을 고치고, 아픈 사람을 고치죠. 그애가 걱정스러운 건, 지옥에 떨어진 영혼들과 함께 추락하는 이런 식의 패턴이 아닌 다른 교정법을 모른다는 거예요. 캐럴은 멀쩡한 이들은 받아들이지 않고, 항상 손상된 영혼들과 함께했어요. 자신이 구조해 낼 수 있는 대상들, 그녀에 의해 새롭게 만들어지는 사람들 말이에요."

유용한 감정이입

다른 사람들을 '고치고자' 하는 강박적 욕구는, 모든 경우에 다 적용되는 건 아닐지라도 동반의존성의 한 부분임이 분명하다. 따라서 학대자의 뇌 기능에 별난 특성이 있는 것처럼, 피해자 역시 그럴 수 있음을 인정하는 것이야말로 학대자와 피해자 모두를 치료하는 데 큰 도움이 된다. 동반의존적 행동의 근저에 있는 정신병적 기벽을 이해하는 것은 이를 바꾸어나가기 위한 첫걸음이다. 여러 치료 전문가들이 직관적으로 알고 있듯이 뇌는 매우 유연하며 엄청난 변화의 가능성을 지니고 있으므로.

신경과학자들은 동반의존을 직접적으로 연구하지는 않지만, 실제로는 이와 근본적으로 연결되어 있는, 다른 사람의 뇌 속을 자세히 들여다보고 그의 감정까지 느낄 수 있는 능력인 감정이입의 행동을 연구한다. 우리가 관심을 두는 동반의존 행동은 신경과학 분야의 관심 대상인 감정이입의 과도함이나 결함과 관련될 것일 수 있다는 말이다.

도대체 감정이입이 무엇이기에? 감정이입은, 보고 듣거나 아니면 단순히 다른 사람의 상황에 대해 알게 되기만 해도 과거에 감정이 동화되었던 경험과 똑같은 패턴으로 뇌세포가 활동을 시작하게끔 촉발되는 상태를 말한다. 우는 아기를 달래고 싶어 하는 것과 같은 무의식적인 충동, 새 아파트로 이사하는 친구를 도와줄 것인가 말 것인가를 결정하는 것 같은 좀더 의식적인 결심 등의 뒤편에 다양한 형태로 숨어 있다. 분명한 사실은, 이 감정이입의 패턴들이 인간이라는 종의 생존에 매우 유용하다는 것이다.

감정이입과 관련해 가장 흥미로우며, 여전히 거의 밝혀지지 않은 부분은 미러 뉴런(mirror neurons)이라고 불리는 특별한 뇌세포이다. 복화술사의 인형처럼, 이 활발한 세포들은 다른 사람들의 행동에 반응해 불꽃을 일으킨다. 어떤 여자가 계단에서 미끄러져 난간을 꽉 잡는 상황을 가정해 보자. 그녀의 신경세포들은 지체없이 자신의 손에 '꽉 잡아!'라는 신호를 쏘아보낸다. 그런데 놀랍게도 그녀가 균형을 잡으려고 난간을 붙드는 광경을 보는 우리의 뇌에서도 똑같이 '꽉 잡아!'라는 신호를 발사한다. 또 누군가 우는 걸 볼 때도 우리 뇌의 미러 뉴런 역시 우리에게 똑같이 울라고 하는 신호를 보내기 때문에 우리 눈에도 눈물이 차 올라온다. 본질적으로 우리는 다른 사람이 느끼는 것을 어느 정도는 이해한다. 미러 뉴런이 똑같은 방식으로 느낄 수 있게 도와주기 때문이다.

그러나 미러 뉴런은 전체 스토리의 일부분만 담당한다. 시카고 대학의 장 디케티는 대니얼 크레이그가 맡은 제임스 본드를 연기해도 될 만큼 허스키한 목소리의, 프랑스 억양을 구사하는 학자인데, 수년간 감정이입의 기저에 있는 신경 패턴의 무리들을 주의 깊게 관찰했다. 세계적인 과학자들이 흔히 그렇듯이 디케티에게도 불가해한 것들을 단순화시키는 마술적인 그만의 방법이 있는데, 덕분에 감정이입을 네 가지 구성 요소로 나눌 때 가장 쉽게 이해할 수 있다는 것을 알아냈다.

- 타인의 정서를 공유하는 능력
- 자기 자신과 다른 사람들을 인식. 그리고 자신의 '끝'과 다른 사람들의 시작 지점을 식별
- 자기 자신의 시각을 한쪽으로 밀어놓을 수 있는 정신적 유순함과 다른 사람의 시각으로 사물을 바라보기
- 자신의 정서를 의식적으로 제어할 수 있는 능력[4]

디케티는 감정이입이 이들 네 가지 요소 모두의 혼합물로 구성된다고 역설한다. 만약 유전적 소인, 발달상의 문제, 스트레스 또는 단순히 적절치 않은 사람과 어울린 것만으로도 발생할 수 있는 기능장애적인 사고 패턴 때문에 네 가지 요소 중 어느 것 하나라도 잘못되어 버리면, 그 결과로 인해 생기는 감정이입은 남과 달라 보이

며 심지어 비정상으로 보이게도 한다. 그러면 그 사람의 행동은 신경질적으로 변하기 쉽다. 그 또는 그녀는 다른 이들과 공감하는 데 장애를 겪거나, 지나치게 감정을 이입하여 자신의 감정과 욕망을 다른 사람들의 그것과 분리하지 못하게 된다.

감정이입 억제하기

그러나 디케티의 감정이입에 관련된 신경 패턴 연구에서 보듯, 사람의 뇌가 돌로 된 것이 아님은 물론이다.[5] 디케티의 동료인 대만 출신의 신경과학자 야웨이 쳉은 아주 지혜로운 실험을 통해 타인에 대한 감정이입을 순전히 의식적인 의지력으로 켜거나 끌 수 있음을 보여주었다. 쳉은 외과의사, 치과의사, 간호사들이 고통받는 환자들을 대할 때 보통 사람들이 느끼는 정도로 괴로워하거나 근심한다면 매일의 업무를 수행할 수 없을 것이라고 추론했다. 이들 전문가들은 스스로를 둔감하게 만드는 데 도움이 될 모종의 신경 트릭을 개발해야 한다.

쳉과 그녀의 팀은 의료 영상을 이용하여 나른 사람의 몸에 침술에서 쓰는 긴 바늘이 삽입되는 장면을 대하는 사람들의 신경 반응을 관찰했다. 그 결과 보통 사람들은 찌르는 모습을 보면서 불편해했는데, 그도 그럴 것이 그들의 뇌가 바늘에 찔리는 사람의 불편함과 똑같은 감각에 공명하는 패턴을 발산했기 때문이다.

그러나 침술 전문가들의 뇌는 매우 다른 반응을 보였다. 시술 장면이 시작되자마자 뇌의 일부분이 침술의 기억을 소환하여, 타인의 고통에 감정이입하는 능력을 꺼버리라고 뇌의 사령 중추에 자극을 준 것 같았다. 이 사령 중추는 또 뇌의 일정 부분(측두 두정부)에 타인이 자신과 다르다는 사실을 일깨우는 신호를 증폭시켰다. 이 신호야말로 침술 전문가들에게 '기억해. 저건 다른 사람의 몸이야. 네가 아니야!'라는 사실을 환기시키는 원동력이다.

챙의 연구에 따르면 이런 전문가들은 '저건 네가 아니야!'라는 신호를 증폭시키는 법을 배움과 동시에 정서적 공명을 눌러앉힘으로써 자신들이 바람직하지 못한 감정이입에 빠져들지 않게 타인과 정서적으로 단절하는 학습을 자연스럽게 해오고 있었다. 흥미로운 것은 우리를 타인과 분리시켜 주는 것이 뇌의 오른쪽 반구, 정확하게는 오른쪽 전두두정 네트워크라는 사실이다.[6] 이는 뇌의 양쪽 반구가 서로 다른 작동 모드를 지니고 있다는 또다른 증거일 것이다. 우뇌의 손상이나 기능 저하가 반사회적 성격장애 등에서 보이는 공감 결여의 원인으로 지목되어 온 것은 감정이입이 오른쪽 뇌에 뿌리를 두고 있기 때문이다.

침술가들에게 이런 식의 두뇌 변화를 일으키도록 누가 가르친 것은 아니다. 그보다는 자연적으로 자기 학습을 했다고 하는 편이 옳을 것이다. 마치 아기가 눈을 움직여 엄마를 바라보고, 엄마의 주의를 끌기 위해 울어대는 법을 스스로 학습하는 것과 마찬가지다.

그렇다면 애초에 동정심 같은 것이 솟아오르는 이유는 무엇일까? 진화론자들은 이 감정이 세 가지 이점을 지니고 있다고 풀이한다. 첫째, 위험에 노출되기 쉬운 어린 자녀들에게 도움이 되며, 둘째는 잠재적인 짝의 마음을 얻기에 유리하며, 셋째는 인정 많은 사람일

수록 더 돈독하고 강력한 친구와 동맹자가 될 수 있다는 점 등이다.[7] 그러나 진화론적 입장에서 강점으로 지목된 이 복합적인 혼합물은 감정이입 행동을 부추길 수 있는 수많은 유전적 소인을 의미하며, 사람에 따라서는 이런 유전자가 '과잉' 탑재될 수 있다는 의미도 된다(특히 여자들이 남자들보다 더 감정이입이 되기 쉬운 것은, 뇌 발달의 경로가 다르기 때문이기도 하지만 감정이입 행동을 받아들이게 만드는 문화적 배경에도 원인이 있다).[8] 그렇다면 동반의존은 문화, 환경, 유전적 요소들의 다양한 혼합물로서, 다른 사람들과 동화되고자 하는 성향이 지나치게 강하기 때문이라고 볼 수 있을 것이다.

그런데 이것이 정서 조절의 '무능력함'과 결부되면 문제는 더 깊어진다. 어쩌면 동반의존자들은 정서적 반응을 가라앉히고, '저 사람은 네가 아니야!' 신호를 증폭시키는 방법을 스스로 익히는 데 곤란을 겪는 사람들일 수 있다.

사실은 이것이 동반의존 전문가인 멜로디 비티가 제시한 '전형적 동반의존 행동' 뒤에 숨어 있는 비밀일지도 모르겠다. 다른 사람들의 기분이 동반의존자의 정서를 좌우하고, 동반의존자는 다른 사람들의 정서를 조절함으로써 스스로의 정서를 제어하려고 노력하는 것 말이다. 비티는 크리스틴이라는 여자의 사례에서 이렇게 썼다. "남편이 기분 좋을 때는 그 상황이 내게 달려 있는 것 같아서 나도 만족이에요. 그가 화를 낼 때도 내 책임인 것 같은 느낌이 드는데요. 그의 기분이 나아질 때까지 나는 걱정하고, 불안해하고, 화가 난 상태로 있죠. 난 어떻게 해서든 그의 기분을 좋게 '만들어 보려고' 노력해요. 그렇게 하지 못하면 죄 지은 기분이 들고, 그는 내가 그런 일을 한다고 또 화를 내요."

"그런데 내가 동반의존적으로 행동하는 대상은 남편만이 아니에요"라고 그녀는 덧붙였다. "모든 사람한테 다 그래요. 부모님, 내 아이들, 집에 온 손님에게도요. 그러고 보면 나 스스로가 다른 사람들 속에 묻혀버리려는 것 같기도 해요. 그리고 그들에게 휘둘리는 거죠."

어두운 측면

멀리서 문 닫히는 소리가 들린다. 캐럴의 어머니는 뒷마당에서 집안일을 계속한다. 40년 동안 네 자녀를 키워내고, 많은 손주들을 둔 그녀는 이제 혼자 지내고 있다. 한때 척박했으나 그녀와 남편이 공들여 가꿔온 목가적인 정원이 집을 둘러싸고 잔잔히 펼쳐져 있다. 그러나 4H 운동의 일환으로 오래 전에 지피식물(地被植物)로 심었던 시베리안 완두콩은 웃자라기 시작했고, 캐럴의 어머니는 이제 칠십대 중반이다. 최근에 그녀는 결심 끝에 타운의 친구 집 가까이에 조그만 안뜰이 있는 집을 사서 이삿짐을 싸는 중이다.

그녀는 거실 문을 조금 열어 인사를 건네고는 이내 집의 다른 곳에 있는 물건들을 꾸리러 간다. 그녀는 기력이 정정해서 새벽에 일어나고 한밤에 잠자리에 든다. 어찌나 꼼꼼한지 집안에 보물이 쌓인 걸 발견했을 때조차도 샅샅이 살펴 추려내야 직성이 풀리는 성격이다. 그런 그녀에게 힘이 되어주는 것은 끊임없이 걸려오는 전화다. 세 명의 자녀들은 돌아가며 끊임없이 그녀에게 안부를 묻고,

한두 명의 친구들은 몇 시간마다 연락을 해온다. 그녀는 관절염 환자들에게 인기 있는 아쿠아 피트니스 교실의 리더이며, 온갖 마을 일에 앞장선다. "어머니는 단지 그렇게 하는 게 옳은 일이라고 생각해서 자원하시는 거예요"라고 그녀의 막내아들이 말한다.

캐럴의 어머니와 인사하느라 잠시 말을 멈추었던 페니 패커가 대화를 이어나간다. 화제는 그녀의 친구인 앨든 가족으로 바뀌었다. "캐럴의 부모님은 엄격했지만 자식들에게 성장에 필요한 온갖 기회를 골고루 접하게 해주려고 노력했어요. 4H, 여행, 또는 무엇이 됐든 아이들이 원하면 반드시 들어주었죠." 페니는 스포츠, 걸스카우트, 보이스카우트, 음악, 미술, 애완견 훈련, 꿩 기르기, 하이킹 등을 예로 든다. 말하자면 앨든 부부는 어떤 어린아이라도 원할 법한 '응원해 주는' 부모였다.

"캐럴의 먼젓번 두 남편은 꽤 좋았어요. 지적으로 캐럴과 동등했지요. 내 생각엔 그 사람들이 일정 기간이 지나면서 캐럴을 포기한 것 같아요." 페니는 잠깐 주저하다가 앤디 브리스토에 대해서도 언급했다. 앤디는 캐럴이 두 번째 남편을 떠나고 마티를 만나기 전 몇 년 동안 함께 지낸 연인이었다. 약물 중독자였던 앤디는 결국 그 때문에 죽었다. "앤디에 대해서는 잘 모르지만, 적어도 지적인 면에서는 캐럴과 걸맞지 않았어요."

"캐럴에게는 너무나 많은 아름다움이 있었지만, 예술가들이 흔히 그렇듯 어두운 내면이 공존하고 있어서 그 부분을 조절해 가며 지내야 해요. 캐럴은 '교정자'예요." 페니는 거듭 말했다. "아픈 동물, 아픈 사람을 고치죠. 그애는 이구아나를 사랑해요. 그러나 그 동물이 물기라도 하면 목을 졸라 죽입니다." 페니는 캐럴이 그렇다는 걸 처음 깨달은 것처럼 고개를 퍼뜩 들며 놀라는 표정을 지었다. "그러고 보니 전에도 그런 행동을 한 적이 있어요. 그애가 임신 중일 때였는데, 염소가 뿔로 들이받으려 했죠. 그애는 그 자리에서 쇠스랑으로 염소를 죽였어요."

　페니는 자기가 방금 깨달은 것이 말도 안 된다고 생각하며 당혹스러움에 고개를 저었다. 그녀는 상황을 간추려 보려 애썼다. "내가 말해도 그애는 듣지 않아요. 많은 사람들이 그애한테 말을 해주려 하고, 넌지시 충고해 주지만 소용없어요. 그애가 그처럼 궁지에 몰린 삶을 영위해 가는 이유는, 현실을 걸러내는 자신만의 필터를 통해서 상대의 말을 듣기 때문이에요."

　"그렇더라도 유타 주는 여성 인권이 없는 곳이고 변호사는 무능해요. 그애는 억울하다고요!"

7

타인의 고통에 대해

> 리어왕이 "이처럼 잔인한 마음이 생겨난 이유가 있을 것 아닌가?" 라고
> 울부짖을 때, 우리는 이렇게 대답할 수 있다. 어떤 면에서는
> 이유가 있다고. 바로 오른쪽 전두엽 전부(前部) 피질의 결함 때문이라고.
> ―이언 맥길크리스트, 《주인과 그의 밀사》[1]

여성을 부당하게 유죄로 모는 일은, 걸출한 감정이입 연구자인 캐럴린 잔 왁슬러가 가장 잘 아는 분야이다. 캐럴린은 1960년대로서는 드물게 심리학 박사 학위를 딴 여성으로서, 미네소타 주립대에서 학위를 따고, 국립정신건강연구소에서 박사 학위자 후속 과정을 밟았다. 그녀의 진가를 알아본 지도교수는 임시직이었던 그녀를 정규 직원으로 승격시켜 주었다. "그때는 여성 과학자가 별로 없었어요. 그나마 중요한 직책에 있던 여성은 단 두 사람이었어요. 그래서 나는 스스로 운이 좋다고 생각했습니다"라고 캐럴린은 썼다.[2]

과학과 합리성이 그녀에게는 정서적으로 요동치는 아동기를 지탱하게 해준 힘이었다. 캐럴린의 생애에서 초반기는 온통, 우울하고 자기중심적인 어머니가 만들어놓은 울타리에서 벗어나지 못하는 나날이었다. 캐럴린과 그녀의 여동생이 각자의 관심사나 꿈을 좇기는 힘들었다. 그녀가 고등학교 2학년 때 그녀의 어머니는 결국 우울증으로 입원했고, 입원과 퇴원을 일 년에 수차례씩 반복했다. 이후로도 오랫동안 자매의 삶은 그렇게 이어졌다. 우울증의 진단 자체는 확실했지만 치료는 쉽지 않았다. 우울증에는 적개심과 분노가 동반되는데, 이것은 캐럴린의 어머니가 퇴원한 날부터 캐럴린과의 유대관계에 결정적인 영향을 미쳤다. 캐럴린이 어머니의 분노를 겪어내는 동안 그녀의 여동생은 늘 그 모습을 지켜보았다. 이 또한 자매에게는 또 하나의 트라우마가 되었다.

위스콘신에서 국립정신건강연구소가 있는 매릴랜드로 옮겨간 것은 캐럴린에게 정서적 해방의 계기가 되었다. 더구나 가족관계에서 놓여나면서 그 빈 자리를 지적인 요구가 대신했다. 업무도 복잡했고, 그녀가 워낙 일 자체를 즐기기도 했다. 그녀가 상사의 눈에 든 것은 당연한 일이었다. 그러나 캐럴린도 결국은 자신만의 독자적인 연구에 필요한 재원을 얻지 못하면서 신사협정이라는 것을 배우게 된다. 10년간 주어진 일에 충실했지만 자신의 지위와 직책에서 오는 한계와 제약을 절실히 느꼈던 것이다. 거센 페미니즘의 물결은 국립정신건강연구소에까지는 이르지 않았다. 그곳은 여전히 계층적이며, 원로들의 의견에 순종하는 연구 문화에서 벗어나지 못했다. 모두가 전문직 여성의 승진에 대해서는 미심쩍은 눈길로 바라

캐럴린 잔 왁슬러는 국립정신건강연구소에 재직하면서 감정이입과 돌봄 행동의 기원 및 진전에 관한 연구에서 괄목할 만한 경력을 쌓았다. 최근에는, 과학 발전이 어린 아이들에게서 나타나는 감정이입, 친절, 이타적 행위, 긍정적인 정서를 촉진하는 습관에 어떤 영향을 미치는가 등의 문제로 관심을 확장시켰다.

보았다. 캐럴린은 '성차별, 문화적 제약, 자녀 양육, 조기 사회화' 등 소신을 잃게 만드는 것들로 엮인 학문적, 문화적 그물이 자신을 단단히 옥죄고 있음을 깨달았다. 이는 전문 직업인으로서의 성장이 서서히 접히고 있다는 의미이기도 했다. 그러나 마침내 그녀는 전문적인 간행물에 영향력 있는 기고문들을 싣기 시작했다. 강연하고, 편집에 참여하고, 지역사회 행사에 참여했다. 점차 전문가로서의 입지가 확장되었고, 마침내 자기 회의감을 극복해 냈다. "시간과 경험이 내가 엉터리가 아니라는 확신을 갖게 해주었어요"라고 그녀는 썼다. "다른 사람들한테 예민하게 굴지 않게 되었고, '내면의 까칠함'을 누르게 되었으며, '스스로 비판해 보기'를 통해 삶을 효과적으로 변화시켰어요."

캐럴린 잔 왁슬러는 언젠가는 국립정신건강연구소의 발달과 정신병리학 부서의 책임자가 될 것이었다. 권위 있는 저널인《발달심리학(Developmental Psychology)》의 협력 편집자로 일하다가 결국 편집자가 되었는가 하면, 장기적인 연구들 — 유아들이 청년기까지 성장하는 모습을 추적해 가는 다년간의 연구들 — 덕분에 그녀는 아동기의 발달 상황, 특히 이타적 성향과 측은지심의 과잉 발달에 누구보다 정통했다. 우울한 부모 밑에서 자라는 어린이들을 다룬 캐럴린의 연구에서는 이 어린이들 중 일부가 우울한 부모를 돌보려고 노력하는 소위 '역할 전환' 또는 어린이의 '부모화(parentification)' 현상을 밝혀냈다. 그녀와 여동생의 개인적 경험, 그리고 부모의 정서적인 요구를 보살피려 노력한 사례들이 자신의 연구에서 밝혀진 패턴과 유사했던 것이다.

감정이입하는 사람, 분류하는 사람

실제로 모든 사회에서 여자는 남자보다 훨씬 더 많이 누군가를 돌보는 역할을 맡는다. 여자는 매우 자연스럽게 남을 돕는 직업을 갖게 되며, 가정에서는 자녀 교육을 전담하다시피 한다. 캐럴린 잔 왁슬러와 동료인 캐럴 반 훌은 이에 대해 이렇게 썼다. "이런 역할들은 타인의 문제와 고뇌를 해소해 주고자 하는, 인성에 깊이 배어 있는 책임감을 필요로 한다."[3] 물론 남자들 중에도 매우 높은 감정이입 경향을 보이는 사람들이 있지만[4] 대체로 여자들이 남자보다 감정이입이 더 잘 되는 방향으로 진화해 온 듯하다.

심리학자인 사이먼 바론 코언(노골적인 코미디언 사샤 바론 코언의 얌전한 사촌임)은 사람을 감정이입자와 분류자의 두 유형으로 나누는 이론을 내놓은 바 있다.[5] 분류자는 체제 속에 박힌 규칙들을 명확히 산출해 내는 경향을 지닌 사람들이다(여기서 체제라고 하면 자동차 엔지니어링, 기차 시간표, 춤 동작의 순서, 우표 수집 등 종류가 다 다르다). 반면 감정이입자는 누가 어떤 느낌인지, 왜 그런지, 무슨 생각을 하는지 등 타인에게 관심이 많다.

바론 코언은 사람들의 분류 및 감정이입 능력치를 가늠할 수 있는 테스트를 고안했는데, 이 테스트에 따르면 뛰어난 분류자는 대개 뛰어난 감정이입자가 아니며, 그 반대도 마찬가지라고 한다. 일상에서 흔히 일어나는 일을 예로 들면, 기계 엔지니어는 아내의 생일을 잊어버렸을 때 그 사실을 꼬집어 힐책하는 아내의 표현을 알아채지 못할 수 있다는 것이다. 반대로 대학에 다니는 남편을 돕기 위해 야간 근무를 하는 간호사인 그의 아내는 엔진을 디자인하는 남편의 직업과 관련된 복잡한 부품에 아무런 관심도 없을 수 있다.

바론 코언의 이론에 따르면 이렇게 세상과 소통하는 서로 다른 스타일은, 아기가 자궁 속에 있을 때 뇌의 어느 부분이 신속하게 반응하는 방식으로 발달하는가에 달려 있다. 바론 코언은 태아의 발달 과정에서 일정 시점에 남성 호르몬인 테스토스테론의 초과량이 뇌의 일정 영역의 발달 속도를 늦춤으로써 더 분류적이며 덜 감정이입적이 된다고 믿고 있다.[6] 이론의 여지는 있지만 이러한 뇌 발달의 테스토스테론 연관 이론을 '게슈빈트 갈라부르다 이론'이라고

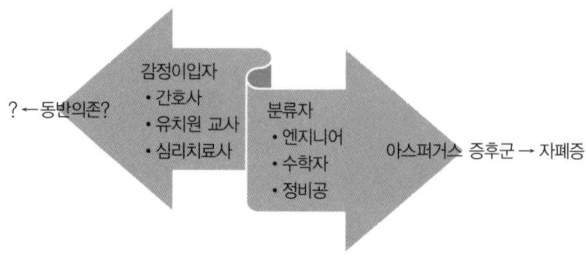

감정이입자와 분류자. 사람을 외향적, 내향적 성향으로 나누는 것과 똑같이, 감정이입적인지 분류하기를 좋아하는지의 성향으로도 대별할 수 있다. 감정이입자는 누가 어떤 느낌인지, 왜 그런지, 무슨 생각을 하는지 등 타인에게 관심이 많고, 분류자는 자동차 엔지니어링, 기차 시간표, 춤 동작의 순서, 우표 수집 등 체제 속의 규칙을 밝혀내려는 경향이 있다.

한다. 이 이론은 일반적으로 말더듬이, 실독증, 활동 항진, 투렛 증후군(틱장애 - 옮긴이)[7] 등 남자아이들에게서 더 많이 나타나는 증상들과 연관되어 있다고 생각되며, 드물게는 여자아이들이 타인과의 관계에서 기인하는 증후군들, 이를테면 우울증, 불안, 신경성 식욕 감퇴 등으로 고통받는 일이 더 흔하다는 것을 뒷받침해 주는 명백한 증거로 여겨지기도 한다.[8]

바론 코언에 따르면 남자 아이들은 타고난 성 때문에 테스토스테론의 원천을 지니는 점은 같지만 가정에서 자란 아이들이 기관 등에서 성장한 아이에 비해 상대적으로 분류자가 될 경향이 더 농후하다고 한다. 물론 이 때문에 증대되는 테스토스테론의 양 자체는 많지 않거니와 이 호르몬이 분비되는 원인 또한 다양하여, 심지어 엄마에게서까지 받는 경우도 있다고 한다. 따라서 일부 여성들 역시 알맞은 때에 소량의 테스토스테론을 받으면 '분류' 능력을 키우는 데 도움을 받을 수 있다고 코언은 말한다. 이렇게 바론 코언은 남자들이 더 강한 분류 능력을 지니는 경향이 있고, 여자들은 감정이입 능력이 더 두드러지는 경향이 있다고 가정했다.[9] 그는 자폐성을 가진 사람들은 초(超)분류자들이며, 자폐성을 지닌 어린이가 흔들리는 끈을 몇 시간이나 응시할 수 있는 것은 그 아이가 끈의 움직임에서 나오는 역동성을 이해하는 데서 비롯되는 즐거움 때문이라고 여겼다. 이것은 자폐증과 그보다 온건한 사촌쯤 되는 아스퍼거스 장애(집단에 적응되지 않는 정신 발달 장애 - 옮긴이)의 특질이 수학자들 또는 고도로 이론적인 시스템에서 일하는 이들 사이에서 더 흔히 발견되는 이유를 설명해 줄 수도 있을 것이다.[10] 실제로 여자보다 남자들에게서 자폐증이 열 배 정도 높게 나타난다.

이런 생각들은 양쪽 뇌 반구의 서로 다른 기능 때문인 것으로 보인다. 이언 맥길크리스트가 뇌 반구 기능 발달의 개론서인 《주인과 그의 밀사》에서 말한 것처럼 뇌의 왼쪽 부분은 분류, 오른쪽 부분은 감정이입의 사령부 역할을 한다.[11]

지금까지 연구자들은 자폐증과 아스퍼거스 장애를 가진 이들을 대상으로 '분류 성향'의 극단까지 깊이 탐구했다. 자폐증의 수수께끼가 풀린 것은 명백히 중요한 연구 성과이다. 결국 타인과 공감하는 능력이 결여된 이들은 수학적 직관력 같은 선물을 받기도 하지만 대개는 사회적으로 곤경에 처할 수 있음이 밝혀졌다. 그러나 스펙트럼의 '다른' 측면을 가진 이들, 즉 대단히 높은 감정이입 능력을 가졌으며 분류 능력은 조금 내지 거의 지니지 못한 사람들은 연구자들의 관심을 거의 받지 못했다.[12] 일부에서는 이것이 여성에 대한 편견 때문이라고 생각한다. 따지고 보면 의학 연구는 여성 지향적인 문제들을 회피하는 역사를 이어왔고, 감정이입자들은 많은 수가 여자들이기 때문이다. 그러나 '초(과다)감정이입'에 대한 연구가 적은 이유 중에는 높은 감정이입, 낮은 분류화 성향이 외견상 덜 심각해 보인다는 점도 있다. 대단히 감정이입적이며 비참할 만큼 분류화를 하지 못하는 여자는 지도를 보고 길을 찾거나 VCR 기기를 다룰 줄은 모르겠지만, 그녀가 분류화 능력의 결여로 고생할 때 언제든 도움의 손길을 뻗칠 친구들은 대체로 남아돈다. 게다가 사람들을 보살피는 그녀의 성품에 대해서는 찬사가 쏟아진다. 그렇다면 무엇이 문제라는 걸까?

돌봄의 질병들

여자들에게서 흔히 보이는 수많은 질병과 증후군들이, 일반적으로 여자들에게서 더 강하게 나타나는, 타인에게 감정을 이입하고 그들에게 집중하는 성향과 관련되어 있다는 사실은 놀라울 정도다. 예를 들어 레이첼 바크너 멜먼과 그 동료들은, 이기적인 성향이 적고 다른 이들에 대한 염려가 더 강한 사람일수록 신경성 식욕 감퇴 증상도 더 심하다는 사실을 발견했다. 심지어 아이들에게서 '자기를 돌보지 않는 정도'를 관찰하면 신경성 식욕 감퇴가 될 가능성 여부도 미리 예측할 수 있다고 한다.[13] (성격의 경계와 한계 설정의 중요성을 나타내는 표를 보면 자기중심적이 될수록 식이 장애를 막는 데는 도움이 되는 듯하다.)[14]

신경성 식욕 감퇴로 고통받았던 어떤 이는 이렇게 쓰고 있다.

"삶을 온통 다른 사람들을 위해 살았어요. 그런 삶을 선택한 것이 아니라 다른 방법을 몰랐기 때문이에요. 오랜 시간이 지난 후에야, 내게 실제로는 자아라는 게 없었다는 걸 깨닫게 되었어요. 나는 다른 사람들이 좋아하고, 생각하고, 말하고, 행동하는 대로 사는 사람이었어요. 나 자신에 대한 존중감 없이 다른 사람들을 기쁘게 하려고 애쓰면서 하루하루를 보냈고, 덕분에 아주 착하다는 소리를 듣고 살았죠."[15] 실제로 자폐증 환자의 관찰에서도 신경성 식욕 감퇴로 고생하는 이들 열 명 중 아홉은 여성이었다.[16]

신경성 식욕 감퇴와 마찬가지로 여성에게 농후한 또다른 증상은 우울증이다. 우울증은 사람과의 관계에서 자주 발생하는 질병으로 죄책감과 관련되어 있다. 공교롭게도 타인에 대한 감정이입 반응은 죄책감을 동반하는 경우가 왕왕 있는데, 죄책감은 대체적으로는 긍정적인 효과를 지니고 있다. 심리학자인 린 오코너는 이렇게 말했다. "우리가 상대와 상호 감정이입 반응을 한다는 것은 상대에게 해를 입혔다고 생각할 때 죄책감을 경험한다는 것이며, 이는 흔히 일어나는 사회적 충돌을 극복하게 해준다. 감정이입을 기반으로 하는 죄책감이 없으면 관계는 파괴되고, 우리들 각자는 고립된다."[17]

그러나 오코너는 감정이입 기반의 죄책감은 자칫 우울증을 일으킬 수 있는데, 그건 우리 인간들 모두가 원래부터 지니고 있는 '자책'의 성향 때문이라고 한다. 잔 왁슬러는 "죄책감이 몇몇 우울증 이론에서 핵심 역할을 하는 것과 거의 일치" 한다면서 이 말에 동의한다.[18] 인지이론에서는 우울증을 "'내 탓', '일어난 나쁜 일들에 대한 책임을 내가 질 것', '늘 그런 식이겠지'라며 부정적인 사건들을 내재적, 지속적, 포괄적인 원인으로 돌리는" 경향이라고 정의한다. 잔 와슬러 역시도 연구를 통해 이런 부정적인 이야기들이 "유년기에 이미 일상적인 사고방식 및 생활 태도를 결정하는 요소가 될 수 있으며", 극단적 책임감이 실제로 우울증의 초기 징후가 될 수 있다고 결론지었다. 그러면서 이런 패턴들이 남자아이보다 여자아이들에게서 더 흔하다는 사실도 덧붙였다.

죄책감, 우울증, 신경성 식욕 감퇴. 이 모든 여성 지향적 정서 또는 증후군은 남성 지향적인 자폐증과 대척점에 있다. 어쩌면, 극단적인 분류자들이 물리 체계를 이해하는 데 집중하고픈 충동을 지니는 것과 똑같이(이들은 사람들의 감정이 어떠냐 하는 식의, 목표와 무관한 주제들은 무시한다), 극단적인 감정이입자들은 타인의 감정에 집중하느라 자신을 가둔다. 자신의 감정이입 반응이 자기가 돕고 싶어 하는 바로 그 사람들에게 오히려 힘든 상황을 만들어 줄까봐 걱정하면서 말이다.

사실상, 감정이입 스펙트럼의 극단에 있는 사람들이야말로 동반 의존의 핵심 구성원이다. 이들 한 명 한 명은 다른 사람을 도와줄 뿌리 깊은 필요성을 느끼지만 동시에 그 방법을 알지는 못한다. '도와주는 것'이 옳기는 하지만 실제로는 전혀 도움이 안 되는지 어떤지 모른다. 달리 말하면 그런 초감정이입자들은 "어떡해, 저 사람들 상처를 입고 있어!"라는 느낌에 사로잡혀서 다른 요소를 간과하는 것이다. 따라서 상대가 도움을 원한다고 해도 진짜로 무엇을 필요로 하는지를 알지 못한다. 마치 손을 내밀어 아이를 끌어당겨 구하지는 않고, 그저 두 손 모두 얼굴에 대고 비명을 지르는 형국이다.

또는 당장의 정서적 힘듦에서 벗어나려고 다른 사람을 돕겠다는 강박에 싸여 자신의 도움이 타인에게는 의존성을 길러주는 결과밖에 안 된다거나 스스로도 장기적으로 더 큰 상심의 원인이 되는 감정 소진이라는 걸 모르는 상황일 수도 있다.

또한 이 사람들에게는 자기와 남을 명확히 구분하는 경계 인식이 결핍되고 정서적 억제에 어려움을 겪는 것 외에도 또다른 문제가 있다. 학대당하는 관계에 놓인 많은 여자들이 자기가 맺고 있는 관계가 파괴적이라는 걸 인식하면서도 그런 관계 속으로 끌어당겨지는 정서적 강박을 제어하지 못하고 지낸다는 것이다. 이는 다양한 중독증이나 빈약한 식습관, 나쁜 운동 습관 등 자기 파괴적인 행동의 다른 많은 유형들과도 상당히 닮았다. 즉 다양한 인지적, 정서적 장애를 지녔거나 조울증, 정신분열증, 투렛 증후군으로 고통받는 사람들은 자신들이 점점 나빠지고 있음을 인식하면서도 손상을 회복시키기에는 무력하다고 느끼는 것이다.[19]

자, 이 모든 다양한 이슈들이 캐럴 앨든과 상관이 있을까? 그럴 수 있을 것이다. 아니면 그녀를 둘러싼 사람들, 즉 친구들, 지지자들, 어머니, 형제자매, 자식들과 관련이 있거나.

감정이입적 피로

취리히 대학의 신경과학자인 태니어 싱어와 그녀의 졸업생 제자인 올가 클리메키는 감정이입자들이 타인의 고통에 반응하는 방식을 두 가지로 보았다.[20] 첫째는 감정이입을 동정심으로 치환하는 것이다. 즉 상대에게 감정이입에 따른 염려와 온정을 보내는 것으로, 아래 표의 윗부분에 해당한다. 이와는 달리 '감정이입적 피로'에 사로잡히는 식으로 반응하는 사람도 있는데, 이때는 스스로를 소진시켜 버리는 부정적 감정이 동반되는 경우가 많으며, 도표의 아랫부분에서 이를 보여주고 있다.[21] 감정이입이 감정이입적 피로로 바뀌는 것은, 상처 입은 사람을 모른 척하는 것이라고 여겨 그 자체를 죄악처럼 느끼는 미숙한 정신의 소유자들에게는 차라리 자연스러운 결말이다(이것이 바로 죄책감이 어떤 식으로 우울증이 되는지를 보여주는 부분이다). 그러나 사실상 스스로를 타인의 고통에 휩쓸리게 내버려두는 것은 그를 돕는 것이 아니라 자기 자신을 해치는 일에

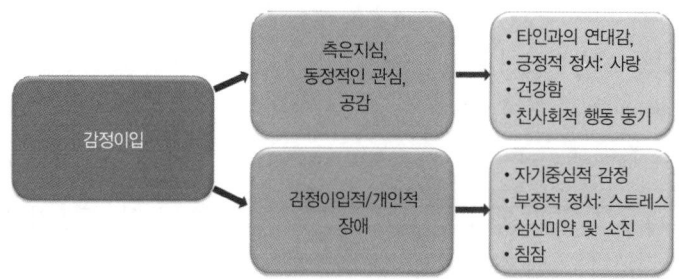

감정이입자들이 타인의 고통을 접했을 때의 두 가지 반응. 신경과학자인 태니어 싱어, 올가 클리메키의 연구에 참여한 승려 마티유 리카드는 이렇게 말한다. "우리는 타인의 아픔을 목격하면 그(그녀)의 고통에 공명하여 함께 힘들어한다. 신경과학은 고통받는 당사자와 감정이입에 따른 고통을 겪는 사람 모두의 뇌에서 비슷한 영역이 활성화된다는 것을 증명해 냈다. 감정이입자가 진짜 고통을 겪는다는 의미이다." 이 개념은 도표의 아랫부분에서 설명되고 있다. 리카드는 계속해서 이렇게 덧붙였다. "무절제한 사랑과 동정의 강력한 느낌, 감정이입의 부정적이며 고통스러운 측면들은 사라지고 타인의 고통을 위무해 줄 수 있는 온정적인 격려와 결심이 그 자리를 대신했다." 이는 도표의 윗부분에 대한 설명이다.

태니어 싱어와 그녀의 동료들은 간병인과 간호사, 의사들을 대상으로, 감정이입적 피로 없이 아픔에 처한 사람들을 도울 수 있도록 불교의 자비를 베푸는 방법을 전수하는 프로그램을 계획했다. 이런 기법들은 동반의존 문제에 사로잡힌 사람들에게도 유효할 것이다.

불과하다.[22]

　소진 또는 고갈은 사실상 건강 관련 직업에서는 감정이입적 고통의 결과 중 가장 흔하면서 가혹한 결말이다.[23] 소진된 간병인들은 오히려 환자에게 더 냉담해져서 의료적 과실이 늘어나는 사태로 이어진다. 뿐만 아니라 정서적 고갈, 우울증, 전반적 건강 악화로 발전하기도 한다.[24] 간병인의 감정이입은 환자가 지닌 상처의 깊이나 환자를 돌보는 데 매진한 시간이 얼마인가에 따라 달라지는 만큼 "환자들이 인지하는 고통이야말로 다른 어떤 요소보다 간병인을 우울증으로 이끌 수 있는" 것이다.[25] 이것이 싱어가 말한 "환자를 위한 측은지심의 뿌리는 '감정이입적 피로'와 맞닿아 있다"는 그 이야기다.

　어떻게 이럴 수 있을까? 결국은, 다른 사람이 건강해질 거라고 여겨 측은지심에서 돕고자 하는 것일 뿐인데?

　이는 오로지 싱어가 정리해 준 감정이입 반응의 두 가지 양상에 달린 문제다. 스스로 타자의 고통에 매몰되지 않으면서 감정이입이 들어간 염려는 어떤 면에서나 좋은 일이 될 수 있다는 것. 그러나 감정이입적 피로로 반응하는 것은, 특히 오랜 기간 지속되면 큰 문제를 일으킬 수 있다. 심층 심리학자인 마거릿 코크런은 감정이입적 피로가 "한탄의 구덩이에 빠진 누군가가 화장실에서 물을 내릴 때와 같은 세찬 소용돌이 속에서 요란하게 당신을 부르는데, 거기에 같이 끌려들어가는 형국이다. 두 사람이 나란히 구덩이 속에 빠지는 것일 뿐 승자는 없다"고 말한다.[26] 그러나 깊은 동정은, "한탄의 구덩이에 빠진 누군가가 화장실에서 물을 내릴 때와 같은 세찬 소용돌이 속에서 요란하게 당신을 부르는데, '아니, 나는 여기 구덩이 입구에 서 있을게요. 샌드위치와 주스도 가져왔어요. 그러니 이리로 올라와서 같이 먹어요'라고 말하는 것이다. 이것이야말로 모두가 승자인 게임이다."[27]

돌보는 아이

캐럴린 잔 왁슬러는 자신의 성격을 형성하는 데 가족이 각자 맡았던 역할, 부모가 서로 고통을 주고받는 과정에서 맡았던 상호간의 역할에 대해서도 깊이 생각했다. 결국 그녀는 가족 내에서 문제가 된 사람이 어머니만은 아니었다는 것을 깨닫기에 이르렀다. 겉보기에는 침착하고 배려 있는 사람이었던 그녀의 아버지 역시 그 자신의 어려움에 아내를 끌어들여 아내에게 자기를 행복하게 만들어줄 책임이 있는 것처럼 느끼게 만든 장본인이었다. "아버지가 너무나 고통스러워하고 걱정에 싸여 슬퍼했으므로 나는 늘 아버지를 염려하며 지냈다. 그러나 그것 또한 나를 의기소침하게 만들었다." 잔 왁슬러가 쓴 통찰력 있는 자전적 에세이《상실의 유산-가정사로서의 우울증(The Legacy of Loss: Depression as a Family Affair')》[28]의 한 대목이다. "치료사는 우리 아버지의 약간 지나칠 만큼 '온유한' 정서가 때때로 의도된 것이라고 생각했다. 나는 아버지가 이따금 엄마를 어떤 식으로 조종하는지 알아채기 시작했다. 두 분 사이에서 일어나는 문제들은 완전한 일방통행이 아니었다. 아버지가 엄마의 우울증의 직접 원인은 아니었지만 그분의 비관적 성향, 근심 걱정, 융통성 없음이 엄마의 회복에 방해요소로 작용했던 것이다."

캐럴린의 교육과 고용은 그녀의 어린 시절에 깊이 배어든 힘든 가족사로부터 스스로를 떼어놓게 해준 계기가 되었으며, 그녀를 성장하게 했다. 시간이 지나면서 그녀의 어머니는 아버지로부터 분리되어 독립했으며, 회복되기 시작했다. 캐럴린은 자신이 엄마가 되자 자기 어머니와 더 강한 연대를 맺기 위해 노력했고, 결국 두 사람은 가까워졌다. 캐럴린과 그 어머니의 새로운 유대관계는, 늘 자기가 캐럴린이 제일 따르는 사람이라고 믿었던 아버지에게 혼란을 주었다. 그녀의 아버지는 항상 타인에게 조력자 역할을 하고자 했을 뿐 누군가에게 도움을 받아야 하는 사람이라는 사실을 인정하려 하지 않았다. 캐럴린의 어머니는 점점 소외되어 가는 남편을 떠나는 것에 죄책감을 느꼈다. "그분들은 서로에게 강력하게 끌려들어가 평생을 상호 의존적으로 지냈는데, 그건 두 분 모두에게 건강하지 못한 일이었다"고 캐럴린은 말했다. "지금은, 내가 좀더 건강한 경계를 세웠고, 그것이 두 분의 비극적 유대관계를 막아주었다."

캐럴린은 우울증에 대해 매우 많은 것을 알게 되었다. 남자아이들보다 여자아이들에게서 더 흔한 특성들이 우울증으로 발전하기 쉽다는 것도(혹자는 이것을 동반의존이라 주장할 수도 있을 것이다). "수줍어하고 걱정 많은 성품, 감정이입 과잉반응과 죄책감 성향, 강한 대인관계 지향성, 순종성 또는 자기 주장의 결여, 기타 전형적인 여성적 특징, 심사숙고하며 문제를 곱씹는 스타일, 거절에 대한 과민반응, 분노의 억제와 내면화, 빈약한 자아상 등이 그런 특성들이다. 부모가 우울증인 경우에 아이가, 특히 여자아이들이 더 흔히 간병인의 역할을 떠맡기도 하는데, 이런 태도가 아이 자신의 우울증 징후를 증대시킬 수 있다."

어린아이가 다른 사람들을 지나칠 정도로 돌볼 수 있다는 건 믿기 어려운 일일 수도 있다. 그러나 캐럴린 잔 왁슬러의 연구에서는 이런 사례들이 지속적으로 제시되고 있다. 그녀의 동료인 이스라엘 출신 연구자 에리얼 크나포는, 고도로 이타적이며 자기 자신의 성취에서는 큰 기쁨을 얻지 못하는 아이들을 예로 들었다. 그녀는 아이들의 이런 성향이 불안증, 동반의존 같은 문제와 결합된 행동의 초기 징후를 보여주는 것일 수 있다고 했다.[29] 그런데 누구도 이런 '돌보는 아이'가 문제라고 생각하지 않기 때문에 대개는 너무 늦어지고 만다. 아이의 문제를 깨달았을 때는 이미 그 아이가 타인을 과도하게 동정하는 대인관계 방식이 깊이 뿌리 박혀 잠재적으로 자기파괴적 행동 패턴이 나타나기 시작한 뒤다.

최근의 한 연구에서는 이타주의에 강한 영향을 미치는 유전자들의 차이점이 발견되었다. 개중에는 그야말로 이타주의를 불러일으키는 데 강한 효과를 발휘하는 종류가 있고, 다른 이들을 돌보는 '정도'에 영향을 미치는 요소와 결합되어 상대적으로 덜 강력한 여러 유전자들이 존재한다는 것이다.[30] 물본 이것들 모두가 환경의 영향을 받기는 한다. 동정심이 많고 남을 돌보는 천성을 타고난 아이에게 역할 전도 상황이 닥치면 이를 쉽게 받아들인다는 것. "그런 아이 눈에 부모가 위로와 돌봄, 친밀한 표현 내지 관심을 필요로 하는 것처럼 보이면, 아이는 어떻게든 부모의 요구를 들어주려는 시도를 해보게 된다."[31] 어느 면에서는, '기특한 행동'이라는 명분 아래 불안정한 상태로 자신의 욕구를 억눌러가며 부모에게 도움이 되고 부모를 돌보려고 애쓰면서 '강박적인 돌봄 감정'에 빠지게 된다. 아이는 결국 부모에 의해 감정이입에 과잉 몰입하는 성격으로 길들여지는 셈이다.

캐럴 앨든 가족의 친구 한 명은 그녀가 자녀들과 소통하는 방식에 대해 이렇게 묘사했다. "그녀는 아이들에게 자기 남자친구들을 소개할 때, 엄마가 아니라 동등한 입장에 있는 친구한테 하듯이 했어요. 아이들을 모두 혼란스럽게 만들어서 자기의 드라마 속으로 끌어들이는 거죠."

그녀의 행동은 어떻게 보면 동반의존적인 것이었고, 그것이 결과적으로는 자신의 자녀를 동반의존의 그물로 끌어들이는 부모 노릇을 하게 된 것이다. 그런데 정작 캐럴 본인은 매우 다른 방식으로 길러졌다.

8
캐럴의 성장 배경

> 내부 관계에 위협이 될 가족사는 위태로운 결속을 이어가고
> 싶어 하는 이들에 의해 침묵 속에 묻히게 마련이다.
> —린다 로렌스 헌트, 《대담한 영혼》[1] (《대담한 영혼》은 한 가족의 역사를 처음부터 끝까지,
> 심지어 표현하기 고통스러운 부분까지 폭넓게 다루고 있어
> 캐럴의 어머니가 좋아하는 책이다.)

캐럴은 1960년에 프랑스 파리에서 남쪽으로 80마일 가량 떨어진 라 샤펠 생 메스맹에서 태어났다. 당시 그녀의 아버지는 군 수송병과의 중위였는데, 프랑스 전 지역에 흩어져 있는 부대에 물자를 나르는 일을 맡고 있었다. 그는 정규군이 아닌 예비군에서 일했기 때문에 기혼 장교에게 제공되는 가족용 사택에서 살 자격이 안 되었다. 그러나 그와 아내는 떨어져 지내는 걸 원치 않았고, 힘을 합쳐 어렵사리 부대 주변에 함께 살 집을 마련했다. 그러자니 주거환경이 말이 아니었다. 더운 물도 나오지 않고, 화장실이나 냉장고도 없는 곳이었다. 하지만 머지않아 활달한 이 커플은 안락하게

살 만큼 환경을 개선시키기 시작했다.

캐럴은 그들의 첫아이다. 그들에게 정말 힘든 건 임신이었다. 유산할 뻔한 캐럴의 어머니는 심한 고통을 가라앉히려고 합성 에스트로겐인 디에틸스틸베스트롤(DES)을 처방받았다. 수십 년 후, 그 약은 발달 기형을 일으킬 위험이 높은 약으로 분류되었다.[2] 더욱 흥미로운 것은 이들 'DES 베이비'들이, 출생 후에는 이물질과 접촉한 적이 전혀 없을 때조차 정신질환의 장기적 발생률이 두 배 정도 높다는 것이다.[3]

게다가 캐럴의 어머니는 임신 8개월째에 수두에 걸려 심하게 앓기도 했다. 열이 40도까지 올라 떨어지지 않고 며칠이나 지속되었으며, 머리나 손바닥, 발바닥 할 것 없이 온몸에 발진이 생겼다. 원래 임신부가 수두에 노출되는 일은 상당히 우려할 만한 일이다. 임신한 상태에서는 바이러스 감염 증세가 훨씬 심하기도 하지만(감염자 중 10~20퍼센트는 수두 폐렴에 걸리며, 폐렴으로 발전된 환자의 40퍼센트는 목숨을 잃는다), 이 병의 독성이 태어나지 않은 아기에게 신경 손상을 일으킬 수 있기 때문이다.[4]

후성적 변이

자궁 내 태아는 대단히 섬세하고 예민한 상태로 발달 과정을 겪는다. 아주 작은 세포 하나가 둘로 분화되고, 넷이 되었다가 수천 개가 되며, 제각기 볼록한 올챙이 모양으로 변해 간다. 이 신경 튜브 올챙이 안의 세포들은 하나하나가 수백만 개의 딸 세포, 손녀 세포, 증손녀 세포, 증증⋯⋯손녀 세포의 조상으로 기능하게 된다. 그리고 자손 세포들은 유전적으로 프로그램 된 지시에 예외 없이 정확하게 따른다. 일부는 처음 나타난 위치에 자리를 잡지만 대개는 새롭게 형성되는 아기의 몸 안에서 최종적으로 자리를 잡을 때까지 점점 더 긴 이동을 되풀이하며 다른 증식 세포들을 지나쳐가면서 주어진 역할을 다한다.

때때로, 헨젤과 그레텔 동화에서처럼, 이동하는 세포는 다른 세포가 남겨둔 화학적 빵 부스러기를 따라간다. 그러나 이따금씩 빵 부스러기가 어지러이 흩어져 있거나, 사라진 빵 부스러기 때문에 엉뚱한 곳에 모인 세포들로 인해 정체현상이 일어나기도 한다. 이런 일은 아이를 임신한 모체가 기막히게 안 좋은 시기에 지나친 양의 초음파에 노출되었을 때 세포 조직에 미세한 균열이 생겨 발생할 수 있다. 또는 디에틸스틸베스트롤 같은 약물 복용이나, 애완 고양이와의 접촉으로 톡소플라즈마증에 감염되는 경우 자기도 모르는 사이에 화학적 신호를 막아버린다거나 증폭시켜서 발생하기도 한다.[5] 이 외에도 세포가 분화되는 순간과 정확히 맞아떨어지는 시점에 체온의 급격한 상승이 있었을 때도 그럴 수 있다. 원인이 무엇이든 정확한 유전적 지령은, 때로 낭떠러지를 향해 질주하는 트럭을 멈출 수 있는 방법이 아무것도 없는 때의 제동장치처럼, 예기치 않은 수행 불능 상태에 빠진다.

때때로 이러한 후성적 변이(유전자의 기본 DNA 구조가 변하지 않은 채로 일어나는 유전자 기능의 변화)의 결과들은 분명한 형태로 드러나기도 한다. 구순구개열과 왼손잡이가 그런 예다. 놀라운 건 축복이라 할

1960년 가을, 여섯 살 무렵의 캐럴. 그녀는 예쁘고 행복한 아기였다.

만한 음악적·수학적 자질도 이런 예에 속한다는 것인데, 이런 현상은 대개 뇌신경들이 보통의 보좌 역할 신경 영역에 대거 쏟아져 들어가 더 강하게 발달한 결과이다. 그런데 이와는 달리 아주 미묘하고 애매한 변화도 있으니, 처음에는 모습이나 행동이 정상적으로 보이던 아기들이 유아동기로 접어들면서 자폐증이나 정신이상 징후를 보이기 시작하는 것이다. 이런 변화들은 일정 나이가 되면(사람에 따라 다르다) 분명한 형태로 드러난다. 예를 들어 대학교 때 증세가 두드러지기 시작한 십대 청소년은(남자든 여자든) 정신분열증이나 조울증의 희생양이 되기 십상이다.

이렇게 유아에게서 발견되는 후성적 변이를 따라가면 몇몇 드문 증상에 대한 설명이 가능해진다.

예를 들어, 일란성 쌍둥이 중 한 명이 정신분열증을 앓으면, 다른 한 명(일란성 유전자를 공유하는) 역시 같은 병으로 발전할 변이 확률이 50퍼센트라는 것.[6] 즉 쌍둥이 중 한 명이 정신분열 증상을 가지고 있다는 사실은 나머지 한 명도 정신분열증으로 발전할 유전적 소인이 매우 강하다는 뜻이 된다. 물론 쌍둥이 둘 다 같은 장애를 지니는 일이 항상 일어나는 건 아니다. 후성적 변이란 것이 난자와 정자가 만나는 최초의 빅뱅 직후까지로 멀리 거슬러 올라가는 원인을 지니고 있기 때문일 것이다.[7] 결론적으로 말하면 자폐증, 정신이상, 정신분열증 등의 질환은 유전 소인과 유전 외적인 요소들 둘 다에 의해 촉발될 수 있지만, 분명한 점은 이 세 질환 모두, 결여 내지 과도하게 표현되는 감정이입의 다양한 버전들을 빠르게 작동시킬 수 있다는 것이다.[8]

* * *

캐럴은 5파운드, 6온스의 저체중으로 태어났지만 발그레한 피부의 어여쁜 아기였다. 무럭무럭 자라던 아기 캐럴은 생후 10주 무렵, 퀸메리 호를 타고 미국으로 건너오게 된다. 이 범선은, 좀 이른 감은 있었지만, 세간의 주목을 즐기는 여자아이에게 걸맞은 세련된 '출발점'이 되어주었다.

캐럴의 세 동생도 마찬가지였다. 다만 여동생과 남동생 둘 중 막내는 한 다스쯤 되는 친구들을 우르르 몰고 다녀야 직성이 풀리는 외향적인 성격이었고, 캐럴과 바로 밑 남동생은 좀더 집중된 사회성을 지녀서, 한 번에 한두 명의 친구들과 강한 유대를 쌓는 편이었다. 캐럴의 세 형제자매는 지금 30~40대의 연배로 제각기 가정을 이루고 살고 있으며, 한결같이 정직하고 사려 깊으며 매우 온정적인 여성인 자기 어머니에 대해 애틋한 마음을 지니고 있다.

캐럴의 아버지는 오래된 가문의 일원이었다. 그의 11대 선조인 존 앨든은 메이플라워 호를 타고 신세계로 건너온 통 제조업자였다("신세계로 맥주를 들여온 책임을 져야 할 남자!"라고 현재의 앨든은 빈정거리곤 했다). 아버지는 대공황기에 성장한 여느 아이들처럼 힘든 유년기를 보냈지만 이런 초기의 불리함을 극복해 내고 어느 주립 대학에서 '자연의 힘'에 대한 전문가로서 유명한 인기 교수가 되었다. 앨든 가의 네 남매 중 아버지로부터 야생 생물과 온갖 동물을 사랑하는 기질을 물려받은 아이가 캐럴이었다. 비록 캐럴의 경우 그 사랑이 상당히 극단적이기는 했지만 말이다. 청소년기에 그녀는 한 번 또는 여러 번씩, 그 또래가 상상할 수 있는 거의 모든 동물을 실제로 가져 보았다. 개, 고양이, 쥐, 도마뱀, 게르빌루스쥐, 햄스터, 생쥐, 뱀, 개구리, 도롱뇽, 거북 등등. 한번은 토끼 60마리를 동시에 기른 적도 있었다.

캐럴의 어머니는, 캐럴이 자기 자신한테 집중한다든가 하는 식으로 유별난 구석은 있었지만 쾌활한 아이였다고 말한다. 어떻게 유별났는가 하면, 다른 여자아이들이 인형을 가지고 놀 때 캐럴은 박제에 비상한 관심을 보였다. 한번은 학교 버스를 타고 가다가 길가에서 죽은 수탉 한 마리를 발견하고는 버스 기사 아저씨를 졸라 닭을 주워 학교로 가지고 가서 박제를 했다. 그런데 볏에 약품 처리하는 것을 잊어버려서 닭은 방학이 끝날 때까지 부패를 계속해 그 학교에 악취의 전설로 남았다.

개 훈련 법 강의를 듣는 열두 살 때의 캐럴. 캐럴은 동물들을 복종시킬 줄 알았다.

캐럴이 앨든 남매 가운데서도 두드러진 점은 또 있었다. 앨든 가의 사람들이 대체로 예술적 기질을 타고나기는 했지만 캐럴의 예술성은 완전히 다른 종류였다. 그녀의 예술적 천재성이 처음 발견된 것은 두 살 때 정기검진을 하러 가서였다. 그 또래의 아이들이 흔히 해낼 수 있는 정도로 작대기와 동그라미를 그려보라고 했을 때 캐럴은 완전하고도 대단히 세밀하게 소방차를 그려 의사를 기절초풍하게 만들었다. 유치원과 초등학교에서도 캐럴은 엄청난 예술적 재능으로 다른 아이들 모두와 확연히 구별되는, 말하자면 신동이었다.

그 외에도 캐럴이 다른 아이들과 다른 점은 또 있었다. 이 차이는 이웃들 사이에서 캐럴의 악평을 드높였다.

캐럴과 그녀의 가족이 살았던 곳은 코요테와 매가 토끼, 생쥐, 마못 때로는 고양이까지 잡아먹는 언덕 사면에 있었다. 앨든네에서 두 집 건너에 사는 여자는 개 두 마리를 집 밖에다 풀어놓고 키웠는데, 이 개들은 원래의 습성대로 마못이 보이면 달려들었다.

문제는 열 살짜리 캐럴이, 앨든 가족 중에서 아버지를 제외하고는, 유별나게도 동물을 사랑했다는 것이었다. 사실 캐럴은 가족뿐 아니라 이웃의 다른 어떤 아이들과도 달랐다. 캐럴은 동물을 유난히 잘 다루었고, 동물에게 흠뻑 빠져 지냈다. 그녀의 어머니는 일부러 학구적인 표현을 써가면서 우스갯소리로 이렇게 말하곤 했다. "그애는 일찌감치 동물과 인간 둘 다를 어떻게 대해야 하는지에 대한 사회적 의식을 지녔다니까." 그런 캐럴은 이웃집 개가 매일 바깥을 돌아다니며 마못을 물어 죽이는 것을 보고 기함했다.

어린 캐럴은 학살을 멈추게 하겠다며 동네 어린이들을 모아 피켓을 만들어 들고서 이웃집 앞에 늘어서서 시위를 했고, 자기들이 돌아가며 개를 줄에 묶어 산책을 시켜주겠다고 대책도 제시했다.

그러나 개는 개일 뿐이었다. 캐럴은 세상의 모든 고통을 바로잡는 일이 불가능하다고 설득하는 부모의 말에 상처를 받았다. 그녀의 부모가 한 말은 소 귀에 경 읽기가 되고 말았고, 그녀가 다른 사람의 고통을 고쳐주려는 노력 또는 그런 것처럼 보이는 것이야말로 캐럴의 인생에서 중심 이슈로 자리잡게 되었다.

9
예심이 시작되다

> 살인은 사람에게 위해를 가해 완전히 파괴한다는 점에서 매우 독특하며, 사회가 희생자를 대신해 그의 편에서 죄 갚음을 요구하거나 용서를 베풀어야 한다. 같은 이유로 살인은 사회가 직접적인 관심을 가지는 유일한 범죄이기도 하다.
> ─W. H. 오든, 《죄의 목사관》[1]

원고 유타 주 vs. 피고 캐럴 앨든.
예심.

그 순간에는 아무도 몰랐겠지만 예심이 행해지는 이 결정적인 날이, 캐럴 앨든이 끝내 살인에 대해 유죄를 선고받을지 그렇지 않을지를 결정하는 법정에 모습을 드러낸 최초이자 최후이며 유일한 날이었다. 이 날이야말로, 살인 자체가 행해진 날을 제외하고는, 향후 그녀의 남은 삶의 방향을 결정하는 가장 중요한 날이 된 것이다.

재판은 법정 드라마의 정점이라 불리기도 한다. 틀린 말이 아니다. 그러나 재판이 체스 게임처럼 복잡하게 전개된다 해도 어느 의미로는 전체적인 게임의 틀 안에서 이루어지는 것도 사실이다. 그런데 예심은 또 다르다. 워낙 판결 과정의 앞부분에서 이루어지기도 하거니와 거친 서부극에서처럼 게임의 규칙이 그때그때 정해지기 때문이다. 더구나 캐럴 앨든 사건에서는 예심이 차지하는 비중이 매우 컸다. 예심이 어떻게 진행되는가에 따라 앨든은 자유로운 몸으로 법정을 떠날 수도 있고, 종신형이라는 판결에 직면해야 할 수도 있다.

예심의 목적은 해당 사건의 범죄 추정 용의자가 실제로 유죄인가 아닌가를 규정하려는 것이 아니다. 예심 판사는 배심원단에 비해 어떤 의미로는 더 쉽고, 달리 보면 더 어려운 임무를 지니는데, 사건에 관한 정보의 경중을 주의 깊게 측량하여 피고 측이 제시한 각각의 요소들에―배심원단이 그렇게 믿는다고 할 때―유죄로 판결할 만한 충분한 증거가 있는지를 판단하는 것이다.

캐럴의 사건은, 일반적인 경우보다 애매함이 덜했다. 마티 세션스가 죽은 것은 의심의 여지가 없는 일이고, 캐럴이 스스로 인정한 만큼 그녀가 그를 죽인 것도 명백했다. 그러나 이 모든 것의 근저에는 동기에 대한 질문이 있었다. 캐럴이 마티를 죽인 것은 정당방위였을까? 그렇다고 하면 재판을 열 이유가 있기나 한 걸까? 혹은 그녀가 남편을 죽인 데 다른 이유가 있는 걸까? 어쩌면 캐럴이 학대로 인한 환각상태였던 것은 아닐까? 그것도 아니라면 보다 더 어두운 동기가 도사리고 있는 것은 아닐까?

캐럴의 피고 측 변호인이 제시하는 살인의 어떤 이유라도 항변의 요소로 기록될 것이었고, 각 요소는 증명되거나 증명되지 못함으로 분류될 것이었다. 밀라드 카운티의 변호사인 제임스 슬레이븐스가 캐럴의 관선 변호사로 지명되었다.

제임스 슬레이븐스의 사무실은 15번 간선도로 163번 출구에서 좀 떨어진, 필모어의 허름한 호텔에 있었다. 슬레이븐스라는 인물 자체는 불그스레한 얼굴에 흐리멍덩한 눈을 한, 패션 감각이라고는 찾아볼 수 없는 사람이다. 그러나 겉모습이야 어떻든 그는 지역에서 나름대로 '법정의 깡패'라는 평판을 얻고 있었는데, 그건 그의 스타일이 워낙 저돌적이어서 검찰 측이 그와 법정에서 마주치기 싫어 어떻게든 피해 다녔기 때문이다. 게다가 그는 검찰이 함께 일하기 싫은 변호사라는 바로 그 이유 때문에 매우 유능하다는 소리를 듣고 있었는데, 누구든 아들이 음주 운전 또는 약물복용 운전으로 걸려들면 지체 없이 그를 고용했기 때문이다.

슬레이븐스가 상대할 기소인 측은 솔트레이크시티에 있는 유타 주 지방법원에서 파견된 팀이었다. 범죄국의 특별 검사부장 마이클 웜스가 기소인 팀을 이끌었다. 웜스는 혁혁한 성과를 자랑하는 빛나는 인물로, 존 크라카우어의 책 《천국의 기치 아래》에서 다루어졌던 일부다처주의자이자 아내 살해범 론 래퍼티의 성공적 기소를 잘 지휘한 것으로도 유명하다. 마이클 웜스와, 유타 주 지방법원 부검사이자 침착하고 빈틈없는 동료인 패트릭 놀런 두 사람이 모두 밀라드 카운티에 오게 된 것은, 패트릭 핀린슨이 살인사건이 일어나기 며칠 전에야 부검사 일을 시작한 완전히 신참이었기 때문이다. 그리하여 제임스 슬레이브스가 대리를 맡은 캐럴 앨든 대 마이클 윔스가 이끄는 유타 주 간의 소송이 시작되었다. 두 대립적인 그룹은 2007년 1월 8일 조용하고 맑고 얼음처럼 차가운 아침에 도널드 에어 재판장 앞에 서게 되었다.[2]

라틴에 관련된 것을 좋아하는 윔스는 이렇게 말할 것이다. "베니. 비디. 베리타스(Veni. Vidi. Veritas, 왔다. 보았다. 진실을)."

* * *

에어 재판장은 헛기침을 한 다음, 망치를 두드리며 개정을 선언했다. "유타 주 대 캐럴 엘리자베스 앨든 사건의 기록을 시작합니다. 이것은 예비심문을 위한 자리입니다. 피고 측은 캐럴 앨든의 변호사 제임스 슬레이브스가 대리합니다. 원고 측에는 윔스 씨와 놀런 씨가 대리인으로 출석했습니다. 재판을 진행할 준비가 되었습니까?"

    슬레이브스 : "예, 재판장님. 순조로운 재판 진행을 위해 캐럴이 메모를 할 수 있도록 피고의 수갑을 풀어주시기를 청합니다."
    에어 재판장 : "안전상의 문제가 있나요?"
    정리 : "없습니다."
    에어 재판장 : "좋습니다. 수갑을 풀어주세요."
    슬레이브스 : "감사합니다. 재판장님."
    에어 재판장 : "오늘 이 자리에 증인으로 출석한 분들은 모두 일어나 오른손을 들고 선서를 해주시겠습니까?"

서기 : "여러분은 법정에서 지금 하는 증언이 진실이며, 있는 그대로의 진실만을 말할 것을 하느님 앞에서 엄숙히 맹세합니까?"

진지한 동의의 중얼거림이 들린다.

에어 재판장 : "착석하십시오. 첫 번째 참고인이 버튼 경사인가요? 놀런 씨, 증언을 듣기에 앞서 모두진술(검사가 법정에서 재판장의 인정심문에 이어 범죄자를 법정에 세운 자신의 의도를 밝히는 것 - 옮긴이)을 하실 건가요?"

놀런 : "네, 하겠습니다. 안녕하십니까? 존경하는 재판장님, 변호사님. 오늘 아침 본 법정에서는 유타 주 기소사건에 대해 두 건의 참고인 증언을 듣겠습니다. 밀라드 카운티 보안관 사무소의 모리스 버튼 경사와, 지난해인 2006년 7월 말경 벌어졌던 사건에 대한 논고입니다."

에어 재판장 : "고맙습니다. 슬레이븐 씨도 모두진술을 하실 겁니까?"

슬레이븐스 : "하지 않겠습니다, 재판장님."

*　*　*

기소인 측에서는 사건에 개입한 모든 경관을 소환하지 않고 버튼 한 사람을 '사건 개괄자'로서 증인석에 세우려 했다. 보통 검찰은 자신들이 확보한 증거를 개괄해 줄 '스타 중인' 몇 사람만 부르는 것을 선호한다. 증언 시간을 줄이고 진실에 빠르게 접근할 수 있기 때문이다. 뿐만 아니라 재판 초기에 이루어지는 예심에서 미리부터 가진 패를 다 늘어놓아야 할 상황을 막아주기도 한다.

슬레이븐스의 모두진술 포기는 예심에서 보석을 신청하기로 한 변호인의 전형적인 행동이다. 보석은 피고가 자신이 저지른 범죄에 대해 재판을 '받을 것이라는' 가정 하에 판사가 내리는 명령으로, 거부될 가능성은 낮았다. 예심에서는 단순히 범죄가 저질러졌으며, 피고인이 범행 당사자라는 것을 배심원들로 하여금 믿게 유도해 줄 증거 몇 가지가 필요할 뿐이었다. 이 경우에는 버튼 경사와 부검을 한 로버트 디터스 박사가 먼저 증언을 마쳤고, 보석의 조건은 확보된 상태였다.

상황이 이럴 때, 슬레이븐스로서는 나중의 재판에 쓸 수 있는 수를 미리 보여주거나 전략에 대한 힌트를 줄 시점이 아니었다. 그보다는 기소인의 논지에 귀를 기울여 증인이 무슨 말을 할지 알아내고, 예비 반대심문을 이용하는 편이 나았다. 어쨌든 배심원이 출석하지 않는 자리여서, 원치 않는 대답이 나오면 재판에서 그 질문을 하지 않아야겠다는 것 정도는 간단히 파악할 수 있으므로.

어느 의미에서 예심은 피고 측으로서는 무료 제공되는 경품이나 마찬가지였고, 합의에 의한 유죄로 갈지 혹은 등명 배심인 재판스로 갈지 결정하기에 앞서 정부 쪽 증인의 얼굴과 태도를 관찰할 기회를 얻는 셈이었다. 이것이 보통의 법적 소송 절차였다.

이미 버튼 경사는 살해 전날 오후에 대해 증언을 마쳤다.

* * *

놀런 : "캐럴 앨든이 레이크 씨의 집에서 세션스 씨를 데리러 갔을

때 무슨 일이 있었나요?"

버튼 경사 : "그녀는 자기가 밖으로 나갔다고 말했습니다. 세션스 씨는 그녀의 차가 그 집에 있는 걸 보고 질투를 했으며, 그녀가 거기 있는 걸 보고 미친 듯이 화가 나 있었다고 했어요. 그녀는 그가 노발대발하면서 나가서는 길 한가운데로 걸어 들어가 고꾸라졌다고 했습니다."

Q : "그녀는 어떤 행동을 했죠?"

A : "레이크 씨 집 뒤편에서 차를 몰고 나와 세션스 씨가 누운 길 중간에 댔습니다. 그리고 다른 사람들의 도움으로 세션스 씨를 차에 싣고 집을 향해 운전했습니다."

Q : "그를 집에 데려갔나요?"

법정에서의 캐럴 앨든과 그녀의 변호사 제임스 슬레이브스

A : "그렇습니다."

Q : "그녀가 그를 집에 데려가서는 어떤 일이 있었습니까?"

A : "그녀의 말로는 뒷마당으로 차를 몰았는데, 거기는 부분적으로 울타리가 쳐져 있어서 어느 정도는 그의 행동을 막는 효과가 있다고 했습니다. 왜냐하면, 그녀가 말하기를, 세션스 씨가 그 상태일 때는 분노로 이성을 잃고 무조건 걸어나가는 습관이 있기 때문이라는 겁니다. 그녀는 그가 거리로 나가지 않게 하려 했다고 말했어요."

Q : "그래서 그녀는 그 시간 동안 무엇을 했다고 말했나요?"

A : "그 시간 동안 그녀는 딸에게 전화를 걸었습니다. 그리고 담요와 베개를 가져다 베개는 그의 머리 아래에 괴어주었고, 담요로는 편하게 뉘어주려고 했답니다. 그가 땅바닥에 누워 있었기 때문이라고 했어요. 그녀 생각에 그는 밤새도록 거기 그러고 있을 것 같았답니다."

Q : "실제 총격 당시로 가보겠습니다. 앨든 부인은 뭐라고 설명했나요?"

A : "그녀의 말로는 일련의 사건 후에 그는 집의 안방에 있었다고 합니다. 물건을 마구 던지고, 그녀를 향해서도 물건들을 집어던지면서 찢어발기고 있었답니다. 그녀는 그를 피해서 방을 빠져나와 세탁실로 걸어 들어갔습니다. 그리고는 세탁실의 캐비닛에 숨겨두었던 총을 꺼내들었습니다."

Q : "잠깐 멈추세요. 그녀가 총을 산 곳을 이야기했나요?"

A : "예. 그녀는 총을 그 전날 비버 스포트 앤 폰에서 샀습니다."

* * *

놀런은 중요한 포인트를 짚고 있었다. 비버 타운은 델타의 85마일 남쪽에 있었다. 캐럴 앨든은 살인 전날 총을 사러 먼 길을 운전해 간 것이다. 비버 카운티까지 먼 길을 운전해 가는 데 따르는 비용 부담이나 불편함 없이 밀라드 카운티에서 살 수도 있었을 텐데 말이다.

* * *

Q : "그래서 총을 어디에 숨겨두었다고요?"
A : "세탁실 캐비닛 속, 세탁제와 건조제 위였습니다."
Q : "총의 종류는요?"
A : "스미스앤웨슨입니다. 38구경 회전식 연발 권총입니다."
Q : "그 다음엔 어떤 일이 있었나요?"
A : "그녀는 세탁실로 가기 전에 부엌에 들러 전등을 다 껐다고 했습니다. 그가 자기를 못 보게 하려고요. 그런 뒤 세탁실로 돌아갔다고 했어요. 그가 복도로 걸어가면서 세탁실을 지나쳤는데, 그녀는 그가 자기 소리나 다른 무슨 소리를 들은 게 틀림없다고 했어요. 그가 얼굴을 그녀 쪽으로 돌렸답니다. 그러고는 자기를 보더니 주먹을 쳐들었는데 – 몸은 틀지 않고서 – 그때 처음으로 그녀는 그를 향해 방아쇠를 당겼습니다."
Q : "어디를 쏘았나요?"
A : "그녀가 생각하기에는 등 쪽으로 치우친 왼쪽 겨드랑이 아래 늑골인 것 같다고 했습니다."

Q : "총격 당시에 그녀와 피해자의 거리는 어느 정도였다고 하던가요?"

A : "2피트 정도라고 했습니다."

Q : "그런 다음엔 무엇을 했나요?"

A : "그가 비틀거리며 물러섰고 그녀는 세탁실 문을 밀어 잠갔다고 했습니다."

Q : "그 다음은요?"

A : "그가 '이럴 줄 알았어'라고 말하는 소리를 들었답니다. 그리고는 그가 비틀거리며 뒷걸음질치더니 얼굴을 위로 하고는 쓰러졌다고 했습니다."

Q : "그 다음은요?"

A : "한동안 기다렸다고 하더군요. 한 5분쯤 지난 것 같다고 해요. 그런 다음 문을 열고 그가 복도에 머리를 아래로 한 채 쓰러져 있는 걸 보았다고 합니다. 세탁실에서 나와서 그를 주의 깊게 살펴보았는데, 분명히 숨을 쉬지 않는 것처럼 보였지만 확신할 수는 없었답니다. 그녀 말이 에어컨 바람이 오른쪽 위에서 불어서 그가 입고 있던 재킷이 부풀려졌다고 했습니다. 그래서 에어컨을 끄고 나서 봤더니 숨을 쉬지 않는 게 확신한 것 같았다고 말하더군요. 그러자 딸한테 전화해야겠다는 생각이 들었다고 합니다."

Q : "그래서 그녀는 무엇을 했나요?"

A : "그를 지나쳐 가서 침실에 있는 전화기를 들어 신호음이 들리는 걸 확인하고 난 뒤, 베개를 그의 머리 위쪽에 대고 베개에 총을 쏘았다고 했습니다. 확실히 죽여야 자기를 잡아채서 총을 멀리 던져버리는 행동을 하지 못할 것 같아서 그랬답니다."

Q : "피해자의 머리에 총을 쏜 다음, 피고는 무엇을 했나요?"
A : "딸한테 전화를 했습니다. 이름이 멜러니였을 것입니다. 딸한테 그를 쏘았다고 말하지는 않았다고 했습니다. 이렇게만 말했답니다. '다 끝났어. 난 괜찮다.' 딸은 자기가 가주기를 원하느냐고 물었습니다. 그녀의 딸은 필모어에 살고 있죠. 딸은 이렇게 물었어요. '내가 가서 엄마를 우리 집으로 모셔올까요?' 앨든 부인은 '아니다, 여기 오지 마라'라고 대답했고요."
Q : "그 다음은요?"
A : "밖으로 나갔다고 합니다. 뒷마당에 양어못이 있는데 거기서 물고기를 좀 키웠었다고 해요. 원래는 더 깊게 파서 거북을 놓아 기르려고 했답니다. 그녀는 집에서 동물들을 많이 키우는데, 거

마티 세션스의 무덤은 자기 집 뒷마당의, 잉어를 키우는 연못 아래가 될 뻔했다.

북 몇 마리를 들여오고 싶었다고 했어요. 거기를 더 깊이 파서 거북들이 동면할 장소로 쓰려고 했답니다. 그녀는 그곳이 세션스 씨의 무덤으로 안성맞춤이라고 생각했지요."

Q : "집 뒤쪽 바깥 말이지요?"

A : "집 뒷마당 안이요. 그런 뒤 내가, 그녀와 이야기할 때 입고 있던 그 옷이 남편을 쏠 때 입었던 옷이냐고 물었습니다. 그렇지 않다고 하더군요. 그날 오후 무덤을 판 후 옷을 벗고 마당에서 호스로 몸을 씻은 뒤 다른 옷으로 갈아입었다고 했어요. 세션스 씨가 몸집이 너무 커서 혼자 옮길 수 없자, 로프를 시체에 묶어 지프차로 끌어서 연못으로 옮겼다고 합니다."

Q : "어떻게 그게 가능했죠?"

A : "시체를 집 밖으로 끌어당기자 커다란 책장과 흩어져 있는 상자들, 집 거실에 널려 있던 온갖 물건들이 다 입구로 쏠렸고, 그 힘에 시체까지 한꺼번에 밖으로 튕겨져 나와 무덤으로 파놓은 연못 근처에 떨어졌다고 하더군요."

놀런 : "잠깐 시간 좀 주시겠습니까? 재판장님?"

에어 재판장 : "허락합니다."

놀런 : "버튼 경사님. 이것이 보이십니까?"

A : "그렇습니다."

Q : "무엇처럼 보이시나요?"

A : "복도와 세탁실 입구 모습입니다. 사진 윗부분에는 커다랗게 피가 고인 자리가 보이고, 카펫 위와 시체가 끌려간 자리에도 길게 핏자국이 나 있군요."

Q : "그레이트하우스 부보안관은 버튼 경사님께 그날 밤의 사건에

마티 세션스가 죽은 복도 사진. 페더슨 부보안관이 만든 범죄 현장의 DVD 기록에서 가져온 것이다. 복도와 세탁실로 들어가는 입구(왼쪽)가 보인다. 마티의 시체가 끌린 카펫 위로 핏자국도 보인다.

대해 피고가 뭐라고 말했다고 전했나요?"

A : "그레이트하우스가 말하기를, 앨든 부인이 세션스 씨가 자기를 해치지 못했다고 말했다더군요. 그날 그는 너무 취해서 그녀를 잡아채는 일에 계속해서 실패했답니다. 그와 최소한 30피트 거리는 항상 떨어져 있었다고 했답니다."

Q : "밤새도록이요?"

A : "밤새도록."

Q : "말하자면 그녀가 그를 쏠 때까지인 거지요?"

A : "그렇습니다, 네."

Q : "좋아요. 다음 사진으로 넘어갑시다. 무엇이 보이나요?"

A : "무덤 속을 가까이서 당겨 찍은 거군요."

놀런 : "지금으로서는 더 이상의 질문은 없습니다. 감사합니다, 버튼 경사님."

슬레이브스 : "예비심문[3]에 대해 두 가지만 물어봐도 되겠습니까?"

에어 재판장 : "하십시오."

슬레이브스 : "두 사진에서 베개가 시체 옆에 놓여 있었지요. 맞습니까?"

A : "맞습니다."

Q : "그 베개는 이후에 없애버렸고요. 맞나요?"

A : "내가 이해하기로는 의학검사연구소에서 무심코 없앤 것 같습니다."

슬레이브스 : "그 말씀을 듣고 싶었습니다. 감사합니다."

* * *

이는 책략이 풍부한 슬레이브스가 주 정부가 기소한 사건의 허점을 지적한 것이었다. 캐럴이 마티의 머리에 댔던 베개는 사진을 찍고 난 뒤 폐기되었다. 대단한 실수는 아니지만 실수인 것은 분명했고, 슬레이브스는 그 점을 놓치지 않고 공격한 것이다.

통상 예심 단계에서 슬레이브스와 같은 상황에 놓인 변호사는 규정에 따라 행동하며, 기소인 측이 제시하는 사건 정황을 깔끔하게 받아들인다. 그러나 기소인 측이 이미 알고 있듯이 슬레이브스는 규정을 따르는 사람이 아니었다. 그보다는 수사적 표현이 난무하는 법정 한가운데로 뛰어들어 자기가 무용지물로 만들어버릴 수 있는

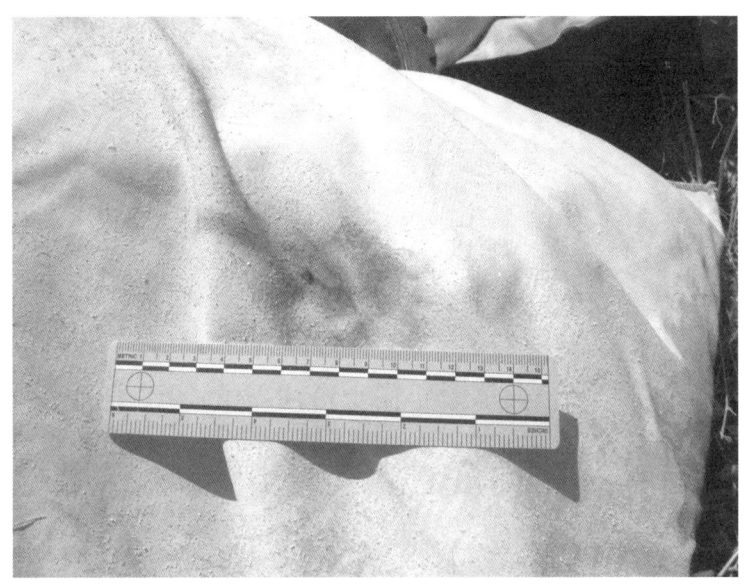
캐럴이 두 번째로 남편 마티를 쏘았을 때 그의 머리에 기대놓았던 베개

증언이 어떤 것인가를 찾아내려 노력하는 사람이었다. 슬레이븐스는 재판 초기의 예심 단계에서도 가진 패를 가능한 만큼 다 꺼내 테이블에 늘어놓는 타입이었다. 투박한 시골내기이며 대륙을 가로질러 온 사람으로서 그는 강력한 기소인 팀을 상대로 한판 싸울 준비가 되어 있었다.

슬레이븐스의 방식은 당연히 많은 기소인들을 분개시킬 만한 레시피였지만, 주 정부 기소 사건의 리더인 마이클 웜스는 내색하지 않고 지켜보았다. 약간 당황하기는 했지만 법정에서 포커페이스를 유지하는 것쯤은 쉬운 일이었다. 사실은 웜스가 변호인이었더라도 지금 슬레이븐스가 한 '자유로운' 예비 질문을 똑같이 했을 것이다.

이어 슬레이븐스는 예상 밖의 증인을 불러 따져 묻듯이 질문을 이어갔다. 순찰 경관인 레트 킴볼 경사는 마티가 죽던 날 저녁 델타에 있는 묘지 인근을 순찰 중이었다.

* * *

슬레이븐스 : "28일과 29일 밤에 있었던 소동에 대해 이미 말씀한 대로 설명해 주시겠어요?"

A : "델타 서부 300번 남부 300번 도로의 교차점 인근 거리에서 신고가 들어왔어요."

Q : "그곳에 갔을 때 무엇을 보셨습니까?"

A : "아무것도 없었습니다."

Q : "아무것도 없었다고요?"

A : "네, 선생님."

Q : "그럼 무슨 일인지 알아보러 세션스 댁까지 가보지 않았던 다른 이유가 있었나요?"

A : "되짚어 생각해 보니, 델타 지역을 순찰하면서 그 사람들의 거주지에 긴급 전화를 걸어보려고는 했었습니다."

Q : "그걸 보고서에 쓰지는 않았지요?"

A : "네, 안 썼습니다."

Q : "실제로 당신의 보고서에 쓰여진 마지막 문장은 '범죄를 수사할 만한 충분한 근거가 없으므로, 이 사건은 성립 불가로 상황 종결함'이죠?"

A : "그렇습니다."

＊　＊　＊

　방금 슬레이븐스는 자신만의 전략 방식으로 마티 세션스가 죽기 전날 저녁, 즉 경찰이 마티가 길에 누워 있다는 신고를 받은 날을 법정으로 끌어낸 것이었다. 이는 물론 경찰이 그때 달리 조치를 취했더라면—그들이 캐럴과 마티의 집으로 찾아갔더라면—살인이 일어나지 않았을 것이라는 의미를 함축하고 있었다. 한 발 더 나아가 슬레이븐스는 사실상 캐럴이 경찰에 전화할 때마다 레트 킴볼이 응답했다는 것을 드러내 보일 전략을 세웠던 것이다. 또한 이 경관이 전형적인 백인 남자 스타일로 매사를 대충 덮어버렸다는 것도. 어쩌면 슬레이븐스는 캐럴이 그렇게 할 수밖에 없었던 것은 아무리 신고를 해도 경찰에게서 아무런 도움도 기대할 수 없다는 걸 알았기 때문이라는 이야기를 하고 싶었을지도 모르겠다.

　그런데 어떤 의미로는, 슬레이븐스의 은밀한 공격에 숨은 것은 다른 무엇보다도 마티 세션스라는 남자의 미스터리한 캐릭터, 바로 그것이었다.

10
마티의 성장 배경

> 사람들은 마약이 온통 비참하고, 절망적이며, 죽음이고, 개똥같다고 생각해. 무시할 수 없는 부분이긴 하지만 그건 마약의 즐거움을 몰라서 하는 소리야. 즐겁지 않으면 우리도 하지 않아. 우리가 지독한 멍청이는 아니라고. 적어도 그 정도로 멍청하지는 않단 말이지. 지금껏 경험했던 최고의 오르가슴을 느끼고 그걸 무한대로 증폭시켜 봐. 그래도 그 근처에도 못 가. 약에 취해 있을 때의 문제는 단 하나, 득점이야. 그런데 맨정신으로 돌아오면 갑자기 온갖 쓰레기 같은 것들을 다 걱정해야 해. 청구서, 음식, 한 번도 그놈의 승리란 걸 해본 적 없는 축구 팀, 인간관계 등등. 거짓 없고 정직한 마약 중독에 빠지면 하나같이 아무 쓸모없는 것들이지.
>
> ─렌턴, 1996년 영화 〈트레인스포팅〉[1]에서

1960년, 가을이 마지막 잎을 떨구어낼 무렵, 어린 네 아이들의 엄마로 힘에 부쳐 허덕이던 조앤 세션스는 추락 직전에 가까스로 미끄러운 밧줄을 잡고 매달렸다.[2]

세션스 가족이 살던 솔트레이크시티의 서쪽 변두리에서, 하위 중산층인 폴라 그로브는 가장 몸집이 작고 제일 나이가 많은 동네사람이었다. 세션스 가족이 살던 방갈로 식 주택은 1894년에 마티의 할아버지가 지은 것이었다. 활기 없는 1950년대가 지나고 60년대는 케네디가 암살되기 전까지 그럭저럭 조용히 흘러갔다. 폴라 그로브의 삶에서 힘든 것은 오로지 상위 중산층으로 기어오르는 일의 지난함 정도였다.

그러나 어느 가을 날, 조앤 세션스의 문제는 폴라 그로브와는 차원이 달랐다. 중산층 편입이나 집, 심지어 아이들(그녀는 아이들과 자신의 모국어인 네덜란드어로 말했다)과도 상관이 없었다. 그녀의 문제는 다름 아닌 우표였다. 인터넷 이전 시대에 재래식 우편제도에서 유용하게 쓰였던 것 말이다.

조앤의 남편이자 네 아이의 아버지인 톰 세션스는 당시 굿겔 시트 메탈 판금 회사의 매장 감독이었다. 그는 헬리아크 용접이라는 까다로운 분야의 뛰어난 기술자였다. 그의 네 아이에 대해 말하자면, 토머스 주니어는 다섯 살, 마티 네 살, 데니 두 살, 그리고 막내 재닛은 생후 여섯 달밖에 안 된 아기였다. 아이들이 워낙 시끄럽고 정신 사납게 굴어서, 톰은 조앤이 아이들을 더 단단히 단속해 주기를 바랐다.

톰은 배우지 못한 금속 노동자였지만 삶을 개선하기 위해 교육을 받아야겠다고 마음먹을 정도로는 현명했으며, 실제로 그렇게 했다. 단호한 결심으로 열심히 일해 대학을 졸업한 그는 결국 교사가 되었다. 수십 년 후, 톰의 학생이었던 보니 피터스는 유명해지고 나서 자주 이렇게 말하곤 했다. "내게 그(톰 세션스)는 귀감이 될 만한 사람이었다. 나는 그가 학위를 얻기 위해 어떤 노력을 기울이는지를 지켜보았다. 그 덕분에 힘든 시간을 극복할 수 있었다. 그의 꾸밈없는 가르침은 제자인 우리에게 깊은 울림을 주었다."³ 이렇듯 뉴먼 초등학교에서 재직한 28년 동안 톰 세션스는 수천 명의 아이들에게 삶의 귀감이 되었다.

그러나 조앤의 문제와 관련해 더 중요한 것은 톰 세션스가 우표 수집가였다는 사실이다. 그는 유타 우표수집협회의 38번째 명예회원이었다. 그가 우표에 쏟는 열정이 얼마나 강하고 대단한지 급기야 오래된 그들의 집은 방이며 복도마다, 마루에서 천장까지 온통 시대별, 국가별 우표를 담은 앨범, 보관용 상자, 배송 상자들로 가득 들어차게 되었다. 침실에서 부엌으로 가는 간단한 일조차도 트위스트 춤을 춰가며 미끄럼을 타야 했고, 기우뚱거리는 상자들을 기어올라 얽히고설킨 미궁을 통과하듯 가야만 했다. 톰이 죽었을 때, 그의 가족이 어림잡아 계산한 바로는 집안에 있는 우표가 대략 천만 장 정도였다.

결혼생활의 종말을 앞둔 1960년대에는 톰의 수집벽이 그나마 초기였다. 그럼에도 조앤은 톰이 자기에게 기대하는 것들―아이들을 조용히 시키고, 한없이 늘어나는 우표를 아무 방해도 받지 않고 정리할 수 있게 해달라는―이 더 이상은 감당하기 힘들다는 것을 느끼고 있었다.

그 운명적인 가을날에, 마음을 단단히 먹은 조앤 세션스는 벽장에서 청소기를 꺼내 호스의 단추를 '완전히 비움'이라는 맨 끝 메뉴에 맞추었다. 그런 다음 청소기의 바퀴를 끌면서, 톰이 바닥에 널려 있는 수천 장의 우표에 둘러싸여 앉아 있는 거실 한가운데로 조용히 걸어갔다. 호스를 정확히 우표들 쪽을 향한 채 그녀는 청소기 버

틈을 눌렀다. 그리고 소리 내어 웃었다.

톰이 마침내 청소기 호스를 그녀의 손에서 빼앗아 비틀어 버렸을 때 조앤은 아이들, 자기 옷, 지갑을 움켜쥐고 현관문을 나섰다. 우표들이 마룻바닥을 이리저리 나뭇잎처럼 떠다니는 혼란을 등지고, 그녀는 그렇게 톰에게서 떠났다.

그리고 다시는 돌아가지 않았다.

* * *

조앤('조-앤'처럼 두 음절에 각각 힘을 주어 네덜란드 식으로 발음한다)은 아이들을 계속 데리고 있으려 했지만 톰은 변호사를 고용해 한 달도 지나지 않아 아이들을 되찾았고, 여섯 달이 안 되어 재혼했다. 새 아내는 톰보다 많이 어렸는데, 나중에 톰은 단지 베이비시터가 필요했던 거라고 털어놓았다. 베이비시터였건 아니건, 톰의 아이들에게 그녀는 신데렐라의 나쁜 계모와 똑같은 사람일 뿐이었다. 후에 아이들에게 결정권이라는 것이 생길 때까지, 그녀는 전 부인의 아이들을 노골적으로 싫어했다. 기회란 기회는 다 빼앗았고, 아이들을 곤란하게 하기 위해 필요하면 거짓말도 서슴지 않았다. 셋째 아들인 데니 세션스는 "그 여자는 진실을 말하는 게 훨씬 쉬울 때조차도 거짓말을 하곤 했어요"라고 되새겼다. 마티와 데니는 여러모로 비슷했다. 두 아이는 가끔 쌍둥이로 오해를 받곤 했는데, 그래서 지금까지도 데니는 보는 이들, 특히 마티를 알고 그리워하는 사람들을 힘들게 하고 있다.

세 명의 세션스 사내아이들과 막내 여동생은 새어머니의 두 어린

여섯 살 되던 생일날의 마티. 소년다운 장난기가 얼굴에 가득하다.

딸들로 구성된 의붓가족으로 어영부영 섞여 들어갔다. 곧이어 사내아이들은 자기들이 어린 세 여동생을 돌봐야 할 처지임을 깨닫게 되었다(나중에 훨씬 어린 의붓남동생 스티브가 가족사진 속에 등장할 텐데, 이 아이는 톰의 마지막 날들을 지키는 역할을 떠맡게 된다). 톰은 3학년 담임으로 일하면서 선생님으로서 아들들에게 절대로, 결코, 여동생들을 때리지 못하게 가르쳤고, 같은 이유로 어떤 여자아이라도 때리는 것을 용납하지 않았다. 만약 여자아이들이 누군가에게 맞았다 하면, 사내아이들은 가해자 색출의 대상이 되었고, 잊지 못할 가르침을 받아야 했다. 여자를 때리면 안 된다는 생각은 쇼비니즘(chauvinism, 맹목적 애국주의 - 옮긴이)의 다른 측면인 '빅 브라더'(big brother, 영국 소설가 조지 오웰의 소설 《1984년》에 나오는 독재자 빅브라더를 따서 만든 용어. 긍정적 의미로는 선의의 목적으로 사회를 돌보는 보호적 감시를 뜻하며, 부정적 의미로는 정보를 통해 권력자들이 행하는 사회 통제 수단을 말한다 - 옮긴이) 보호주의의 무언가와 짝을 이루어 톰 세션스의 아들들 삶 전체에

잔상을 남겼다. 그렇다고 해서 이들이 여자와 다투지 않았다는 뜻은 아니다. 그보다는 잘 자란 여느 미국 남자들에 비해 여자를 때리는 것에 별다른 환상이 없었다고 하는 편이 옳을 것이다.

이런 철학은 캐럴 앨든이 남편을 죽인 후 마티가 앨든을 육체적으로 학대했다고 주장했을 때 세션스 일가를 주춤거리게 했던 요인으로도 작용했다.

톰 주니어, 마티, 데니 세 사내아이들은 때로 힘을 합쳐 장난을 치고는 했다. 늘 데니가 말썽의 주축이었지만 셋이 번갈아가며 벌 받는 책임을 떠맡았다. 60년대에는 부모의 훈육에 호된 매질이 포함되는 경우가 흔했다. 톰의 체벌은 당시 아버지들이 아들에게 하는 정도 이상도 이하도 아니었다(톰 자신도 매우 엄격하게 자랐다. 그의 어머니는 유달리 가차없는 규율 수호론자였다). 톰 주니어와 데니가 체벌을 덜 받은 건 아마 이 둘이 아버지를 닮아 꽤 똑똑해서였을 것이다. 마티는 형제들보다 공부에 관심이 없어 학교 성적도 주로 C에서 맴돌았고, 그 때문에 좀더 자주 매를 맞았으며, 헛간으로 쫓겨나는 일도 잦았다. 물론 아버지인 톰이 자식들을 똑같이 사랑한 것은 의심할 여지가 없지만 말이다.

조앤은 톰과 헤어진 후에도 솔트레이크시티에 살고 있었다. 새엄마를 제일 싫어했던 데니는 열 살 무렵에 친어머니 집으로 옮겨갔고, 마티는 열여섯 살이 되었을 때 그들과 함께 살게 되었다. 두 아이 모두 친어머니가 아버지에게서는 좀처럼 볼 수 없었던 이해심과 동정심을 지녔다는 것을 알아챘다. 아버지와 떨어져 마음 여린 친어머니와 지내게 되자 자연히 학교를 소홀히 하기가 쉬워졌다. 얼마 지나지 않아 마티와 데니는 나란히 학교를 중퇴했고, 직업전선으로 뛰어들었다. 그들이 찾아낸 새로운 세상에는 일 외에도 여자와 파티가 있었고, 무엇보다 중요한 것은 마약이 존재한다는 것이었다.

마티는 1970년대에 마약성 진통제를 시작했다. 처음에는 처방을 받았지만 그 기간이 끝나자 길거리에서 약을 샀다. 1980년대에는 그의 상용 약물이 헤로인, 그 중에서도 멕시칸 헤로인(선택적 아세틸화에 의해 터보 엔진을 단 효과를 내는 헤로인)으로 바뀌어 있었다. 헤로인 종류 중에서 "멕시칸 헤로인이 최악이다. 정말 망할 약물인데, 하는 사람의 몸도 망친다."[4] 이는 스티븐 오카자키의 걸작 〈블랙 타르 헤로인(Black Tar Heroin)〉의 시작 부분에서 딜러가 한 말이다. 이 영화는 캘리포니아의 샌프란시스코에서 3년 동안 블랙 타르라고 불리는 멕시칸 헤로인 중독자들의 붕괴되는 삶을 따라간 다큐멘터리다.

멕시칸 헤로인이 마티와 데니가 선택한 약물이었다. 블랙 타르 헤로인, 블랙 클라운, 피드라, 또는 세션스네 아들들이 알고 있는 대로 시바라는 다양한 이름의 마약은 결국은 한 가지였다. 뿐만 아니라 유별난 제조 과정 때문에 끈적끈적한 검은색 덩어리가 생기는데, 그 모양이 아기의 오래된 배설물과 흡사해서 얻게 된 카카(유아어로 '응가'임 - 옮긴이)라는 이름도 있다.

마티는 약을 사기 위해 도둑질까지 하게 되었으며, 그 결과 처음으로 교도소에 다녀오게 되었다. 이후로도 그는 월마트나 케이마트에 걸어들어가 바람막이 점퍼 허리춤에 15장 내외의 CD를 숨겨 나와서는 마약과 맞바꾸는 일을 계속했다. 다른 방법이 유효하다 싶으면 그 방법으로 바꾸면서, 그는 거듭해 절도와 마약 상용을 되풀이하는 상습 절도범으로 지냈다. 그러다 마침내 이 상점들 중 한 군데서 그에게 감시원을 따라붙여 그는 두 번째로 징역을 살고 나왔다. 그리고 또다시, 또다시. 때로 마티는 모든 자격이 정지되어 가석방 자체가 금지되기도 했다. 어떤 때는 가석방 중에 의무적인 소환에 불응하거나 약물 테스트에 걸려 교도소로 돌아간 적도 있었다.

그러나 이렇게 헤로인이 마티의 삶을 좌지우지한 와중에도 이야기할 만한 또다른 측면은 있었다.

* * *

"내게 세상 사람들 모두를 살펴보고서 누구를 내 부모로 정할지 결정할 수 있는 능력이 주어진다 해도 나는 또다시 내 아버지와 어머니를 선택할 것입니다"[5]라고 마티 세션스의 큰딸인 애너 루튼버는 말했다. 애너는 아버지가 죽은 2006년에 스물아홉 살이었다. 그녀는 세간의 입방아를 피해 살아가는 조심성 많은 성격이어서, 한 번도 부모나 자라온 환경에 대해 남들에게 말해 본 적이 없었다. 애너와 그 여동생인 에디는 아버지가 수감되는 일이 잦았기 때문에 십대 시절의 대부분을 위탁 가정에서 보냈다(이 아이들의 어머니 역시 마티처럼 헤로인 중독자였는데, AIDS로 죽기 직전에 온정 차원의 석방이 이루어져 집에서 숨을 거두었다. 당시 애너는 열다섯, 에디는 열세 살이었다).[6]

마티 세션스에게 손가락질을 하고 싶어 할 사람이 있다면, 캐럴 앨든이 어린 시절 상대적으로 특전을 누린 것과는 현저히 다르게 힘든 성장 환경을 지닌 그의 딸들이어야 할 것이다. 그러나 광대뼈

"우리 아버지를 아는 사람은 누구나 그분을 좋아했어요"라고 마티 세션스의 큰딸 애너는 말한다. "사교적이고, 말투가 부드러웠어요. 친절하고, 따뜻한 마음을 지니셨고, 머리가 매우 비상하셨죠. 아버지를 무너뜨린 가장 큰 문제는 마약이었습니다. 그 문제만 아니었다면 '모든 것'이 달라졌을 거예요. 아버지도 그걸 알고 계셨어요. 마약이 그분을 나쁜 사람으로 만들지 않았더라면 누구보다 훌륭한 인격자이셨을 텐데요."

가 도드라진 예쁜 얼굴이 오갈 데 없이 세션스 가문의 핏줄임을 증명하는 듯한 두 딸 모두 자기 아버지에 대한 애정은, 그가 뿌리 깊은 결함들을 지녔음에도 요지부동으로 유지되었다. 실은 결함들이라기보다는 그 중 하나, 즉 아버지의 인생에 늘 따라붙었던 압도적인 결함인 헤로인이라고 하는 편이 맞겠지만.

"아버지는 에디와 내게 선택에 대한 이야기를 많이 하셨어요." 애너는 이야기를 계속했다. "중독 때문에 스스로도 많이 힘들어하셨죠. 그것 때문에 우리를 키우면서 많은 걸 놓쳤다고요. 그게 당신이 가장 후회한 일이었죠." 이번에는 에디가 덧붙였다. "우리 부모님이 어떻게 했더라도 선택을 바꾸고 싶지 않아요. 잘못을 했건 어쨌건 그 모든 것이 내게는 도움이 되었어요. 부모님이 저지른 가장 큰 실수들조차도 나를 가르친 셈이 되었어요. 내가 배울 수 있게 도와주신 거예요."[7]

마티의 인생에서 가장 옳은 선택 중 하나는 재기발랄한 수지 버넬과 깊은 사랑에 빠진 것이었다. 배우 샐리 필드와 꼭 닮은 그녀와 사랑에 빠진 것은 마티만이 아니었다. 애너와 에디를 비롯해 '누구나' 명랑하고 친근한 수지를 좋아했다. 이 아이들은 수지와의 유대관계가 자신들의 비운의 어머니에는 미치지 못하지만 그에 버금간다는 사실을 알게 되었고, 마티는 그녀를 소울메이트라고 느꼈다. 수지는 마티를 누구와도 다른 자신만의 방식으로 이해했다. 그녀만의 친밀감, 착한 유머는 마티가 스스로 파묻어 버렸던 삶의 환희를 그에게 새로운 의미로 되돌려주었다. 수십 년 후에 이들 커플 사이의 유대관계에 대한 질문을 했을 때, 누가 뭐라고 하지 않아도 저마다의 입에서 진심 어린 한 줄의 표현이 나왔다. 그 말을 하는 가족 구성원들의 목소리는 한결같이 부드러웠다. "마티와 수지는 손과 장갑처럼 서로에게 딱 맞는 사람들이었어요."

그러나 사람의 손이 늘 좋은 장갑을 필요로 하는 것은 아니다. 수지 역시 헤로인의 강렬한 유혹을 느꼈다. 어찌어찌 마티보다는 더 오래 그 유혹에서 멀찍이 떨어져 있기는 했지만, 결국 두 사람이 실제로 결혼한 것은 집에서 멀리 떨어진 '마티의 보금자리'인 교도소에서였다. "두 분이 서로를 치유해 주려고 한 것 같지는 않아요. 그보다는 정말 소울메이트였던 거죠. 두 분 다 마약을 했지만, 그러면서 행복해하셨어요."

마티의 딸들은 그를 좋은 아버지로 기억한다. 적어도 교도소에서 집으로 돌아왔을 때는. 그는 비난의 눈길에 점점 익숙해졌지만 자녀들에게는 절대로 해를 입히지 않았다. 마티는 자기 부모의 영향 때문인지 거의 군인 수준으로 엄격했다. 아이들이 허드렛일을 각자 맡아하는 시간이 되면, 그건 잡담이나 하며 노는 시간이 아니라 그야말로 일하는 시간이어야 했다. 그러나 손자에 대해서는 마티의 모든 원칙이 해제되었다. 손자는 마티를 숭배했고, 그 역시 마루에 누워 손자들과 뒹굴며 노는 걸 무척 좋아했다. 말 타기 놀이, 온갖 소리 흉내내기를 하며 놀았는데, 도널드 덕 흉내내기가 단연 1위였다. 그는 사랑스러운 어린 손녀 애슐리를 '우쉬'라고 불렀다. 마티가 손녀를 흔들어 공중그네를 태워주면 어린 손녀의 즐거운 환성이 하늘을 찌를 듯했다.

마티는 고등학교를 중퇴했지만 교도소에서 고졸 학력 인정시험에 통과했으며 딸들에게도 늘 교육의 가치에 대해 강조하곤 했다. 또한 시각적인 것들과 시스템에 관심이 많았을 뿐 아니라 아티스트로서의 재능을 드러내기도 했는데, 덕분에 편지에 직접 만든 카드를 함께 동봉해 보내는 일을 아주 좋아했다. 목공도 그가 아주 즐기는 취미 중 하나였고, 컴퓨터를 배우고 작업하는 일에도 흠뻑 빠져 있었다. 이 외에도 맛있는 홈메이드 스파게티 소스를 만드는 비결은 남들이 잘 모르는 마티의 재능 중 하나였다.

애너와 에디는 성장하면서 아버지가 어떤 식으로 수지와 영향을 주고받는지 직접 경험한 사람들이다. 당연히 마약은 두 사람의 유대관계에 걸림돌이 되었다. 그러나 이들은 다툴 때조차도 딸들의 모습과 목소리가 미치지 않는 곳에서 하려고 애썼다. 더 중요한 것은 두 사람 사이에 결코 폭력이 오가지 않았다는 점이다. 마티는 폭력을 쓸 수 있는 사람이었을까? 두 말 하면 잔소리다. 그는 싸움을 먼저 시작하지는 않았지만 다른 남자가 끼어들거나 하면 기꺼이 주먹을 휘둘렀다. 물론 보통 때 그는 주먹싸움을 일삼는 타입은 아니었고, 더욱이 성장 환경 때문에라도 절대로 여자를 때리는 법은 없었다. 적어도 세션스 가의 여자들이나 다른 누구도 그가 여자를 때리는 걸 본 적이 없었다.[8] 심지어 애너가 알기로 지난 2년 동안 자기 아버지의 삶에서 가장 큰 이슈는, 애너의 당시 남자친구가 자기를 때렸다는 루머를 아버지가 들었던 일이었다. 데니와 마티는 득달같이 달려가 그 '나쁜 놈'과 얼굴을 맞대고 진상을 들었다. 이처럼 남자가 여자를 어떤 이유로든 때린다는 발상에 대한 분노는 그의 인격에 배어든 천성이나 마찬가지였다.

* * *

1991년 11월 2일 저녁, 교도소 안에서 텔레비전을 보고 있던 마티의 세상은 급작스럽게 곤두박질치기 시작했다.

마티가 교도소에 가 있는 바람에 수지와 그녀의 아들 스코트(마티의 의붓아들)가 이사를 하게 되었는데, 가족끼리의 오랜 친구인 에드거 타이드먼이 수지와 스코트에게 모텔 비용을 아낄 겸 자신의 이동주택에 와서 지내지 않겠느냐고 했다. 수지가 듣기에도 나쁘지 않은 생각이었다. 실은 수지의 언니인 데브라 프라이어와 그녀의 남자친구인 척 팀버먼이 이미 몇 달 전부터 타이드먼의 집에서 함께 살고 있었기 때문에 결정하기가 더 쉬웠다.[9] 사건이 일어난 저녁도 별다르지 않았다. 다같이 저녁을 해먹고 한밤중까지 텔레비전을 보았다. 타이드먼은 조금 괴짜이기는 했지만 해를 끼칠 일이 없는 사람이었다. 그런데 나중에 밝혀졌지만 그는 심각한 두부 손상으로 고통받고 있었다. 좌뇌 발작에 시달리며 장기간 본드와 도료희석제를 흡입하며 살아온 사람이었다.[10] 달리 표현하면 그는 초읽기에 들어간 시한폭탄이었다.

데브라 프라이어의 회상에 따르면 그날 밤 그녀는 거실에서 탕하는 큰 소리가 들려 잠에서 깼다. 옆에 누워 있던 척이 일어나 무슨 일인가 살펴보려 했는데, 타이드먼이 복도에서 나타나 그를 총으로 두 번 쏘았다. 척은 고꾸라졌지만 아직은 목숨이 붙은 채였고, 데브라에게 가만히 누워서 죽은 척하라고 했다. 그 사이 타이드먼은 거실로 되돌아가 총을 더 쏜 후 되돌아와서 재차 척을 쐈으며, 또다시 거실로 가서 총질을 계속했다. 데브라의 귀에 옆방에서 열네 살짜리 조카 스콧이 타이드먼에게 다시 쏘지 말아달라고 애원하는 소리가 들렸다.[11] 공포에 질려 온몸을 떨면서 그녀는 몇 시간에 걸쳐 척의 고통스러운 숨결이 느려지다가 결국 멈추는 소리를 들어야 했다.

타이드먼은 데브라의 침실로 다시 들어와 그녀가 죽지 않은 걸 안다고 말했다. 그녀는 총구가 겨눠진 채 거실로 떠밀려갔다. 조카가 온통 피범벅이 되어 가슴 아래는 마비된 채 널브러져 있었다. 수지는 담요에 덮인 채 소파에 조용히 누워 있었다. 타이드먼이 담요를 벗기고 말했다. "이제 좀 예쁘지 않아?"[12]

그는 수지의 눈을 똑바로 겨냥해 쏘았던 것이다.

타이드먼은 데브라에게 강간하겠다고 했다.[13] 임신 7개월의 몸이었던 데브라는 조카 눈 앞에서 그러지는 말아달라고 애원했고, 그는 그녀를 복도로 데러가 살해당한 남자친구의 시체를 바라보게 한 채로 강간했다.[14] 그 끔찍한 일들이 열한 시간 동안 이어진 다음에야 그녀는 가까스로 풀려날 수 있었다. 경찰은, 척수가 엉망으로 망가진 채 죽은 엄마 옆에 쓰러져 있던 마티의 의붓아들을 발견했다(9년이라는 극심한 고통의 시간이 지난 후 빈약한 몸체의 스코티는 자신의 배설물 더미에서 시체로 발견되었다. 의학 검사관은 그의 죽음이 타이드먼의 충격에 따른 마비 때문이며 살인이라고 판정했다).[15] 이 사건의 말미에 주디스 애더튼 판사는 이렇게 말했다. "나는 많은, 많은 사건들을 접해 왔어요. 그러나 이보다 더 잔인한 사건은 본 적이 없습니다."[16] 나중에 밝혀진 바로는 타이드먼은 수지를 사랑했지만 그녀가 받아주지 않아서 살해한 것이라 했다.[17] 당연히 수지는 그를 사랑할 수가 없었다. 이미 자신의 남편, 마티 세션스를 깊이 사랑하고 있었기 때문이다.

마티는 비탄과 가책으로 몸을 가누지 못했다. 아내 옆에서 보호해 주었어야 할 때에 그러지 못하고 교도소에 있었던 스스로를 용서할 수 없어했다. 설상가상으로 사건은 질질 끌며 계류되었다. 살해 직후에 타이드먼은 심문에서 자기는 히틀러이며 악마와 자주 이야기한다고 말했다. 결국 타이드먼은 재판을 받을 능력이 없는 행위무능력자 선고를 받고 유타 주립병원에 수용되었다. 그러나 10년 후 예산 삭감의 여파로 여전히 미친 사람임이 분명한 타이드먼은 풀려났고, 이 때문에 주 정부는 다시 사건 심리를 해야 했는데, 미친 타이드먼은 살인의 책임을 데브라 프라이어에게 떠밀었다. 지금은 유일한 생존자인 데브라는 생지옥을 또다시 경험해야 했다(물론 배심원단은 이 주장이 말도 안 되는 코미디임을 알아챘다).[18]

애너는 "아버지는 수지가 세상을 떠난 후 완전히 포기한 사람처럼 지냈어요. 오랫동안 슬픔에 빠져 있었지요"라고 회상했다. 나중에 마티는 딸들에게 사건에 대해 그리고 자신의 고통과 죄책감에 대해 종종 털어놓았다. 애너에게 하느님의 뜻에 따라 타이드먼을 용서했지만 이 용서가 너무 힘들다고 말하기도 했다. 결국 마티는 고통에서 벗어나기 위해 타이드먼을 용서할 수 있는 길을 찾으려 안간힘을 썼고, 찾았다 싶으면 그 일을 했다.

마티는 수지가 죽고 몇 년 후에 재혼했다. 그러나 이 세 번째, 캐롤과의 결혼은 마약 상용 때문에 좌초했다. 애너와 에디는 마티가 캐럴과 결혼하자 기뻐했다. 그들은 무엇이 되었든 아버지를 행복하게 해주는 것이면 다 좋았다.

11

숨은 셜록 홈즈

> 살인은 어떤 범죄와도 달리 피해자의 모든 것을 영구히 박탈한다. 절도나 방화의 피해자는 잃어버린 것들을 되찾거나 다른 것들로 대체할 수도 있다. 심지어 가중 폭행이나 강간조차도 때로는 상처에서 일정 부분 회복되기도 한다. 그러나 살인의 피해자는 모든 게 끝이다. 살아남은 가족이나 친지만 존재한다. 이들은 피해자를 영원히 상실했기 때문에 살인이 절도, 강도, 또는 그 어떤 범죄와도 같지 않다는 걸 뼈저리게 느낀다. 살인사건을 맡은 변호인 역시 이 점을 알고 있다. 사람을 죽일 만한 아주 특별한 정황이 없다면, 살인에 대한 처벌은 대부분의 다른 범죄보다 더 엄중하다는 것도. 경찰, 언론, 배심원과 대중 모두 '살인은 다르다'는 걸 잘 안다. 따라서 살인에 대한 재판은 이 범죄가 피해자, 피해자의 살아남은 가족, 그리고 피고인 측 모두를 위태롭게 한다는 점에서 다르다.
> ─ 찰스 앰브로스와 마이클 웜스, 《살인사건의 준비와 심리─검찰과 변호인의 시각》[1]

마티 세션스가 죽고 이틀 뒤, 리처드 제이콥슨 형사는 마티와 캐럴의 거실 가운데 꼼짝 않고 서서 트렁크 하나를 쳐다보고 있었다.[2] 아치형의 꼭대기에 나무판자가 덮여 있는 트렁크였다. 파란색의 편편한 옆부분 양쪽으로 금속 고리가 박혀 있고, 뚜껑 언저리에 밧줄 손잡이의 허술한 끈 고리가 나중에 급히 해넣은 것처럼 나와 있었다.

제이콥슨—마티 세션스의 죽음에 대한 이야기를 한데 모아 엮게 될 말 없는 팀 리더—은 그런 상자가 집 어딘가에 있다는 것이 도무지 상상이 되지 않았다. 거실은 말할 것도 없지만, 다 떠나서 어린 아이들이 있는 집에 그런 게 있을 수는 없었다.

그러나 캐럴 앨든의 자녀들은, 제이콥슨이 마침내 알아낸 바로는, 모두 그 상자의 내용물에 아주 익숙해 있었다.

제이콥슨은 갈색 머리에다 바깥 활동으로 다져진 그을린 피부와 주름진 얼굴의, 중간 체구를 한 남자였다. "케빈 코스트너 같아"[3]라고 그의 아내는 말했다. 아닌 게 아니라 그는 외모뿐 아니라 진지한 태도까지도 코스트너를 연상시켰다. 게다가 제이콥슨 자신은 결코 인정하지 않겠지만 그는 밀라드 카운티의 숨은 셜록 홈즈로 정평이 나 있었다. 형사치고 드물게 말씨가 부드러운 그는 맡은 범죄사건 뒤에 도사린 진실을 밝혀내는 데 천재적인 능력을 발휘하는 것으로 알려져 있었는데, 나중에 그는 친구에게 "진실이 아닌 것에서 진실을 만들어내는 건 형사가 할 일이 아니야"라는 말을 했다. "형사의 임무는 증거를 따라가는 거지." 즉 증거를 추적하는 능력이 그의 가장 뛰어난 재능이었던 셈이다.

그는 시골인 밀라드 카운티에서 나고 자랐지만 세련된 과학적 접근 태도를 타고난 사람이었다. 아버지인 J. F. 제이콥슨은 국가와 유타 주가 수여하는 훌륭한 교사상을 받은, 많은 사람들에게 존경받는 고등학교 화학 교사였다. 제이콥슨의 형제들 역시 자기 분야에서 잘나가는 사람들이었다. 한 명은 유전학 박사학위를 받고 민

세션스 일가의 집 거실에 놓여 있던 트렁크. 후에 경찰은 캐럴의 자녀들 모두가 이 트렁크의 내용물에 익숙해 있다는 사실을 알게 된다.

간 부문에서 일하며, 다른 한 명은 미군 법무단 변호사로 일하고 있다. 또 그의 누이들은 잘 교육받은 간호사들이다. 무릇 훌륭한 형사는 분석적인 마인드를 지녀야 요소들을 조각 냈다가 다시 합쳐가면서 그 속에 숨어 있는 패턴을 들여다볼 수 있는데, 제이콥슨의 사고와 시각은 아버지의 과학적 렌즈에 상당 부분 맞추어져 있어서 이런 식의 합리적인 접근이 남보다 훨씬 수월했다.

제이콥슨은 유년기를 '별 응시 기계'를 들여다보고 공상과학 소설을 탐독하며 보낸 덕분인지 영리한 아이로 자라나 대학에서 천체물리학을 전공하게 된다. 그런데 성적이 우수하고 그 분야의 지식적 토대가 탄탄하기는 했지만 어쩐지 천체물리학이 그와 딱 맞지는 않았다. 평소 동물을 사랑했던 그는 결국 수의학과로 옮겼고, 거기서도 두각을 나타냈으며, 이번에는 적성에도 잘 맞았다. 의학 미스터리를 풀어가는 데서 뭔가 매력을 느낀 것도 이때였다. 그러나 수의학에서도 미진한 부분이 완전히 해소되지는 않았다. 가려운 데를 정확히 긁지 못하는 그런 느낌이었다. 제이콥슨의 직업은 과학적으로 전문화된 분야에 속해 있었지만 그의 직업적 소명은 그가 생각하기에 자신이 속한 전문직들 중에는 없었다.

"모든 게 타이밍이야"라고 제이콥슨은 말했다. 그러면 친구들은 특수 직무 경관이 되기 위한 2단계 인정 과정에 도전하는 그에게 "타이밍이 제 발로 너에게 간 거지"라고 말하곤 했다. 이 과정은 경찰직으로 가는 징검다리 역할을 하는 강좌였다. 제이콥슨은 이 과정을 통과해 법 집행자가 되었다.

가족은 그의 선택에 놀랐지만 어떻게 보면 결국 그를 형사라는 평생의 직업으로 이끈 것은 과학과 이성에 바친 이 가족의 헌신이었다. 법 집행은 과학의 지능과 사람의 지능 둘 다를 섞은 것이나 다름없는 것이기 때문이다. 이어서 제이콥슨은 가족에게 보탬이 되고 학비도 벌기 위해 낮에 복수로 일하면서 일 년 반 동안 폰리스 아카데미 야간 과정을 이수했다. 그 뒤에는 몇 년 동안 순찰차를 몰고 특별기동대의 저격수로 일하는 식의 흔히 거치는 과정을 지나, 마침내 교관이 되었다. 교관 시절 그는 사격의 과학적 측면에 빠져들었다. 탄도의 계수, 공기의 온도, 탄환 궤적의 각도 등.

그러나 제이콥슨은 더 의미 있는 작업을 원했다. 예를 들어 어린이 성폭행범을 사회로부터 격리시켰을 때의 만족감은 다른 모든 활동들을 사소한 것으로 보이게 만들었다. 제이콥슨은 직업과 성실함이라는 오래된 미덕을 지향하는 가정적인 남자였다. 그는 자신이 두 개의 월급봉투를 받는다고 생각했다. 하나는 고용주가 매달 은행 통장으로 넣어주는 것이고, 또 하나는 매일 퇴근해 집으로 운전해 가면서 스스로에게 던지는 두 가지 질문에 대한 대답이었다. 오늘 내가 한 일은 시간을 소비할 가치가 있는 것이었나? 최선을 다했는가?

제이콥슨은 30대 초반의 늦은 나이에 형사가 되었으므로 그의 가족은 그가 이 일을 하면서 어떻게 바뀌어가는지를 모두 지켜보았다. 나중에 그의 아내는 "경찰인 사람과 결혼한 여자가, 경찰이 되는 남자와 결혼한 여자보다 살기 편해요"라고 말하기도 했다. 제이콥슨은 젊은 시절 자신의 삶을 마치 다른 사람의 삶이었던 것처럼 되돌아보곤 한다. "평범한 일상에서는 최악의 인간성이 드러나지 않지요. 지극히 힘든 상황에 맞닥뜨리는 일이 사람을 달라지게 하는 거예요. 그럴 때 어느 정도나 제어할 수 있는지가 관건이죠."

살인은 형사들의 삶에서 대개 최우선 사항이다. 그러나 제이콥슨은 마티 세션스가 살해되었을 때 유타 주의 반대편 끝에서 치러지는 장례식에 참석했었다. 그 장례식은 여느 장례식이 아니었다. 유타 간선도로 순찰경관인 벅은 제이콥슨에게는 돌아가신 아버지를 떠올리게 하는 유일한 인물이었다. 제이콥슨의 경력 전체를 통틀어 이유를 막론하고 살인 현장을 비운 때가 있다면 오직 벅의 장례식 날 하루일 것이다.

그런 이유로 제이콥슨이 오물로 뒤범벅이 된 산더미 같은 옷가지

닭장에 연해 있는 세션스의 집 뒤쪽 현관. 이 사진 역시 함께 실린 대부분의 사진들과 마찬가지로 살인사건이 있고 며칠 후에 찍은 것이다.

들 틈에 서서 거실에 놓인 궤짝을 응시하게 된 것은 살인사건과 최초 심문이 이루어진 다음 날이었다.

제이콥슨은 죽은 쥐와 도마뱀들을 우리에서 꺼내면서 모자를 벗고 이마를 긁었다. 마티의 몸이 밖으로 튕겨나갈 때 이 동물들을 쳐서 흩어버린 것이 분명했다. 가족 중 한 명이 나중에 어림하기로는 마티의 죽음 당시 이들이 키운 파충류가 300마리 이상일 거라고 했다.

그러나 살아 있는 파충류는 둘째치고 더 많은 도자기 도마뱀과 개구리들까지 사방 구석과 높고 낮은 선반에 줄줄이 숨어 있었다. 마당에는 용접한 도마뱀과 용 조각의 축소 모형들도 있었다. 부엌 바닥에 놓인 커다란 수조에는 죽은 물고기가 큰 덩어리로 둥둥 떠다니고 있었고, 썩은 물이 뒤쪽 현관에 널브러진 닭장의 똥 냄새와 섞여 역겨움을 더하고 있었다. 긴 의자를 겸하는 격자무늬의 층층대는 닭장으로도 쓰이는 것이 분명했다.

바깥의 버려진 차들은 풍경의 한 부분처럼 보였다. 뼈가 앙상한 라마와 셰틀랜드 산 조랑말이 지붕이 무너져 기울어진 헛간 옆에서 눈을 멀뚱거리고 있었고, 다른 동물 우리에는 손질받지 못한 알파카와 에뮤로 보이는 새들이 들어 있었다. 닭, 개, 고양이, 칠면조, 오리, 공작들이 먼지와 잡초 속을 오고 가고 있었다. 숨어 있는 염소 한

부서질 듯한 뷰익 자동차가 황폐한 세션스 가족의 차고를 지키고 있다.

11장 숨은 설록 홈즈

마리는 벌써 수사관들 몇 명과 꽤 큰 소동을 벌인 게 분명해 보였다.

세션스의 농장은 순수하고 완전한 혼돈이었다. 제이콥슨의 감각으로는, 다른 사람들에게서 듣기 시작한 이야기들 못지않게 눈앞에 펼쳐진 광경에서 직감한 바로는, 캐럴 앨든은 대상이 무엇이든 자신 앞에 놓인 것들을 완벽하게 통제하는 여자라는 점이다. 그러나 파일럿이 폭풍우 속에서 방향을 잃어버리듯, 그녀는 전체 상황에 대해 모든 통제를 상실해 버렸다.

제이콥슨은 나무 궤짝을 뒤로하고 세탁실 바로 앞 복도에 큰 덩어리로 남은 핏자국 한쪽으로 가서 섰다. 여기서 마티 세션스가 총에 맞은 것이 분명했다. 혈흔의 퍼진 모양과 크기로 보아 마티가 쓰러진 방향 역시 확실했다.

혈흔과 말라붙은 살점을 따라 시선을 옮겨 세탁실 안을 들여다보면서 제이콥슨은 앨든이 첫 총격을 가했을 때 서 있었을 자리까지 확연히 짐작할 수 있었다.

세탁실에는 옆 문이 있어 그녀가 달아나려고 했다면 달아날 수 있는 잠재적 가능성이 '있었'다. 그러나 막상 그 문으로 나가는 건 불가능했을 것이다. 허리 높이까지 악취 나는 옷가지들로 꽉 차 있었으므로.

그렇다 해도 그 집에는 마음먹으면 쉽게 달아날 수 있는 문이 여럿 있었다.

여기서 누가 피해자였는지 진실로 이해하려면 어떻게 해야 할까?

심리학자 디트리히 되너의 말이 이에 대한 힌트가 될 것 같다. "복잡한 문제를 실제로 해결할 수 있는 사람은 행동하기 전에 정보

마티 세션스가 죽은 복도. 오른쪽 첫 번째 문이 캐럴이 총을 숨겨두고 숨어 있던 세탁실이다. 이곳의 카펫은 범죄수사연구소에서 분석 자료로 가져갔다.

를 모으며 꼼꼼히 생각하고 경과를 재검토하고 자주 스스로의 오류를 교정한다. 과실을 가장 많이 범하는 사람은 예측이론에 매달리며 스스로의 잘못을 고칠 줄 모른다. 또 일이 잘못 되면 다른 사람 탓을 한다. 복잡한 상황에서 생겨나는 과실들은 검증 안 된 추론과 총체적인 인간적 게으름의 소산이다."[4]

더러운 옷들이 집 여기저기에 널려 있었고, 더러는 8피트 높이로 쌓여 있거나 똥오줌으로 뒤덮여 있기도 했다.

생각이 제이콥슨의 관찰 속으로 끼어들었다. '이런 곳에서 어떻게 아이들을 키울 수 있는 거지?'

어질러진 복도를 따라 어두운 주 침실로 들어가니 창문을 가린 담요의 찢어진 틈새로 역광이 새어 들어오고 있었다. 문은 문틀에서 떨어져 덜렁거리고 있었고, 중간쯤에 들쭉날쭉한 구멍이 뚫려 있었다. 장롱 문들은 침대 위쪽으로 널브러져 있는 것이, 누군가 화가 치밀어 내던진 모양새였다. 꽤 힘이 센 남자가 했을 법한 일이었다. 즉 마티가 사람 또는 물건을 향해 공격적인 행동을 했을 것이다.

제이콥슨은 장롱 문들을 지나쳐 방의 먼 쪽, 침대 보조 탁자로 쓰는 접이식 탁자 쪽으로 갔다. 탁자에는 캡틴모건 럼주가 반쯤 든 술병, 처방약 병들이 있었고, 그 옆 서랍장에는 먼지 낀 플라스틱 병들, 스틱형 데오드란트, 아이시핫 브랜드의 진통 소염 겔, 빈 탄산음료 캔들, 향들이 난잡하게 들어 있었다. 그런 잔해들 사이에 아름답게 뜨개질한 기하학 무늬의 담요가 침대 가장자리 위로 펼쳐져 있는 것은 차라리 묘한 광경이었다.

바닥에 널린 옷들은 장롱 속에 걸린 옷가지들 쪽을 향해 있었다. 격자무늬의 남자 셔츠와 바지들이 한쪽을 차지했고, 흘러내리는 70년대식 히피 치마와 블라우스들이 다른 한쪽을 차지했다. 치마들을 한쪽으로 밀치자 몇 시렁의 책들이 눈에 띄었다. 그는 좀더 다가가 책 제목들을 읽기 시작했다. 《장미를 비틀어, 가시를 내게 보내라―가학피학성의 로맨스와 성적 마법》, 《밧줄 배워보기―안전하고 즐거운 가학피학성 러브 메이킹》, 그리고 《한정된 예산으로 신체 결박하기》 등이었다.

아이들 침실 중 하나. 서랍장들 위에 작은 틱 마크들이 눈에 띈다.

아, 가학피학성 성애. 거실의 궤짝에 든 채찍, 사슬, 밧줄, 공중에 매달리는 장치, 수갑, 기타 장치들이 그제야 이해가 되었다. 캐럴 앨든의 몸에 학대당한 흔적이 있는 이유도.

제이콥슨은 선 채로 생각에 잠겼다. 천천히, 새로운 의문이 떠올랐다. 왜 가학피학성 성애에 대한 책들이 장롱의 '그녀' 쪽에 보관되어 있는 걸까?

제이콥슨은 지금까지와는 다른 눈으로 방을 훑어보았다. 바닥의 번쩍거리는 금색 제본이 그의 시선을 끌었다. 《이솝 우화집》이었다. 책의 일부가 검정색 비단 끈(눈가리개)으로 덮여 있었다. 눈가리개 옆에는 직접 만든 가죽 채찍, 매끈한 플렉시 유리(상표명 - 옮긴이) 막대기와 함께 옷걸이들이 있었다.

제이콥슨은 코를 문질렀다. 악취가 코를 찔렀다. 다시 복도로 나와 옆 침실로 들어갔다. 얼핏 보기에도 아이들 방 중 하나인 듯 보였다.

이 방 역시 혼돈이기는 마찬가지였다. 너덜거리는 판지 상자들, 스크랩 꾸러미, 플라스틱 접시들, 더러운 옷가지들 덕분에 카펫은 거의 보이지도 않았다. 퇴물이 된 커다란 컴퓨터 모니터가 책상 위에 황량하게 놓여 있고, 연결이 안 된 키보드가 그 앞의 의자 쿠션 위에 있었다. 그리고 탄산음료 캔들, 장난감 자동차, 호른.

벽에는 낡은 옷장이 맨 위 서랍이 달아난 채 기대 서 있었다. 아래 서랍들은 밀려 나와 내용물들이 고스란히 드러난 채였다. 더러운 접시와 오목한 그릇, 도자기 잔과 유리컵들. '아무런 질서 없음'이라는 이 집의 규칙이 한눈에 보였다. 내키는 대로 먹고, 저 좋은 대로 살기.

다음 방은 딸의 방인 듯했다. 어린이답게 깔끔한 활자체로 쓴 일기장의 낱장들이 책상 위에 흩어져 있었다.

안녕, 일기장!
버스 기사님을 위해 팔찌를 만들었어. 그녀는 좋은 사람이야. 마티는 내가 굶겨서 양을 죽였다고 하지만 그래도 그 양은 4년이나 살아 있었잖아! 어쩌면 그보다 더 오래일지도 몰라! 내 방을 완전히 엉망으로 어질러 버렸어. 난 모든 걸 가졌단다.

일기 아래에 놓인 사진에는 금발 머리를 땋아 늘어뜨린 소녀의 사진이 한 장 있었다. 여덟 살 정도 되어 보이는 아이는 슬퍼 보이는 웃음을 짓고 있었다.

벽의 합성 베니어판은 마치 교도소에서 하루가 느리게 지나가는 것을 새긴 것 같은 틱 마크(tick marks, 공장 등에서 검사 또는 통과 했다는 표시 - 옮긴이)들이 지워진 채로 뒤덮여 있었다. 해시 마크(hash marks, 제복 소매 끝의 줄 띠 - 옮긴이) 옆에는 좀더 밝은 색으로 희미하게 쓰인 글이 보였다.

잘 자라, 아가야,
나무 위에서,
바람이 불면
요람도 흔들리네.
가지가 부러지면
요람이 떨어질 거야.
아기와 요람과
모두 다 아래로.

12
변호인의 반대심문

> 테러리스트들은 피카도르(picador, 투우의 창잡이 - 옮긴이)이자 마타도르(matador, 투우사 - 옮긴이)이다. 그들은 황소가 피를 흘리고 분노로 눈이 멀 때까지 날카롭게 찌르다가 핏빛 공포의 레드 케이프를 면전에 대고 흔든다. 황소는 달려들고 또 달려들어 기력이 소진되면 더 이상 달려들 수 없는 지경에 이른다. 몸집이 더 작고 힘이 약한 마타도르는 그제야 황소의 어깨뼈 사이 무른 지점에 칼날을 박아넣는다. 황소는 케이프를 흔드는 행위를 이해하지 못한 채로 오로지 찌르기 위한 도발에 격분해 공격하다가 탈진하여 스스로를 죽음으로 몰고 가는 것이다.
> ─ 패트릭 J. 뷰캐넌,(미국의 극우 성향의 보수주의 논객 - 옮긴이),
> 《우익이 망가지는 지점》[1]

캐럴 앨든의 변호인인 제임스 슬레이븐스는 사명감이 강한 사람이다.[2] 이런 성향은 이미 초등학교 때 처음 드러났고, 두 번째까지의 시간이 길기는 했지만 고등학교 졸업 때 또다시 사명감이 폭발했다. 졸업생인 그와 친구들은 몇 년 전에 작성한 기록물 봉투를 건네받았는데, 거기에는 자신들이 5학년 때 적어두었던 '세 가지 꿈의 직업'들이 적혀 있었다.

슬레이븐스의 리스트에 적힌 직업 중 하나는 '가수'였다. "그러나 내가 노래하는 걸 들으면 왜 이 직업이 턱도 없는지 알게 될 거야"라고 그는 자조적으로 킬킬거리며 말한다.

'배우'는 슬레이븐스가 꿈꾸었던 직업 2번이었다.

혹자는 법정에서 열띤 논쟁을 벌이는 변호사야말로 가장 매력적인 직업이 아니겠느냐고 하겠지만 그에게는 이 꿈 역시 보류인 채로 남아 있다. 아직도 그는 일 년에 몇 차례씩 아내와 함께 브로드웨이와 오프브로드웨이의 연극을 즐기러 뉴욕 여행을 한다.

페리 메이슨(1957년에서 1966년까지 방영된 동명의 미국 법정 드라마의 주인공 변호사 이름 - 옮긴이) 덕분에 슬레이븐스의 세 번째 꿈의 직업은 '변호사'였다. 물론 지금 그는 이 세 번째 꿈을 이뤘다. 하지만 변호사가 되는 길은 쉽지도 않았고, 분명한 방향이 있는 것도 아니었다.

모르몬교에서 말하듯 슬레이븐스의 천성은 '바위에 뚫린 구멍'에

캐럴의 변호인, 제임스 슬레이븐스는 "내가 변호하는 모든 사람에게는 이모나 삼촌, 부모, 형제, 자매 또는 자녀들이 있습니다. (……) 그게 내가 하는 일이에요. 나는 변호가 필요한 사람들을 보호해 줍니다. 내 직업이지요."

서 왔다. 이 말은 슬레이븐스가, 브리검 영이 유타 주 남서부의 포코너스 지역 인근으로 보낸 최초 정착민들의 후손이라는 뜻이다. 독학으로 기술을 익힌 엔지니어들이 포함된 이 정착민들은 바위를 뚫고 절벽을 통과해 쟁기질을 하며 지독히 어려운 지형지세를 가로질러 유타의 블랜딩으로 가는 지름길을 개척했다. 이들 강인한 정신력의 소유자들 중 한 명이 슬레이븐스의 고조부의 아버지인 저 유명한 모르몬교 주교 젠스 닐슨이었다. 닐슨은 근면하고 다재다능하며 쾌활한 일부다처주의자로서 사람들에게 영적, 세속적 조언을 해주는 임무를 충실히 수행했다. 또 이웃 주민들에게 아메리칸 인디언들의 말을 통역해 주는 역할도 했다.

말하자면 슬레이븐스는 법정에서의 상대인 패트릭 핀린슨과 리처드 제이콥슨처럼 모르몬교 상류 계급의 후예였던 것이다. 대대로 가문이 속한 공동체가 밀라드가 아니라 산후안 카운티라는 것이 다르기는 했다. 그러나 아무리 빛나는 가문의 후예라고 해도 변호사가 되는 일이 더 쉬워지는 것은 아니었다.

브리검 영 대학교에서 영문학 학사학위를 딴 뒤 슬레이븐스는 블랜딩에서 그리 멀지 않은 나바호 인디언 특별보호구역에서 영어 교사로 첫 직업 생활을 시작하는 '듯' 했다. 그러나 그곳에서 몇 년 교직생활을 하는 동안에도 법이 끈질기게 손짓을 했다. '법'이라고 하는 유혹은 그의 잠재의식에서 은밀하게 떠오르기도 하고 번번이 그 낌새를 알아챈 아내를 질리게 하기도 했다. 결국 그의 아내는 법학 학위를 따든지, 다시는 그 이야기를 꺼내지 말든지 선택하라고 잘라 말했다.

슬레이븐스는 학위를 따는 쪽을 택했다. 많은 로스쿨에서 프러포즈를 했지만 그가 택한 곳은 아이다호 대학교였다. 한 번도 유타 주 북쪽 경계 밖으로 나가본 적 없는 남자에게 이것은 대단히 큰 모험이었지만 슬레이븐스는 약진했고, 마침내 《아이다호 법률 리뷰(Idaho Law Review)》지의 편집장 자리를 거머쥐면서 이동 모의 재판소의 창설자가 되었다.

마침내 자신의 진짜 천직을 발견한 것이다.

슬레이븐스의 첫 업무는 의외로 밀라드 카운티의 부검사였다. 법정 공방의 상대 패트릭 핀린슨이 후임자였다. 슬레이븐스가 그 자리에 재직한 기간은 일 년 남짓이었다. 그러다 관선 변호인 자리가 비자 두 번 생각할 것도 없이 지원했다. 경쟁을 해야 했지만 그는 그 자리가 자신의 것이 되리라는 확신이 있었다. 과연 그는 온갖 번민과 비참함, 아무도 인정해 주지 않는 승리를 떠안는 관선 변호사가 되었다.

조그만 타운에서 관선 변호사로 일한다는 것은 간단치가 않다. 슬레이븐스는 우체국에서 앞을 가로막고 어느 젊은이를 변호한 일에 대해 비난을 퍼붓던 여자를 떠올리면 지금도 좀 침울해진다. "그 녀석은 정말 나쁜 놈이었어요. 당신은 그 녀석을 길거리를 활보하고 다니게 했어요. 교도소에 넣었어야 할 자식을!"이라고 그녀는 소리 질렀다.

슬레이븐스는 말이 안 나올 정도로 충격을 받았다. 그 일이 있고 몇 년이 지났지만 그때 얼마나 놀랐는지 이야기할 때마다 그는 말을 더듬기까지 한다. "뭔가 그녀의 행동은 딱히 그리스도인답지는 않았어요"라고 마무리할 뿐이다. 아무튼 첫 만남 이후 2주가 지났을 때 그는 그 여자를 두 번째로 맞닥뜨리게 된다. 그런데 이번에는 앉은 자리가 달랐다. 슬레이븐스가 여자의 조카딸을 대리하는 입장이었다. 여자는 말을 바꾸었다. "부디 내 조카딸을 위해 할 수 있는 최선을 다해 주세요. 착한 아이에요. 그 아이한테 필요한 건 작은 도움이에요. 옳은 방향을 알려주는 약간의 지도편달이 필요할 뿐이랍니다."

슬레이븐스는 여자를 똑바로 쳐다보면서 말했다. "당신은 2주 전에 내게 다른 사람을 변호했다고 퍼부어 댔어요. 당신과 상관없는 사람이었죠. 그런데 이제 조카딸, 그러니까 당신이 아주 잘 아는 사람에게 변호사가 필요하니까 갑자기 측은지심을 발휘하는군요. 말씀드리죠. 내가 변호하는 모든 사람에게는 이모나 삼촌, 부모, 형제, 자매, 또는 자녀들이 있어요. 그게 내가 하는 일이에요. 나는 변호가 필요한 사람들을 보호해 줍니다. 내 직업이죠."

여자는 용케도 그의 말을 알아들었다.

"내가 하는 일에 사람들이 뭐라고 할 때마다 일일이 신경 쓰면 아무것도 할 수 없었을 겁니다"라고 슬레이븐스는 말한다. 실전에서 단련된 변호사는 맞닥뜨리는 각종 법적 이슈와 관련자들, 피고를 신속히 간파하는 자연스러운 능력을 지니게 됨으로써 더 높은 소명에 에너지를 집중하게 마련이다. 더 높은 소명이란 헌법이다. 슬레이븐스는 헌법이 지고의 문서이며 체제의 조화로움을 지키는 한편 미합중국이 진정으로 위대한 나라가 되게 하는 힘이라고 생각한다. "밀라드 카운티에서는 불법 이주자들이 많은 역할을 합니다"라고 그는 힘주어 말한다. "그리고 헌법은 저들 이주자들을 다른 모든 이들에게 했던 것과 똑같은 방식으로 보호합니다. 내가 이 나라를 자랑스러워하는 부분이기도 하죠. 그것이 내 일의 한 부분이기도 하고요. 나중에 내 무덤의 비석에 묘비명을 쓰게 되면 이렇게 쓰고 싶어요. '그는 자기 일을 했다'라고."

그의 '일'이란 예심이 계속되고 모리스 버튼 경사를 반대심문하는 동안에 한 바로 그것이다.[3] 사실은 이것이야말로 기소인 팀이 지독히 곤혹스러워하던 것이었다. 슬레이븐스는 마치 만사를 다 깨작거리며 파고드는 것 같았다. 재판의 모든 과정이 초조한 분위기로 접어들기 시작했다.

* * *

슬레이븐스 : "그러니까 페더슨 경관께서 범죄 현장에 있었다는 거죠. 맞습니까?"

버튼 경사 : "그렇습니다."

Q : "그런데 그가 범죄 현장에 대해 책임지려 하지 않는다고 추정하는 이유는 무엇인가요?"

A : "나는 아무 것도 추정하지 않습니다. 추정은 당신이 하고 있어요. '모르겠다'고 말씀드리지 않았습니까."

Q : "모르겠다고 하는 것. 이것이 내가 질문을 하는 이유예요."

A : "다시 말씀드리지만, 여러 번 말씀드렸던 대로, 저는 거기서 누가 무엇을 하고 있었는지, 그 때문에 어떤 결말이 생겼는지 모릅니다."

* * *

슬레이븐스는 경찰의 사건에 대한 접근 방식에 체계가 없었다는 점을 보여주려 하고 있었다. 무체계가 베개를 폐기하는 실수를 야기하기도 했을 것이므로. 물론 제이콥슨이 사건을 맡는 시간이 지연된 것은 순전히 살면서 닥치는 어쩔 수 없는 공교로움 때문이었겠지만 아무튼 그 때문에 이 형사는 하루 동안 주 반대편의 장례식에 참여했다가 되돌아와 세션스 살해의 수사를 맡았다. 그러나 그것이 캐묻는 일을 멈추게 할 수는 없었다. 그 역시 결국 슬레이븐스의 일이기도 했다. 경찰의 일거수일투족을 살피고, 그들이 한 일에서 오류를 찾아내려고 노력하는 것. 슬레이븐스는 자동적으로 발생하는 자신에 대한 반감을 무시하는 데 익숙해 있었다.

그는 전술을 바꾸었다.

* * *

슬레이븐스 : "좋습니다. 그럼 캐럴이 당신에게 과거 자기와 마티가 가정 내 불화를 겪었다고 말했던 것이 맞습니까?"

A : "그렇습니다."

Q : "이 사건 전날, 마티가 밖에서 친구들과 술을 마셨다고 피고가 당신에게 말한 것도 맞지요?"

A : "네, 맞습니다."

Q : "그녀가 이전의 다툼들 때문에 세션스 씨가 앨런 레이크와 접촉하는 게 걱정이라는 말은 하지 않았나요?"

A : "예, 그런 말을 했습니다."

Q : "그녀는 두 사람을 찾으러 앨런 레이크네 집으로 갔고요?"

A : "예."

Q : "도로에서 무슨 일이 있었는지 그녀가 한 이야기를 해봅시다. 그녀는 세션스 씨가 술에 찌들어 있었다고 했죠? 비틀거렸고, 몸을 가누기 힘들었다고요?"

A : "그렇습니다."

Q : "그가 캐럴에게 매우 화가 나 있었고요?"

A : "그렇습니다, 네."

Q : "세션스 씨는 길에 누워 있었고요?"

A : "맞습니다."

Q : "사람들이 세션스 씨를 차에 태우는 일에 어려움을 겪었고요?"

A : "예."

Q : "그러니까 결국 그는 처음 거기에 갔을 때보다 덜 취해 있었던 거네요. 그렇죠?"

A : "예. 사실은 처음에 그녀가 한 말은 그가 열 걸음도 채 못 걷고 넘어진다는 거였어요. 그런데 그가 총격 사건 뒤에는 스무 걸음도 못 가서 앞으로 넘어진다고 바꿔 말했던 것 같습니다."

Q : "세션스 씨가 물건들을 던지기 시작했다고 말하기도 했어요. 맞습니까?"

A : "맞아요."

Q : "찢어발기고?"

A : "예."

Q : "벽을 후려갈기고?"

A : "예."

마티가 죽고 며칠 뒤의 침실 정경. 장롱 문들이 경첩에서 완전히 뜯긴 채 침대 위에 던져져 있다.

Q : "협박을 하고?"

A : "예."

Q : "그녀의 이름을 부르면서요?"

A : "예."

Q : "그녀를 잡으러 가겠다고 말하면서 말이죠?"

A : "예."

Q : "그녀가 세션스 씨와 거리를 두기 위해 이 방 저 방으로 옮겨다

니고 있었다고, 정확히 그렇게 말한 건 아닌 거죠?"

A : "예, 꼭 그렇게 말한 건 아닙니다."

Q : "당신은 그녀에게 왜 달아나지 않았는지를 물어보았다고 했어요. 그렇습니까?"

A : "예. 제가 그녀에게 뒷문까지만 가면 밖으로 나갈 수 있었을 텐데, 세탁실로 들어가지 말고 달아나지 그랬느냐고 했어요."

Q : "그녀가 뭐라고 대답했나요?"

A : "이전에 그가 의식을 잃고 호흡이 막힌 적이 있어서 차마 떠날 수가 없었다고 했어요. 그가 구토를 하고 토사물이 넘어가 기도가 막히기라도 하면 자기가 응급처치를 하기 위해서였다고 하더군요."

* * *

기소인들은 캐럴이 임기응변식의 '호흡 곤란' 해프닝을 꾸며낸다고 생각할 수도 있을 법했다. 그러나 그녀의 주장을 뒷받침해 줄 확고한 증거가 있었다. 먼젓번 마티의 항변에서 꺼내놓지는 않았지만 슬레이븐스는 캐럴을 변호하기 위한 숙제를 해놓았는데, 바로 밀라드 카운티 교도소에서 마티 세션스가 호흡 곤란을 일으킨 사례를 찾아낸 것이다. 상황이 심각해서 의료처치가 제공되었을 정도였다. 슬레이븐스의 질문은 해명이 될 만한 이런 증거를 눈에 보이는 곳으로 끌어내고 있었다.

Q : "그리고 그녀는, 그가 뒤쪽 침실에 있었는데 한동안 아무런 소리가 나지 않았다고 말했다는 거죠?"

A : "그렇습니다. 하도 조용해서 그녀는 그를 살펴보려고 되돌아갔어요. 침실로 들어서자 그가 소리를 지르며 그녀를 위협해서 다시 나왔습니다. 그녀는 부엌으로 가서 전등불을 껐습니다. 그랬더니 그가 보이지 않았지요. 그런 다음 그녀는 세탁실로 걸음을 옮겼는데 그때 그가 복도를 걸어오는 소리를 들었어요."

Q : "좋아요. 그는 거의 그녀를 지나칠 뻔하다가 뒤돌아보면서 그녀를 향해 위협적인 행동을 했던 거고요?"

A : "예. 그녀를 바라보면서 주먹을 들어올렸죠."

Q : "그때 그녀가 그를 쏜 거고요?"

A : "맞습니다."

Q : "그녀가 뭐라고 했나요?"

A : "그녀는 이렇게 말했어요. '난 단지 그가 나를 죽이려 한다고 느꼈어요.' 또 그를 쏜 다음 그가 자기의 그 뭐라더라 그걸 잡을까 봐 문을 밀어 잠갔다고도 말했는데…… 정확한 단어가 기억나지 않네요."

Q : "알겠습니다."

13
회상

> 파반트 밸리의 기름진 땅들. 이 계곡에서 번성하는 지역은 스키피오, 홀든, 필모어, 메도우, 플로웰 그리고 카노시 등이다. 이 타운들 사이에 매년 대량의 곡물을 거둬들이는 건지(乾地) 농장들이 있다. 시비어 강은 북동쪽 구석 부근의 밀라드 카운티로 흘러들며, 커다란 유수지에 저장되었다가 하계 동안 수천 에이커에서 자라는 알팔파, 자주개자리 종자, 옥수수, 사탕무, 알곡 등 관개 작물에 물을 대주는 역할을 한다. 지질학적으로 과거에 시비어 강은 훨씬 더 큰 물줄기였는데, 산에서부터 충적토의 퇴적물을 운반하여 사막 위에 뿌리고 보네빌 호의 일부인 시비어 호수에 남은 퇴적물을 쏟았다. 이 때문에 카운티의 서부가 델타 지역으로 불리게 되었다. (……) 이 타운들은 델타, 힌클리, 오아시스, 데저릿, 에이브러햄, 린딜, 오크시티 등이다. 밀라드 카운티의 평균 강우량은 10인치이다.
> — 스텔라 데이, 세브리나 에킨스, 《밀라드의 마일 표석—밀라드 카운티의 백 년 역사》[1]

2006년 7월 27일 목요일이었다. 마티가 죽기 전날, 캐럴은 할 일이 '많았다'. 그녀는 가속장치를 때려부수고 싶은 충동을 억누르며 눈앞에 펼쳐진 단조로운 길을 응시했다. 오른쪽은 파반트 레인지였고, 왼쪽으로는 산쑥이 자라는 시비어 강 방목지에서 가축들이 풀을 뜯고 있었다. 그녀가 이 길을 운전해 다닌 것은 수십 번이지만 대단히 중요한 볼일이 있었던 적은 한 번도 없었다.

그녀의 집에서 4마일 떨어진 나른하고 작은 타운인 델타는 식료품점, 스포츠용품점, 은행 등등 일상에 필요한 편의시설을 빠짐없이 갖추고 있었다. '지금' 그녀는 돈이 필요했다. 그러나 그녀의 지프는 델타에 있는 은행에 서지 않고 린딜과 레밍턴을 지나쳐 프로보를 향해 달렸다. 프로보는 솔트레이크시티 방향으로 고속도로를 타고 100마일 떨어진 곳이다.

과거의 이런저런 일들이 그녀의 의식 바로 뒤에서 표류하기 시작했다. 3년 전 오래된 친구에게 썼던 이메일이 떠올랐다. "오늘 치료사한테 마티가 조만간 자살하지 않으면, 내가 대신 해줄 준비가 되어 있다고 말했어. (……) 그를 박제해서는 거실 구석에 장식용으로 세워놓는 거야. 뒤쪽 창문의 개들이 좋아하는 스프링 달린 인형 머리처럼 만들어서 말이지. 그럼 그는 '예' 하는 몸짓밖에는 할 수 없게 되겠지."**2**

한 해 전에 보낸 또다른 이메일도 있다. "지난밤까지는 그 남자와 나의 비참함을 덜기 위해 그를 편안히 안락사시켜 줄 준비가 되어 있었어. (……) 하루 종일 부루퉁하게 입 내밀고 다니는 그를 죽이고 싶은 충동을 억누르느라 안간힘을 썼어."**3**

같은 시간에 또다른 친구한테 보낸 이메일에는 이렇게 씌어 있었다. "나 총 하나 사야겠어. 동물한테 쓸 건 아니고."

그녀의 내부에서 오래 쌓인 분노가 솟구쳤다. 마티 세서스. 그녀의 남편. 그녀는 작년에 그가 일부러 약을 많이 먹었다고 협박하던 때를 떠올리지 않을 수 없었다. "허풍을 떨면서 내가 얼마나 화가

났는지 떠보는 거거나 아니면 진짜로 약을 다 털어넣었더라도 토해 낸 후 구급차를 부르든지, 쓰러져 죽든지 하겠지" 하면서 차를 몰고 나와 버렸었다.

어느 쪽이든 그의 결정이고, 그녀로서는 그 모든 것에 더 이상 감정을 소모하고 싶지 않았다. 할 만큼 했으니까.[4]

"그러더니 나를 협박하더라고." 그녀는 친구에게 썼다. "만에 하나라도 나 때문에 자기한테 문제가 생기면 망할 전 남편 녀석들한테 가서 다 말하겠대. 남자들은 지네들이 뭣같은 잠을 자는 동안 여자들이 왜 자기들을 죽이지 못해 안달을 하는지 이해를 못해!"

"나 뒷마당에 커다란 구덩이를 팔 거야. 혹시라도 그가 우리 소원대로 되면 거기다 던져버리게. 어찌되었든 멋진 잉어 연못 하나는 만들어지겠지."[5]

이런 분노들은 일 년도 더 전에 생긴 일 때문이었지만, 당시에도 거의 폭발 직전까지 갔었다.

프로보에 도착한 그녀는 불독 대로 옆의 스트립몰(번화가에 상점과 식당들이 일렬로 늘어서 있는 곳 - 옮긴이)에 차를 세워놓고, 보기 흉한 2층 건물의 문을 밀고 들어가 체크시티를 찾았다. 450달러를 현금 대출 받기 위해 서류를 작성하는 데 한 시간 조금 덜 걸렸다. 연간 이자율이 417퍼센트인 고리대금이었지만 아무래도 상관없었.

일단 돈이 중요했다.

그날 저녁 돌아왔을 때 집은 조용했다. 마티는 릭 설이라는 친구 집으로 옮길 거라고 여럿에게 말했었고, 이미 자기 짐 일부를 설의 집에 옮겨놓기도 했었다. 그는 캐럴에게 쪽지를 남겨놓았다. "집

더 가지러 올 거야."⁶

그러나 캐럴의 계획은 달랐다. 그녀는 나이가 좀 있는 자녀들에게 마티가 주말이 지난 뒤에도 오지 않을 거라고, 마티를 애리조나의 인디언 보호구역으로 되돌려 보낼 거라고 말해 두었다. 그러나 나중에 경찰에는 주말 동안 마티와 집에서 보내며 상황을 수습해 볼 계획이었다고 진술했다.

그러나 그 다음날인 7월 28일 금요일 아침, 그녀는 마티와 애리조나로 가고 있지도 않았고, 집에서 둘이 조용한 일상을 즐기지도 않았다. 그녀는 아들인 제이슨을 데리고 지프를 몰고 남쪽으로 가고 있었다.

도중에 캐럴은 애쉬맨스 파이어니어 마켓을 멀찍이 지나쳤다. 이 상점은 엽총, 소총, 콜트, 스미스앤웨슨, 윈체스터, 글록 등의 폭넓은 종류를 갖춘, 필모어에서 유명한 지역 총포상이다.

더 남쪽으로 내려가면서 그녀는 메도우와 카노시도 지나쳤다. 이 두 곳은 시내 중심가의 길에 누워 자도 차에 치일 일이 없는 조용하고 작은 마을이다. 날씨가 좋은 아침이었다. 비버까지 80마일을 운전해 가는 건 금방이었다. 그녀는 이층짜리 오래된 스타일의 상점인 비버 스팟 앤 폰으로 활기차게 걸어들어 갔다. 입구에는 "플라이 낚시, 산 미끼 낚시"라는 문구가 쓰인 커다란 간판과 "선물"이라고 쓰인 좀 작은 간판이 걸려 있었다.

그녀는 앞문으로 들어가면서 상점 벽에 가로로 걸린 소총과 엽총 진열대를 살펴보았다. 단총들은 사방으로 둘러가며 놓인 유리 매대에 들어 있었다. 알맞게 찾아온 것이었다.

"뭐 찾으세요?" 점원이 정중하게 물었다.[7]

캐럴은 눈으로 죽 둘러보며 "총 좀 보려고요"라고 말했다.

"특별히 원하는 종류가 있으세요?"

"코요테 때문에요." 캐럴이 대답했다. "기르는 동물들을 괴롭혀서요."

아들 제이슨은 조용히 왔다갔다 하며 소총을 구경하고 있었다.

"그러면 단총은 필요 없으시겠군요. 코요테를 쏘려면 소총으로 하셔야죠, 부인." 점원은 총이 잔뜩 걸린 선반 쪽으로 그녀의 주의를 끌면서 조언했다.

"아니오." 캐럴은 고개를 돌리지 않고 단호히 말했다. "단총으로 하겠어요."

그녀는 잠긴 유리 진열대를 살펴보다가 손가락으로 바로 앞에 놓인 스미스앤웨슨 38구경을 가리켰다. "저런 거요."

"그러나 저건 단총이라서 코요테를 쏘기에는 적합하지 않습니다. 소총이 좋으실 텐데요."

"아뇨, 싫어요. 교활한 놈이라 소총을 들고 있는 걸 보면 달아날 거예요. 단총으로 주세요."

점원은 고개를 흔들었다. 총은 자신의 전문 분야였다. 누구든 코요테를 소총으로 쏘지 단총으로 쏘지 않는다. 멀리서 쏘아 죽이는 편이 더 쉽다. 그러나 돈 내는 사람이 결정할 문제였다.

몇 분 후, 캐럴은 38구경 스페셜과 총알 상자를 들고 상점을 나와 델타로 향하는 귀갓길에 올랐다.

14
피해자의 존엄

> 우리 모두는 타인을 돕기 위해 이 땅에 존재한다.
> 그 외에는 무엇을 위해 지상에 존재하는지 나는 알지 못한다.
> ―존 포스터 홀(1867-1945)[1]

피해자란 무엇일까?

법의학자인 브렌트 터비는 이 질문을 여러 해 동안 숙고했다. 터비는 어깨가 넓고 짙은 머리카락을 지닌, 얼핏 보면 배우 로버트 다우니 주니어를 닮은 외모를 하고 있다. 실제로, 슈퍼히어로인 다우니가 영화 속에서 연기해 보이듯이, 터비는 현실 법정에서의 아이언맨 같다. 알래스카의 시트카에 있는 외딴 집에서 최고로 어려운 범죄 문제를 해결해 주러 전세계로 짧은 여행을 다니기 때문이다. 터비의 웹사이트 주소에는 그의 범죄학적 포커스가 정리되어 있다. 코퍼스딜릭타이(Corpus delicti)는 라틴어로, '범죄의 몸체'라는 뜻이다. 이 말은, 누군가를 유죄로 판결하기 전에 반드시 범죄가 증명되어야 한다는 원칙을 가리킨다. 코퍼스딜릭타이는 살인 범죄 수사에서 가장 중요한 개념이다.

터비는 두뇌회전이 빠르고 노골적이며 대놓고 이야기하는 컨설턴트로서, 같은 편이 되면 축복이지만 반대편에 서면 대단히 골치 아파지는 사람이다. 그러나 어느 편에 서서 무슨 일을 하게 되든 터비는 당당하게 진실을 대변한다. 진실 때문이라면, 아무리 불쾌하고 놀랄 일을 당해도 개의치 않고 진실 편에 선다. 말콤 글래드웰이 FBI의 프로파일링 기법 이면의 얼버무리기에 대해 신랄하게 쓴 《뉴요커》지의 에세이 속에서 터비는 이렇게 분통을 터뜨렸다. "사실은 다양한 범죄자들이 제각기 완전히 다른 이유로 똑같은 행동을 보일 수 있다. 어떤 강간범이 공원에서 여자를 공격했는데, 그 여자의 셔츠를 위로 끌어올려 그녀의 얼굴을 덮었다고 하자. 왜일까? 이게 무슨 의미일까? 거기에는 대략 열 가지의 서로 다른 의미가 있다. 여자의 얼굴을 보고 싶지 않아서, 여자가 자기를 보지 못하게 하려고, 여자의 가슴을 보려고, 다른 누군가를 떠올리기 위해, 여자의 팔을 제압하기 위해 등등의 의미가 있을 수 있다. 다 가능한 의미다. 한 가지 행위를 한 가지로만 판난해서는 안 된다."[7]

피해자 연구

터비가 웨인 페더릭과 함께 쓴 《법정 피해자 연구 — 수사 및 법정 상황에서의 폭력 범죄 피해자 조사(Forensic Victimology: Examining Violent Crime Victims in Investigative and Legal Contexts)》는 이 분야의 고

진실을 찾는 법정 전문가들의 작은 세계에서 브렌트 터비(오른쪽)와 마이클 맥그러스(왼쪽)는 친구다. 베이징에서 형사들을 대상으로 한 강연에 참석한 두 사람이 만리장성에서 휴식을 취하고 있다.

전이 된 책으로,[3] 전작인 《범죄 프로파일링 — 행동 증거 분석 개론 (Criminal Profiling: An Introduction to Behavioral Evidence Analysis)》의 보완이 될 만한 책이다.[4]

터비는 심리학과 역사에서 학사학위를, 법의학에서는 석사학위를 땄다. 그는 학술적인 책도 쓰지만 그렇다고 전형적인 학자는 아니다. 상아탑 안에 편안히 앉아 외부와 단절한 채 실험용 페트리 접시를 들여다보며 피해자를 연구하는 것은 터비의 방식이 아니다. 포렌식 솔루션스 LLC의 공동 대표로서, 전세계의 법률 집행자와 변호사 양쪽 고객을 대상으로 수사나 재판 단계에서 법의학자로서 컨설팅을 하는 것이 그의 일이다. 폭행, 강간, 살인, 연쇄 살인, 자기

발정적인 죽음 등 사람들에게 최악의 악몽이 될 범죄의 조사와 해석이 그의 주 업무이며, 특히 페티시(fetish, 특정 물건을 통해 성적 쾌감을 얻는 것 - 옮긴이)에 의한 절도와 '연출된 범죄 현장'의 전문가이다. 그는 법정에서 이 모든 영역에 걸친 이슈에 대해 증언하며, 범죄 프로파일링, 범죄 수사, 범행 재구성과 피해자 연구에 관련된 사건들에 대해서도 전문가적 견해를 제공한다.

터비와 페더릭은 《법정 피해자 연구》를 공동으로 저작했는데, 그건 도움 될 만한 그 분야의 책이 없었기 때문이기도 하고, 전문가들이 피해자들에게 접근하는 일에 장애가 많다는 사실을 알기 때문이었다. "누가 피해자인지 파악하는 일이 늘 간단치만은 않다"고 터비는 썼다.

이에 대해서는 흥미로운 사례가 있는데, 오하이오 주 랭커스터의 스물여섯 살 탄자 모린은 두 살배기 아들 타일러가 없어져서 911에 신고 전화를 했다. 그녀는 울며불며 이렇게 설명했다. "아이가 갈 수 있는 곳은 뒤쪽밖에 없고, 울타리를 열려면 밖에서 발로 차는 수밖에 없어요. 누군가 마당으로 들어온 거예요." 전화는 오전 10시 51분에 걸려왔다.

탄자의 남편 마이클은 일터에서 급히 귀가해 타일러를 찾으러 나섰다. 그가 어린 아들을 찾은 것은 오전 11시 22분, 집에서 한 블록도 떨어져 있지 않은 쓰레기 수거통 속에서였다. 만약 쓰레기통을 지나쳐서 시간을 놓쳤더라면 열기 때문에 아이는 사망할 수도 있었다. 그날은 연중 기온이 가장 높은 날이었다.

그런데 경찰이 조사를 하는 동안, 아이 어머니의 유괴 스토리가 제대로 된 피해자 연구 때문에 들통나 버렸다. 근처에 있던 감시 카메라가, 타일러가 없어졌다고 보고된 시간의 전과 중간, 후에 쓰레기 수거함 주변에서 벌어지는 일을 찍었던 것이다. 정지 화면에는 오전 10시 35분에 탄자가 어린 아들의 손을 잡고 쓰레기 수거함 근처의 골목을 걷는 장면이 나오고, 몇 분 후의 사진에는 그녀가 혼자서 집으로 가는 모습이 찍혀 있었다.

탄자는 형사에게 타일러를 해칠 의도가 아니었고, 남편을 급히 집으로 오게 하고 싶었을 뿐이라고 털어놓았다. 경찰에 따르면 그녀는 이렇게 말했다. "돈이 없는데, 남편은 오늘 돈을 쓰고 싶어했어요. 그래서 제가 남편이 돈을 쓰지 못하도록 집으로 불러들일 방법을 생각해 냈던 거예요."

그날 탄자는 살인미수, 어린이를 위험에 빠뜨리는 행위, 유괴 등의 죄목으로 체포되었다. 처음에 그녀는 범행을 부인했다. 판사는 그녀에게 정신감정을 받을 것을 명령했다. 2007년 11월, 그녀는 유괴, 어린이를 위험에 빠뜨리는 행위, 흉악한 폭력에 대해 죄를 인정했다.

이 사건에서 아이 어머니는 심하게 기능적 장애를 지닌 가정에서 살았고, 거짓 위기를 꾸며내면 그녀 자신이나 다른 누구에게라도 더 나은 결과를 가져다줄 것이라고 믿었던 것이 확실해 보였다. 그녀의 말대로라면 그녀야말로 경제적으로 무능한 남편의 희생자이며, 그런 일을 꾸민 것은 좋은 의도였다는 것이다, 그녀의 행위는 정신의학적 감정을 받아볼 만했다. 그런데 똑같은 죄목이 남자에게 부여되면 아마 법정에서는 정신의학적 감정을 받게 하지 않았을 것이다. 사법 시스템에서는 가정폭력이나 심지어 살인에 대해서조차도 여자를, 실제로는 도움을 필요로 하는 희생자로 간주하는 경향이 있다. 상대적으로 남자는 처벌받아 마땅한 공격자로 쉽게 결정되곤 한다. 문화적 '전형'에 기반한 이런 왜곡된 시선은 사건에 대한 책임을 반감시켜 주거나 적어도 어머니라는 존재에 대한 동정을 불러일으키는 결과로 이어진다.

그래서 객관성을 지닌 '피해자 연구' 학자들은, 이 사건뿐 아니라 여러 다른 경우에서도 모성이 신성불가침이 아니었음을 상기하며, 이 어머니 또는 피해자로 추정되는 사람 누구의 말도 곧이곧대로 듣지 않았다. 심지어 (자기) 아이를 쓰레기 수거함에 넣고 거짓말을 하면서 의도 자체는 아주 좋았다고 주장하는 어머니조차도 그 일로 뭔가 이득이 있을지 모른다고 생각되면 가차없이 객관화시켜서 바라보았다.[5]

피해자의 존엄

터비가 설득력 있게 산수니가 있듯이 피해자와 피해자로 추정되는 이들에 대한 연구에서, 어떤 문화 또는 관습이든 의심, 수사에 대한 비평 또는 오류 교정의 여지가 없는 경우는 '없다'. "어머니와 그 자식 사이의 '거룩한 연대'는 물론이고, 법 집행 문화, '객관성을 중시하는' 법정 심사관에 대해서도 마찬가지다. 이 모든 경우에서 관련자들은 문화적 보상이 따르는 걸 알아차리고 '피해' 상황을 왜곡 또는 조작하려 한다."[6]

물론 진짜 문제는 일부 피해자들이 말 그대로 진정한 피해자들이라는 사실이다. 우리가 피해자를 동정하는 것은 종종 무고한 피해자들이 '존재'하기 때문이다. 이들은 범죄의 성립에 기여할 그 어떤 행위도 하지 않았다. 완전히 흑과 백처럼 명명백백한 이런 경우들이다. 평생 살아온 집이 토네이도 때문에 완전히 부서진 현장을 응시하면서 울음을 터뜨린 할머니를 보고 누군들 아무런 느낌이 없을 수 있을까? 사랑해 마지않는 어린 동생을 암으로 잃은 젊은이, 백주 대낮에 쇼핑몰에서 납치되어 강간, 살해된 어린 처녀의 부모에 대해서라면?[7]

 그러나 상황 자체가 여러 겹의 회색 그림자 속으로 들어가는 때도 있다. 이 경우 사람들은 '피해자 만들기'에서 각기 다른 역할을 할 수 있는데, 그 역할은 단순히 문을 잠그지 않은 채 집을 나서는 것 같은 행동에서부터 자기 아이를 쓰레기 수거함에 집어넣는 여자의 행동처럼 불명료하고 복잡한 행동에 이르기까지 폭넓다.

 어느 문화에나 범죄와 범죄의 피해자를 보는 나름의 시각이 있다. 현대의 서구 문화에서는 '피해자의 존엄'이 지배적인 시각이다. 이는 "피해자들이 선하고 정직하며 순수하다는 것, 또한 이들을 옹호하는 사람들 역시 정당하며 도덕적으로 옳다는 믿음을 의미한다. 반대로, 이들에게 의심을 품는 사람은 부도덕하며 맡은 임무도 옳지 않다는 뜻이 된다."[8] 그런데 이렇게 압도적인 문화적 전제가 사실은 증명되지 않았으며, 과학적 방법과도 일치하지 않는다. 터비가 썼듯이 "'피해자 되기'는 사람들에게서 책임을 벗겨주는 수단이다. 문제가 발생하면 상처입고 힘든 상황에 빠진 이에게는 '무고

하게 피해를 당한' 피해자의 지위가 부여되고 그는 비난의 대상에서 면제된다."[9] 달리 말하면 "피해자들은 일상의 정상적인 운영이 얼어붙듯 중단되는 상황이므로 일시적으로라도 책임과 책무를 없애주어야 한다는 관념으로 끊임없이 재무장된다"는 것이다."[10] 이런 이유로, 학교나 직장에서 몸이 아프거나 가족이 사망해서 괴로워하는 사람 또는 개인적으로 비극적인 일이 생긴 사람들은 특별히 관대한 대우를 받는다.

피해자들이 달리 받아들여지고 특별한 배려가 주어진다는 바로 그 사실은, 누구에게나 의식적으로든 무의식적으로든 피해자가 되고자 하는 동기가 될 수 있다는 뜻이 된다. 사실 우리는 누군가 피해자라고 주장할 때 그 말이 거짓일 수 있다고 의심은 하면서도 마음 한 구석에서는 뭔가 미안한 느낌을 갖게 마련이다(우리가 틀렸으면 어쩌지 하는!). 그러나 미안하다고 해서 그냥 묻어버리기에는 가짜 피해자들이 일으킬 수 있는 문제는 정말 소름 끼칠 만큼 무섭다. 따라서 핵심은, 그들에게 비난의 화살을 돌리지는 않되 각각의 상황을 새롭게 볼 수 있는 열린 자세를 견지해야 한다는 것이다. 검토하지 않은 가정은, 과학이나 재판 또는 어떤 영역에서든, 일부 관념적인 아젠다에는 도움이 되겠지만 근본적으로는 우리가 신성하게 지켜나가는 진실과 체제—또한 거기 기대어 살아가는—의 고결함을 박해하는 것이나 마찬가지다. "늑대다!"라고 외치는 사람들에게 계속 호응해 주다 보면 체제를 무너뜨리기가 십상이라는 것이다.

최근 《아이위트니스 뉴스(Eyewitness News)》에 실린 에피소드를 보면 앨프레도 가르시아가 이제 연쇄소송을 해서 먹고 살고 있다고 한다. 그는 조그만 사업체를 상대로 500건이 넘는 소송을 벌였고, 이 사업체들은 그를 삼류 흉악범이자 합법적인 강탈자라고 부른다. 불법 이민자이며 유죄 선고를 받은 중죄인(무기와 마약 밀매와 차량을 이용한 빈집털이로)인 가르시아는 술에 취해 아보카도 나무에서 떨어진 뒤로 휠체어 신세가 되었다. 가르시아는 "화장실 거울이나 종이 타올걸이 같은 것들이 지나치게 높이 달려 있다는 등의 위반사항을 찾아 이 업체 저 업체를 훑고 다니며 나날을 보낸다."[11] 가르시아가 이 일을 하는 데에는 협력자가 있다. 그의 변호사는 지역별 업체들을 꼼꼼히 기록한 연쇄소송 당사자들의 명단을 가지고 있으면서, 변호사 수수료를 받고 고소인들을 고객으로 확보한다. 그런데 이렇게 하면 휠체어 생활을 하는 사람들의 시선에 잘 맞추는 업체들은 좋지만 본의 아니게 장애인법(ADA)을 위반하는 미국인들은 주의를 받거나 문제를 바로잡을 기회를 갖지 못하게 된다. 다짜고짜 소송을, 종종 납세자의 부담으로, 당하게 되는 것이다. 사정이 이렇게 되자 플로리다의 프레스넬 재판장은 이런 유형의 소송에 대해 "조정과 자발적인 협력이 더 합리적인 해법이 아니었을까?"라는 글을 썼고, 미국 중소기업협회의 법률 고문인 엘리자베스 밀리토는 "물론 그렇기는 하지만 소송 전 조정이 원고가 변호사를 고용하여 발생하는 비용을 책임져 주지는 않는다"[12]라고 응수했다. 엘리자베스는 과도한 소송 비용 때문에 많은 업체들이 확실한 근거조차 없는 클레임들을 조정해야 한다고도 했다.[13]

급기야 몇몇 장애인 권익보호 단체에서조차 이런 소송에 반대한다는 의사를 분명히 하기 시작했다. 회원 수가 십만 명에 이르는 강력한 단체인 미국 장애인협회의 대표 앤드류 임파라토는 이렇게 말했다. "이런 개인들과 부티크 규모의 회사들은 한 번에 75건의 클레임을 처리해 가며 일합니다. 자연히 ADA에 강한 반발이 생기게 되고, 장애인들을 위한 시설 확충의 명분에 해가 될 것입니다. 이 법의 핵심은 사업체들을 흔들어 떨어뜨리는 데 있는 게 아니죠. 장애인들의 편의를 증진시키는 게 목적이니까요."[14] 매우 특이한 경우나 예외는 있겠지만 피해자의 존엄에 관한 확고하고도 일차원적인 주안점은, 진짜 피해자에게 문젯거리를 만들어 안기는 일뿐 아니라 새로운 피해자를 '만들어낸다는' 데 있다. 조지아 주 애선스클라크 카운티의 경찰서장 클레런스 홀먼이 보고서에 썼듯이 "거짓 범죄는 유행병이 되어가고 있다." 실제로 피해자연하는 거짓 범죄의 증가가 수사관들을 정말 범죄라고 할 만한 사건의 현장에서 멀어지게 하고 있으므로 경찰서로서도 이에 대한 대비를 해야 할 시점에 이르렀다.[15]

더 명확한 사례 하나를 보자. 크리스틴 루기에로는 최근 전 남편에게 이렇게 을러댔다. "당신 돈을 다 빼앗을 거야. 당신 딸도. 경력도 빼앗아올 거니까 기다려."[16] 그런 뒤 그녀는 전 남편 명의의 전화로 자기 자신에게 수십 통의 협박 메시지를 보냈다. 이에 앞서 이미 그를 구제불능의 폭력 남편으로 떠벌이는 범죄적인 수고를 한 뒤였다. 칼럼니스트인 캐리 로버츠는 이에 대해 이렇게 썼다.

이 이야기는 정신의학의 도움이 심각하게 필요할 만큼 심리적으로 흐트러진 여자에 대한 내용이라기에는 좀 부족하다. 차라리 경찰,

검사, 판사가 공모에 참여하여 위증에 스스로 속아넘어가게끔 용인해 준 이야기라고 하는 편이 낫다. 또한 가정폭력을 억제하겠다는 목표에 광적으로 집착하여 정당한 법 절차를 도외시한 채, 나머지 형사 사법 제도만 가지고 떠드는 이야기이기도 하다.

다른 모든 것과 마찬가지로 법의 문제는 '정의 내리기'에서부터 시작한다. 여성에 대한 폭력 방지법이 클린턴 행정부의 첫 임기 동안 통과되었는데, 이 법에서 정의하는 가정폭력의 범위가 어찌나 넓은지 그 사이로 소방차를 몰고 지나가도 될 정도였다. 주 당국들은 이 허술한 틈을 다들 받아들였고, 이제는 대부분의 주에서 학대의 정의 안에 상대를 '불쾌하게' 내지 '괴롭게' 만드는 행동들을 포함시키고 있다. 더욱이 미국 질병통제예방센터(CDC)까지 이 선례를 따라, '통일 개념 정의'와 '권고 자료 항목'에서 상대에 대한 폭력에는 "피해자가 동의하지 않은 상태에서 불쾌하게 만드는", "피해자가 주는 정보를 거부하는", 심지어 "피해자가 원하는 것을 등한시하는" 이라는 표현까지 포함된다고 천명했다.

CDC에서는 '피해자'라는 단어를 반복해 쓰고 있는데, 여성에 대한 폭력 방지법에 따르면 피해자가 굳이 피투성이인 채로 팽개쳐진 상태일 필요가 없다. 그저 고소만 하면 피해자의 위치로 쉽게 올라갈 수 있으며, 폭력을 증명할 필요는 전혀 없다.[17]

다시 말하지만, 어떤 사람들은 정말 피해자가 맞다. 그러나 어떤 경우에라도 비판적으로 사고할 수 없다면 우리는 사회를 작동시킬 수도, 법을 수호할 수도 없다. 안타까운 일은 이 영역의 비판적 사고가 신통치 않다는 것이다. 우리 문화에서는, 누군가 피해자라고 주장할 때 정말 그런지 따져보려고 하면 예의와 존중이 없다고 여긴다. 특히 여자들은 동정받아야 할 피해자이며, 남자들은 벌받아 마땅한 공격자라고 여기는 시각이 지배적이다. 이런 검토되지 않은 가정들은 각각의 상황 속에 숨은 진실이 왜곡되는 원인이 된다. 심지어 가정이 끝내 진실로 밝혀질 때라도 애초에 무비판적으로 받아들인 경우에는 가정의 탄생 자체가 본질적으로 옳지 않다.

물론, 피해자라고 생각하는 사람들에게 편하게 질문을 던지는 사람들도 있다. 영어 교수였던 스킵 다우닝은 상담심리학 석사학위 소지자이기도 한데, 위태로운 상황에 있는 대학생들에게 행동을 바꾸어 일취월장할 수 있도록 가르치는, 매우 성공적인 프로그램을 개발했다. 다우닝의 비밀은? 그는 학생들에게 피해자처럼 사고하지 말라고 가르친다. 시험 당일에 늦잠을 잤다고? 그 전날 왜 늦게까지 밖에 돌아다녔지? 왜 알람시계를 두 개 켜놓지 않았지? 학교 버스를 놓쳤다고? 왜 대비책을 미리 세워놓지 않았지? 항상 수학이 문제라고? 왜 학습지도실에 갈 생각을 하지 않는 거지?

피해자적인 사고방식 — 언니네 아이들을 봐주러 가야 해서 시험을 볼 수 없었어 — 의 기미가 있는 사람은 다우닝에게서 V 표시를 받으며, 그렇지 않은 사람들은 그의 '과정'에 따라 트레이닝을 받은 사람들이다. 여기서 V는 '승리(victory)'가 아니라 피해자(victim)'라는 표시이며, "멈춰!"라는 의미이다.[18]

그러나 '피해자 의식'에서 불가침의 고결성을 제거하고자 하는 다우닝의 시도는 효과와 별개로 상대적으로 불운한 사람을 돕는 일을 자부심으로 여기는 서구 문화에서는 유별난 현상이다. 서구에서는 피해자임을 주장하거나 그렇게 느끼는 사람이 실제로도 무고하다고 간주하는 일이 비일비재하다.

진짜 피해자는 그 고초가 흔히 가늠할 수 있는 정도를 넘어서야 하며, 정의에 입각해 대우받아야 한다.

15

목가적 환경

성공이란 바닥을 친 후 얼마나 높이 뛰어오르는가 하는 것이다.
—조지 패튼 장군

"마음에 들지 않는 부분이 있다고 해서 완전히 외면할 수는 없잖아요"라고, 이 모든 일들을 겪은 지 몇 년 후, 캐럴이 부모와 형제자매들에게 준 고통의 충격에서 여전히 벗어나지 못한 앨든 일가 중 한 명이 말한다. "그렇잖아요. 자기가 데리고 있겠다고 했으니 캐럴이 아이들을 책임졌어야 하는 게 맞지만, 아이들이 딸린 상황이라 캐럴의 부모도 외면할 수는 없었던 겁니다."

사람들은 대개 캐럴이 십대를 보낸 몇 년 동안 그녀가 받고 자란 교육을 '목가적'이라고 표현할 것이다. 그녀의 아버지는 두 차례, 장기간의 교수 임용 계약 건으로 가족들을 뉴질랜드에 데려갔다(캐럴은 결혼을 해서 두 번째 여행에는 빠졌다). 겉보기에는—사실은 캐럴을 제외한 가족 모두의 눈에도—양친 모두 열정과 재능을 격려하고 지원해 주기 위해 노력하며, 네 자녀에게 맹목적인 사랑을 퍼부었다. 캐럴은 특히 예비 아티스트로서 미술 교습을 받을 수 있었고, 흥미가 끌리는 대로 피아노, 플루트, 드럼 레슨도 받았다. 캐럴의 어머니는 집에만 있는 전형적인 주부였고, 아버지는 바깥에서 사람들과 어울리기를 즐기는 인기 있는 교수였다. 아버지의 성품이 자녀들에게 고스란히 전해져 모두가 자연을 사랑하는 성향을 물려받았으며, 아버지는 그런 품성을 격려하고 북돋워주었다.

근본적으로 앨든 일가는 다른 사람들, 특히 별로 행복하지 못한 이들을 돕는 일에 적극적인 태도를 지녔다. 캐럴의 동생 셋 모두 가난한 사람들을 돕는 일에 헌신적인 사람으로 성장했다.

관심이 가지 않는 것이면 어떤 것에도 신경을 쓰지 않게 된 고등학교 때까지는 캐럴도 마찬가지였다. 그런데 이후 그녀는 다소 외골수로 변해갔다. 관심을 갖는 대상이 워낙 특이해서 희한한 사람이라는 식으로 주목을 끌기 시작했고, 다르게 봐주는 타인의 시선이 그녀에게는 매력적으로 느껴졌다.

캐럴의 삶이 정상적인 질서를 지니고 있음을 확인하려 한 부모의 노력에도 불구하고, 아니면 오히려 그 때문인지, 캐럴은 체계화하여 정연하게 정리하는 일에 특별히 문제가 있는 것처럼 보였다. 예를 들어 그녀의 방은 툭하면 무릎 높이까지 옷가지와 쓰레기가 쌓였는데, 일 주일에 한 번 정도 그녀의 부모는 방을 깨끗이 치우지 않으면 아무데도 못 가게 하는 식으로 그녀에게 제재를 가했다. 그럴 때면 그녀는 방을 말끔히 청소했다. 그러나 며칠 지나지 않아 방은 다시 어질러졌다. 마치 엔트로피가 그녀 주변에서만 두 배로 높아지는 것 같았다.

　캐럴의 십대는 그녀의 부모에게는 지옥이 되어갔다. 그녀는 밤늦도록 귀가하지 않고 사람들과 어울리며 아무데서나 빈둥거리기 시작했다. 결국 양친 모두 십대라는 나이에는 어쩔 수 없는 일이라는 생각을 하게 되었지만, 캐럴이 자기 부모 특히 아버지를 대하는 태도에는 뭔가 깊은 적대감이 있었다. 그가 책임감을 가지고 주입하려 했던 시도들은 캐럴에게는 자기를 통제하려는 것으로밖에 보이지 않았고 딸을 의도적으로 불행하게 만들겠다는 심통으로 비쳤다. 캐럴은 허락받지 않은 일탈을 되풀이하여 아버지를 웃음거리로 만들고 아버지의 삶을 더 힘들게 만든 데 대해 승리감을 느꼈다고 친구들에게 말하곤 했다.

　이 시기에 캐럴에게는 완벽하게 바람직한 남자친구들이 있었다. 뉴질랜드에서 고등학교 저학년에 다니던 때에 그녀가 사귄 남학생들은 정말 착실한 젊은이들이었다. 콜로라도의 고등학교에서 캐럴이 어울렸던 인상적인 트리오는 음악과 예술에 관심이 많았다. 이들 중 한 명은 어느 중서부 대학의 철학 교수가 되었고, 또 한 명은 현악기 제작자로 성공했다. 그런데 아쉽게도 세 번째 친구는 어릴 적의 전도유망함을 채울 기회를 찾지 못했다. 그는 20대에 불의의 사고로 세상을 떠났다.

　고등학교 재학 중에 캐럴은 해마다 할로윈 코스튬 콘테스트에서 쉽사리 우승을 했다. 캐럴의 의상은 항상 사람들의 시선을 끌었는데, 한번은 긴 꼬리가 달린, 매우 세밀하게 제작한 용 의상을 입기도 했다. 그녀는 재능 있는 사람으로 비춰겼고, 그것이 그녀를 행복

열네 살 무렵의 캐럴. 그녀의 부모가 원했던 것처럼 그저 십대에 흔히 겪는 전형적인 질풍노도와 섞인 행복한 시간들이 있었다.

하게 했다. 그녀는 '뭔가 다른' 사람이 되고 싶어 했다. 비범한 사람으로 보이기를 원했다. 어느 면에서 그녀는 천재이기도 '했다'. 신동이라 불리는 많은 아이들이 미술이나 수학 아니면 춤에서 재능을 드러내듯(실제로 캐럴은 남다른 예술적 재능을 지녔다) 캐럴은 직물의 천재였다.

마치 어떤 형태로든 원하는 대로 자르고 붙여서 패턴을 만드는 감각을 타고난 듯했고, 어설픈 종이 본 같은 것도 필요치 않았다. 누구에게 배우지 않았는데도 그녀는 빛나는 디자인을 정교하게 만들어낼 줄 알았으며, 그녀의 손끝을 거치면 마법처럼 화려한 웨딩드레스가 탄생했다. 캐럴은 이따금 예술작품을 꿈속에서 만나기도 했는데, 그럴 때의 꿈은 거의 교습용 비디오를 보는 듯했다. 기법과 재료가 한 번도 본 적 없는 새로운 것일 때도 깨어날 때는 꼭 몇 년 동안 그 작업을 한 것 같은 느낌이었다. 가끔 그녀는 자기가 그저 뭔가를 통과시키는 전달자 같다는 느낌을 받기도 했는데, 그녀의 표현을 빌리면 일종의 예술적인 '이디오 사방'(idiot savant, 특정 분야의 능력이 뛰어난 정신지체 장애아를 가리키는 의학 용어 - 옮긴이) 같은 느낌이었다.[1]

직물에서 보인 뛰어난 능력 때문에 캐럴은 근처의 대학에서 미술 장학금을 탔지만 대학이 요구하는 학업 측면에서는 열등생이라는 사실만 재확인했다. 어쩔 수 없이 복식 구성 과정을 수강하면서 캐럴은 이 과정을 통과하기 위한 조건 중 하나가 일 주일에 몇 시간씩 억지스러운 의상의 주름 단을 꿰매며 보내야 하는 것임을 깨달았다. 자유로운 사고의 소유자이며 직물 창작의 피카소나 다름없는 그녀에게 그것은 고역 이상이었다. 그녀는 이미 몇 년에 걸쳐 다 알고 있는 것들을 또다시 배우기 위해 대학에 다니지는 않겠다고 단호한 주장을 피력했다. 당연히, 교수에게 캐럴은 귀여운 제자가 아니었다. 그러나 학기가 끝나갈 무렵 캐럴은 학생 디자인 패션쇼에서 자기가 만든 웨딩드레스의 모델로 나서서 모든 사람들을 기절초풍하게 만들었다. "정말 그런 것을 창작할 줄은 꿈에도 몰랐어!"라고 교수는 감탄했다. 이어 그녀의 사랑스러운 레이스 조끼는 시내의 고급 드레스 상점에서 판매되기 시작했다. 캐럴은 의뢰를 받아서 고품격의 빅토리아 풍 웨딩드레스도 재봉했다. 모슬린을 주 재질로 하고, 레이스를 풍성히 넣었으며, 직물로 감싼 고리로 천 단추를 고정하여 연결한 드레스였다. 캐럴에게는, 같이 수강한 다른 사람들이 디자인하고 모델로 나선 창작품들은 정교함과는 거리가 먼, 두

르기만 하면 되는 치마처럼 보였다.

아무튼 캐럴이 대학에서 한 첫 시도는 더 나아가지 못했고, 그녀의 부모는 딸을 예술학교로 옮길 수 있게 지원해 주었다. 그러나 이 학교는 너무 상업적이었다. 캐럴은 이곳도 그만두었다.

열여덟 살의 캐럴은 이제 자유였다. 그녀는 자신의 삶에서 이때를 "오랫동안 원하던 것"이었다고 표현했다. 실제로 이때부터 시작된 자유로운 결정들이 그녀의 삶에서 모종의 결과로 나타나고 그녀를 사랑한 수많은 이들을 어리둥절하게 만들기 시작한 분기점이었다.

캐럴은 잘생긴 스물두 살의 대학원생 리처드 센프트와 우정을 쌓기 시작했다. 리처드는 마을의 아이스크림 매장에서 아르바이트를 하며 학비를 벌고 있었다. 그 무렵 그녀는 인기 있는 스트립쇼 극장 건너편의, 미심쩍은 평판을 지닌 마사지 숍에 일자리를 구했다. 캐럴의 오랜 지인 페니 패커에 따르면 "거기서 마사지 외에 무슨 일이 벌어졌을까요? 글쎄, 손님들 중에는 다른 걸 요구하는 이들도 있었을 겁니다. 캐럴은 자기가 무슨 일을 하는지 알고 있었어요. 정상적으로 마사지만 해서는 그녀가 벌어들이는 수입에 미칠 수가 없었죠. 그러나 내가 거기서 무슨 일을 하느냐고 단도직업적으로 물었을 때 캐럴은 단지 내 스스로 판단하게 슬쩍 내비치기만 했어요. 절대로 '섹스'라는 말을 쓰지 않았어요. 그녀는 곧잘 그랬어요. 결론이 뻔한데 딱 그 언저리까지 데려간 다음 상대가 먼저 그 답을 말할 때까지 내버려두는 거죠."[2]

리처드 센프트는 네모난 턱에 탄탄한 몸을 지닌 보기 좋은 청년이었다. 성격이 밝고, 성실하며, 책임감 있고, 스스로는 재능을 자

열여덟 살의 캐럴. 자기가 창작한 드레스의 모델로 나선 모습

랑하지 못하는 겸손한 성격이었지만 예술적인 기질까지 지니고 있었다. 고등학교 때는 '가장 성공할 것 같은 사람'과 '학급에서 가장 두뇌가 뛰어난 사람'에 동시에 뽑히기도 했다. 달리 말하면 그는 '캐치'(catch, 탐나는 인물 - 옮긴이)였다. 캐럴 역시도 어느 면에서는 캐치였다. 몸집이 작고 세련되고 사랑스럽고, 누구도 부인하지 못할 예술적 재능의 소유자였으며, 외모와 유머감각까지 갖춘 그녀는 자연스럽게 리처드의 관심을 사로잡았다. 리처드는 지금도 그 시절 자신과 캐럴 사이에 오갔던 순수한 사랑과 진실된 감정을 기억한다. 첫 만남 2년 후인 1980년, 캐럴과 리처드 센프트는 어느 가정식

결혼식장에서 결혼했다.

리처드가 레인지 사이언스에서 박사학위를 받은 후 두 사람은 유타 주 로건으로 이사했다. 리처드는 그곳 대학에서 갑자기 예산 삭감으로 학부가 폐지될 때까지 4년간 조교수로 일했다. 그는 곧바로 아칸소 주 부너빌에 있는 미국 농무성 산하 농업연구소에 2년 계약으로 일자리를 얻었다. 부부는 리처드의 일터에서 차로 한 시간 떨어진 오자크로 이사했다. 그 무렵 셋째 아이가 태어났고, 리처드는 집안의 가장으로서의 의무, 캐럴과 아이들의 뒤치다꺼리(결코 끝나지 않으며 보답 없는 과업인), 그리고 아기 돌보기까지 삼중의 역할을 하느라 점점 지치지 시작했다.

거의 매일 캐럴은 우유나 달걀을 사러 간다며 나가서는 서너 시간 동안 들어오지 않았다. 이 때문에 리처드로서는 아이를 돌보는 중요한 부분에서 그녀를 믿고 맡기기가 힘들어졌다. 서너 시간의 부재는, 나중에 밝혀진 바로는, 실업자인 이웃의 남자친구를 만나러 나가는 것이었다. 급기야 남자친구는 리처드가 직장에 가고 없는 낮 시간 동안 집에 드나들기 시작했고, 이 수상쩍은 커플은 함께 캘리포니아로 갈 계획을 세웠다.

그러는 동안에도 캐럴은 클리블랜드에 있는 애완동물 가게 주인에게 전화로 도마뱀을 주문하면서 그와 성적인 농담을 주고받았다. 그러다가 그녀는 급작스럽게, 동물들을 직접 데려오려면 클리블랜드로 날아가야겠다고 마음을 먹었다.

이때쯤 리처드는 캐럴의 모략과 속임수에 질려 있었다. 부부는 툭하면 자신들의 결혼에 대해 심각한 이야기를 하느라 밤을 새웠고, 리처드는 캐럴이 어른스럽게 행동해야 할 때라고 못을 박았다. 결국 리처드는 제대로 하든지 헤어지든지 선택을 하라는 최후통첩을 했다. 파충류 애호가인 캐럴의 새 남자친구는 그녀를 '구조'하기 위해 그녀와 아이들을 차에 태워 아칸소 주로 차를 몰았으며, 그들 모두의 새 보금자리는 클리블랜드가 되었다.

리처드는 법정이 ─ 어떤 경우에도 대개는 여자에게 동정적인 ─ 캐럴의 뜻대로 움직인다는 것을 알게 되었다. 그녀가 학대당했다고 고발하자 판사의 마음이 흔들렸다. 더구나 그녀 자신은 스스로가 완벽하고 자애로운 어머니라고 전적으로 확신하고 있었다. 리처드가 백방으로 노력했으나 아이들은 캐럴의 차지가 되었다. 두 번째의 결혼생활을 행복하게 보내면서 지난 20년을 회고하는 자리에서 리처드는 "캐럴은 한 번도 내게 맞거나 학대를 당한 적이 없습니다"라고 말했다. 이 말은 앨든 일가의 다른 성인들이 확인해 준 부분이다. "그녀의 수법이 뻔히 보이기 시작했어요. 상황극에 빠진 그녀를 불러서 나는 그런 드라마에 끼어들 마음이 전혀 없다고, 관심 없다고 말하곤 했죠. 부탁하고, 요구하고, 결국엔 사정도 했어요. 제발 철 좀 들라고요. 아이들을 생각해서라도 피해자 놀이는 집어치우라고 했죠. 그렇게 충고하고 사정한 게 학대라면 나는 구제불능의 학대자가 맞습니다."

"그녀는 피해자의 존엄이라는 망토로 스스로를 완전히 감싸는 방법을 실전으로 터득하고 있었어요. 그러다가 누군가 그녀의 문제가 거짓이나 착각일 수 있다고 지적하기라도 하면 분통을 터뜨리는 식이었죠. 내가 무슨 말을 하든, 아무리 옳은 요청을 해도 내 말을

'결혼을 파탄 내는 위협'으로 교묘하게 바꿔버리는 일에 비상한 재능을 가지고 있었어요."³

아무튼, 캐럴의 새 남자친구는 이내 그녀의 가족에게서 '클리블랜드에서 온 브루터스'라는 별명이 붙었고, 나중에는 '사이코패스'라고 불리게 되었다. 나름대로는 예의 바르게 처신했는데도 불구하고, '브루터스'는 콜로라도에 잠깐 방문한 동안 보여준 행동만으로도 캐럴의 부모를 기함하게 했다("말씀만 하시면," 이라고 그는 지나가는 말처럼 툭 던졌다. "캐럴의 남편을 죽여버릴 수 있어요"). 캐럴은 판매상에게 자신이 실제 소유자라고 꾸며대 새 남자친구의 트럭을 차지한 뒤 이 관계를 끝냈다. 어느 늦은 밤에 아이들과 가재도구를 챙겨 부모님 집으로 달아나 버린 것이다. 이에 대해 가족끼리 알고 지내는 지인 한 명은 캐럴이 스스로 얽혀들어간 정신병자와의 관계에서 애초에 도망칠 수 있었다면 왜 나중에는 똑같은 상황에서 그렇게 하지 못했는지를 의아해했다.

캐럴의 부모로서는 캐릴이 십대 때 힘들었던 것보다도 더더욱, 성인이 된 캐럴과 그 자녀들과 함께 지내는 일이 힘들었다. 몇 달 후 캐럴은 부모 집에서 그리 멀지 않은 곳에 아담한 집을 구해 아이들과 옮겨갔다. 그리고 몇 주가 지나지 않아 그 집은 활기를 잃기 시작했다.

몇 년 동안 캐럴의 수입 중 많은 부분은 첫 남편인 리처드 센프트에게서 오는 양육비가 차지했다. 나중에는 두 번째 남편인 브라이언 폴슨이 상당 부분을 채워주었다. 오래된 친구 한 명이 캐럴의 성인으로서의 삶에 대해 지적했듯이, 그녀는 자신과 자녀들을 부양할 수 있을 만한 일자리를 갖지 않으려고 피해 다니다시피 했다. 그녀가 돈 문제로 불평을 하면 그녀의 아버지는 "일자리를 찾아. 무슨 일이든지"라고 말하곤 했다. 사실 가까운 이들에게도 그녀가 왜 아이들 먹일 것조차 충분치 않은 상황에 스무 마리나 되는 토끼를 기르는지는 미스터리였다.

  가족끼리 친해서 캐럴을 잘 아는 이들은 캐럴이 아이들을 내세워 동정심을 유발하는 일에 능숙했다고들 말한다. 부모는 다 자란 자식에게 단호한 경계를 긋고 잘못에 대해서는 거절할 수 있어야 하지만, 그 자식에게 자녀가 생기면 "안 돼"라는 말을 하기가 훨씬 어려워지는 것이다. 캐럴은 콜로라도로 돌아간 뒤, 아칸소에서 그랬던 것처럼 또다시 자신의 욕구에 충실하기 시작했다. 저녁이면 여덟 살밖에 안 된 맏아들 커너에게 어린 여동생 둘을 맡겨놓고 사라지는 일이 거듭되었다. 캐럴과 그 자녀들에게 주어지는 얼마간의 돈은 대개 밤의 유흥에 쓰이는 것이 분명했다.

  캐럴을 사랑하는 사람들의 걱정은 점점 커졌고, 때로는 아이들을 보호하기 위해 대놓고 지적하는 경우도 생겼다. 그러나 자녀를 어질러진 바닥에 대충 재우거나 여덟 살밖에 안 된 아이에게 더 어린 아이를 돌보게 하는 건 부모가 할 일이 아니라고 충고하면 그녀는 잡아먹을 듯이 대들며 "내 집에서 꺼져"라고 소리질렀다.

  가엾게도 아이들의 고생은 그것만이 아니었다. 언젠가 가족 중 한 명이, 배를 곯은 채 혼자 소파에 앉아 있는 세 살배기 제이슨을 발견해 사회복지과에 전화한 적이 있었다. 그때 공무원의 대답은 당국이 나서서 뭘 하려면 상황 자체가 밑바닥까지 내려가야 한다는 것이었다. 또다른 가족 한 명은 학교 상담사에게 캐럴의 아이들에 대해 설명하면서 '방치의 징후'가 나타나지 않는지 조사해 보면 안 되겠느냐고 물어보기도 했다. 그러나 그런 조짐은 보이지 않았다.

이런저런 이유로 캐럴이 힘들게 버둥거리는 건 확실해 보였다. 콜로라도에서 부모님 근처에 살았던 짧은 기간 동안 그녀는 분노와 좌절이 한꺼번에 몰아쳐 어쩔 줄 몰라 하는 듯했고, 처음으로 가족에게 미묘한 암시를 주기 시작했다. 그녀가 넌지시 내비친 바에 따르면 그녀가 지닌 문제들은 자신의 잘못이 아니었다. 아버지 때문이었다. 아버지가 어릴 적 그녀에게 했던 행동들이 원인이었다.

그러나 막상 제대로 이야기해 보라고 하면 그녀는 별 생각이 없었던 것처럼 피해버리곤 했다.

16

정신과 의사의 비판적 사고

> 우리 인종의 역사 그리고 개개인의 경험은, 진실을 죽이기란 어렵지 않으며 잘 꾸며진 거짓말이야말로 불멸한다는 증거들로 촘촘히 수놓아져 있다.
> —마크 트웨인, '젊은이에게 주는 충고'[1]

법정 정신의학자(범죄심리학자) 마이클 맥그러스가 폭력 피해 여성에게 관심을 보이는 것은 단순히 타고난 연민과 정의감에서 나온 것이 아니라 비판적이고 주체적인 사고력 때문이다. 이런 재능은 다년간의 감당하기 어려운 경험들을 통해 연마되었다.[2]

맥그러스가 남달리 비판적 사고를 하게 된 것은 사건 현장의 단서를 이용해 범죄 뒤에 깔려 있는 '성격'을 추론해 내는 범죄 프로파일링 때문이었다. 프로파일러에게 범죄 성격에 대한 이해는 범죄자들을 검거하는 데 중요한 단서를 제공한다.

맥그러스는 유명한 프로파일링 자료들은 물론 존 더글러스의

《마인드 헌터―FBI 엘리트 연쇄 범죄팀의 내부(Mind Hunter: Inside the FBI's Elite Serial Crime Unit)》, 로버트 레슬러의 《괴물들과 싸우는 사람―FBI에서 연쇄 살인자를 추격하며 보낸 나의 20년(Whoever Fights Monsters: My Twenty Years TrackingSerial Killers for the FBI)》과 같은 전직 FBI 프로파일러들이 저술한 책들을 닥치는 대로 읽어치웠다. 그런데 무언가 잘못 되어 있다는 느낌이 들었다. 연쇄 범죄의 성격적인 특성이, 그것과 전혀 상관없는 다른 범죄에서 추론되어 나온 프로파일링의 결과와 의심스러울 정도로 비슷하다는 사실을 알아차린 것이다. 더 큰 문제는 만들어져 있는 범죄 프로파일이 실제로는 범죄를 해결하는 데 아무런 도움이 되지 않아 보인다는 것이었다.

맥그러스가 일반 독자들이 경험하지 못한 법정 정신의학적 배경을 지녔기 때문에 이런 통찰이 가능했던 것인데, 일단 문제가 있다는 의구심이 생기자 그는 FBI 연구 자료를 연쇄 살인범들에 대한 두 가지 패턴, 즉 체계적 범죄자(생활은 물론 범죄에서도 본질적으로 더 질서정연한 사람들) 대 비체계적 범죄자에 관한 것으로 구분해 가며 분석하기 시작했다.[3] 그 결과는 그를 기절초풍하게 만들었다. FBI의 연구 결과는 빈약하게 설계된 설문을 연쇄 살인범 당사지들에게 돌려 거기서 나온 대답을 근거로 한 것이었다. 연쇄 살인범들이 자신을 위해서 하는 '어떠한' 진술도 최후의 단서 정도로만 여겨야 한다는 것은 누구나 알 만한 내용인데 말이다. 설상가상인 것은, 이런 식의 '과학적' 설문조사의 결과물뿐 아니라 이보다 더 나을 것이 하등 없는 다른 미심쩍은 결과물들이 함께 법 집행자들의 수사에 자문 자료로 활용되고 있다는 사실이었다. 더욱이 누구라도 FBI의 방법론에 반대하는 사람은, 그가 FBI 외부인사라면 재론의 여지없이 의견이 묵살되고 FBI 내부 인사일 땐 배신자 취급을 당하는 형국이었다. 맥그러스는 전투욕에 불타기 시작했다.

　상황은 맥그러스가 처음 생각했던 것보다 더 심각했다. 맥그러스는 주의 법 집행관(경찰관)들이 범죄 수사에 FBI의 방법론을 응용하는 것 역시 문제를 안고 있음을 알게 되었다. 폭력 범죄의 경우 연방 정부의 소유 건물이나 특정한 사람들, 예를 들면 연방 정부 요원이나 우체국 직원들처럼 연방 정부와 관련된 사람에게 폭력적인 범죄가 가해졌을 때에만 연방법 범죄로 간주되기 때문에, 대부분의 강간과 살인, 폭력 범죄는 연방 범죄가 아닌 주 범죄(state offense)이다. 나중에 밝혀진 일이지만 FBI의 프로파일러들은 프로파일링을 시작하기 전에 폭력 성향의 범죄를 수사해 본 경험이 거의 없었다. FBI 프로파일러들은 부족한 경험에서 오는 미진한 부분을 허풍 내지 과장으로 채웠다. 예를 들면 전직 FBI 프로파일러였던 그렉 맥크래리는 증언 서약(선서 공술. 법정 제출 또는 법정에서의 진술을 위해 선서를 하고서 하는 증언 - 옮긴이)에서 자신은 수백 수천 건의 강간 사건을 수사한 경험을 토대로 결론을 내린다고 증언했는데, 그의 주장대로라면 그렉은 25년간 FBI에 재직하면서 평균(최소로) 하루에 22건의 강간 사건을 수사했다는 이야기가 된다.[4] 맥그러스는 이에 대해 거짓말이 앞서고, 그 다음에 FBI가 있다고 잘라 말했다.[5]

　맥그러스는, 진실을 훼손하지 않으면서도 대중을 보호할 수 있는 진정한 과학을 찾고 있었는데 쉽게 찾아지지는 않았다.[6] 맥그러스가 일찍부터 범죄 프로파일링에 경멸을 표해오던 법의학자 브렌트 터비와 가깝게 지내기 시작한 것은 바로 그 무렵이었다.[7] 두 사람은 공공의 보호에 관심이 있는 진정한 전문가에게 필수적 자질이라 할 회의론이 뼛속 깊이 박혀 있다는 점 때문에 동료로서 궁합이 잘 맞았다.

맥그러스의 비판적 사고는 성폭력 범죄에 관한 연구를 시작하고 그 결과물을 출판하려고 했을 때 또 한 번의 분수령을 맞이했다. 연구 결과, 그는 성폭력 관련 범죄로 보고된 모든 사례의 약 25퍼센트 정도는 진실이 아니라는 추산에 도달했고,[8] 책에도 당연히 그 내용이 포함되었다. 그러나 맥그러스는 만약 이런 식으로 기존 연구 결과의 수치에 반하는 내용을 발표하면 누구라도 경력에 심각한 타격을 입게 되리라는 것을 깨달았다. 또 만약 맥그러스가 거짓으로 보고되는 성폭력 범죄 비율에 대해 입바른 의견을 내놓기라도 하면 많은 사람들이 강간 피해자에게 나쁜 감정이라도 있는 거냐고 따지고들 것이 뻔했다. 맥그러스는 뒷날 이에 대해 이렇게 말했다. "나는 강간 피해자에게 어떤 적대감도 없습니다. 오로지 과학적 진실에 대해서만 문제의식을 지니고 있을 뿐입니다. 내게는 늘 그것만이 문제입니다."

점점 더 성폭력 범죄에 관해 깊이 있는 연구를 하게 되면서 그는 켄트 주립대학교의 심리학 교수 메리 코스가 1988년 연구에서 처음으로 언급한 이래 널리 받아들여지는 통계 하나를 접하게 되었다. 바로 여자 대학생 네 명 중 한 명이 강간당한 적이 있다는 통계였다.[9] 맥그러스는 이를 상식에 대입해 보기로 했다.

만약 내가 대학교의 카페테리아에 앉아 있다고 하면, 옆으로 지나치는 여자 대학생 네 명에 한 명꼴로 강간을 당한 것이라고? 내게도 딸들이 있어. 그 아이들이 그런 위험한 상황이라는 게 어떻게 가능하지? 그애들에게도 친구가 있는데, 누군가는 강간당한 넷 중 하나를 반드시 알고 있다는 거잖아! 그들 중 누가 이렇게 끔찍한 비밀을 숨겨온 걸까? 내 아내도 지난 10년 사이에 대학원 과정을 마쳤는데, 아내도 내게 그런 비밀을 털어놓지 않았던 거라고? 아니면 대학원생은 제외하고 강간을 당했다는 이야기인가? 어떻게 이런 게 사실일 수 있지?

아마도, 그렇지는 않을 것이다. 이 수치는 광범위하게(의도적으로?) 작성되고 해석된 설문조사에 근거하여 나온 것이다. 모르긴 해도 여성운동가들의 정치적인 아젠다가 몇몇 학자들에게 무임승차권을 쥐어준 것이 아닐까 생각한다.

이런 정서라면 어떤 여성운동가에게서라도 분노를 끌어낼 수 있을 테니까 말이다.[10] 그러나 진정한 페미니즘은, 연구자가 최선의 의도를 가지고 사실이라고 제시하는 것들마저 한 발 물러선 냉철한 시선으로 직시하여 숨어 있는 왜곡을 찾아내며 이를 드러낼 줄 아는 힘을 지니고 있다.

한번 수립된 가설은 잘 사라지지 않는다. 아래는 2010년 9월에 《ABC 뉴스》에서 떠들썩하게 보도한 내용이다. "사법부의 최근 연구에 따르면 약 25퍼센트의 여자 대학생들이 대학 생활 기간인 4년 동안 강간을 당하거나 강간 미수의 피해자가 될 것으로 추산된다고 합니다."[11]

이런 식의 데이터에 의문을 던지는 사람이 맥그러스 혼자만은 아니었다. 캘리포니아 버클리 대학교의 사회복지학과 교수 네일 길버트는 이렇게 부풀려진 수치가 사실은 예산의 필요성 때문이라고 지적했다. "이 연구들은 대학교 내 여성센터의 예산을 따내는 데 이용된다. 이것들이 바로 내가 '후원용 연구'라고 부르는 연구들이다. 물론 이런 연구가 좋은 의도와 타당한 관심에서 이루어지는 것임에는 틀림없다. 그러나 확대 포장하는 것이 너무 흔해져 더는 문제로 여기지 않고 관행으로 받아들이게 되었고, 이런 연구에서는 그렇게 하는 것이 당연하다는 식이 되었다."[12]

길버트 교수가 넌지시 내비쳤듯이 누구도 문제가 없다고 말하지는 않는다. 하지만 부풀려진 추정치나, 좋은 의도에 묻혀 아무 의심도 없이 받아들여지는 가설의 횡행은 결국은 별 도움이 되지 않는다.

맥그러스가 성폭력 연구의 이슈들에 대해 공부하고 나서 얼마 지나지 않아, 브렌트 터비가 자신이 편집하는 법정 피해자 연구에 관한 책에 글을 한 편 쓰지 않겠느냐고 물어왔다. 맥그러스는 그러겠다고 했다. 그리고 자신의 글과 연결되는 다른 장의 내용 때문에 트라우마의 진단과 증후군에 대해 조사하기 시작했다. 그는 '강간 트라우마 증후군'과 '매 맞는 여자 증후군'에 관하여 들어본 적은 있었으나 정신과 영역에서 더 깊이 다루지 않았던 탓인지 이에 대해 최신의 그리고 직접적인 지식은 별로 없었다. 더구나 수련 기간에는 아예 그 분야에 대해 배우지 않았었다.

맥그러스가 새로이 알게 된 내용은 다시 한 번 그를 기절초풍하게 했다. 르노어 워커의 연구에서는, 매 맞는 여성은 평범한 사람들이며 단지 우연히 폭력적인 파트너와 관계를 맺게 된 것일 뿐이라고 시사했다. 그러나 워커의 가설 한 겹 아래에는 미처 드러나지 않은 부분들이 있었다(흥미롭게도 워커는 '매 맞는 여자 증후군'이 '심리적 외상 후 스트레스 장애'의 하위 카테고리로 미국 정신의학회의 《정신장애 진단 통계 편람》에 공식적으로 등재되어 있음을 거론하며 이 증후군을 법제화하자고 오랫동안 주장해 왔는데, 그녀가 인용한 섹션은 존재하지 않는 것으로 드러났다.)[13] 만약 여성이 피해를 입은 후 카운슬러가 피해 여성을 관찰하는 정도에서 그치는 것이 아니라 더 깊이 있고 실질적인 연구들이 있었다면 큰 도움이 되었을 것이다. 그런 면에서 워커 역시 신뢰할 만한 연구를 이끌지 않은 것은 분명하며, 게다가 그녀는 과학적 방법론이 의미 없다고 단언하기까지 했다.[14]

많은 젊은 여자들이 짝을 고르는 일에서 형편없는 선택을 했고, 그 때문에 시간이 흐르면서 문제들이 생겨나 폭력에까지 이르게 되었을 수 있다. 그런데 사실은 그들 중 일부 또는 어쩌면 많은 수의 여성들이 온전히 '정상'('정상'의 의미가 실제로는 무엇이든)인 것은 아닐 수도 있다. 물론 인격장애가 있다는 진단을 받을 정도로 정신적 문제가 있는 것은 아닐 수도 있지만 그조차도 과학의 렌즈를 적용해 본 적이 한 번도 없을 때는 누구도 어떻다고 단정할 수 없다. 그러나 워커는 매 맞는 여성들 모두가 정상이라는 단정에서 출발했으며, 누군가 좀더 미묘한 차이로 과학에 근거한 관점을 제안해 오면 그를 공격함으로써 위기를 넘겼다. 맥그러스가 살펴본 바로는 이렇다.

르노어 워커와 그녀의 매 맞는 여자 증후군의 원래 개념은 알맞은 지점에서 시작되었다고 생각한다. 워커는 자신이 뛰어들어 연구해야 한다고 느끼는 상황을 잘 잡아냈다. 그러나 안타깝게도 그녀나, 30년 전 그녀의 연구를 재정적으로 지원한 미국 국립정신보건원의 '좋은' 사람들이나 한결같이 대조군(control group, 실험의 결과를 비교하기 위해 아무런 통제도 가하지 않은 집단 - 옮긴이)이 없는 그녀의 연구 결과가 타당성에서 문제가 있다는 것을 깨닫지 못했다. 이는 마치 준비 조사가 본 연구가 되어버린 격인데, 그녀는 나중에 사람들이 비판하기 시작하자 그제야 문제를 깨닫게 되었다. 하지만 그때도 문제의 깊이를 인정했다기보다 일부러 그런 틀을 선택한 것처럼 해명하기에 급급했다. "아, 물론 그 연구에는 진짜 대조군은 없었어요. 원래 그렇게 계획된 거거든요. 왜냐하면······."

르노어 워커는 보는 대로 믿게 되는 것의 좋은 예이다. 아무리 많은 비판이 있어도 사람들은 르노어의 연구를 믿고 싶어 하며, 실제로 몇몇 주에서는 재판 중에 피고 측에서 여성이 폭력을 당했다는 주장을 하면 '법령에 의거해' 매 맞는 여자 증후군 증거를 받아들여야 한다. 워커는 매 맞는 여자 증후군을 통해 경력을 쌓았고 그 분야의 아이콘이 되었다. 그녀가 연구한 피해자 집단은 그녀를 보호해 주고 그녀에게 힘을 실어주었으며 비판을 막아주었다. 사람들에게 보이는 것 너머를 보게 하는 것은 아주 힘든 일이다.[15]

가정폭력의 모순

페미니스트들은 여성운동을 지원하는 내용의 연구가 무임승차권을 받는 것이나 마찬가지라는 이야기에 발끈할지도 모른다. 그러나 오랫동안 페미니스트로 활동해 온 학자 머레이 스트라우스는 이런 현상을 수십 년 간 경험한 장본인이다.[16]

학계의 악동 스트라우스의 연구는 그가 80대 중반의 나이에 접어든 지금도 그 어느 때보다 영향력이 크며 논란의 와중에 있는 것이 전혀 낯설지 않을 정도다. 일례로 그가 어린이를 체벌하는 것의 역효과에 대해 광범위하게 연구한 《아이 속의 악마를 벌한다고? ― 미국 가정에서의 체벌과 어린이에게 미치는 영향(Beating the Devil Out of Them: Corporal Punishment in American Families and Its Effects on Children)》은, 종교 근본주의자들과 '가정연구소'처럼 '때릴 권리'를 보존하는 것이 중요한 목적이라고 믿는 단체들의 반감을 샀는데,[17] 더 놀라운 것은 이 연구가 전혀 예상치 못한 방향에서도 공격을 받았다는 사실이다. 스트라우스의 연구 결과가 '정말' 가정폭력이라 할 유일한 문제인 아내의 구타에 쏟아야 할 관심을 어린이 체벌 같은 하찮은 것으로 돌리게 한다는 비판이었다.[18]

스트라우스는 수년에 걸쳐 의도적으로 '가정폭력의 모순'이라고 자신이 이름붙인 현상을 집중 탐구했다. '가정폭력의 모순'은 자발적 사회 단위 중 가장 사랑이 풍부한 가정에서 오히려 폭력이 가장 만연한다는 역설적 상황을 표현한 말이다.[19] 그의 의문은 이런 것이었다. 무엇이 가정에서 폭력을 일으키는가? 누가 어떻게 폭력을 행사하는가? 폭력을 줄이거나 아예 없앨 수는 없는가?

스트라우스는 이런 문제들에 가볍게 접근하지 않았다. 그는 인습타파적인 대학자로서 평생 동안 가정폭력을 과학 연구의 한 분야로 일으켜 세우는 연구에 매진해 왔다. 그는 이 분야에서 가장 뛰어난

학자들의 멘토이기도 하며, 사회문제연구학회, 가족관계 국가위원회의 회장으로도 봉사했다. 미국 국립보건원과 국립과학재단으로부터 40년 이상 재정 지원을 받았고, 그런 만큼 널리 인용되는 그의 연구는 '폭력성 연구를 위한 국제학회'에서 평생 공로상을 받는 등 다양한 수상 경력(국제적 권위를 인정받는)을 자랑한다.

스트라우스의 연구는 배우자 폭력 상황에서 여성들이 겪게 되는 불리함이 훨씬 더 크다는 사실에 대한 확실한 근거가 되어왔다. "남성의 폭력은 상대적으로 더 큰(정신적 그리고 육체적) 상해와 죽음과 공포를 불러일으킨다. 게다가 이혼을 하려 해도 남성보다 돈을 더 적게 버는 경우가 대부분인 여성이 적어도 80퍼센트 정도의 비율로 자녀 양육권을 맡기 때문에, 경제적인 이유로 어쩔 수 없이 폭력적인 관계에 갇혀 있게 되는 여성의 비율이 남성에 비해 월등히 높다. 폭력이 여성에게 훨씬 더 불리하다는 사실은 매우 중요하며, 이는 곧 남성 파트너로부터 폭행을 당한 여성 피해자들에게 지속적인 지원이 필요하다는 의미로 귀결된다." [20]

그러나 스트라우스의 편파성 없고 냉철한 연구는 더 큰 논쟁거리를 드러내는 결과가 되었다. 대중들과 연구자들 대부분은 배우자 폭력이 독점적으로 남성에 의해서 가해진다고 인식하고 있지만 사실은 이런 생각이 온전히 '진실'은 아니라는 점이다. 실제로 지난 50여 년간 이루어진 200여 개의 연구는 남성과 여성 모두 비슷한 비율로 폭력을 가한다는 사실을 보여주었다. 남성이 신체적으로 더 강하기 때문에 여성들이 상해를 입는 경우가 많지만 그렇다고 해도 남성들 역시 살인에 의한 사망을 포함해서 배우자 폭력으로 상해를 입으며, 실제로는 전체 상해자의 3분의 1이 남성이다.[21] 지난 30년간 매 맞는 여성의 비율은 많이 감소했지만, 매 맞는 남성의 비율은 (무시해도 될 정도로 경미한 변화가 있기는 했으나) 전혀 바뀌지 않았다.[22] 따라서 배우자 폭력 문제의 근원을 남성에게서만 찾는 것은 이슈의 절반만 다루는 것과 다름이 없다. 그건 마치 두 다리가 부러진 사람의 한 쪽 다리만 고쳐주려는 것과 같다.

17

예술과 연애, 그리고 수상쩍은 죽음

> 사라 베르나르(1844-1923, 프랑스의 국가적 여배우 - 옮긴이)는
> 자기 홍보의 재능으로 세상의 상상력을 사로잡았으며, 이 때문에
> 헨리 제임스(미국 작가 - 옮긴이)는 그녀를 '신문의 뮤즈'라고 불렀다.
> 그러나 동시에 그녀는 천재였으므로, 레이디 가가에 머물지 않고
> 메릴 스트립이 되었다.
>
> —제레미 매카터, "드라마 퀸(Drama Queen, 호들갑 떠는 사람이라는 의미 – 옮긴이):
> 사라 베르나르는 일정 부분 가가였고, 또 일부는 스트립이었다." 〈뉴스위크〉[1]

한때 귀여웠던 캐럴은 점차로 아무렇게나 방치된 콜로라도의 집에 틀어박혀 그야말로 난감한 지경이 되었다. 그녀는 첫 남편을 떠났고, 파충류 애호가인 클리블랜드 남자친구에게서는 달아났는데, 이제는 주변 사람들까지 그런 그녀를 보며 의문을 품기 시작했다. 캐럴을 돕는 노력이 정말 도움이 되는 걸까? 아니면 그녀를 중심으로 하여 점점 커지는 소용돌이를 오히려 부추기는 결과만 가져오는 건 아닐까?

캐럴은 힘들게 지냈다. 입체 구성 작품을 만들어놓고, 삽으로 눈

을 치워가며 사람들을 불러들여 패브릭 아트 작품의 주문을 받았다. 이에 대해 몇몇 사람들은 캐럴이 보여주는 뛰어난 예술적 재능에 감동해서 천한 노동이 그녀에게 맞지 않는다고들 이야기했지만, 또 다른 이들은 그녀 스스로가 '억센 남자나 할' 일들을 하면서 사람들의 관심을 끄는 일을 즐긴다고 수군댔다. 캐럴은 아칸소로 돌아간 전 남편에게서 전화가 오면 아이들을 바꿔주는 막간을 이용해 자신과 아이들이 살 집이 없는 처지임을 들리게 이야기하는 식으로 그에게 호소하기도 했고, 더 노골적으로는 아이들과 함께 먹을 것을 찾아 쓰레기통을 뒤졌다고 언론에 이야기하기도 했다. 쓰레기통을 뒤진 이야기는 그녀에게 동정적인 《솔트레이크시티 트리뷴》지의 기사에 여러 번 반복해 나오는 내용이다. 이 기사에서는 아칸소에서 콜로라도까지의 캐럴의 여정이, '학대하는' 첫 남편 리처드 센프트에게서 달아나 아이들을 데리고 버려진 판재를 트럭 뒤 칸에다 둘러세워 그 속에서 살면서 쫓기고 또 쫓기며 지난하게 보낸 6개월의 '오디세이'로 탈바꿈되어 있다. 캐럴과 센프트의 둘째 딸 크리스털은 자기 엄마의 이야기를 뒷받침하는 역할에 만족해하며 장단을 맞추듯이 덧붙였다. "거칠고, 울퉁불퉁하고, 떠들썩하고······ 그렇지만 우리 모두에게는 항상 끊임없는 사랑이 있었어요. 엄마는 우리에게 사랑을 확인시켜 주셨어요."[2]

그러나 다른 아이들은 캐럴이 아칸소에서 콜로라도까지 여행하는 동안 별 사건 없이 평온했던 것으로 기억한다. 물론 역전의 캐럴조차도 다루기가 매우 위험한 인물로 판명된 유사 사이코패스적 성향의 클리블랜드 애완동물 가게 주인과 벌였던 막간 소동을 제외하고 하는 말이다. 이 애완동물 가게 주인은 《트리뷴》 기사에서 삭제되었다. 캐럴은 잘 속아넘어가는 기자들 덕분에 인생 스토리를 고쳐 쓰는 법을 배우는 중이었다.

캐럴은 자신의 노고가 다른 사람들에게 직접적인 영향을 미칠 때면 때때로 놀랄 만큼 쾌활한 태도를 보였다. 언젠가 가족 중 한 사람이 어떻게 그럴 수 있는지, 삶이 총체적인 붕괴 지경에 있을 때 어떻게 그렇게 활기찰 수 있는지 물어본 적이 있었다. 그녀의 대답은, 자기가 긍정적인 인상을 '심어주어야 했기' 때문이라는 것이었다. 그것이 그녀가 매사에 대응하는 방식이었다. 그러나 문제는, 그녀가 활기찰 때 그녀와 얽힌 상대는 우울한 충격상태에 놓이는 일이 꽤 있었다는 것이다.

캐럴이 직접 돈을 요구하는 일은 극히 드물었다. 그러나 다른 사람들과 대화할 때 그녀는 상황이 얼마나 나쁜가를 보여주는 것으로 세상을 이겨보려는 것처럼 보일 때가 있었다. 끔찍하게 비참한 자신의 인생이 대단한 자랑이라도 되는 것처럼(사실 캐럴의 인생은 종종 객관적으로 봐도 꽤 비참했다). 듣는 사람들로서는 캐럴의 끝나지 않는 신세 한탄이 돈을 요구하는 우회적인 요구임을 느끼지 않을 수 없었다. 아니면 그저 다른 이들에게 충격을 주기 위한 부단한 노력의 하나이거나.

어찌되었든 부모님 곁에 있기 위한 캐럴의 콜로라도 귀환은 짧았다. 태만한 아이 돌보기와 봐주기 힘든 집안일 솜씨 때문에 잔소리를 듣느라 짜증이 폭발하던 어느 날 저녁 캐럴은 훨씬 더 심한 상처로 남을 경험에 대해 투덜거리며 집으로 돌아왔다. 강간을 당한 것이다.³ 캐럴은 이 사고를 당국에 알리지 않았지만 이 일이 그녀에게 또다시 피해자 의식을 심어준 것은 분명했다. 캐럴에게 진력이 난 친구 하나는 그녀가 그곳에서 그런 식으로 나다녀서는 안 되었다고 했지만, 어느 모로나 콜로라도는 그녀에게 맞는 곳은 아니었다.

물론 '맞는' 부분도 있었다. 솔트레이크시티의 브라이언 폴슨과 장거리 연애가 진척되고 있었던 것이다. 브라이언은 캐럴이 유타에서 리처드와 결혼해 살 때부터 알던 사이였다. 그는 캐럴이 혼자가 됐다는 걸 알고는 콜로라도로 가서 그녀가 짐을 꾸리는 걸 도와주고, 그녀에게 딸린 어린아이들과 함께 유타로 갔다. 캐럴의 가족은 브라이언이 진실하고, 배려심 있으며, 친절하고, 처신이 바른 사람이라는 사실에 기절할 듯 놀랐다. 실제로 그는 캐럴의 첫 남편만큼이나 남편감으로서 조건이 좋은 사람이었다. 건장한 체격에 키는 6피트 가량, 세련되게 깎은 턱수염, 파란 눈, 연갈색의 머리카락을 지닌 브라이언은 친절했고 잘 웃었다. 느긋한 처신과 개념 있는 말 때문에 절대로 조급하게 구는 일이 없어 보이는 사람이었다. 브라이언은 음악가였다. 현악기를 무척 애호했으며, 만돌린을 아주 좋아했고, 블루그래스(남부의 전통적 컨트리 뮤직 - 옮긴이) 페스티벌 등에서 친구들과 어울려 즉흥연주 하는 걸 즐겼다. 또 오래된 폭스바겐을 손보며 지내는 시간을 좋아했고, 요트 세 척을 소유하고 있었으며, 자신의 상점에서 아름다운 나무 만화경을 만들어 팔았다. 독실한 가톨릭 신자로 자란 브라이언의 제2의 천성은 옳은 일을 하려고 노력하는 것이었다.

캐럴이 유타로 이사하고 얼마 지나지 않아 두 사람은 결혼했다.

이들 사이에서 제이슨이 태어났고, 4년 후에는 캐럴의 가장 어린 자식인 에밀리도 태어났다. 재미있는 건 캐럴이 낳은 아이들의 아버지들은 그녀의 애인들이 달고 다녔던 '불량'이라는 평판에서 공히 비껴갔다는 것이다. 리처드와 브라이언 둘 다 성실하고 단정한 사람들이었다. 그러나 이 단정한 사람들은 캐럴의 관심을 지켜나가지 못했다.

* * *

캐럴이라는 존재의 핵심에 예술에 대한 사랑이 자리하고 있는 것은 의심의 여지가 없다. 그녀를 싫어할 이유를 지닌 사람들조차도 그녀가 예술적 창조 욕구에 사로잡혀 있다는 점을 인정하며 자기도 모르게 창작에 필요한 재료를 살 수 있게 금전적 도움을 주기도 한다. 캐럴 역시 자신의 예술혼은 심장박동을 정지시키는 것보다 더 어려운 무언가라고 말하곤 했다. 그녀는 자기가 세상을 보는 눈이 다른 사람들과 본질적으로 너무 달라서 차라리 에일리언이라고 하는 편이 더 나을 거라는 생각도 했다. 그녀의 뇌는 일종의 "복합 놀이 반죽 재미 공작소 같은 것으로, 이미지는 집어넣고, 해석은 빼낸" 곳이었다.[4] 시작에서 마무리까지 전 프로젝트는 그녀의 꿈에서 비디오처럼 펼쳐졌다. 덕분에 그녀의 작품은 이전에 한 번도 해보지 않은 기법과 재료로 이루어지곤 했는데, 그건 마법과도 같은 재능이었다. 캐럴에게 창작은 영적인 예배나 마찬가지였다. 그녀는 사람들이 새로운 방식으로 보고 이해할 수 있도록 눈을 뜨게 도와줄 책임이 있다고 생각했다. 특히 사람들이 멈춰 서서 눈부신 경이에 미소 짓는 모습을 보며 흐뭇해했다.

'꽥꽥이 장난감 소리들'을 몰고 다니는 아기들은 말로 표현할 수 없는 기쁨이었다. 당연히 자기 아이들은 그녀가 본 그 어떤 존재보다 아름다웠다. 그녀는 또 무지개 빛깔을 지닌 것들에 특별히 매혹되었는데, 자수 실의 무지갯빛 광채, 웅덩이에 괸 자동차 기름의 미묘한 빛, 꿩의 깃털, 티파니 스타일 공작 유리에 어리는 햇빛의 프리즘 효과 등이 그런 것들이었다.

캐럴이 제일 좋아하는 화가는, 영성과 개인적 고통 모두에서 용감한 정신의 소유자라고 여긴 프리다 칼로(멕시코의 여류 화가. 1970년대 페미니스트들의 우상이었다 - 옮긴이)였다. 물론 칼로뿐 아니라 '풍만한 자연적 관능'의 모네와 반 고흐도 좋아했고, 1890년에서 1905년 사이 유행의 정점을 찍은 아르누보 시대의 화가들도 좋아했다. 또한 고대 그리스 베르니니의 대리석 여신 조각과 영국의 삽화가 아서 래컴, 그리고 판타지 미술가 프랭크 프라제타도 좋아했다. 학생 때 캐럴은 여성주의 아티스트인 주디 시카고(Judy Chicago, 미국의 제1세대 여성 미술가. 여성의 신체 이미지를 작품에 노골적으로 표현함으로써 여성의 몸에 대한 편견과 남성 위주의 사고에 정면으로 대항하였다 - 옮긴이)의 섬유 설치미술을 보면서 자신의 바느질 예술이 의미 있는 것이 될 수 있음을 깨달았다. 캐럴의 꿈 중 하나는 언젠가 주디 시카고를 만나 그녀의 프로젝트에 참여하는 것이었다.

예술가이며 행정가이기도 한 레베카 스미스는 캐럴 앨든을 여러 해 동안 지켜본 사람인데, 캐럴이 예술적 천재라고 믿어 의심치 않았다. 스미스는 이렇게 말했다.

나는 수많은 아티스트들을 봐왔지만 캐럴 앨든은 자기 분야에서 빼어난 인물이에요. 그녀의 뇌가 작동하는 방식은 참으로 놀랍습니다. 나 역시 직물로 작품을 만드는데, 한번은 캐럴에게 용을 어떻게 구성했는지 물어본 적이 있어요. 그랬더니 머릿속에 떠오르는 디자인을 그냥 펼치기만 하면 된다는 거예요. 그에 맞춰 천을 잘랐다가 다시 합쳐 바느질하면 된다고 하더군요. 음, 내가 말하고 싶은 건, 그녀의 이야기가 '사람이 날아다닌다'는 말만큼이나 내게는 이해 불가능하다는 거예요. 엔지니어의 뇌는 그런 식으로 작동할 수 있을 테고, 그녀가 '유독' 엔지니어의 뇌를 가진 아티스트일 수도 있겠지만, 아무튼 머릿속에서 구성하는 부분에서 그녀는 단연 나보다 앞서 있어요.

나는 캐럴이 뇌의 양쪽 모두를 최대한 이용한다는 면에서 볼 때, 예술계에서 드문 경우라고 생각해요. 많은 아티스트들은 자신의 능력을 극대화시키는 방법을 모르지만, 그런 채로도 걸작을 탄생시킵니다. 그런데 캐럴은 직물에서 자신만의 돌파구를 찾은 거죠. 그녀는 천을 이리저리 비틀어 꼬아놓고, 어떤 식으로 다룰지 자신만의 방식으로 결정해요.

가장 놀랐던 건, 캐럴이 예술을 창조하기 위해 가까이 있는 사물을 이용하는 방식이었어요. 그런 천재성을 타고난 거죠. 이를테면 달리 조각 작업에 쓸 재료가 없기 때문에 눈으로 조각품을 만든다는 식이에요. 혹은 정말 별 것 아닌 아크릴 실로도 이렇게, 복잡하고 난해하지만 전체적으로 하나의 풍경을 이루는 커다란 직물 조각 작품들을 창작해 내죠. 물론 최종 제작 작품이 천재적이지 않을 수는 있겠지만 다른 사람들이 이전에는 생각지도 못했던 무언가를 창조해 내는 무한한 수용 능력과 추진력은 정말 놀랍습니다.

캐럴이 예술가로서 언론과 지속적인 유대관계를 맺기 시작한 것은 브라이언과 함께 지냈던 시절의 유타에서였다. 사실 눈이 튀어나올 정도로 독특한 그녀의 창작품들은 쉽사리 미디어의 시선을 끌었다. 1993년 1월,《데저릿 뉴스(Deseret News)》에서는 "흰 눈과 청명한 하늘로 빚어낸 30피트 높이의 도마뱀 조각"이라는 구절과 함께 캐럴의 가족사진을 실었고,[5] 3월에는 다른 저널리스트가 솔트레이크시티 공공도서관의 어린이 섹션에서 열린 캐럴 앨든의 '여성 일인 전시회'에 대해 썼다. "카멜레온, 도마뱀, 뱀 등 여러 파충류들이 벽 위로 이리저리 뛰거나 기어다닌다. 빨간 눈의 청개구리가 창문에 달라붙어 있다. 거북 한 마리는 사서의 책상 위에서 '수영'한다. (……) 그녀의 작업은 크기, 형태, 색깔 기타 등등에서 예술적 자유를 구가한다. 이를테면 토케이 도마뱀붙이는 일반적으로 몸길이가 14인치인데, 캐럴의 작품에서는 8피트에 이른다.[6] 이 외에도 또다른 기사에서는 캐럴을 '유쾌한 공룡과 사랑스러운 용'을 직물 조각품으로 창조해 낸 '유명한 판타지 아티스트'로 소개하기도 했다."[7]

캐럴도 익히 알고 있었듯이, 언론 매체는 예측 불가능한 방향으로 튀기도 하지만 때로는 친절한 힘을 발휘하기도 한다. 1991년 9월,《데저릿 뉴스》편집자 난에 누군가 아들의 자전거를 훔쳐갔다고 호소하는 캐럴의 편지가 실렸다 "이 특별한 자전거는 일 년 전 한 교회 모임에서 나의 열 살배기 아들에게 준 크리스마스 선물이었어요. 이 모임은, 선물 걱정은 고사하고 노숙을 해야 할 상황에 처한 우리 가족을 '받아들여' 주었지요. 이 자전거는 아들의 유일한

캐럴 앨든이 만든 95피트 길이의 금속—나일론—그물 '라이브러리 스퀘어 씨 드래건(Library Square Sea Dragon, 솔트레이크시티 공공도서관의 별칭 – 옮긴이)'은 30회 유타 아트 페스티벌 기간 동안 솔트레이크시티 메인 도서관의 거울로 만들어진 수영장에 설치되었다. "원래는 미리 완성해 놓으려고 했는데, 사람들이 설치하는 모습을 너무 보고 싶어해서요"라고 캐럴은 어느 신문 기자에게 말했다. "아직까지는 부정적인 말을 전혀 들어보지 않았어요. 우리 엄마가 이걸 보셔야 하는데 말이에요."[8] 캐럴의 어머니가 얼마나 다정한 성품인지를 아는 사람들은 캐럴이 생각 없이 내뱉은 말에 당혹스러워했다.

소유물이었습니다."[9]

몇 주 후, 기자 한 명이 연락해 보니 캐럴은 감격에 겨워 있었다. "자전거 때문에 이렇게 많은 관심이 쏟아지다니 놀라워요."[10] 캐럴에 따르면 기사가 나간 그 주에만 하루 여덟 통 이상의 전화를 받았고, 몇몇은 집으로 찾아와 그 자리에서 돈을 기부해 주기도 했다. 또 어떤 사람들은 익명으로 자전거를 놓고 가기도 했다. 이 일화는 이런 제목으로 다시 기사화되었다. "소년의 자전거 사건은 나쁜 소식이 해피엔딩으로 끝날 수 있다는 것을 증명해 주었다."

기자는 캐럴의 아들 커너가 자신의 곤궁함에 대해 대중이 보여준 반응에 어안이 벙벙해졌다고 썼다. 정작 자기 아버지—이제는 이혼하여 펜실베이니아에 살고 있는—는 아들이 자전거를 잃어버린 것에 신경쓰지 않는 것 같았는데 오히려 수많은 낯선 사람들이 염려해 주었다는 사실에 놀라워했다는 것이다.[11] 그런데 나중에 밝혀진 바로는, 캐럴은 아이 아버지인 리처드 센프트에게 자전거를 도둑맞았다는 사실을 전혀 알리지 않았다.

캐럴은 아이들을 부양하기 위한 정부 지원을 받지 못하고 있다고 주장하면서, 종종 자전거 같은 구호품을 신청하곤 했다. 그런데 그녀가 자녀 부양 지원을 받지 못한 진짜 이유는 지원 대상자로 선정되지 않아서가 아니었다. 퇴거 명령을 받아 이사를 할 때마다 제대로 된 주소를 복지과에 신고하지 않았기 때문에 매번 같은 일이 되풀이되었던 것이다. 그녀에게 가야 할 지원금 수표는 깨끗한 채로 발송 불가 명단 서류에 들어가 있었다. 그런 식으로 퇴거 명령을 받고 이사하는 일을 되풀이하면서 캐럴은, 아버지가 자식들을 사랑하지 않고 경제적 지원을 해주지 않기 때문에, 고마운 이웃들에게 더 신세질 수가 없어서 옮겨 다녀야 한다는 소리를 아이들에게 반복해 들려주었다.

물론 그 말들은 사실과는 거리가 멀었다. 리처드 센프트와 브라이언 폴슨은 자식들을 무척 사랑했으며, 어떤 대가를 치르고라도 힘 닿는 한 아이들에게 무엇이든 해주려고 노력했다.

*　*　*

자전거는 연습에 불과했음이 드러났다.

2002년에 캐럴의 열다섯 살 난 딸 크리스털 러섹의 가슴에 몽우리가 발견되었다. 나중에 그 몽우리는 심각하지 않은 양성 종양으로 밝혀졌지만 캐럴은 즉시, 거절할 수 없는 이야깃거리를 언론에 던졌다. 자기 딸이 유방암으로 죽어간다고 하면서 딸의 가장 큰 소원 중 하나가 에뮤 새끼를 갖는 것이라고 떠든 것이다.[12]

캐럴은 《솔트레이크 트리뷴》 지의 기자에게 "일 주일 사이에 몽우리 크기가 두 배로 자랐어요. 예후가 좋지 않아요"라고 말했고,[13] 《데저릿 뉴스》의 기자에게는 자기들이 유방암 가족력을 지니고 있다고 하소연했다. "우린 늘 누구라도 암에 걸릴 수 있다고 생각했는데, 크리스털이 결국 그렇게 된 거예요." 캐럴은 두 명의 남자 친척들이 암에 걸렸다는 사실도 덧붙였다.[14] (그러나 사실은 캐럴의 가족 중 유방암에 걸린 사람은 그녀의 친할머니 한 명뿐이었다.)

새끼 에뮤는 인터넷 검색으로 찾을 수 있었다. 캘리포니아 산 호세의 종축가인 필 리페가 새끼 두 마리를 다른 곳에 맡겨서 기르고 있었다. 몇 차례의 이메일이 오간 후 리페는 맡겨두었던 새끼를 데려오기로 결정했고, 나아가 크리스털에게 공짜로 주겠다고까지 했다. 전화를 몇 번 건 후 캐럴은 펫스마트 사로부터 연질의 재료로 만들어진 항공용 사육장을 기증받았고, 델타 항공에서는 무료 운송 약속을 받아냈다. 이 에뮤 기증 행사에 든 총 비용을 금액으로 따지면 1만 달러에 달했다.

새해 첫 날, 사진기자들과 촬영진들이 솔트레이크시티 국제공항에서 장사진을 쳤고, 크리스털은 엄마와 함께 예술작품이 올 거라고 생각하며 상자를 기다리고 있었다. 크리스털은 막 도착한 커다란 상자가 엄마가 아닌 자기에게 온 것임을 알고는 기절할 것처럼 놀랐다. 아이가 상자를 여는 순간, 사진기자들은 일제히 셔터를 눌렀고, 두 마리의 새끼 에뮤가 모습을 드러냈다.

그러나 나중에 이야기를 전해들은 앨든 일가는 크리스털보다 더 놀랐다. 그들도 크리스털이 에뮤를 좋아한다는 사실은 알고 있었지만, 아이는 워낙 여러 동물을 좋아했으며 특별히 에뮤를 더 좋아하거나 굳이 길러야 할 정도는 아니었기 때문이다. 물론 크리스털 자신은 그 무렵 '트레이시 새장'에 자원봉사를 하러 나가기로 되어 있었는데, 그곳에서 맡은 일 중에 에뮤 돌보기가 있어서 자기 엄마에게 에뮤를 갖고 싶다고 말했다면서 이런 반응에 반박한다. 또 에뮤를 운반해 준 여자가 '트레이시 새장'에서 자신의 지도감독이었기 때문에 기자들의 취재를 원한 것은 트레이시 새장 측이었다고도 말했다.[15]

그러나 더 근본적인 문제는 크리스털이 아닌 캐럴이 에뮤를 좋아했는가에 달려 있을 수도 있다. 나중에 밝혀진 대로라면 캐럴은 에뮤를 정말 좋아했다. 그녀의 형제자매 중 한 명이 이런 말을 한 것으로 보아 사실은 캐럴이 에뮤 종축 사업을 해보고 싶어 했는데 시작할 자금이 없었기 때문인 것도 같다. "그 에뮤는 자기 딸하고는 전혀 상관이 없었어요. 그냥 캐럴이 갖고 싶었던 거죠."

아무튼 지칠 대로 지친 6개월의 대장정, 자전거, 그리고 에뮤는

다가올 훨씬 더 큰 언론 재난의 서막일 뿐이었다.

* * *

캐럴과 브라이언 폴슨의 결혼생활 기간은 8년이었다. 그 사이에 첫 결혼에서 낳은 세 아이 외에 두 아이를 더 낳았다. 아이들을 사랑한 것과는 별개로 그녀의 삶의 우선순위에서 맨 꼭대기는 아이들이 아니었다. 커너는 고등학교에 다니면서 툭하면 어린 동생들을 돌보러 집으로 불려와야 했는데, 이 대단히 총명한 청소년에게 이 일은 인생의 슬픈 전환점이 되고 말았다. 그 무렵 커너는 지켜봐 주는 이 없이 약물과 알코올의 세계로 빠져들기 시작하고 있었다.

피할 수 없게도, 캐럴과 브라이언의 관계는 비틀리기 시작했다.

캐럴의 방식은, 그녀가 인생의 여러 지점에서 알고 지냈던 많은 사람들에 따르면, 빛나는 갑옷을 입고 자기를 구하러 와줄 기사를 찾는 것이었다. 그런데 일단 빛나는 기사가 걸리면 마치 구원되지 못한 사람처럼 피해자로 남아 있을 방도를 찾는 것이 그녀의 방식이었다. 그녀가 스스로 꾸며낸 제리 스프링거(Jerry Springer, 연예인이 아닌 일반인들이 출연해 충격적인 사생활을 털어놓으면서 아귀다툼을 벌이는 토크쇼의 사회자 - 옮긴이) 식 세상에서는 사사건건 재앙이 뒤따른다. 그녀의 교묘한 공작에 놀아났던 것 같다는 사람 하나는 이렇게 말했다. "어떤 순간, 온갖 문제들이 그녀가 다 만든 것이라는 점이 분명히 느껴졌어요. 모든 일들이 그녀 주변에서 일어났죠. 한 발 내디딜 때마다 앞에 재앙이 버티고 있었어요. '그녀'가 재앙을 만들었다는 걸 깨닫는 데 시간이 걸렸던 거죠."

빛나는 기사는 결국 잇따른 재앙과 피해자 코스프레에 지치기 시작하고, 좌절과 분노로 반응하게 된다. 한때 빛났던 기사는 급작스럽게 추한 도깨비의 위치로 전락하게 되며, 이 시점부터 캐럴은 다음번의 빛나는 기사를 탐색하기 시작한다.

캐럴 스스로도 자신의 문제를 어느 정도는 알고 있다. 사람들을 적당히 친하게 만드는 격의 없는 농담 같은 시간들을 훌쩍 건너뛰어 '안녕' 하는 가벼운 사이에서 삽시간에 '영혼의 동반자' 같은 무거운 관계로 변화시키는 데 있다는 것을. 그녀는 매번 '영혼의 동반자'들의 나쁜 속성은 별로 신경쓰지 않거나 무시해 버리고 좋은 특징들을 확대하여 꽉 붙잡곤 했다.

캐럴과 브라이언의 결혼이 내리막으로 치닫게 된 요인은 그녀가 솔트레이크시티 가학피학성 성애자들의 모임에 드나들기 시작했기 때문이다. 그녀는 일 주일에 세 번, 커플의 밤, 여성 주도 성애의 밤, 여성 우대의 밤에는 어김없이 모임에 갔다. 그 중에서도 여성 우대의 밤에 캐럴은 내면의 욕구를 공유할 수 있는, 이른바 코드가 맞는 친구들을 사귀게 되었다. 캐럴은 이 그룹과 함께 이전에는 한 번도 경험하지 못한 우정과 동지애를 찾아가며, 여성 주도 성애자로서의 특별한 평판을 얻기 시작했다. 캐럴 스스로도 자기가 가학피학 성애에서 해방구를 찾았다고 말하곤 했는데, 가학피학 성애를 통해 느끼는 감각의 이미지가 자신의 문제에 대한 통찰을 가져다주어 작업에 활기를 불어넣어 주었고, 부모의 성에 대한 금기적 태도에서 비롯된 고통스러운 성적 내면화의 결과, 즉 '두려움과 혐오'를 극복할 수 있게 해주었다는 것이다. 캐럴은 또한 비로소 감정을 제어하고 고통의 끈을 끊을 수 있게 되었다고 적기도 했다.

생식기 피어싱은 성적 희열을 증강시키고 개성을 드러내 보여준다고 해서 가학피학 성애자들 사이에서 오랫동안 인기를 끌어왔다. 《브리티시 저널 오브 유롤로지(British Journal of Urology)》지가, 개성의 표현으로 이런 유형의 피어싱을 한 수천 명에게서 나타나는 아이러니를 파헤친 기사가 있었다. 거기에 이런 대목이 있다. "자신의 생식기를 피어서에게 기꺼이 맡기는 여자들은 항상 넘쳐난다." [16]

피어싱 중에서 가장 대중적인 유형으로 '순결 고리'가 있다.[17] 놀랄지 모르지만, 생식기 피어싱은 신체의 어떤 부분보다 더 고통이 큰 것으로 알려져 있다.[18] 일부 여성들은 피어싱 중에 엔도르핀 '러시'를 느낀다는 보고가 있다. 피어서들은 어떤 마취제도 사용할 수 없게 되어 있으므로 무엇보다 '장인' 수준의 피어서를 찾는 것이 관건이다. 이 '마스터' 피어서들은 생식기 피어싱의 도제 기간을 거친 이들로서, 가장 정확한 해부학상의 지점을 찾아내며, 빠르고 부드럽게 시술한다.[19] 캐럴은 생식기와 유방의 피어싱에 남다른 애착을 갖고 있었다. 그녀는 마티가 피어싱을 강요했다고 말했지만 형사들이 찾아낸 드로잉 자료들은 그녀가 말한 시점보다 더 전부터 그녀의 관심이 어디에 있었는지를 말해주고 있었다. 캐럴과 친밀한 사이였던 한 남자는 형사에게, 그녀와 처음 성관계를 맺을 때 함께 금속 재료 상점에 가는 일이 종종 있었다고 말했는데, 조사 끝에 형사가 내린 결론은 이랬다. "플라스틱, 나무, 가죽의 쓰임새가 그렇게 많은 줄 몰랐다."

이 무렵 캐럴은 죄수와 전과자들의 상담을 돕기 위한 봉사에 자원했는데, 그곳에서 앤디 브리스토를 만났다. 캐럴과의 인연에 넌더리를 내는 오랜 지인 중 한 명은 그녀가 교도소 및 출소자 사회 복귀 지원 시설을, 왕년의 빛나는 기사들을 낚을 이상적인 낚시터로 여겼다고 말한다. 이 점을 입증이라도 하듯 캐럴은 아이들과 브라이언이 함께 사는 자기 집으로 앤디를 옮겨오게 했다. 또 다른 믿을 만한 소식통에 따르면 심지어는 앤디를 브라이언과 자기가 쓰는 부부 침대 바로 옆에 재우기도 했다고 한다. 브라이언으로서는 캐럴이 앤디의 침대로 옮겨가는 소리를 들을 수밖에 없는 상황이었다. 그러나 캐럴은 브라이언과의 결혼 기간 내내 "부부생활에 충실"했으며 "문제를 해소하기 위해 노력"했다고 주장했고, 앤디와는 이혼 후 가까워졌다고 했다.[20] 또 캐럴은 브라이언과 가까워지려고 애쓸수록 그가 점점 더 뒤로 물러났다고 하는데, 다른 사람들이 보기에는 물러나기는커녕 첫 남편 리처드보다도 더 아내와의 불화를 극복하기 위해 노력하는 것 같았다고 증언한다.

    소년 같은 얼굴의 앤디는 캐럴보다 아홉 살 아래였지만 나이보다 훨씬 더 어려 보이는 사람이었다. 조심스러운 성격에 키는 크지 않았지만 잘생겼으며 보호본능을 불러일으키는 구석이 있었다. 그는 실상 헤로인 중독자였다. 나중에 캐럴은 앤디의 '영혼이 순수'[21]한 것 같았다고 말했는데, 그보다는 그냥 헤로인의 어둠에 사로잡힌 것일 따름이었다. 그녀는 자기가 그를 충분히 사랑해 주면 마약 사용을 줄일 수 있을 거라고 생각했다. 그래서였을까? 앤디가 중재(회복으로 가는 길의 첫 단계)를 하기 시작하자 캐럴은 그를 돕기 위해 할 수 있는 모든 일을 했다. 클리닉 방문 비용을 내주고, 음식은 물론 거처도 제공하여 그가 마약 사용 중지에 따르는 금단증상을 견뎌내는 기간 동안 걱정 없게 해주었다.[22] 그러나 캐럴의 노고 — 동반의존 관계에서 흔히 보이는 식의 소용없는 유형의 도움 — 에도 불구하고, 또는 그래서 더욱 앤디는 계속해서 마약을 했다. 바늘이 세탁실과 집 구석구석에서 발견되기 시작했다. 나중에 캐럴은 자기가 헤로인 중독에 대해 너무 무지했기 때문에 아무런 의심 없이 앤디의 거짓말에 휘말렸었다고 털어놓았다.

앤디의 어머니인 라리는 교도소에 간 두 아들과 휠체어 신세인 병든 남편을 둔 덕분에 고통의 세월을 보내면서도 품위를 지키는 사람이었다. 라리는 캐럴에게 감사하며, 그녀의 노력이 아들에게 정말 도움이 되기를 바랐다. 두 여인은 진심 어린 대화를 나누고 서로에게 바람직한 격려를 보내면서 연대감을 유지해 나갔다. 나중에 캐럴은 자기 친어머니나 동기들보다 라리에게서 훨씬 더 친밀함을 느꼈다고 기록했다. 그런데 라리 역시도 얼마간의 재정적 원조를 해줄 수 있는 사람이었다면 어떻게 될까?

캐럴이 선택하는 사랑이 진짜로는 어떤 식이었는지 누가 알겠는가? 《죽이는 남자를 사랑하는 여자(Women Who Love Men Who Kill)》에서 저널리스트인 샤일라 아이젠버그는 살인자를 찾아내 사랑에 빠지는 여자에 대한, 잘 알려지지 않았으며 연구도 거의 이루어지지 않은 현상에 대해 썼다(캐럴은 살인자는 아니고 심한 마약 중독자들과 사랑에 빠졌다는 점을 강조해 둔다). 아이젠버그가 쓴 글의 일부를 인용해 본다.

17장 예술과 연애, 그리고 수상쩍은 죽음

살인자를 사랑하는 여자들은 자기 남자의 결함을 보고 싶어 하지 않는다. 자신들의 부적절한 파트너에게 대개의 객관적인 관찰자들이 볼 수 있는 특질들이 존재하지 않는다고 믿어버린다. 이들은 자기 남자에게 약점이 있다고 인정하는 것조차 용납하지 않으며, 자신이 사랑하는 남자가 살인에 개입되어 있다는 걸 부인한다. 그들의 사랑은 착각을 먹고 자라며 환상으로 연료를 채우기 때문에, 그들은 자연스럽게 자신들이 사랑하는 남자의 본성에 대해 거짓 믿음을 지니게 되는 것이다.

이런 여자들은 그들 자신이 만들어낸 그림자 연인을 사랑하는 것이다. 마치 빈 캔버스에 자신이 이상적으로 생각하는 남자를 그려놓고, 그와 사랑에 빠져 현실로 불러오는 것이나 마찬가지다.

그는 심리 테스트에 나오는 잉크 반점이며, 빈 칸이며, 그녀 내면의 욕구의 환영이다. 그는 물론이고 그녀가 느끼는 사랑 자체가 실재가 아닌 것이다.[23]

부적절한 애인을 찾아 맹목적인 경애의 대상으로 삼는 일은 다른 많은 여자들에게서도 나타나는 심리학적인 집착이다. 또한 마이클 맥그러스가 알아냈듯이 그들 중 누구도 제대로 된 과학적 연구 대상이 되어보지 않았다. 편지에서 캐럴은 이를 "단지 타인에게서 벗어나기 위한 개인적 신념 체계일 뿐"이라고 주장하지만 그녀가 자신의 무조건적 사랑을 보여줄 의무를 느낀다고 말하면 할수록 상황은 점점 더 나빠진다. 캐럴은 조만간 자신이 사랑한 사람들이 "현재 그들이 어떤 결함을 지녔든 내가 순수하게 사랑했음을 이해하는 순간이 올 것이며, 그게 느껴져요"라고 편지에 썼다. 또한 이 이해의 유레카가 촉매가 되어 그들의 삶을 바꾸는 데 기여할 것이라고도 썼다. 사실 그녀의 영향력은 직접적이기보다는 오래 갔다. 그녀의 남자들은 그녀의 행동을 추종했고, 둘의 유대관계는 늘 맹목적 베풂과 추종의 결과로 꽃피곤 했다.

아이러니한 것은, 캐럴이 자신의 무조건적인 사랑을 설명하는 바로 그 단락에서 그녀는, 자기가 브라이언을 떠나 앤디에게로 간 이유가 브라이언의 끊임없는 불평, 그와 함께 있으면 느껴지는 인간적 성취감의 결여 때문이라고 설명하고 있다는 것이다.

아무튼 교소도 밖에서의 앤디의 계속된 헤로인 주입은 가석방의 조건을 위반한 것이었다. 이들 커플은 아이들 중 어린 둘을 데리고 콜로라도에 있는 캐럴의 부모에게로 달아났다. 이 방문의 뒷얘기를 하자면, 캐럴의 부모는 두 사람에게 유타로 돌아가라고 강권했다고 한다. 결국 앤디는 체포되어 교도소에 수감되었고, 캐럴은 자녀 양육 지원금을 앤디의 좀더 편안한 수감생활을 위해 쓰곤 했다.

저널리스트 샤일라 아이젠버그의 글을 더 보자.

> 여자가 방금 만나 사랑하기 시작한 남자에게 헌신하기 위해 자기 아이들을 포기하는 건 놀랄 만한 일이다. 그러나 살인자를 사랑하는 여자들이 지닌 강박적 사랑의 강렬함은 믿어지지 않을 정도이다. 이 여자들은 상대를 필요로 하는 심리적 요구에 심하게 사로잡혀, 자신들이 정말로 사랑에 빠졌다고 믿는 순간 그 사랑을 제외한 모든 것을 기꺼이 포기해 버린다. 자기가 낳은 아이들을 포함해서 말이다. 그 어떤 것도 그들의 사랑에 장애가 되지 못한다. 그 무엇도. 심지어 아이들까지도.[24]

그러나 캐럴은 이따금 앤디를 더 우선시하기는 했지만 아이들을 버리지는 않았다. 또한 그녀가 살인자들을 사랑하는 이들의 오만한 성향을 지니기는 했지만 앤디는 어느 모로나 살인과는 거리가 멀었다. 캐럴의 오랜 친구 페니 패커가 지켜본 바로는 "앤디는 캐럴의 남자들 중 가장 지성과 교육이 결여된 사람 같았으며, 그가 캐럴의 관심을 끈 이유가 있다면 아마 강하지 못해서였을 것"이라고 한다. "그 사람은 캐럴이 보내는 메시지에 같은 수준으로 반응할 수 없는 무기력한 사람이었어요." [25]

캐럴 앨든처럼 다른 사람에게 미치는 영향을 자유자재로 선택할 수 있는 사람을 사랑하려면, 특히 어린아이들은 매우 혼란스럽고 어리둥절할 수밖에 없다. 가족 중 한 명의 말에 따르면 캐럴과 앤디가 이사를 하려고 유홀 사의 트럭을 빌려야 해서 캐럴의 부모가 신용카드로 이틀치의 대여 비용을 내준 적이 있다고 한다. 며칠 뒤 트럭의 반환 기일이 지나자 유홀 측에서는 트럭이 돌아오지 않았다고 캐럴의 부모에게 연락했다. 캐럴과 앤디의 주소를 전해 받은 유홀 대리인이 물어물어 찾아갔는데, 트럭은 내부가 드러난 채 아무렇게나 내버려져 있었다. 그리고 배터리를 빼내서 자신들의 차량에 꽂아놓은 채였다. 만약 캐럴의 부모가 두 배의 요금을 무는 데 동의하지 않는다면 대여업체에서는 캐럴을 교도소에 보내버렸을 것이다. 그 일은 다가올 재앙의 맛보기에 불과한 일이었지만 캐럴의 부모는 비슷한 상황에서 다른 모든 부모들이 그렇게 하듯, 어린 손자들에 대한 애틋함 때문에 방조의 덫에 빠질 수밖에 없었다.

결국 캐럴은 자기가 앤디의 심각한 마약 중독뿐 아니라 그의 자유의지에 눈이 멀었었다고 인정하기에 이른다. 그녀는 그가 "우울증, 중독의 재발, 정신이상, 투옥 등의 곁길로 빠져들 것"이라고는 예상치 못했다. 그러다 결국 그가 처음부터 끝까지, 그리고 자기를 끊임없이 위험으로 몰아넣으면서, 그 자신의 필요를 만족시키기 위해 거짓말을 늘어놓았다는 느낌을 받게 되었다. 그녀 자신은 한 번도 그에게 책임을 전가하지 않았으며, 늘 공감해 주고, 온정을 다해 반응해 주었다고 생각했다. 그러나 경찰 기록은 이와 다르다. 두 사람은 자주 다퉜다.

그후 예기치 않게 죽음이 끼어들었다.

지역 경찰은 2001년에 있었던 앤디의 죽음이 "약물 중독과 관련된" 것이라고 기록했다. 그러나 이상한 것은 '죽음의 방식' 난에 "알 수 없음"이라고 적힌 부분이다. 달리 말하면 이 죽음이 사고인지, 자살인지, 혹은 살인인지 명확하게 정의되지 못했다는 것이다. 즉 이 사건은 아무도 무슨 일이 일어났는지 제대로 이해하지 못하는 헤드 스크래처(head-scratcher) 중 하나였으며, 따라서 무엇이라고 규정지을 수 없었다는 것이다. 재미있는 것은, 처음 현장에 도착했던 경관은 흔히 'NCI'라고 하는 네이션스캔 범죄 색인에다 '자살'이라는 코드를 입력했고, 캐럴의 딸 크리스털도 자살이라고 했는데,[26] 검시관은 이 죽음을 자살로 규정하지 않았다는 사실이다. 일반적으로 자살이 아닌 죽음에 대해서는 '사고사'라고 생각하기 쉽지만 검시관은 이를 사고사로 규정하지도 않았다.

캐럴은 열린 관 옆에 앉아 '고인과의 대면'에 찾아온 문상객들을 맞이했다. 그녀는 튜닉 스타일의 장례용 셔츠를 만들고, 자기 발의

문양을 넣어 인디언 풍의 모카신을 디자인했다. 앤디의 손목에는 캐럴의 머리카락을 꼬아 만든 끈이 채워져 있었다. 그 다음날 그녀는 앤디와 그의 가족을 기리는 길고 눈물겨운 추도문을 읽었다. 매우 전통적이고 잘 치러진 장례식이었으며, 울지 않는 사람이 거의 없었다.

앤디의 어머니는 화장을 반대하는 예수 그리스도 후기 성도 회원이었다. 그러나 캐럴은 앤디의 부모에게 앤디가 화장해 주기를 바랐다고 설득했다. 결국 캐럴은 딸 크리스털까지 데려가 앤디의 화장 장면을 지켜보았다.

앤디가 죽고 8년이 지나면서 캐럴은 이 시간이 그녀로 하여금 앤디의 행동을 객관적으로 볼 수 있게 한 계기가 되었다고 말했다. 때때로 분노가 솟구치기도 했지만 그를 자신이 바라는 모습으로 상상하면서 용서하는 것 외에 다른 도리가 없었다고 했다. 만약 앤디가 기적적으로 그녀 앞에 다시 나타난다면, 심지어 그녀가 지금 알고 있는 것을 다 아는 채로 되살아난다 해도, 그녀는 모든 걸 처음부터 다시 되풀이하게 될 것이라고 확신했다. 그녀가 모르는 건 단지 "누군가를 그처럼 많이 사랑하지 않을 수 있는 방법" 뿐이었다.[27] 어쩌면 그녀는 과도한 사랑을 정신적 질병의 한 형태로 생각하고 있는지도 몰랐다. 아니면 자신의 방식으로 사랑할 수 있는 대상이 필요했을 뿐이거나.

흥미로운 것은, 캐럴이 다른 사람들에게 마티 세션스를 처음 만난 것은 그가 수감 동료였던 앤디 브리스토의 죽음에 대해 자신에게 애도의 편지를 보내온 때였다고 한 부분이다. 그러나 마티의 의

붓여동생인 로즈마리 샐리어에 따르면 마티와 캐럴은 앤디가 죽기 전부터 사귀기 시작했다.[28]

꼭 캐럴의 전 남편이, 그녀가 앤디를 '고쳐주느라' 자기들의 집에 불러들였을 때조차 여전히 관계를 끊지 못하고 매달리는 무용지물에 불과했던 것처럼, 이 시나리오는 앤디가 또 다른 쓸모없는 것이 되어갔던 역사의 되풀이일지도 모른다. 마티는 머물 곳이 필요했고, 오랜 친구 앤디가 걸림돌이 되었을 수 있다는 이야기다.

나중에 캐럴은 이 가설에 대해 함께 수감생활을 했던 마약상을 떠올리며 분개했다. 그 마약상이 검찰에 이렇게 말했다고 한다. 캐럴 스스로가 앤디 브리스토의 짜맞춘 듯한, 다소 미스터리인 죽음과 관련되어 있다고 고백했다는 것이다.[29] (뒷날 밀라드 카운티 지방 검찰청에서는 앤디 브리스토의 죽음을 재수사하는 문제로 투엘 카운티의 경찰과 의논을 하기도 했다. 시신을 화장해 버려서 수사가 심각한 난항을 겪었기 때문이다.) 이와 관련해 캐럴은 앤디의 어머니가 상황을 알게 되면 자기를 나쁘게 볼까봐 걱정했다. 그러나 앤디의 어머니 라리는 병든 남편뿐 아니라 세 자녀 모두를 잃는 비극적인 죽음을 겪고서도 여전히 캐럴을 사랑스럽게 여겼다. 라리 역시 자기 아들 앤디가 규정된 약물을 예기치 않게 과다 투여하여 죽은 것으로 기억하고 있었다.[30]

마티의 헌신적인 딸들인 에디와 애너는, 마티와 캐럴이 앤디가 죽기 전까지는 서로 편지를 주고받지 않았던 것으로 믿었다. 그러나 둘의 관계는 이미 시작되었고, 마티가 교도소에서 나오자 캐럴은 그를 자기 집으로 옮겨오게 했다.

18
같은 유전자, 다른 인성

무엇보다 예술가들은 비인간적이 되고자 하는 사람들이다.
— 기욤 아폴리네르, 〈입체파 화가들〉[1]

작은 마을에 사는 사람들은 누군가 잘못을 했을 때 손가락질하는 일에 단연 최고다. 그러나 반대로 잘못을 용서해 주는 일에도 일등이다. 이들은 절대로 속죄할 기회를 거부하지 않는다. 어찌되었든 범죄가 저질러져도 시간이 오래 지나고 나면 여전히 그 마을에 사는 사람들끼리는 모두 함께 살아갈 방법을 찾아야 하는 것이다.

필모어 지방법원의 서기보 아이린 스코트는 캐럴을 오랫동안 알고 지냈다. 아이린과 캐럴의 딸들은 서로 친구였다. 아이린은 늦은 오후, 마치 은퇴 기념 파티라도 한창 벌어지고 있는 듯한 넓은 법정에 조용히 앉아 있었다. 그녀는 내부자의 눈으로 길고 지루하게 진행되는 법정 절차를 지켜보고 있었다.

"캐럴이요? 조금 달랐어요. 옷 입는 것도 남달랐죠. 드래건 레이디(Dragon Lady)라는 별명이 있었어요. 차 위에 커다란 용을 올려놓은 채 이리저리 몰고 다녔어요. 그런 식으로 남다르니까 잘 받아들여지지는 않았습니다. 재기발랄하다고 할까요. 아마 그래서 별나게 보이는 부분도 있었을 겁니다."[2]

아이린은 잠시 말을 멈췄다. 그녀는 기억을 떠올리느라 말을 머뭇머뭇 이어갔다. 아이린은 모든 사람에게서 가장 좋은 면을 찾으려는 사람임이 분명했다.

"캐럴은 동물을 많이 좋아했어요. 타조 같은 특이한 동물을 길렀죠. 바깥 활동을 즐겼고, 짚더미로 집을 지으려고 했어요." 아이린은 생각에 잠긴 듯 멍한 표정이었다.

"캐럴에게는 도움이 필요했어요. 그녀는 마티를 만나면서 내리막으로 치달았어요. 아이들도 모두 캐럴에게 도움이 필요하다는 걸 알고 있었죠. 캐럴은 자기가 무엇을 했으며, 왜 그랬는지 이해할 필요가 있어요."

"가끔 머리를 아예 빗지 않은 것 같은 모습으로 나오기도 했어요. 길고 치렁치렁한 옷을 입었죠. 자기만의 작은 세상에 살면서, 다른 사람이 어떻게 생각하는지 신경쓰지 않았어요."

"작품은 아주 디테일했어요. 그녀가 하는 모든 것들이 지나칠 정도로 세밀했죠. 그게 그녀의 방식이었습니다."

* * *

캐럴 앨든은 남달랐다.

심지어 자기 형제자매들과도 달랐다. 그녀의 형제자매들은 각자 속한 공동체에서 안정되고 훌륭한 구성원으로 살아가고 있다.

캐럴은 어쩌다가 그렇게 되었을까? 타고난 것일까? 그렇게 자란 것일까?

둘 다 아니라면?

같은 유전자, 다른 인성

세상의 악명 높은 살인마들은 끔찍한 성장 과정을 거쳤다. 1969년에 일어난, 악명 높은 테이트 라비앙카 살인의 주모자 찰스 맨슨은 자기 어머니에 의해 맥주 한 잔에 웨이트리스에게 팔린 적이 있었다. 영화 〈사이코〉에서 노먼 베이츠의 실존 모델인 에드 게인은 아버지가 알코올 중독자였고, 어머니는 두 팔을 묶어두는 보호시설에 보내져야 할 정도로 기괴한 양육 방법과 광신적인 종교관을 지니고 있었다. 쾌감을 위해 50명이 넘는 여성과 아이들을 살해한 러시아의 안드레이 치카틸로는 2차대전의 한가운데서 성장했는데, 형이 이웃들에게 유괴되어 잡아먹혔다는 이야기를 어머니로부터 끊임없이 들어야 했다.

이러면 가정환경이 살인의 뿌리라고 생각하는 데 이상할 것은 없다.

그러나 만약 이런 식으로 가정이 아이를 만든다면 한 가정의 아이들이 서로 다른 건 무슨 이유일까? 심지어 판이하게 다른 아이들이 생기는 건? 예를 들면 에드 게인의 첫 번째 살인 대상은, 에드와

달리 어머니의 이상한 신념에 대해 의문을 제기하기 시작한 그의 친형제 헨리였다.[3]

유너바머(The Unabomber, 연쇄 소포 폭탄테러범 - 옮긴이)였던 수학 천재 테어도어 카진스키는 온화하고 성실한 성품을 지닌 동생 데이비드의 제보로 체포되었다. FBI가 범인을 공개적으로 추적하기 위해 유명 일간지에 범인이 보낸 성명서의 원본을 게재했는데, 글의 문투와 내용을 보고 자신의 형임을 알아본 것이다. 데이비드는 받은 현상금을 테드에게 희생된 피해자들의 가족에게 기부했다.

두 소년은 공히 따뜻한 성장 과정을 거쳤다.[4]

로널드 레이건 미국 전 대통령 암살을 시도했던 문제의 청년 존 힝클리도 겉보기에는 완벽한 가정 출신이었다. 힝클리의 부모는 아들을 돕기 위한 방편으로 《브레이킹 포인트(Breaking Points)》라는 감동적인 이야기를 쓰기도 했다. 이들만큼 헌신적인 부모도 드물 것이다.[5]

그런가 하면 심하게 학대당하며 자란 길모어 집안의 아들 중 게리는 연쇄살인범이 되어 총살형을 당했지만, 또다른 아들 미칼은 《롤링스톤》지와 《LA 타임스》에 글을 쓰는 수상 작가가 되었다.

즉 해롭든 이롭든 환경을 공유하는데도 매우 다른 결과가 나올 수 있다는 것이다. 물론 완벽한 환경 공유라는 것은 불가능하다. 어린이들은 성별, 태어난 순서, 호감형인지 말썽꾸러기인지 등의 성격에 따라 다른 대우를 받으며 자란다. 그러나 다 떠나서 형제끼리도 서로 다른 인격으로 자라는 가장 큰 이유는 역시 유전자 때문이다. 도대체 부모와 동기 간에 같은 유전자를 나눠 가지고서도 그렇게 다른 행동 양상을 보이는 원인은 무엇일까?

　이를 가장 쉽게 이해하는 방법은 퀼트를 떠올려 보는 것이다. 조각이불에서는 각각의 조각(이 조각을 유전자라고 생각하자)을 단순히 배치만 다르게 해도, 꿰매고 나면 매우 다른 형태의 패턴이 만들어진다. 이런 식으로 딸과 아들의 퀼트가 부모의 그것과 다르고, 형제자매끼리도 서로 달라지는 것이다. 같은 부모에게서 태어나 비슷한 성장환경을 거친 형제자매가 매우 다른 인격을 지니는 것은 바로 이런 이유 때문이다. 물론 그렇다고는 해도 가족 구성원 간에 닮은 점은 있게 마련이다. 이러니저러니 해도 같은 색상, 같은 패턴을 써서 퀼트를 다양한 모양으로 구성한 것이기 때문이다(명심할 것은 퀼트가 단순 비유일 뿐이라는 점이다. 퀼트의 패턴을 달리 구성한다는 것은 특정한 행동 성향에 영향을 주는 유전자의 다양한 배열에 관한 비유일 뿐 행동 전체를 가리키는 것이 아니다).

　환경이 개인의 인격에 미치는 영향에 대해서도 퀼트의 비유를 적용해 볼 수 있다. 표백제나 포도 주스가 쏟아져 퀼트 천에 얼룩이 지거나 솔기가 뜯어질 수 있는 것처럼 우리 유전자 역시도 인생의 우여곡절 때문에 얼룩지거나 찢어질 수 있다.

　그런가 하면 영향들 중 몇몇은 각자의 선택의 결과에 따라 생긴다. 예를 들어 만약 우리가 기타를 배우겠다고 선택하면 손가락의 놀림이 발전함에 따라 대뇌 감각 운동 피질에 변화가 생기게 된다. 또 체육관에 가서 운동하는 일을 선택하면 근육이 강화되면서 이에 관련된 유전자는 작동을 개시하고 나머지 유전자는 전원 오프 상태가 된다(이 자연적인 프로세스를 인위적으로 증진시키는 능력 때문에 불법 도핑

산업이 생겨났다).⁶

연구자들은 사람들이 나이가 들어가면서 성격에 대한 환경적인 영향이, 마치 조각이불을 반복해 세탁하다 보면 얼룩이 희미해지고 원래의 색만 남는 것처럼, 점차 희미해진다는 사실을 발견하게 되었다. 즉 원래의 색상과 패턴이 남는다는 것인데, 다른 말로 하면 성인의 인성에 가장 큰 영향을 주며 겉으로 드러나는 영향 요소는 유전적 특징이라는 것이다. 놀랄 만한 것은, 이처럼 성인이 되어 환경적인 영향이 벗겨지고 잠재되어 있던 유전적 영향이 드러날 때 특별히 이타적 성향이 현저하게 나타난다는 점이다.⁷

유전자의 변화는 우리가 원하는 방향과 무관히 진행된다. 산모가 수두를 오래 앓아 고열에 시달리는 동안 그 영향으로 매우 민감한 발달 단계에 있던 뱃속의 태아에게 미묘한 유전자 변화가 일어나는 것이 단적인 예이다(그래서 임산부들이 뜨거운 물에 몸을 담그는 목욕을 삼가라는 말을 듣는 것이다). 마찬가지로 캐럴의 어머니가 복용한 디에틸스틸베스트롤 같은 약은 유전자 퀼트에 지울 수 없는 홀치기염색 효과를 주기도 하는 것이다.

* * *

법정의 은퇴 파티는 점차 그 끝을 향해 가고 있었다. 알루미늄 호일로 감싼 쟁반 위에는 특대형 케이크의 부스러기만 남았다. 아이린이 슬프게 말했다. "캐럴은 그 사람을 만나면서 '의지'라는 걸 잃어버렸어요."⁸ 캐럴의 말대로라면(아이린도 같은 생각임) 범죄자를 그녀의 인생에 들인 것이 실수였다.

"마티를 만나봤어요?"

"네. 뭔가 으스스한 느낌이 드는 사람이었어요. 나는 왜 캐럴이 마티와 사는지 이해할 수 없었습니다. 그런데 아이들은 자기 엄마를 있는 그대로 사랑하고 받아들였어요."

"어떤 사람들은 캐럴에게 질투를 할 수도 있을 거예요." 아이린은 법정의 차분한 분위기 속에서 치마를 만지작거리며 말을 이어나갔다. "캐럴은 아무것 없이도 살아갈 수 있는 사람이거든요. 그녀의 행복에는 돈이 필요하지 않아요."

나중에 캐럴이 쓴 글에도 자기가 자동차나 옷 같은 물질적인 것에 신경을 쓰지 않았다고 쓰여 있다. 그녀는 집에서 온전히 시간을 보내는 전업주부가 되기로 결심했고, 자신이 가장 잘할 수 있다고 느끼는 어머니로서의 사명을 중심에 두고 커리어는 부차적인 것으로 밀어두었다. 그녀의 집에서는 놀이가 전자기기나 장난감 위주가 아니었다. 뿐만 아니라 비디오 게임도 바비인형도 없었다. 그 대신에 캐럴의 아이들은 지역을 답사하고 창조적인 기법을 이용해 놀았다. "그 집 아이들은 아미쉬(Amish, 문명을 버리고 농경생활을 하는 종교 집단 - 옮긴이)나 다름없었어요."

아이린은 계속해 말했다. "캐럴은 어울리기를 좋아하는 사람이 아니었습니다. 그녀에게 친구가 있었는지 모르겠네요. 사람들은 그녀를 별나다고 생각했어요. 그녀를 관찰하면 누구라도 그럴 거예요."

아이린은 고개를 가로젓고는 위를 쳐다보았다.

"당신이 그녀의 작품을 볼 수 있으면 좋겠네요. 디테일이 얼마나 뛰어난지, 얼마나 완벽한지 말이에요."

19
동료들의 증언

리처드 스미스는 유타 주 스패니쉬 포크에서 이곳으로 온 최초의 정착민 중 한 명이다. 그는 처음으로 탈곡기를 소유한 사람이기도 했다. 그가 병에 걸렸는데, 의사들은 무슨 병인지 진단을 내릴 수가 없었다. 여러 차례의 테스트 후 워싱턴에서까지 의학자들이 찾아와 증상을 관찰하고 연구했지만, 이들이 미처 원인과 치료법을 찾아내기 전에 스미스 씨는 세상을 떠나고 말았다. 이것이 야토병 또는 파반트 전염병이라 불리는 질병의 첫 발병 사례이다. 야토병은 병에 걸린 산토끼(북미산 대형 토끼)를 문 사슴파리에게서 전염되는 병이다.

—스텔라 데이, 세브리나 에킨스, 《밀라드의 마일 표석—밀라드 카운티의 백 년 역사》[1]

캐럴의 이상한 성격이 공공연한 이야깃거리가 되기 시작한 것은 마티가 죽기 전, 그녀가 델타 시의 일을 맡아하면서부터였다.

"캐럴은 일할 때 두 아이를 데리고 오는 일이 잦았어요. 희한했어요. 영화 〈아담스 패밀리〉[2]에서 방금 빠져나온 것 같았거든요." 델타 시 공원의 직원이며 표현이 직설적인 랜디 모리스가 말했다. "아들은 조용하더군요. 그런데 딸은 타고난 생존자였죠. 되받아치는 속도가 빨랐어요." 사실은 지독한 골칫거리였다고 표현하는 편이 더 적절하다고 공원 직원들은 말한다. 이들에 따르면 아홉 살짜리 여자아이 에밀리는 사방을 빠른 속도로 쏘다니면서 늘 누군가에게 말을 걸었다. 또 일하는 직원들 앞에 버티고 서서 끊임없이 재잘거려 그들을 짜증나게 만들었다. 열세 살인 제이슨은 그나마 차분했다.

"마티 세션스에 대해선 좋은 말을 할 게 많아요. 하지만 캐럴 앨든에 관해서라면 좋은 얘깃거리가 '하나도' 없네요." 모리스는 말을 이었다. "내가 싫어하는 사람이 네 종류인데요. 거짓말쟁이, 사기꾼, 도둑, 그리고 게으른 사람입니다. 캐럴은 이 네 가지 모두에 해당돼요. 그녀와는 잘 지낼 수가 없었죠. 그녀는 일을 할 때 한 손만 썼어요. 그러고는 잡초를 뽑아 자기 집으로 가져가서 염소, 에뮤, 알파카나 뭐 그런 동물들을 먹였어요. 우리는 그녀를 도마뱀 레이디라고 불렀습니다. 사람들이 드래건 레이디인가 그런 이름으로 부르기에 나도 한 번 그렇게 불렀더니 틀렸다고 다시 가르쳐주더라고요. 자기를 도마뱀 레이디라고 하는 걸 좋아했어요."

모리스의 동료인 스콧 로스도 한마디 했다. "그녀는 여기 일하러 오면서 아이들, 개, 심지어 담요까지 가져왔어요. 공원에서 일해야 하는데, 발가락 샌들에다 펄럭이는 바지를 입고 나타나는 거예요. 일보다는 자기 아이들과 개를 쫓아다니느라 더 많은 시간을 보냈죠."[3]

모리스가 곧이곧대로 말하는 사람이라 까다로워 보이는 면이 있는 반면 로스는 비교적 남의 말을 잘 들어주는 타입이었다. 캐럴은 로스를 편하게 여겨 그를 상대로 넋두리를 거침없이 해댔다. 전 남편이 둘 다 죽었고, 그 중 한 명은 교수였다는 둥, 자기가 마사지 숍에서 일하면서 근근이 대학을 졸업했다는 둥의 이야기들이었다.

캐럴은 마티와 사는 것이 불행했고, 마티와의 관계에서 벗어날 방법을 찾는 게 분명했다. "참 특이했죠." 로스가 기억을 떠올렸다. "그녀는 아이들만 마티와 둘 수 없어서 자기가 데리고 온다고 했어요. 그가 자기를 감시하고 있다더군요. 실제로 마티가 자전거를 타고 공원 주변을 도는 모습이 종종 보였는데, 볼 때마다 취한 것 같았어요."

그러나 성격이 까칠한 쪽인 랜디 모리스는 마티와 보다 많은 시간을 보냈고 그를 좋아하게 되었다. "캐럴이었던가 아니면 마티였던가, 두 사람 중 한 명이 마티가 베트남전 참전 용사였다고 말한 적이 있어요. 그래서 마티에게 문제가 좀 있었다고 했죠." 모리스가 말했다. "마티는 여기 와서 가끔씩 캐럴을 기다렸어요. 괜찮은 사람이었어요. 호감이 가는 남자였습니다."

모리스와 로스는 공원의 옥외 부서에서 일했고, 레너드 하디는 공원 내 상점에서 수리공으로 일했다. 하디의 회상에 따르면 캐럴은 뭔가 달랐다. "그녀가 나타나면 슬쩍 피하고들 했어요. 그러나 스코티와 나는 좋은 게 좋다는 성격이라서 그녀가 좀 달랐어도 잘 대해주는 편이었어요. 그래서인지, 아니면 이유가 뭔지는 모르겠지만 캐럴은 유난스럽게 나와 친해지려고 애썼어요. 그녀는 매우 솔직했고, '대단히' 직설적이었어요."[4]

하디는 기억을 더듬느라 잠시 말을 멈추었다.

"랜디가 우리에게 캐럴을 소개시켜 주기 위해 처음 상점에 데리고 왔을 때 나는 친구와 함께 서 있었죠. 랜디가 가고 나와 친구는 남아서 그녀와 이야기를 주고받았어요. 뭐랄까, 앞으로 잘 지내보자는 식의 자기소개 정도였어요. 그런데 그녀가 우리더러 결혼했느냐고 물어보는 거예요. 했다고 했죠. 그 뒤에 그녀가 한 말이 정말 충격적이었어요. 대충 이런 내용이었거든요. '말이죠. 내 남편은 내가 원하는 식으로 나를 만족시켜 주지 못해요. 나를 태우고 달려 줄 젊은 종마가 필요하다니까요.'"

"우리는 정말 충격을 받았어요. 무슨 말을 해야 할지 모를 정도로. 둘 다 급작스럽게 할 일이 생각났다며 자리를 떴어요."

이후로도 캐럴은 몇 차례 하디를 곤란하게 하는 식의 접근을 시도했지만 그나마 그녀가 일하는 장소가 상점과 꽤 떨어져 있어서 대체로 그는 캐럴을 피해 있을 수 있었다. 그러던 어느 날 캐럴이 완전히 평정을 잃은 상태로 상점으로 뛰어들었다.

"가족 누가 죽기라도 한 줄 알았습니다"라고 하디가 말했다. "완전히 이성을 잃은 상태였어요. 극심한 오열로 걷기조차 힘들어했습니다. 알고 보니 그녀가 공원에 데리고 오던 작은 개가 그날 아침 차에 치였던 거였어요. 누군가가 수의사에게 데려갔지만 너무 심하게 다쳐서 안락사를 시킨 모양이에요. 사체는 이미 구덩이에 버려졌고요." 하디가 말하는 구덩이는 동물 사체를 버리는 쓰레기 처리장의 한 부분을 말하는 것이었다. 때는 7월이었고, 사체 보관소에는 구더기와 파리가 들끓었으며, 냄새가 지독했다.

"그녀는 대성통곡을 하면서 말했어요. 적절한 인디언 식 장례를 치러주지 않으면 개의 영혼이 저세상으로 넘어갈 수 없다고요. 산쑥 같은 것과 여러 가지로 사악한 영령이 깃들지 않게 해줘야 한다더군요. 나는 '7월이에요! 사체 구덩이가 어떤 곳인지 본 적이 있어요? 개는 죽었어요. 그냥 내버려두세요'라고 말해 주었어요. 그러나 그녀는 '안 돼, 안 돼요'라고 하더니 자기가 사체를 가져다 제대로 묻어주겠다고 하더군요."

"그녀가 사체 구덩이로 기어내려가 죽은 개를 들고 나오는 건 아무래도 아닌 것 같았어요. 거기가 어떤 곳인 줄 모르고 하는 말이었으니까요. 게다가 그 상태로 운전을 하겠다는데 말릴 도리가 있어야지요. 결국 내가 가져오겠다고 했어요."

하디는 신중히 어휘를 골라가며 말했다. "함께 운전해 간 시간은 짧았어요. 처리장까지 한 15분쯤 걸렸을까요. 그녀는 예술가였고, 내가 알기로도 예술가들은 뭔가 별난 구석이 있는 사람들이긴 하지만, 그녀는 그 정도가 아니었어요. 그 15분 동안 나는 그녀가 그저 괴짜가 아니라는 걸 확실히 깨달았어요. 그 여자는 정신병자에다 끔찍한 우울증 환자였어요. 아마 우리가 삶에서 만나게 되는 그 누구보다 어두운 비밀이 많을 겁니다."

하디는 잠시 말을 멈추고 다시 기억을 더듬었다.

> 도착해 보니, 아니나 다를까 정말로 지독하더군요. 한마디로 끔찍했죠. 구덩이로 내려가서 사방을 뒤적거려 그녀의 작은 개를 찾았어요. 이미 사체는 부패해서 부풀어오른 상태였고 썩은 물이 배어나오고 있었죠. 사체를 봉지에 넣어서 들고 구덩이 밖으로 다시 기어올

라갔습니다. 내가 그 지옥 같은 구덩이를 쑤시고 다니는 동안 그녀는 내내 언덕 위에 앉아서 최면에 걸린 듯한 표정으로 허공을 쳐다보고 있었어요. 기묘했어요. 정말 으스스했다니까요.

트럭으로 돌아왔는데, 그녀가 이야기를 하기 시작했어요. 그녀는 예술가예요. 그녀가 예술가라는 건, 그녀의 행동이 다른 사람의 정신에 영향을 미칠 수 있다는 이야기예요. 보고 싶지 않아도 자신이 말하는 걸 그림처럼 펼쳐 보여줄 수 있는 힘 말이죠. 캐럴은 남편이 둘 있었는데 두 명 모두 자살했다더군요. 그 시간에 자기는 다른 방에 가서 낮잠을 잤다고 했어요. 그러지 않았어야 한다는 건 알고 있었다면서요. 그녀가 돌아갔을 때는 남편이 죽어 있었다고 했습니다. 캐럴은 자기가 방으로 걸어들어 가던 광경, 남편이 죽은 걸 알게 되는 과정을 세세히 묘사했어요. 음, 너무 멋졌대요. 아주 평온하고 고요했답니다.

끔찍했어요. 내 아내가 자살을 한다면…… (하디는 잠시 말을 잇지 못했다. 이 인정 많은 남자에게는 아내가 자살한다는 것은 너무 끔찍한 상상이었다) 나라면, 나는 정말로 어떻게 해야 할지 모를 것 같아요. 아마 정신을 놓아버리겠죠. 분명한 건, 나라면 그 상황에서 얼마나 평온하고 고요한가 따위의 생각은 절대로 하지 못했을 거라는 겁니다.

그러더니 그녀는 남편을 화장한 이야기를 하기 시작했습니다. 화장하는 걸 지켜봤는데, 자기가 살면서 본 것들 중에서 가장 아름다웠더랍니다. "원더풀! 그 아름다운 색이라니! 믿을 수 없을 정도였어요! 남편의 영혼이 저세상으로 가는 장면이었죠"라고 그녀가 말했습니다. 나로서는 믿을 수가 없었어요. 화장하는 것을 지켜보기까지 하다니요.

그녀의 말을 들으면 주변 사람들이 다 자살을 한 것 같았습니다. 그녀는 말하자면 고통의 덩어리였어요. 어두운 영혼. 그녀에게는 내가 이해조차 할 수 없는 문제들이 있었습니다. 그때까지 내게 그런 식으로 영향을 끼치는 사람 옆에는 있어본 적이 없어요. 그녀는 사람들을 아래로 끌어내리는 가공할 힘을 지니고 있었어요. 그 여자 옆에서 사람이 살 수 있을 거라는 상상이 되지 않았죠. 그 남자들이 자살한 건 이상한 일이 아니었어요!
정말 그 15분의 운전은 생애 최악의 시간이었습니다. 그게 그녀가 사물을 설명하는 방식이었어요. 나는 그녀가 내 마음에 그려넣는 그림들에게서 달아날 수가 없었어요. 계속해서 무조건 트럭을 세우고 걸어나가야 그녀에게서 벗어날 수 있겠다는 생각만 했어요. 안간힘을 쓴 끝에 마침내 그녀가 말하는 것들이 마음에서 차단되기 시작하더군요. 도무지 내가 감당할 수 있는 이야기들이 아니었습니다. 살면서 그렇게까지 우울한 사람에 대해 들어본 적이 없습니다. 정말로 끔찍했어요.

"나는 평범하게, 잘 지내는 사람이에요"라고 하디스 말했다. "우울증 같은 걸 앓아본 적이 한 번도 없어요. 그런 식으로 내게 영향을 주는 일을 겪어본 적이 없었죠. 세상에! 상점에 돌아왔지만 그날은 더 일을 할 수가 없었죠. 마음을 진정시키고 일상으로 돌아가는 데만 이틀이 걸렸습니다. 나는 캐럴 같은 여자가 이 세상에 더는 없기를 바랄 뿐입니다."

"솔직히 말하면, 마티처럼 괜찮은 사람이 왜 캐럴 같은 여자와 함께 지내는지 이해할 수가 없었지만 어쩌겠어요." 하디스 한숨을 내쉬었다.

"캐럴은 정말 훌륭한 예술가예요. 나는 단지 그녀가 별나다고만 생각했어요. 워워, 그 이상은 아니에요. 그냥 그때 내가 잘못된 곳에, 잘못된 시간에 있었던 것뿐일 수 있어요. 그날은 개가 죽어서 특별히 그런 것일 수도 있고요. 그래서 한꺼번에 수면 위로 떠오른 것일 수도 있을 거예요." 그는 이야기를 이렇게 마무리했다.

* * *

어떻게 보면 동물들과의 관계가 캐럴이 지닌 기능장애의 심장부에 자리한 것이 아닌가 하는 생각도 해볼 수 있다. 캐럴은 스트레스를 받을 때마다 동물을 통해 스스로를 치유하곤 했다고 이 가족의 오랜 지인 한 명이 말했다. "고향 음식 같은 거라고 할까요. 그녀는 항상 스트레스 상황을 극단으로 끌어올려서 피해자 게임을 하곤 했는데, 그러느라고 늘 더 많은 동물들이 필요했어요."

캐럴의 첫 남편 리처드는 유타 주립대학에서 전문가로서의 일자리를 처음으로 얻어 콜로라도로 떠나기 전 날, 캐럴이 스물네 마리나 되는 새끼 오리를 샀다는 걸 퇴근해서야 알게 되었다. 리처드는 당시를 이렇게 회상했다. "다른 주로 이사 가기 직전에 동물들을 사들이는 게 썩 잘하는 일은 아니죠. 나는 빠른 속도로 울타리를 쉬베트(시보레에서 나온 소형 자동차 - 옮긴이) 뒤에 딱 들어갈 만한 크기로 고쳤어요. 결국 새끼 오리들까지 싣고 유타 주의 로건으로 향했죠."[5]

사람들이 편의점에 들러서 초콜릿바 같은 것을 집어들듯이 캐럴은 애완동물 상점에 들러서 쥐, 거북, 이국적인 뱀 같은 살아 있는 것들을 샀으며, 때로는 훨씬 더 큰 동물을 집에 들이기도 했다. 리처드는 그런 행동을 방관만 했던 것을 후회했다.

> 유타에서 몇 년 지내고 나서 우리는 로건 근처의 작은 마을에 집을 샀습니다. 집 뒤로 약 3분의 1에이커쯤 되는 목초지가 있었어요. 유타 주의 작은 마을에서는 흔한 구조였죠. 많은 집들이 거기에다 말이나 송아지를 방목했어요. 이사하고 얼마 지나지 않았을 때였어요. 일을 마치고 집에 갔더니 말 두 마리, 수송아지 한 마리가 막 가축 운반 트럭에서 내려지고 있더라고요. 사전에 나와 아무런 상의도 없었거니와, 어떻게 먹일지에 대한 계획도 없었습니다. 게다가 목초지에는 제대로 된 울타리도 없었죠. 세 살 난 멜러니가 끈을 잡고 수송아지를 끌고 다니고 있었는데, 송아지는 멜러니를 밟지 않으려고 애를 쓰면서 끌려다녔습니다. 어쩔 수 없이 재빨리 울타리를 만들고 세 마리가 겨우내 먹을 만큼의 건초를 사들였어요(이쯤 되면 리처드를 일이 그렇게 되도록 부추기는 사람이라고 할 수도 있을까?). 누가 겨울 내내 이 동물들을 돌보았는지 맞춰보시겠어요?

이어지는 에피소드는 이 가족이 아칸소 주에 살 때 일어났던 일이다. 캐럴은 지역 생활정보지에 거북을 구한다는 광고를 냈다. 리처드는 이 일을 이렇게 회상했다.

> 이가 드문드문 빠진, 지저분해 보이는 남자들이 난데없이 나타나 1달러 또는 그보다 싼 동물들을 배달해 주었어요. 그 중에서도 단연

최고는 거대한 늑대거북 몇 마리였어요. 캐럴은 용케도 큼직한 어항을 여러 개 구해와서는 테이블과 스탠드들 위에 올려놓았어요. 나는 우리 애들 중 하나가(아이들이 아주 어렸을 때였어요. 6살, 4살, 1살이었습니다) 의자를 어항 쪽에 밀어붙이고 올라서서 늑대거북과 놀려고 하는 바람에 기겁을 했어요. 늑대거북은 목을 번개처럼 빠르게 뺄 수 있고, 어른의 손가락이나 유아들의 손 전체 또는 팔뚝 정도는 잘라버릴 수 있을 만큼 턱이 강한 동물이거든요. 어찌어찌 어항 위에 덮개를 덮어놓았지만 계속 감시하지 않으면 늑대거북과 놀고 싶어 하는 아이들을 어떻게 막겠어요?

이런 식의 명백한 위험성에 대한 캐럴과의 언쟁—캐럴은 거북을 계속 기르겠다는 단호한 태도로 일관했고, 리처드는 위험하다고 화를 냈다—은 결혼생활의 긴장감을 높였다. 캐럴은 오로지 그녀를 행복하게 해주고 싶어하는 순수한 남자들을 고르고 오래 관계를 유지하는 수완을 지닌 듯한데, 그런 다음에 그들의 마음에 그림을 그리기(하디가 명쾌하게 표현한 것처럼) 때문에 한참 후에야 이들은 생각보다 훨씬 더 자신들이 깊숙이 조종당했다는 것을 깨닫게 된다.

캐럴을 지켜본 사람들은 그녀가 때로 어린이나 청소년의 정서상태로 퇴행할 때가 있는 것 같았다고 입을 모은다. 그럴 때마다 그녀는 동물들을 모으기 시작했고, 자신의 아이들보다 동물을 더 신경써 돌보기도 했다. 실제로도 한번은 '불운한 고슴도치' 돌보기 모험을 한답시고 고슴도치 열두 마리를 구입한 적이 있는데, 그때 이 집의 큰 여자아이들은 햇빛이 드는 창가 방에서 쫓겨나 옷장 방으로 밀려났고, 고슴도치가 딸들의 방을 차지했다.

리처드의 말을 들어보자. "우리가 함께 사는 동안(또는 그렇게 생각한 동안) 집에는 상상할 수 있는 모든 종류의 동물들이 늘 있었습니다. 이혼한 뒤로도 동물들은 계속 늘어났어요. 아이들과 통화할 때 이런저런 동물들 이야기를 전해 들었거든요. 내가 내 아이들을 위해 보내는 양육비가 아이를 위한 먹을거리나 옷, 학용품이 아니라 어느 나라 태생인지도 모르는 파충류를 사는 데 쓰일 거라는 생각을 하지 않을 수가 없었죠."

애니멀 호딩

수의사 게리 패트로넥은 강단 있는 체구의 소유자이며, 애니멀 호딩(animal hoarding, 자신의 사육 능력을 고려하지 않고 무책임하게 많은 동물을 키우는 것 - 옮긴이) 분야의 세계적 전문가이다. 게리는 동료이자 사회복지사인 제인 나단슨과 함께 왜 일부 사람들이 동물들의 이익에 반하는 것이 분명할 때조차 동물들을 손에 넣고 통제하려는 강박적인 욕구를 보이는지에 대한 연구를 수년간 해왔다.

그들에 따르면 동물 구조자 또는 애니멀 호더들은 대체로 유년기에는 동물들과 정상적인 유대관계를 맺는데, 동물들이 정서적 의지 수단이 되면서부터 애니멀 호딩의 패턴이 생기기 시작한다고 말한다. 왜 그럴까?

인간의 가장 기본적인 욕구 중 하나는 애착(attach)이다. 즉 자신이 좋아하는 다른 '사람'과 특별한 애정관계를 맺는 것이다. 우리 뇌는 이처럼 자신을 끌어주는 다른 뇌와 관계를 맺을 때에만 알맞은 발달을 하는 것으로 여겨진다. 이는 아이가 캐치볼을 배우는 것과 어느 정도 비슷한 원리다. 아이가 엄마를 향해 공을 던질 때 아이의 눈은 엄마가 공을 잡았는지 어땠는지에 대해 피드백을 준다. 그런 다음 엄마는 공을 받아 다시 아이에게 던진다. 처음에는 이 과정이 매우 쉽게 이루어진다. 엄마는 가까운 곳에 서서 손을 뻗기만 한다. 그런 식으로 연습하면서 아이는 캐치볼에 필요한 손과 눈의 조정 능력을 익힌다. 어느 정도 시간이 흐르면 엄마는 특별히 가까이 서 있을 필요가 없게 된다. 그리고 더 시간이 지나면 아이는 달리면서 자신의 팀 동료에게 공을 던질 수도 있게 된다. 나아가 맨처음 미숙하게 공을 던지던 것과는 비교도 안 될 만큼 복잡한 행동까지 동시에 할 수 있게 되는 것이다. 이 과정은 아이가 자신의 몸과 공 그리고 다른 사람들과 어떻게 상호작용을 하는지 조율해 갈 수 있게 도와주는 신경의 형태 변화에 의해 이루어진다.

사람은 태어나자마자 기꺼이 캐치볼 놀이를 해주는 대상을 만나 공을 던지고 받는 활동을 따라하고 배우는 방식으로 애착을 형성한다. 아이를 돌보는 사람이면 누구나 그 대상이 될 수 있지만 대개는 어머니가 그 역할을 맡는다.[6] 우리 눈과 몸의 감각기관들은 우리가 성공적으로 공을 던졌는지 어떤지에 대해 스스로에게 피드백을 주는데, 대개 이런 식이다. '우리가 미소 지으면, 엄마도 빙그레 웃는다. 엄마가 소리 내어 웃으면 우리도 웃고, 그것이 엄마를 더 크게 웃게 한다. 반대로 엄마가 인상을 쓰면서 딴 곳으로 고개를 돌리면, 우리는 좋은 기분을 느끼지 못한다.'

임상과학자인 앨런 스코어는 애착 이론에 새로운 신경과학의 토대를 제공한 사람이다. 바라보기, 토닥거리기, 찡그리기, 얼러주기, 입맞추기, 눈물 보이기, 안아주기 등과 같은 복잡한 상호 교환을 통해서 아이가 엄마에게(또는 주로 아이를 돌보는 대상, 즉 보육자에게) 애착을 갖게 되는 것은 유전자를 일깨워 정상적인 인간으로 성장하도록 신경 구조를 정렬해 주는 과정이다. 우리가 애착이라고 부르는 것은 사실 — 깊은 의미로는 — 부모의 사랑과 유사한 패턴을 주고받는 또다른 사람과의 상호작용을 통해 '신경'이 형태를 잡고 다듬어 가는 과정이다.[7] 이 과정에서 중요한 부분은 우리가 보육자와 동조되었을 때 받는 격려뿐만이 아니라 보육자가 용인하지 않는 행동을 했을 때 받는 수치심의 경험이다. 이것이 바로 첫 번째 뇌(보육자의 뇌)가 두 번째 뇌(아이의 뇌)를 가르칠 수 있게 하는 '기브 앤 테이크'의 전부이며, 어떤 의미로는 '뇌가 되는 법' 그 자체라고도 할 수 있다. 스코어는 이렇게 적고 있다. "뇌가 자체 형성을 하는 시스템이라는 것은 널리 동의되고 있다. 그러나 발달 중인 뇌의 자체 형성이 다른 사람의 뇌와 관계를 맺는 방식에 따라 이루어진다는 것에 대해서는 아직 인식이 부족하다."[8]

사회복지사이며 상담사인 제인 나단슨은 많은 애니멀 호더들이 아주 어린 시절에 트라우마가 있거나 주된 보육자와 빈약한 연대를 지녔던 것으로 보고되었음을 알아냈다. 그 이유는 아직 알려지지 않았다. 그러나 동물들은, 수치심을 포함해 인간 애착의 전체 레퍼토리를 끌어안을 줄 모르는 사람들에게도 무조건적인 지지와 사랑 — 자전거의 보조 바퀴 같은 식의 사랑 — 을 준다. 동물들은 마치 아무것도 비추어지지 않은 스크린과 같아서 그 위에다 주인이 원하는 대로 무엇이든 투영할 수 있다. 애완동물들은 주인과 언쟁을 벌일 수 있는 위치에 있지 않으므로.[9] 나단슨과 그녀의 동료인 수의학 전문의 게리 패트로넥은 이렇게 결론을 내렸다. "과도한 돌봄 성향과 에너지를 동물들을 구조하고 보호하는 것에 쏟아붓는 동물 구조자와 애니멀 호더들은, 도움을 필요로 하는 동물이 너무 많고 자신들이야말로 동물의 구원자라는 느낌을 자주 경험하게 된다. 그러나 동물들은 '구원'을 경험하거나 느끼지 않는다. 동물 구조자와 애니멀 호더들은 본질적으로 높은 가치를 지닌 사람, 사랑받는 존재, 구원자라는 느낌을 갖고 싶어 하는 그들 자신의 욕구를 충족하기 위해 동물들에 대해 배타적이고 독점적인 소유권을 만들어내는 것이다."

애니멀 호더들이 유년기의 보육자들과 빈약한 관계를 형성한 것으로 자주 보고되는 건 그들의 보육자들이 실제로 아이를 제대로 보호해 주는 사람들이 아니었기 때문일 수 있다(물론 집안이 매우 혼란스럽고 어지럽다 해도 한 사람만이라도 좋은 보육자 역할을 해주면 충분히 회복이 가능하다고 알려져 있기는 하다).[10] 또는 애니멀 호더들이 사람과는 어떤 애착관계도 맺기 어려운 성향을 지니고 있었을 수도 있다. 즉 신경병적 기능장애를 지닌 사람들이 자신의 환경에서 할 수 있는 최선의 방책으로서, 자전거로 치면 보조바퀴쯤 되는 상대인 동물들과의 관계를 형성하는 식으로 가벼운 버전의 연대를 통해 애착 욕구를 충족시키는 것일 수도 있다.

흥미롭게도 나단슨과 패트로넥은 이런 글을 썼다.

애니멀 호더들은 청소년기에서 성인으로 접어드는 시점에 기능장애적인 인간관계를 맺으며 성장한 경우가 많다고 한다. 흔히 애니멀 호더들은 문제가 있거나 도움이 필요한 남자 또는 여자 친구, 파트너 또는 배우자에게 매력을 느낀다. 그들은 상대의 확연한 결핍상태 및 자신들에게 지나치게 의지하려는 경향, 그리고 보육자 역할을 통해 관계의 안전성을 얻으려는 스스로의 욕구 사이에 어떤 연관성이 있는지 보지 못한다. 애니멀 호더들에게서 전형적으로 나타나는 증상은 정서불안, 격렬하고 불안정한 대인관계이며, 더러 정신분열까지 동반되기도 한다. 그들은 획득, 소유, 통제하려는 과도한 욕구의 패턴에 얽혀들어 가는 형국이 된다. 그들이 동물에게 무조건적인 사랑을 느끼는 것은, 실제로는 헛된 것이지만, 치유를 향한 하나의 방편으로 이용된다.

아무리 동물 구조자와 애니멀 호더들이 이타적인 동기를 내세운다 해도 그들은 사람과 동물의 관계에서 유리함을 얻는 이들이다. '왜 당신은 누구도 원치 않는, 집 없는 동물들을 구하는 의무에 매달리게 되었는가?'라고 물어보면, 그들은 힘없고 도움받아야 할 동물들을 사랑하고 보호해 주어야 하기 때문이라는 대답으로 일관한다. 물론 동물에 대한 선의에서 우러나는 동기 또는 걱정은 이해할 만하며, 때에 따라 혹은 특정한 경우에는 사실일 것이다. 그렇다 해도 동물을 무기력하게 만들기 십상인 호더의 정체성을 분명히 하는 일은 중요하다.[11]

애니멀 호더들은 종종 스스로를 방치하고, 불결하게 살며, 치료되지 않은 정신 건강상의 문제를 지니고 있는 것으로 파악된다.[12] 또한 동물의 배설물이 바닥과 가구를 뒤덮고 있을 정도로 주변이 심하게 더럽혀져 있어도 호더들은 "그저 조금 지저분할 뿐"이라고 억지를 쓰거나 동물들이 아무렇지도 않으면 자기도 상관없다는 식이다. 동물과의 애착 전문가인 임상 심리학자 수 앨런 브라운은 이렇게 말한다. "동물들은 자기들이 어떻게 느끼고 무엇을 원하는지에 대해 인간이 해석한 것에 이의를 제기할 능력이 없습니다. 사람들은 실제로 동물이 그렇든 아니든, 본인이 느끼고 생각하는 대로일 거라고 믿게 되지요."[13] 이에 대해 나단슨과 패트로넥 역시 예리한 결론을 내렸다.

> 동물 구조자와 애니멀 호더들이 동물들의 비참한 상태를 대놓고 망각하는 것은 아마 방어적 태도, 상황을 축소해서 보기, 거부 또는 거리 두기 등의 작용을 통해 감정이 걸러지기 때문일 것이다. 이러한 공감 부족은 어떤 이타적인 행동 또는 동기도 다 거짓임을 보여주는 것이다. 호더들은 동물을 자신의 연장선으로 이해하기 때문에 그들이 자기와 동떨어진 욕구를 가졌는지, 혹은 그게 무엇인지를 이해하거나 인정하지 못한다. 다시 말해 동물이 자기와 '다른 존재'라는 것을 인지하지 않고 그에 따른 반응을 해주지 않는 호더들의 태도는 본질적으로 이기적인 것이다. 그러므로 호더들이 자기 자신을 방치하는 행위가 동물을 위해 스스로의 필요성을 포기하고 희생하는 이타적인 태도라고 결론짓는 일은 잘못된 것이다. 또한 그들의 동기와 행동은 타자에 대한 사심 없는 관심의 이타적인 표본으로 보기에 적절치 않다.

* 　* 　*

　직장 동료였던 랜디 모리스, 스코트 로스, 그리고 레너드 하디는 캐럴 앨든과 알고 지냈던 시간이 그들의 인생에서 가장 기괴한 경험이었다고 회상한다. 그 중에서도 세 사람 모두가 최고로 이상했다고 입을 모으는 일은, 하디가 가련한 개의 사체를 상점으로 가져다주었을 때 캐럴이 아예 신경을 껐던 대목이다. 개의 사체는 자루 안에 든 채로 잊혀졌고, 상점 안은 냄새로 진동하기 시작했다. 며칠 후에야 캐럴은 아무렇지도 않은 표정으로 상점에 와서 자루를 가져갔다. 그 뒤 그것이 어떻게 처리되었는지는 아무도 모른다.

　캐럴을 수십 년 동안 알고 지낸 사람 한 명이 이런 글을 썼다. "이 사건에서 놀랄 일은 하나도 없어요. 이게 캐럴이 최고조에 이르렀을 때의 모습인 걸요. 다음 남자를 낚고, 극단적으로 정서를 괴롭히는 고통의 수법을 사용하고, 다른 사람을 자기 세상에 끌어들이기 위해 사람들의 마음을 비틀어 대는 거지요."

　그러나 캐럴은 이제 나이가 들었다. 더 이상 매혹적인 젊은 여성이 아니다. 그녀의 이야기 레퍼토리는 점점 더 기이해져 갔다.

　스코트 로스는 이렇게 말한다. "캐럴의 변호사인 슬레이븐스가 찾아왔을 때 내가 그랬어요. '보세요. 난 캐럴이 일부러 그랬다고 생각하는 사람입니다. 그런데 내가 그 여자를 위해서 증언을 해줄 거라고 생각합니까? 전부 계획된 것입니다. 캐럴은 오랫동안 궁리해서 그 일을 저지른 거라고요. 나한테 마티를 죽여서 뒷마당에 묻어버릴 거라고 직접 말했단 말이오'라고 말이죠."

농담으로 한 말이 아니었겠느냐고 묻자 로스는 이렇게 대답했다. "글쎄요, 우리 모두 그런 농담을 웃기려고 하기는 하죠. '그 자식을 죽여버릴 거야' 같은 거요. 나도 처음에는 그렇게 받아들였어요. 그런데 마티가 살해를 당한 겁니다. 그제야 그녀가 진짜로 한 말이라는 걸 알게 된 거죠. 그녀는 자기가 무슨 일을 하는지 알고 있었던 거예요."

20
친구의 말

> 나는 알맞은 때에 옳은 일을 하려고 노력한다. 작은 일일 수 있겠지만 대개는 그런 것들이 만들어내는 차이가 승리와 패배를 가른다.
> — 커림 압둘 자바(시대를 막론하고 가장 위대한 농구 선수 중 한 명으로 평가됨)[1]

앨런 레이크 찾기.

우선 델타 교외의 황갈색 아파트 건물을 확인할 것. 문을 두드리면 피곤한 얼굴을 한 여자가 나와 앨런 레이크에 대해 물어보는 당신을 빤히 쳐다본다.

다음으로는 아무 상점이나 식당에 들어가 ─ 결국 델타는 조그만 타운이므로 ─ 앨런 레이크에 대해 물어본다. 그런 식으로 며칠 동안 사람들에게 말을 걸고 다니다 보면 작은 실마리가 잡히기 시작한다. 컬리네 근처에서 어제 봤어요. 로프트에 있던데요. 세브런 스테이션이요. 제이제이네요.[2]

마침내 당신은 어찌어찌 앨런 레이크의 아파트 건물로 다시 돌아와서, 눈앞에 있는 네 동짜리 아파트 건물 중 어느 것이 레이크의 집일지 짐작해 보려고 애쓰고 있다. 마침 십대 커플이 셰비(시보레 브랜드의 애칭 - 옮긴이) 픽업을 세우고 있다.

여자애가 먼저 내려 문을 탕 하고 닫는다. 뒤따라 내리는 남자아이는 젊은이 특유의 가는 체구에 야구 모자를 뒤로 돌려 썼다. 둘은 당신에게서 좀 떨어져 서서는 눈길을 주고받는다. "아빠!" 소녀가 말한다.

당신이 누구인지 알아내기 위한 왈가왈부를 끝낸 듯 남자가 무슨 일이냐는 표정으로 당신 쪽으로 몸을 돌린다. 이제 그를 가까이에서 관찰한다. 남자아이는 사실은 성인 남자다. 나이는 마흔 다섯쯤, 권투 선수를 연상케 하는 코에, 보기 좋은 외모를 유지하고 있다. 그의 덥수룩한 머리카락은 금빛으로 표백이 되어 있고, 심지어 연한 푸른색 눈도 표백된 것처럼 보인다.

"앨런 레이크를 찾고 있습니다"라고 당신이 말한다.

한참의 정적. 마침내, "당신이 보고 있는 사람이오."[3]

* * *

나중에 알고 보니 제이제이네는 도로에서 적당히 들어간 데 위치한 불법 점유 건물이다. 1940년대 스타일로 깔끔하게 지어진 상자형 집으로, 앞 현관에 '델타'라고 쓰인 큼직한 간판이 걸려 있다.

내부에는 골동품 찻잔이 든 유리 케이스와 1950년대 장난감들이 벽을 따라 늘어서 있다. 빛바랜 동양풍 카펫이 바닥에 깔려 있다. 당구를 치던 사람들이 게임을 멈추고 말없이 레이크를 응시한다.

"괜찮아." 레이크가 그들을 안심시킨다.

레이크는 보풀이 일어난 카펫 층층대로 올라서더니 바에서 자신이 마실 음료를 따른다. 방문객에게는 로제 와인이 반쯤 담긴 갤런들이 병을 꺼내 꼭대기의 먼지를 불어내고 유리잔에 따라준다.

"캐럴과는 치즈 공장에서 같이 일할 때 만났어요." 그는 말한다. "항상 나한테 샌드위치나 뭐 그런 걸 가져다주었죠. 꽃 장식에 어린애 같은 면이 있는 히피였어요. 70년대에서 곧장 빠져나온 것 같았죠. 치렁치렁한 치마 같은 것 말이에요."

그는 나무로 된 바 위의 윤기 나는 표면을 쿡쿡 찌른다. "그녀는 한마디로 위대한 인간이었어요, 아시겠지만. 아주 좋은 엄마였고."

"늘 나를 위해 자질구레한 일들을 해주곤 했죠. 집에 돌아오면 그녀가 청소를 해놓는 식이었어요. 내 경주용 차를 칠해주기도 했죠. 멋진 예술가였어요. 정말 훌륭했죠."

"어떻게 보면 나를 스토킹하는 것 같기도 했어요." 레이크는 계속했다. "도무지 집에 가고 싶어 하지 않았어요. 한번은 섹스 수갑까지 주더군요. 이런 말도 곧잘 했어요. '세상에, 바로 여기, 치즈 탱크에서 당신과 사랑을 나누는 게 너무 좋아요'라고."

이 말을 하면서 레이크는 인상을 찡그린다. "그러나 좋은 엄마이기는 했어요. 정말 좋은 엄마 말이오. 사람들이 도마뱀 레이디라고 불렀죠. 도마뱀, 뱀, 뭐 그런 것들을 길렀거든요. 그녀의 지프 좌석 위에까지 도마뱀들이 있었어요."

"가끔 마티에 대해 말하기도 했어요. 자기를 어떻게 때렸는지 그런 이야기요. 사실은 누구에게든 말했어요. '내 몸에 멍든 거 보실

래요?'라고."

"나한테 뭐든지 다 해주었어요. 끊임없이 뭘 만들어주었지. 커다란 조각이불, 커튼. 100달러가 필요하다고 하면 빌려주었고. 말하자면 나한테 추파를 던지는 거였죠. 그러나 나는 받아주지 않았어요. 그럴 때마다 그랬죠. '이봐, 당신은 결혼한 여자야'라고."

"솔직히 말하죠. 캐럴이 심장 떨릴 정도로 매력적이었다면 결혼한 게 별 문제가 아니었을 거요. 그런데 그녀는 좀 오싹한 구석이 있었어요. 그래서 딱히 기분을 상하게 하고 싶지 않았어요. 내 타입이 아니라고 대놓고 말하기가 좀 그랬다는 거죠."

"마티는 '오케이 가이'였어요. 솔직히 그가 캐럴을 때리거나 그 비슷한 행동을 하는 걸 한 번도 본 적이 없어요."

마티가 죽던 날 무슨 일이 있었는지 물어보자 레이크는 잠시 입을 다문다.

"일이 끝나고 몇몇 친구들과 어울려 호수에서 술을 마셨어요. 코가 비뚤어지게 마셨지. 우리끼리 '좋은' 시간을 보내고 있었어요. 그런데 갑자기 좀 큰소리가 들리더군요. 귀에 살짝 거슬리는 정도로. 마티가 집 앞길 가장자리에 와서 섰어요. 그리고 바로 그 자리에 누웠죠. 누군가가 캐럴에게 전화했고, 그녀가 지프를 몰고 와서 마티를 대충 차에 밀어넣어 집으로 데려갔어요."

"내가 잠자리에 들고 나서 얼마 후 그녀가 왔어요. 와서는 오렌지주스를 마셨던 것 같아요. 그러더니 돌아가더군요. 이튿날 아침 그녀가 또 왔어요. 나는 샤워를 하고 있었어요. 나와서 몸을 닦을 때 보니 그녀의 모습이 웃겨 보였어요. 정말 가관이더군요. '당신

꼭 난봉꾼 같네. 마티는 어디 있어?'라고 물었죠."

"눈이 마치 텅 빈 것 같았죠. 검고, 유령 같고. 그제야 알겠더라고요. 그녀가 마티를 죽였다는걸. 그녀는 나한테 말하고 싶어 했지만 나는 내 정신이 아니었어요. 경찰을 부르겠다고 했어요. 그녀가 안 하면 내가 하겠다고."

"그 뒤는 아시겠죠?" 앨런은 양손을 펼쳐 보이고는 슬픈 미소를 지었다.

21
나는 옳고 당신은 틀렸어

> 중독은 어떤 형태로든 나쁘다.
> 그 대상이 술이든 아편이든 혹은 이상주의든.
> —칼 구스타브 융[1]

'내가 옳은가?' 하고 자문할 때, 전율이 올 정도로 확실한 느낌을 일으키는 것에는 무엇이 있을까? 이런 느낌에 대해 오랫동안 탐구해 온 신경학자 로버트 버튼은 걸출한 저작 《확실성에 대하여(On Being Certain)》[2]에서 이에 대해 세련되고도 읽기 좋게 설명해 주고 있다. 버튼이 이야기하는 '확실성의 느낌'은 진화론의 시각에서 특히 중요하게 다뤄진다. 배고픈 사자와 맞닥뜨렸을 때 어떤 나무에 기어오를까 하는 식의, 삶과 죽음을 가르는 판단에서는 확실성의 느낌 외에 달리 빠른 선택의 방도가 없다.

실은 확실성 장애라는 것이 있다. 예를 들어 강박신경증 환자들은 확실성에 대해 무능력증을 보이는 사람들이다. '나오면서 난로를 끈 게 확실한가?' 하는 식이다. 그런가 하면 자살 폭탄 테러범, 자신의 유산이 의사 탓이라고 여겨 의사를 살해하는 사람들, 환경 테러리스트들(ecoterrorists, 환경 관련 쟁점에 관심을 유도하기 위해 폭력적인 행동을 하는 활동가 - 옮긴이)처럼 극단적인 자기 확신의 방편으로 확실성을 행사하는 사람들도 있다.

로버트 버튼은 자기가 옳다고 믿고 요지부동인 사람들 중에서 의도가 좋을 때도 일을 그르치는 경우를 여럿 보았다. 닥터 X가 가장 심한 사례인데, 뛰어난 종양학자였던 닥터 X는 최후를 앞둔 말기 암 환자에게도 적극적인 치료를 시도하는 것으로 유명했다. 이 닥터 X가 버튼 박사에게, 암이 폭넓게 진행된 연로한 환자에게 요추천자(spinal tap, 척추 아랫부분에 바늘을 꽂아 골수를 뽑아내는 것 - 옮긴이)를 해달라고 부탁했다. "환자의 정신이 어제만큼 또렷하지 않아요"라고 X는 말했다. "어쩌면 뇌농양인 수막염에 감염된 것일 수 있어요. 치료할 수 있을지도 모릅니다."[3]

버튼은 이렇게 적고 있다.

> 나는 닥터 X를 여러 해 동안 알고 지냈으며, 그의 의료 기술과 환자에 대한 극진한 헌신을 믿어 의심치 않는다. 의학은 그의 삶이다. 그는 일 주일에 7일, 하루 24시간을 일하고, 모든 처치가 무위로 돌아가면 환자의 장례식에까지 참석한다. 그런데 나는 그와 함께 일하기가 저어된다. 좋은 의사라면 모름지기 환자를 위해 어떻게든 해야 한다는 식의 견고한 윤리관으로 무장하고, 소매를 걷어붙인 채 사명감을 온몸에 장착한 그의 전력투구하는 태도가, 어떤 값을 치르고서

라도 생명을 연장하는 쪽보다는 병증의 완화에 더 집중하는 우리 같은 사람들에게는 좀 난감할 때가 있기 때문이다. 그는 소명을 지닌 사람 특유의 억세고 타협하지 않는 태도의 소유자다.

나는 요추 천자 트레이를 들고 방으로 들어가다가 환자의 가족과 맞닥뜨렸다. "이제 그만요. 닥터 X께 우리 모두 동의했다고 말씀 좀 드려주세요." 환자의 가족은 허약한 환자의 말 없는 고갯짓을 보여주면서 한목소리로 말했다.

나는 닥터 X를 호출해 가족의 바람을 설명해 준다. "아니오, 지금 당장 요추 천자를 해주세요. 나한테 의료 처치에 대해 말하지 말아주셨으면 좋겠습니다. 내 환자한테 최선이 무엇인지는 내가 제일 잘 알아요"라고 그는 말한다.

환자의 아내는 전화기 너머로 닥터 X의 말을 듣고서 내 팔을 잡으면서까지 간청한다. "제발, 선생님이 신경써 주시는 건 알지만, 우리가 원하는 건 그게 아니랍니다." 그러나 잠시 후 닥터 X는 특유의 급한 분위기를 휘몰고 달려와서는 이 테스트가 왜 필요한지를 설명한다. 아무도 진짜로 그를 믿지는 않는다. 환자도, 환자의 가족도, 얼굴을 안 보이게 돌리며 '어떡해?'라는 표정을 짓는 간호사도 다 그의 말을 믿지 않는다. 그러나 결국 이 가족은 의사의 말을 따르기로 한다. 더구나 환자는 테스트뿐 아니라 추가적인 쑤시기와 찌르기, 통증과 고생에도 동의한다. 담당 의사의 기분을 거스르지 않기 위해서다. 나 역시도 두 손을 든다.

요추 천자는 어렵고 고통스러운데 치료 효과는 없는 것으로 드러났다. 환자는 요추 천자에 따른 후유증으로 두통을 호소하다 혼수상태에 빠져들었고, 사흘 후에 숨을 거두었다. 나중에 닥터 X와 얘기를 나누어보니 그는 이 경험에서 아무런 교훈도 얻지 않은 게 분명했다. "일어날 수 있는 일이었어요. 해보지 않고는 알 수 없는 거지요. 이쯤에서 토론을 끝냅시다."[4]

그런데 확실성이라고 하는 뚜렷이 정리할 수 없는 감정은 어떻게, 왜 느끼는 걸까? 알려진 바로는 신경 계산기 아래에 가려져 있는 숨겨진 층이 우리를 둘러싼 실재를 붙들 수 있게 도와주는 것이라고 한다. 숨겨진 층이라고 하면 컴퓨터의 수치 계산의 근간이 되는 칩을 생각하면 된다. 보통 사람들은 289의 제곱근을 구할 때 컴퓨터의 기계적 코드와 어셈블리 언어가 어떻게 작동하는지 전혀 모른다. 그런데 답이 17이라고 하면 그냥 받아들인다.

마찬가지로 숨겨진 층에서 이루어지는 전산 처리의 결과만으로, 우리는 얼굴만 보고도 즉시 이전에 만난 적이 있는지 어떤지에 대해 확실성의 감을 느끼는 것이다. 사람마다 경험, 과거의 생각, 유전자 그 외 많은 요소들이 다르기 때문에 숨겨진 층도 다 다르다. 버튼이 지적하듯이, 숨겨진 층은 "천성과 학습된 것이 교차하고, 개별적인 성질들이 나타나는 해부조직상의 교차로이다. 그래서 당신의 빨강이 내 빨강이 아니며, 남들이 아름답다고 하지만 내 눈에는 그렇지 않은 것이다. 또한 한 사건을 목격한 사람들끼리 이야기가 다른 것도 이 때문이며, 룰렛게임에서 사람마다 돈을 거는 숫자가 다른 것도 그래서이다."[5]

그러나 우리가 갖는 확실성의 느낌, 즉 '나, 저 얼굴 알아!'라는 느낌은 의식의 통제 밖에 존재한다. 결국 확실성은 느낌이나 정서적 차원의 것일 뿐 이성적 판단의 결과가 아닌 것이다. 이 느낌은 마치 오랜 친구에게 '안녕'이라고 인사했는데 전혀 낯선 사람인 걸 알고 놀랐을 때처럼 벗어난 길로 이끌어가기도 한다. 버튼의 말처럼 "의심할 바 없이, 완벽한 짝짓기의 무의식적 지각작용 그 자체"[6]인 것이다.

버튼은 합리적인 '객관적' 지식과 '느낌에 의한' 지식이 어떤 식으로 상치되는지 보여주는 자료로 뮬러-라이어(Müller-Lyer) 착시 그림을 제시한다. 우리는 두 가로줄이 같은 길이임을 객관적인 눈으로 보기도 하지만, 동시에 깊은 무의식에서는 '내 눈으로 보았다고!'라며 시각적 느낌에 근거해 두 줄의 길이가 다르다고 부르짖는다. 이렇듯 실제로는 사물을 인지하는, 서로 다르며 상충하는 방식이 우리 내부에 공존하는 것이다.

이 확실성의 느낌은 뇌의 '기쁨 보상' 영역에서 생기는 것으로 보이는데, 이곳은 헤로인과 코카인 같은 약물에 의해 발동되는 바로 그 영역이기도 하다. 확실성의 느낌은 회로 파괴자의 일종으로서, 버튼이 썼듯이 "심사숙고를 중단시키고 미지의 탁월한 선택을 놓치는 것에 대한 두려움을 잠재운다. 즉 스위치를 꺼버림으로써 사고

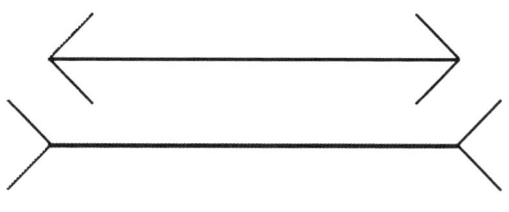

뮬러-라이어 착시 그림

를 할 수 없게 하거나 똑같은 문제로 되돌아가게 만드는 것이다. 그러나 확실성의 느낌을 지니는 가장 간단한 방법은 그야말로 자신이 사고하고 있다고 느끼는 것이다. 그러면 사고에 따른 끊임없는 자기 물음에서 놓여날 수 있다."**7**

그러나 박학다식한 공상과학 소설가인 데이비드 브린은 이 확실성의 느낌이 너무 좋은 기분으로 만들어주기 때문에 중독성이 되기 쉽다고 말한다. 이런 중독은 독단적인 사람들에게서 잘 나타난다. 이들은 자기는 '옳고', "상대방은 깊이, 비열하게 '틀렸다'거나 또는 자신들이 남을 돕는 방법이 지극히 순수한 동기에서 출발했으며 적절하기 때문에 반박의 여지가 없어 어떤 비판도 움츠러들 수밖에 없다"고 우긴다.**8** 확실성의 느낌이 지닌 '정서'의 수수께끼를 '좋은 의도'가 풀어주지는 못하는 것이다.

사실 사람은 누구든 때때로 자신이 도덕적으로 건전하며, 타인을 진정으로 돕는 것이라는 확신을 가지고 이타적인 '행동'을 한다. 그러나 본인은 아무리 특별한 도덕적 확신을 가지고 사리에 맞는 방법을 동원하는 것이라고 생각해도, 그 확신은 '정서적' 느낌으로 이루어지는 잠재의식에서 비롯된 것일 뿐이다.

이와 똑같은 결론은 도덕적 '선택'에 관한 확실성의 느낌에도 적용된다. "의식을 가지고 하는 긍정적인 도덕적 선택, 이를테면 '다른 사람을 돕는 것은 내 삶을 의미 있게 만드는 일이야'라는 생각은 이 결정이 '옳다'고 속삭이는 무의식적이며 불수의적(의지와 관계없이 자율적으로 일어나는 운동. 경련, 하품, 재채기 따위가 있다 - 옮긴이)인 정신적 느낌으로부터 크게 영향을 받는다. 소말리아의 굶주리는 어린이들에게 먹을 것을 줄 때, 마지막에 이른 것이 분명한 환자에게 상상할 수 있는 온갖 테스트를 다 해볼 때, 이스라엘의 학교 통학 버스에 폭탄을 장치할 때에도 그들에게 '옳다'고 들려주는 목소리는 다 같은 느낌인 것이다."[9]

확실성과 선행

엘리자베스 퀴블러 로스는 독창적인 책 《죽음과 빈사에 관하여 (On Death and Dying)》에서 사람들이 심리적으로 죽음에 순응하는 방법에 대한 자신의 이론을 설파했다. 그녀의 작업은 죽어가는 환자와 직접 나눈, 죽음에 대한 깊이 있는 대화를 수록하고 있다는 점에서 대단한 가치를 지니며, 비슷한 처지에 놓인 모든 이들에게 도움이 될 수 있다. 그러나 퀴블러 로스가 타인을 돕는 데 바친 노력은 엄청난 값을 치렀다. "환자들에게 특별 진료를 해준 것은 물론이고, 자기 돈으로 앰뷸런스 비용을 내주었는가 하면, 의학적 조언에 반하여 죽어가는 어린이들을 크리스마스에 집으로 돌려보내기도 했다."[10] 결국 그녀는 빈사의 환자들을 위한 치료센터를 창설(그리고 재원을 마련)하기에 이르렀고 스스로 밝히듯 "강박적으로 환자들에게 시간을 쏟아부었다. 불철주야 일에만 매달려 지냈으며, 언제든 환자들을 돌볼 수 있게 아예 센터에 들어가서 지냈다."[11] 그런데 어느 날부터 그녀는 환자들의 유령을 보았다고 주장하기 시작했고, 영적 매개자들은 물론 스스로 종파를 만들어 교주를 자처하는 제이 바람(Jay Barham)에게 깊이 빠지기에 이르렀다. "그분은 지극히 무

결한 분입니다. 진리는 굳이 옹호해야 할 필요가 없는 법이에요"라고 그녀는 말했다.[12]

《타임》지는 이 스캔들이 밝혀지자 이런 기사를 내보냈다.

> 제이 바람의 말에 따르면 그는 영적 존재들이 자기 몸의 세포로부터 자가 무성 생식하여 몸을 가진 존재로 나타나는, 즉 체현하는 곳에서 그룹 회합을 지휘한다. 영적 존재들은 대개 성에 관심을 보이며, 때로는 살아 있는 참가자들끼리 짝을 지어주어서 애무 또는 상호간 수음을 하게도 한다. 사적 회합에서는 여자들이 영적 존재와 성관계를 맺는 상대로 선택된다. 이따금 회합 참가자들(많은 수가 교육 수준이 높고, 잘 속아넘어가는 중산층의 전문직 종사자들임)도 영적 존재에 대해 의심을 했다. 그룹의 여자들 네 명이 같은 날 밤 한 영적 존재를 찾아간 후에 동일한 질염에 감염되었다. 참가자들 중 몇몇은 영적 존재들이, 바람이 발음할 때 하는 것과 똑같은 실수(예를 들면 '달아나다'라는 뜻의 'escape'를 'excape'로 발음하는 것)를 한다는 것을 눈치챘다. 그러나 대부분은 의심을 한쪽으로 밀쳐버린다. "그렇더라도 믿을 대상이 필요해서요"라고 그룹의 한 여자는 인정했다. "조건 없이 사랑받는다는 느낌이었어요."[13]

* * *

퀴블러 로스의, 바람에 대한 신뢰는 요지부동이다. 디애너 에드워즈라는 한 친구는 바람에 대한 정신과 의사들의 생각을 바꿀 수 있기를 바라며 두 차례의 암실 회합에 참여했다고 한다. 에드워즈는 적당한 틈을 타 전등 스위치를 감싼 보호용 테이프를 뜯어내고 불을 컸다. 그때 터번만 두른 차림인 제이 바람의 존재가 드러났다. "그런 비명은 생전 처음 들었어요"라고 에드워즈가 말했다. 그런데 놀라운 건 모두의 경악을 자아낸 원인이, 바람의 모습이 드러난 것이 아니라 불빛 때문에 영적 존재가 파괴될 것을 우려했기 때문이었다는 것이다. 에드워즈는 이 일로 인해 적어도 퀴블러 로스만큼은 바람이 사기꾼임을 알게 되었을 것이라고 확신했다. 그러나 그런 행운은 없었다. 퀴블러 로스는 말했다. "이분은 네가 지금껏 보아온 것 이상의 재능을 지니고 계셔. 아마 이 나라에서 가장 위대한 치유자일 거야." 그녀는 화를 내지도 않았다. "우리를 불신하게 만들기 위한 시도들이 많았어. 그런 사람들한테 일일이 대답하는 건 돼지 목에 진주목걸이를 거는 일과 같아."[14]

퀴블러 로스는 바람의 무고함에 대해, 그리고 그녀 자신의 일의 중요성에 대해 집착하고 확신했다. 그녀의 남편은 너무 고통스러운 나머지 최후통첩을 했다. 그녀는 일과 가족 중 하나를 선택해야 했다. 그녀는 "일을 선택함으로써 남편과 가족에게 실망을 안겼고, 이혼 법정에서 구금에 처해지는 엄한 판결을 받았다."[15]

* * *

문제의 핵심은 '옳다는 느낌' 속에 둥지를 틀고 있다는 점이다. 버튼은 이렇게 결론짓는다.

> 도덕적 결정의 힘은, 적어도 일부는, 무의식적인 인지, 이 결정의 정당성을 투영하는 의도치 않은 감정들, 이 결정이 알맞다는 것을 아

는 기쁨의 강력한 감각 등이 서로 상승작용을 함으로써 나타날 수 있다. 옳다고 느끼는 것이나 목적의식을 고의로 내버리는 건 인간의 본성에 반한다. 특히 '좋은 사람'이 되게 해주는 행동이라는 도덕적 의미가 더해졌을 때는 더 그렇다.

잠재적으로 잘못 인식된 '선한 행위'를 교정할 강력한 대응법이란 없다. 유일한 방책은 이렇다. 우리가 이타적인 행동이라고 생각하는 어떤 객관적이거나 심지어 합리적인 확실성도, 실제로는 다른 사람에게 이익이 될지 어떨지 모른다는 점을 이해하는 것이다.

나의 경우, 이타적으로 행동하는 건 주로 약 처방을 할 때이다. 이때 내가 주는 약이 충분한 효과가 나지 않을 수 있다는 걸 잊지 말아야 한다. 능력의 최대치를 발휘할수록 이익만큼이나 잠재적 위험도 증가한다는 것 역시 알고 있어야 하며, 몇 가지 약물을 패키지처럼 묶어 처방하는 일(이타적인 행동)이 나의 기저에 자리한 무의식에 의한 것일 뿐, 완벽하게 시험 증명된 과학적 견해를 따르기 때문이 아니라는 것도 이해해야 한다.

닥터 X의 이야기로 돌아가서, 다른 의료진들이 만류하려고 부단히 노력했음에도 불구하고 그는 환자들이 원하든 원하지 않든 끝까지 환자에게 도움을 주려는 자기 방식의 행위를 멈추지 않았다. 반대 의견이나 그의 심사를 거스를 우려가 있는 충고는 결코 받아들이지 않았다. 나는 그의 기념비적인 봉사를, 그의 헌신과 열정에 쏟아지는 감동적인 찬사들을 끝까지 지켜보았다. 누구도 그가 행하는 선의의 '지나침' 때문에 고통받는 환자들을 대변해 주지 않았다. 수년이 지났지만 닥터 X를 떠올릴 때마다 나는, 그가 내게 가르쳐주었던 "옳은 일을 하고 있는 것"이라는 믿음을 무조건 받아들이는 것에 대

해 생각해 보게 된다.[16]

왼쪽과 오른쪽

놀라운 것은, 이러한 확실성의 오류가 생기는 원인의 상당 부분이 뇌의 양 반구가 서로 다른 역할을 하기 때문이라는 것이다.

대뇌의 양쪽은 서로 '다르다.' 사실은 아주 많이 다르다. 만약 양쪽 뇌를 갈라놓으면(간질 환자의 뇌에서 연결 조직 부위를 잘라내는 경우처럼) 서로 원하는 것을 두고 싸울지도 모른다. 신경심리학에서 개척자적 연구 성과로 노벨상까지 받은 로저 스페리(Roger Sperry)는 환자 한 명이 "한 손으로는 바지를 추어올리려 하고 다른 손으로는 잡아 내리려고 안간힘을 쓰는 걸 보았다. 또 한 명은 오른손으로는 아내를 폭행하면서 왼손으로는 보호하려는 행동을 하기도 했다."[17] 실제로 우리에게는 몸을 지배하려고 서로 싸우는 두 개의 완벽히 독립적인 마음, 소위 두 '의지'가 있는 것이다. 이에 반해 '의식'은 늘 하나다(재미있는 건, '잘못 행동'하는 건 항상 왼손이라는 점이다. '불길한', '사악한'이라는 뜻의 'sinister'가 라틴어의 'left'에 해당되는 말에서 나왔다는 사실을 떠올려보자).

뇌의 이런 작용은 대체 무슨 연유에서일까? 뇌가 하나의 단일체로서 우리 몸을 지배하던 시절로 되돌아가 진화론적 관점에서 살펴보는 것이 아마도 가장 논리적일 것이다.

밝혀진 대로, 동물의 왕국이 처음 열리던 시기에 생명체들은 진화의 과정에서 상반된 두 가지를 동시에 요구하는 고도로 강력한 필요성에 직면하게 된다. 새들의 경우 눈앞의 먹이에 집중하면서 동시에 주변의 위험 상황을 면밀히 살펴야 할 필요가 생겼다. 이처럼 세상을 동시에 다르게 보는 방법을 한 번에 터득하기는 힘들다. 머리를 두드리면서 배를 문지르는 일을 동시에 하는 것과는 다른 일이다. 특화된 뇌 반구들이 척추동물에서 널리 발견되는 것으로 보아 양 뇌의 제각기 다른 특화는 척추동물이 진화 과정에서 해법으로 선택한 것이 아닌가 싶다. 또한 물떼새, 마모셋, 인간 등에서 공히 같은 방식 ─ 왼쪽 반구가 주의(먹이를 쪼는 것)에 초점을 맞추는 반면 오른쪽은 주의력의 범위와 유연성(한쪽 눈으로 매를 관찰하는)을 담당하는 ─ 의 특화가 일어난 것을 보면 진화의 역사에서도 매우 이른 시기에 이미 시작된 듯하다.[18]

정신과 의사인 이언 맥길크리스트가 뇌의 왼쪽과 오른쪽 반구의 차이에 대해 쓴 걸출한 저서 《주인과 그의 밀사》에는 신경계 업무의 이 특별한 분할이 "우뇌는 사물의 전체를 보고 전후 관계를 파악하며, 좌뇌는 사물을 맥락에서 추출해 부분화시켜 본 다음에 전체를 재구성하는 식으로 각기 다른 발달을 하게 된 것에서 비롯되었다. 또한 인간으로서 다른 이들과 무리를 지어 살게 도와주는 능력들, 이를테면 감정이입, 정서적 공감 등등 자신과 상당히 다른 종류의 세상에 관심을 갖게 하는 특질들은 다분히 우뇌가 담당하는 기능에 포함되어 있다"고 쓰여 있다.[19]

대뇌 좌우 분화 이론을 대중적인 심리학 정도로 얕잡아보기 쉽지만 맥길크리스트의 엄청난 학문적 집대성에서 보듯, 이 이론이 아니었다면 우리는 세상이 어느 쪽 반구가 득세하는가 또는 두 반구가 서로 우호적인가에 따라 움직인다는 걸 이해할 수 없었을 것이다. 또는 드물기는 하지만 한쪽 혹은 다른 쪽 반구가 과도한 지배권을 얻는가의 작용이라는 것도.

뇌졸중을 일으킨 이들, 한쪽 뇌 반구가 완전히 마비된 이들 등 분할 뇌 환자들에 대한 연구들은 두 반구의 매우 다른 특성에 대해 흥미진진한 통찰을 제공해 준다. 이에 따르면 오른쪽 반구는 세상에서 벌어지는 일을 이해하게 해주는 것으로 보이며(매의 움직임을 살피는 일의 확장 버전), 매우 진정한 의미에서 실재와 접촉하는 것으로 파악된다. 우뇌가 수집한 정보는 좌뇌로 전달된다. 이 두 번째 '중요한' 반구(이렇게 부르는 이유는 여기에 언어 능력이라는 비장의 힘이 속해 있기 때문이다)는 집중(먹이를 쪼는 일)에 특화돼 있으며, 정보를 카테고리별로 나누고, 세상을 보다 추상적으로 본다. 우뇌 뇌졸중 환자들(좌뇌는 손상을 입지 않은)은 특유의 현실 거리감, 즉 세상을 편평하게 보는 증상을 보이며, 타인과의 공감 능력은 사라진다.[20]

좌뇌는 어떤 도움도 받지 않고 자력으로(어떤 이유로든 우뇌와의 연결이 끊어졌을 때) 명랑쾌활하고, 자기 만족적이며, 늘 상승 무드의 폴리애너(Pollyanna, 지나친 낙천주의자. 미국 아동문학 작가인 엘리너 호지만 포터의 작품에 나오는 인물 이름에서 유래됨 - 옮긴이)다. 어떤 경우에도 좌뇌는 확실성의 감각을 유지하기 위해 이야기를 엮어내려는 의지로 불타오른다. 이는, 우뇌 뇌졸중을 일으켜 몸의 왼쪽 반이 마비된 환자들이 뭔가 잘못되었다는 걸 절대로 믿으려 하지 않는 희한한 현상에 대한 설명이 될 수 있다. 이 환자들은 자기 왼팔이 움직이지 않는 것을 설명하는 기상천외한 이야기를 지어내기 일쑤다. 맥길크리스티가 관찰한 것처럼 "보지 못하는 이들이 시각장애인만은 아니다. 의지에 가득 찬 부정(否定)도 이에 못지않다. 호프와 피즐이 이를 절묘하게 보여주는 환자를 묘사한 글이 있다. '검사에서, 오른쪽 시야에 자신의 왼손이 보이게 하면 그녀는 고개를 돌리고 말한다. "안 봐요." 그녀는 자연스럽게 왼손을 침대보 아래로 감추거나 등뒤로 숨긴다. 그녀는 절대로, 심지어 왼쪽에서 불러도 왼쪽을 보지 않는다.'"[21]

저명한 신경학자인 빌라야누르 라마찬드란은 이들 뇌졸중 환자들은 "이치에 맞지 않는 생각을 받아들이기 위해 고삐를 풀어버리려는 의지"[22]를 보여준다고 기록한 바 있다. 나아가 맥길크리스티는 좌뇌의 우세를 "부정, 순응주의 경향, 증거를 무시하려는 의지, 책임을 피하려는 버릇, 그리고 한 이론의 압도적인 증거를 눈앞에 두고도 단순한 경험으로 치부하는 맹목성"[23]으로 특징지었다.

뇌의 한쪽이 마비된 이들을 대상으로 한 실험은 흥미로운 결과로 마무리된다.[24] 예를 들어 이런 글이 주어졌다고 하자.

1. 모든 나무는 물에 가라앉는다.
2. 발사(Balsa, 구명 뗏목을 만드는 재료로 쓰이는 열대 나무 - 옮긴이)는 나무다.
3. 결론 : 따라서 발사는 물에 가라앉는다.

우뇌만 활동하는 사람들은 이 글을 보고, 발사 나무가 가라앉을 것을 암시하는 것 같지만 실제의 발사는 물에 뜬다고 이야기할 것이다. 이에 대해 맥길크리스티는 우뇌가 본질적으로 엉터리 형사 역할을 하는 것 같다고 말한다. 이에 반해 좌뇌만 작동하는 환자들은 이 유명한 발사 나무가 가라앉는다고 주장할 것이다. "지금 여기서 말하는 그대로라고!" 이들에게서 진짜 세상의 실상은 완전히 무시된다.

좌뇌의 영향을 덜어낼 수 있는 능력의 여하가 자신의 눈에 보이는 현상 이면의 실상들을 보지 않으려 하는 일부 사람들의 완고함을 설명해 줄 수 있을까? 또한 처음의 인상 때문에, 그 반대를 입증하는 엄청난 증거들을 바로 앞에 두고도 거의 말도 안 되는 이야기들을 믿는 심리도 설명해 줄 수 있을까?

22

지지자들

> 여론에 관한 한, 우리의 적수는 미친 사람들이다.
> —오스카 와일드[1]

2006년 8월 14일, 캐럴 앨든은 1급 중죄 모살, 2급 중죄 재판 방해, 그리고 3급 사체 모독죄로 정식 기소되었다. 그러나 지지자들은 캐럴을 옹호하기 위해 집결했고, 판사에게 동정을 호소하는 편지들을 보냈다. 그 편지들 중 일부가 발췌되어 《데저릿 모닝 뉴스》에 실렸다.

"이 편지는 캐럴 세션스에게 관용을 베풀 것을 지지하기 위한 것입니다." 이는 델타 커뮤니티 장로교회의 스탠리 들롱 목사가 쓴 편지의 일부다. 스탠리 들롱 목사는 앨든과 그녀의 남편 마티 세션스의 결혼식을 주관했던 사람이다.

캐럴의 친구 앤젤라 웨스턴은 이렇게 썼다. "캐럴은 정직하고 신뢰할 수 있는 사람입니다!!! 살인자가 아니에요!!!!!!!!!! 캐럴을 이런 식으로 재판할 수 있는 자격이 있다고 생각하는 사람들은 창피한 줄 알아야 해요. 그들 역시 신 앞에서 자신들이 저지른 죄의 대가를 치러야 할 것입니다. 매우 엄중한 대가를 치러야 할 거예요!!!!"

캐럴의 친구이며 설리바 시스터즈라는 이름으로 활동하는 퍼포먼스 그룹의 멤버 레베카 힐, 크리스틴 메릴, 미셸 넌리는 "그녀는 만성적인 극도의 스트레스와 학대로 인해 우울증을 앓게 되었으며, 이 병 때문에 저지른 행동에 대해 끔찍한 대가를 치르고 있습니다"라고 써 보냈다.

친구 조이 에모리는 "여전히 캐럴 앞에는 더 왕성하게 활동할 수 있는 커리어가 기다리고 있으며, 성공했던 경험과 더불어 사회에 긍정적인 기여를 할 수 있는 능력이 있습니다"[2]라고 썼다.

신문 기사는 "캐럴의 친구들은 그녀의 참회가 판사를 설득시켜 석방을 이끌어낼 수 있을 것으로 기대하고 있다"는 말로 끝맺고 있다.[3]

* * *

밀라드 카운티 교도소에서 자원봉사하는 목회자이며, 지역 가정폭력위원회에서도 봉사활동을 하는 실비아 헌츠먼의 말이 《데저릿 모닝 뉴스》에 인용되었다. "캐럴의 남편 마티는 걸핏하면 캐럴과 아이들을 죽여버리겠다고, 어떻게 죽일 것인지 자세히 묘사해 가면서 위협했습니다."[4]

그러나 이 이야기의 이면에는 보다 미묘한 뉘앙스가 존재한다.

실비아 헌츠먼이 마티와 살인사건에 관해 알고 있는 내용은, 그녀가 전화에서 밝힌 것처럼 모두 캐럴에게서 얻은 정보들이다. 헌츠먼은 캐럴이 드레이퍼에 있는 유타 주 교도소로 이송되기 전 2년간 수감되어 있던 밀라드 카운티 교도소의 일요 미팅을 통해 캐럴과 알게 되었다.

"캐럴은 길에 버려진 개들을 보면 다 자기 집에 데려다 기를 사람이에요." 헌츠먼은 애정을 담아 말했다. "안타깝게도 캐럴은 친절을 베푼다고 고쳐질 사람이 아닌, 엄청난 문제를 지닌 남자들을 좋아했어요. 마티는 끔찍할 정도로 폭력적이었죠. 그녀는 세탁실에다 경찰이 코요테를 쫓는 데 쓰라고 권했던 총을 숨겨두고 있었죠."

"첫 발은 마티의 머리를 쐈는데, 캐럴은 그가 안 죽었다고 생각했어요. 마티가 어떻게든 다시 일어날 거라고 생각했던 거죠. 그래서 마티를 다시 쐈던 거예요. 두 번째 총알이 등에 박힌 건 그 때문이었어요."(하지만 이 말은 물질적 증거와 모순된다. 덩치가 작은 캐럴이 마티의 머리 꼭대기에서 바로 아래로 총을 쏘았다는 것은 그가 이미 쓰러져 있지 않고서는 불가능하기 때문이다. 그리고 캐럴 스스로도 머리에 쏜 것이 두 번째 총격이었다고 말했다.)

"그래서 그녀는 뒷마당에서 마티에게 북미 원주민 식의 장례를 치러주기로 했어요." 헌츠먼이 말을 이어갔다. "캐럴은 아무런 생각도 하지 않았어요. 그녀로서는 정당방위였거든요. 남편을 재차 쏘고 시체를 옮기는 행위는 논리적인 것과는 거리가 멀죠. 그러나 그녀는 트라우마에 시달렸고, 그 순간에는 논리적 사고란 걸 할 수 없었어요."

"캐럴과 자녀들의 관계는 놀라울 정도예요. 나이가 좀 있는 아들 한 명과는 친하지 않더라고요. 그 아들은 캐럴과 관계를 끊었어요. 그러나 딸 크리스털은 고등교육을 받았고 대학을 졸업할 예정이에요. 캐럴이 가장 친밀하게 여기는 아이는 막내딸인 에밀리예요. 캐럴은 자녀들과 아주 바람직하고 정직한 유대관계를 맺고 있어요. 그녀는 아이들에게 이런저런 변명을 둘러대지 않았어요."

"캐럴의 최고의 장점이 뭐냐고요? 오, 타고난 예술가라는 거죠. 작가이고. 회복력을 지닌 사람이에요. 지옥을 경험했지만 어떻게든 되돌릴 수 있다는 자기 신뢰를 잃지 않았죠. 그녀는 가족과 친구들에게 매우 충실한 사람이에요. 그러나 어린 시절의 경험 때문에 매번 그녀를 비참하게 만드는 사람들을 고를 뿐이에요. 그녀는 남을 잘 믿어요. 마음이 여리고, 그 때문에 스스로를 곤경에 빠뜨리기도 하는 거죠."

"그녀는 어렸을 때 아버지에게서 늘 바보 취급을 당했고, 아무 남자도 원하지 않을 아이라는 말을 듣고 자랐어요. 그러나 용케도 잘 견뎌냈죠. 학대 속에서 자란 여자들은 대체로 가학적인 남자와 유대관계를 맺는 경향이 있습니다. 그래도 캐럴은 이런 남자들을 한결같이 이해하고 용서하고 사랑할 수 있는 사람이에요."

(캐럴의 가족은 그녀가 아버지로부터 항상 '바보 취급을 당했다'는 헌츠먼의 말에 이의를 제기했다. "모두 사실이 아닙니다. 물론 캐럴의 지금 모습은 그럴 수 있겠지만요. 아버지는 딸의 성공을 늘 자랑으로 여겼고, 다른 자녀들에게 하는 것과 똑

같이 그 자리에서 칭찬해 주었습니다." 또한 캐럴의 가족은 때로 캐럴의 행동으로 놀라고 화가 났을 때 아버지와 어머니가 합심하여 캐럴을 야단쳤다고 진술했다.)

"자주 만나지는 못하지만 캐럴은 내 가장 친한 친구 중 한 명입니다." 헌츠먼의 말이 이어진다. "그녀가 받은 판결은 공정하지 않았어요. 변호사가 나태했던 거예요. 그녀의 남편은 정말로 그녀를 죽이려고 했다고요."

"캐럴 앨든은 열려 있고 정직한 사람입니다. 자유로운 영혼의 소유자예요. 자신만의 방식으로 살아가죠. 그녀가 사는 곳에서는 그런 모습을 이해하지 못했어요. 그저 예술가다운 사고와 행동을 하는 건데 말이죠. 물론 그녀는 다른 사람들이 어떻게 생각하든 신경 쓰지 않아요. 시골 사람들로서는 그녀를 자기들의 일원으로 받아들일 준비가 되어 있지 않았고, 그녀 역시 예수 그리스도 후기 성도교회(모르몬)의 신도가 아니었거니와 옷차림이나 행동도 그들의 관습을 따르지 않았지요."

"그녀는 농장에서 살면서 라마를 길렀어요. 아마 최고의 가정주부는 아니었겠죠. 북미 원주민의 종교에 심취했고, 술이나 마약에는 빠지지 않았어요. 말하자면 마약을 하지 않는 히피족 같았죠. 그녀는 자신의 생각을 어떤 특정한 종교나 믿음에 쏟아붓지 않았습니다. 그러나 그녀에게는 신심이 있어요. 신에 대한 진실한 믿음이 있습니다."

"흥미로운 건 그녀가 순진하지 않다는 거예요. 다 이해를 해요. 그리고 용서하죠."

* * *

살인사건 이후 이 지역에 이야기 하나가 입에서 입으로 전해졌는데, 지역의 형사 사법부 관련 일을 하는 두 사람이 겪은 일화였다. 이 두 사람이 마티 세션스가 죽기 2주 전쯤 델타에 있는 하츠 개스 앤 푸드(주유소 및 자동차 정비소 업체명 - 옮긴이)에 우연히 들렀다는 것이다. 용을 얹은 캐럴의 지프를 보고 처음에는 비웃던 두 사람은, 어쩌다 보니 자기들이 캐럴과 대화를 하고 있는 걸 깨닫게 되었다고 한다. 두 사람에 따르면, 자기들은 직업상 사람들이 늘어놓는 무슨무슨 이유들에 대해서 꽤 지치고 질린 상태였는데도 불구하고, 놀랍게도 자신들의 눈에 캐럴이 정말 좋은 사람으로 보였다는 것이다.

캐럴과 이야기를 나누고 차에 다시 오른 두 사람은, 그 동안 자기들이 그녀 같은 사람들을 대하면서 편견 때문에 얼마나 잘못된 판단을 해왔을지 모르겠다는 말을 주고받았다. 그 중 한 명은 이런 말을 했다. "이 일화는 모든 사람이 다 나쁘지는 않다는 것을 보여줍니다. 세상 사람들이 다 살인자라는 식으로 사람들을 재단하는 것은 위험하다는 거죠."

23
검찰의 작전실

> 신용이란 묘한 것이다. 딱 한 사람의 말에만 귀를 기울이면 그가 속이거나 틀렸을 수 있다. 그렇다면 여러 사람의 말에 귀 기울이면 어떨까? 그들 한 명 한 명이 제각기 속이거나 틀렸을 수 있다. 그러니 대체로는 진실을 절대로 얻을 수 없다.
> —요한 볼프강 폰 괴테, 《괴테의 격언과 사상》[1]

검찰 측으로서는 자신들 앞에 놓인 편지가 수류탄이나 마찬가지였다.[2] 솔트레이크시티의 법정 심리학자 스티븐 골딩이 방금 캐럴 앨든의 보석 적부심에 대한 의견서를 보내온 것이다.

그녀는 정신이상적 인격 체계나 폭력 행동의 전과(상습 범죄의 가장 중요한 두 가지 전조)를 둘 다 지니지 않았습니다. 사실상 과거 그녀가 어떤 의미로든 폭력을 행사했다는 걸 뒷받침할 자료는 전혀 없습니다. 더구나 일어난 폭력은 마티 세션스가 관여된 그 상황에 지극히 한정된 것으로 보입니다. 앨든 부인은 또한 어린 자녀들과 애정으로 강하게 결속되어 있으며 (……) 이들의 양육권을 놓고 전 남편과 적극적으로 싸워왔습니다. 마찬가지로 그녀는 딸 중 나이가 많은 멜러니 보즈먼과도 강하게 결속되어 있습니다. 따라서 그녀가 이들과의 관계를 끊고 도주할 가능성은 없어 보입니다. 더욱이 그녀는 재정적 방편이 전무하다시피 하여 도주 능력이 없는 상태입니다. 결과적으로, 앨든 부인은 공소에 대해 스스로를 적극적으로 변호해야 할 입장에 있으며, 세션스 씨가 죽은 날 밤 무슨 일이 벌어졌는지 사람들에게 충분히 이해시키기 위해서라도 법정에 출두할 동기가 충분합니다.[3]

"골딩의 분석에 대해 어떻게 생각하십니까?" 패트릭 핀린슨이 물었다. 골딩은 유타 전체에서 널리 알려진, 법 집행자들 사이에서 존경받는 인물이었다.

"글쎄요, 때때로 숙련공도 문제를 잘못 판단하게 마련이니까요"라고 제이콥슨이 말했다. "캐럴은 자기를 담당하는 심리학자까지 바보로 만들어버리는군요."

검찰 팀은 밀라드 카운티 보안관 사무실 지하의 큼직한 방에 '작전실'을 꾸몄다. 이 방은 화이트보드로 된 벽과 커다란 탁자의 조합으로 꽤 유명했다. 주로 중대한 사건에만 이용되는 이 방에서 브레인스토밍, 논점의 전개, 제출물 정리, 소환할 증인 결정, 증거와 관련된 다양한 문제에 대한 토론 등이 이루어졌다.

"그러나 앨든이 진짜 골딩의 치료를 받는 것 같지는 않아요"라고 마이클 웜스가 의견서를 가리키며 말했다. 웜스의 느릿한 동작은 그가 유타 주 지방법원 범죄국 특검팀의 수장이며, 이 사건의 책임자로서, 사려 깊은 천성을 지녔음을 보여주는 듯했다. 윔스는 앞에서 썼듯이 뛰어난 재능을 지닌 인물이다. 존 크라카우어의 책 《천국의 기치 아래》에서 다루어졌던 일부다처주의자이자 아내 살해범이며, 마티 세션스의 과거 동료이자 마티를 공격한 사람이기도 했던 론 래퍼티의 성공적 기소를 잘 지휘한 것으로도 유명하다. 윔스와 유타 주 지방법원의 부검사인 패트릭 놀런 두 사람 다 솔트레이크 시티에서 시골인 밀라드 카운티로 파견된 것은, 패트릭 핀린슨이 살인사건이 일어나기 며칠 전에야 부검사 일을 시작했기 때문이었다. 물론 그보다 더 큰 이유는 이 살인사건이 누구도 예상치 못한 복잡성을 띠기 시작했다는 점 때문이었다.

"골딩은 앨든에게 약을 처방해 주거나 치료를 해주지 않았어요." 윔스가 꼼꼼히 짚듯이 말했다. "그는 그녀를 '평가'하기 위해 고용되었죠. 법정에서 쓰일 보고서를 작성하기 위해서죠. 말하자면 앨든은 그의 '고객'이지 환자가 아니라는 겁니다."

윔스는 임상심리학과 의사들이 객관적인 추가 자료, 즉 신뢰할 만한 다른 목격자들의 증언을 확인하지 않는다는 것을 알고 있었다. 환자가 어머니와 실랑이를 벌였던 어린 시절에 대해 이야기할 때처럼 실제로는 누가 무엇을 말한 것인지 끝까지 밝혀내기가 어렵기 때문이다. 그러나 심리학자들이 법정에 제출하는 보고서에는 객관적인 추가 자료가 반드시 첨부되어야 한다. 윔스는 골딩이 이런 면에서 최고임을 알고 있었다. 골딩은 이 주제를 가지고 전국적인 강연을 하는 사람인데다, 객관적인 증빙 자료를 소홀히 하는 사람들에게 신랄한 비판을 가하기도 했다. 골딩이 존경받는 법정 의학자가 된 것에는 그런 이유도 있었다.

진짜 문제는, 피고인이 타고난 성품 때문에 객관적 자료로서 입증되거나 반박하기에 적합하지 않은 이야기를 할 때였다. 즉 의뢰인의 느낌, 그가 사물 또는 사람에 대해 생각하는 방식 같은 것들은 확인할 수도, 부정할 수도 없는 것들이다.

그러나 웜스는 법의학의 견지에서 상대를 파악하는 골딩의 접근법이 '매번' 꾀병을 알아채는 데 성공했었음을 알고 있었다. 법정에서 의사를 대하는 사람들은 대개 이야기를 꾸며내려는 강력한 동기가 발동하기 때문이다. 따라서 골딩이 부수적으로 확인할 수 있는 사실에 속아넘어가는 일은 거의 없다고 봐야 했다. 그러나 골딩은 추가적인 증거로도 반박할 수 없는 사항들은 자유롭게 받아들였다.

검찰 측으로서는 골딩이 의뢰인의 진술을 지나치게 신임한 것이 분명해 보였다. 물론 공평히 말하자면 골딩은 캐럴 앨든이 정신병자도 아니고 폭력 성향이 있는 것도 아니라고만 했다. 그러나 논조 자체는 피고 측을 지지하는 쪽이었다. 이제 검찰 측에서 할 일은 캐럴의 그럴 듯한 태도 뒤에 숨어 있는 기만을 드러내 보이는 것이었다.

"이렇게 생각해 봅시다." 제이콥슨은 의자를 세게 뒤로 밀고 화이트보드 앞에 가서 섰다. "첫째, 그녀는 총을 살 돈을 구하기 위해 이 근처 은행을 두고 굳이 100마일 떨어진 프로보까지 차를 몰고 갔다는 겁니다. 델타에서 돈을 빌리면 시간이 더 걸릴 수는 있지만 이자율이 400퍼센트 정도로 높지는 않은데도 말이죠. 이 부분은 캐럴이 '지금 당장' 돈이 필요했고, 자기가 하는 행동을 숨기려고 애썼다는 말로 들려요."

제이콥슨은 돌아서서, 단단히 쥐느라 마커의 펠트로 된 끝을 구부러뜨려 가며 칠판에 적었다.

'돈을 구하기 위해 북쪽으로 100마일을 갔다.'

"그 다음날, 그녀는 방향을 틀어 남쪽으로 80마일을 차로 달려 비버에서 단총을 샀어요." 제이콥슨의 눈썹이 비웃듯이 치켜 올라갔다. "8마일 떨어진 델타에서 총을 사는 대신에 말이죠. 30마일 떨어진 필모어에서도 총을 살 수 있었는데 말입니다. 즉 근처에 사는 사람들에게 자기가 총을 샀다는 걸 알게 하고 싶지 않았던 겁니다."

'총을 사기 위해 남쪽으로 80마일을 갔다.'

"그녀는 전과자와 거의 10년을 함께 살았던 사람이에요. 전과자와 함께 지내려면 총기류를 절대 소지할 수 없다는 걸 '알고 있다'는 거죠."

'마티는 총기류를 절대 소지할 수 없다.'

"그녀는 점원에게 코요테를 쏠 거라고는 정확히 말하지 않고, 둘러보고, 38구경 스미스앤웨슨 단총을 삽니다. 특별히 점원이 권총이 알맞지 않다는 말을 한 직후에 말이죠. '코요테를 쏘려면 소총이 필요할 텐데요, 부인.'"

'총에 대한 거짓말.'

"그리고 그녀는 총을 산 그날 저녁 곧장 집에 가지 않고 자기 방어로 남편을 쏘아야 할 정도로 힘든 상황이 될 때까지 밖에 있었다는 거죠. 차라리 그가 짐 싸들고 나갔을 때 친구 집까지 찾아가 집으로 끌고 온 직후였다면 모를까. 더구나 자기를 죽이겠다고 위협하면서 집 주위를 돌아다니며 엄청나게 겁을 준 후도 아니고 말이죠. 그녀는 그가 기절해 쓰러지면 호흡 곤란을 겪을까봐 두려워서 집을 떠나지 못한다고 말하죠? 그러면서 총으로 쏴요? 두 번씩이나? 세상에!"

"그녀가 살인을 저지를 때의 심리상태도 문제예요." 패트릭 놀런이 조용히 지적했다. 놀런은 말이 많지 않았지만 무언가 이야기를 할 때면 들을 가치가 있었다. 다른 사람들과 마찬가지로 놀런은 성실함이 몸에 밴 가정적인 사람이었다. 이들이 이룬 팀은 정교하게 조율된 엔진처럼 어울려 임무를 수행하는 훌륭한 조합이었다.

"이 여자는 이야기를 설명할 때마다 심리상태가 변해요." 놀런이 제이콥슨을 지나쳐, 넘길 수 있게 만들어진 플립 차트 쪽으로 다가가면서 말을 계속했다. "이걸 한번 늘어놓아 봅시다." 그는 마커 하나를 집어들고 다른 사람들이 하는 말을 적기 시작했다.

"슬레이븐스 변호사는 정당방위와 매 맞는 여자 증후군으로 몰고 가려는 것 같아요." 웜스가 말했다. "골딩의 의견서로 그녀에게 심리학적으로 힘을 얹어주고 말이죠. 어쩌면 그녀로서는 좋은 기회가 될 수 있겠지요."

"그쪽이 어떻게 나올지 아직 확실치는 않아요. 과대망상인 척 꾸며 보일 가능성도 있고." 핀린슨이 말했다. 캐럴이 완전히 정신이상인 것으로 하여 탄원할 가능성은 없어 보였다. 그럴 경우에는 기본적으로 자기가 쏜 것이 사람인지 토마토인지도 분간하지 못하는 상태여야 했다. 그렇지만 어느 모로나 모든 방향이 캐럴 앨든이 살인에 대해 유죄를 인정하는 쪽으로 가고 있지는 않았다.

"그렇다 해도 문제는 캐럴의 행동이 두 번째 총격의 순간까지는 과대망상이라고 하는 가정과 맞아떨어지지 않는다는 겁니다." 놀런이 말했다. "두 번째 총격이 첫 총격 이후 몇 분 안에 이루어진 것이든, 두 시간 후에 이루어진 것이든. 그녀가 자기 스스로는 물론 상황을 지나치게 잘 제어하고 있었다는 거죠."

"글쎄, 적어도 사체 모독에 대해서는 의문의 여지가 없지요." 핀린슨이 말했다.

"시체가 이동주택 주변으로 날아다녔죠. 밧줄에 묶여서. 내 말은 이 부분은 빼도 박도 못한다는 뜻입니다." 놀런이 덧붙였다.

윔스, 핀린슨, 제이콥슨은 증거물들, 즉 마티의 비참한 사체, 임시로 만들어진 무덤 사진들을 응시했다. 그들은 직접 가서 범죄 현장을 보기 '전까지는' 그 이야기를 믿지 않았다. 그런데 증거까지 찾아 돌아온 뒤인 지금까지도 그들은 일어난 일을 믿기가 어려웠다.

"그녀가 그를 쏘기 전에 무슨 말을 했을지 궁금하네요." 이 의문은 실제로 누가 말을 하기는 했는지, 그것조차 알기 어려운 상황이므로 그저 수사적인 질문일 뿐이었는데도, 모두들 궁금해했다. "무엇이 마티를 그렇게 돌게 만들었을까요?"

"여자가 일부러 그를 자극했는지도 모르지요." 제이콥슨이 생각하는 걸 입 밖으로 냈다. "남자는 그냥 잠에서 깨어났는데 자기가 여자와 다시 돌아가고 있었던 거죠. 특히 그가 거처를 옮기려고 애쓰는 때였다면 충분히 폭발할 수 있었을 거예요."

"그 점도 문제예요." 놀런이 플립 차트를 쓰던 손놀림을 잠깐 멈추고 말했다. "마티의 과거들을 보면 좋게 포장해 줄 만한 구석이 없어요. 마약 사용, 범죄 전과. 누가 뭐래도 동정이 가는 피해자는 아니에요."

모두 고개를 끄덕였다. 마티 세션스의 장기간 수감 기록과 일부러 뒤를 따라다니기라도 한 것 같은 여러 문제들은 카운티 내에서 그를 '걸어다니는 나쁜 소식'으로 만들고도 남음이 있었다. 사실, 이 팀이 좋아했든 그렇지 않았든, 마티 세션스의 성격은 이 사건의 재판에서 가장 어려운 측면 중 하나였다. 마티 세션스는 그냥 단순 실종되는 정도였다면 몇 명 정도가 눈썹을 올렸다 내리고 말았을 사람이지, 위대한 피해자가 될 사람은 아니었다.

놀런은 목청을 다듬고는 죄목이 깔끔하게 정리된 플립 차트로 눈길을 돌렸다.

76-5-203
1급 중죄 모살(5년에서 종신형)
증명되어야 할 것
- 고의적이거나 알면서 저지른 살인(정신상태를 증명해야 함)
- 제2의 죽음이 일어날 수 있음

76-5-205
2급 중죄 살인(1년에서 15년)
증명되어야 할 것
- 제2의 죽음의 원인이 될 수 있음을 신경쓰지 않음
- 정당방위에 의해 살인의 책임이 면제됨(203.4에 의거)
- 과대망상 환자로 판단하여 살인죄를 특별히 감해줌(205.5에 의거)

"간단히 줄이면 이것들이 중심 죄목입니다"라고 놀런이 말했다. "모살이냐, 살인이냐를 증명해야 하는 거죠. 우린 앞으로 어떤 싸움을 선택할지 결정해야 합니다."

팀원들은 칠판을 뚫어져라 쳐다보았다. 물어볼 것도 없이 제일 위에 적힌 모살로 가기를 원했다(1급 살인은 텔레비전에나 나오는 말이고, 유타 주에서는 '모살'이라는 말이 자동적으로 1급 중죄 모살을 의미했다). 그러나 어떻게 거기까지 갈 것인가?

제이콥슨은 놀런의 플립 차트를 옆으로 밀어놓고 화이트보드에 이렇게 썼다.

'*그는 곧장 나를 향해 오고 있었다.*'

제이콥슨은 동그라미를 쳤다. "이게 이야기 번호 1번입니다."

"우리가 총알이 등에 박혀 있었다고 이야기했죠." 핀린슨이 말했다.

"맞아요. 그랬더니 그녀가 이야기를 바꾸었어요." 제이콥슨은 동그라미 위에 가위표를 그렸다. "그 다음엔 마티가 복도에서 여자를 지나쳐 갔다가 그녀의 기척을 듣고 돌아섰다고 하죠. 그가 여자를 잡으려고 돌아설 때 여자가 쏘았어요. 그러니까 그가 여자를 향해 다가가고 있었는데, 총알이 어떻게 등에 박혔느냐는 거죠."

"그러게요." 웜스가 빈정대듯이 말했다.

제이콥슨은 '*그가 돌아서면서 나를 향해 돌진하고 있었다*'라고 쓰고 동그라미를 쳤다. "그렇다면 두 번째 총격 때 그녀는, 자기 말대로라면 남자의 위쪽 15피트 높이에 서 있었다는 말이 됩니다."

'*마티에게서 멀찍이 떨어져서 섰다.*'

"그러나 이 말은 법정 증거물과 일치하지 않아요. 베개를 보면 여자가 남자의 머리꼭대기에 대고 직사 거리에서 발사했다는 걸 알 수 있거든요. 그러자 여자는 '다시' 이야기를 바꿉니다. 이번에는 남자 바로 옆에 앉아서 최후의 일격을 날렸다고 말이죠."

'아차! 정확히 말하면 그 사람 바로 옆에 있었다는 뜻이다.'

"그렇다면 그녀의 말은 자기가 오래 생각을 했다는 뜻이네요." 핀린슨은 재차 캐럴의 왜곡된 논리를 집어냈다. "그래 놓고도 결국은 남자가 숨을 쉬는 걸 본 것 같다고 생각한 거고. 여자는 집의 반대편 끝으로 남자를 지나쳐 가야 했기 때문에 그때 그를 다시 쏘았어요. 전화기를 제자리에 다시 걸어서 다이얼 신호가 가게 해야 했거든요."

제이콥슨은 '*두 번째 총격할 틈을 기다렸다*'라고 화이트보드에 쓰고 동그라미를 쳤다.

"자기 말대로 오랫동안 기다렸다면 그녀도 남편의 옷자락이 펄럭거리는 게 정열에 불타 숨을 헐떡이는 게 아니라는 것쯤은 알았을 거고요." 핀린슨이 말했다.

"빙고. 그래서 그녀는 이야기를 바꾸어요." 제이콥슨은 '기다렸다'는 단어에 가위표를 하고 '*빨리 재차 쏘았다*'라고 써넣는다.

"그런 다음, 그녀는 슬레이븐스에게 말하고 나서야 자기가 밖으로 나가는 또 다른 길을 알고 있다는 사실을 깨닫게 됩니다. 그녀가 그를 죽일 때 제정신이 아니었다고 말한다면 250조 부조항 5에 의한 '특별 경감 대상 살인죄'에 해당되어 풀려나게 되겠지요. 과대망상을 내세우는 거죠. 돌연 그녀는 친척, 후원자들에게 편지를 쓰기 시작해요. 자기가 무아지경이나 비몽사몽 같은 상태였다고. 몇 시간 정도 멍한 상태로 있었기 때문에 무슨 일이 벌어졌는지 깨닫지 못했다고 말이죠."

'*멍한 상태로*'라고 제이콥슨은 썼다.

"여자는 그가 양팔을 머리 위로 쳐든 채 거기 누워 있었다고 말해요." 윔스가 말했다. "그러나 그녀는 그가 일어나 자기를 잡으려 들까봐 무서워서 다시 쏘았다고 했어요. 그런데 직사 거리에서 머리를 쏘려면 남자의 뻗친 손 바로 옆으로 붙어서 베개를 대고 방아쇠를 당겨야 하죠. 사실 그럴 시간 동안 그녀는 언제든지 앞문이나 뒷문으로 쉽사리 달아날 수 있었어요. 마티 근처로 갈 필요도 없이."

"게다가 여자의 딸은 베개를 보관하는 장소는 오로지 침구류 수납장이나 각자의 침실들뿐이라고 말했어요. 이 말은 그녀가 그 전에 이미 남편을 쏠 때 중간에 세워놓을 용도로 쓸 베개를 가지러 마티 옆을 '지나쳐 갔다'는 이야기가 됩니다." 제이콥슨이 말했다.

"내 생각엔 이 여자, 남자가 꼴 보기 싫어서 다시 쏘았던 겁니다. 그가 죽었는지 확인할 좋은 기회였던 거죠. 정말로 죽은 건지. 그녀는 자기가 할 수 있는 가장 나쁜 방법으로 그를 해치고 싶었던 거예요. 그런데 오물을 묻히고 싶지는 않았던 거죠. 그래서 그의 호박 덩어리와 총 사이에 베개를 끼워넣었어요. 오물을 튀기지 않을 방편으로." 사실 누가 됐든 이 말을 하는 건 쉽지 않았다. 모두가 의아해하고 있던 일이었기 때문이다.

모살, 그들은 의문의 여지없이 그렇게 느꼈다. 그러나 실제적인 고려사항들이 그들을 의기소침하게 했다. 만약 곧장 모살로 몰아가

23장 검찰의 작전실

면, 골딩의 의견서에 힘입어 정당방위나 과대망상 중 하나에 의해 일반 살인으로 죄가 경감되는 걸 막을 일이 한층 어려워질 것이었다. 게다가 다른 염려도 있었다. 중요한 고려사항 중 하나가 캐럴이 두 번째로 쏘았을 때 세션스가 그때까지 살아 있었는가 아닌가 하는 것이었다. 이미 죽은 상태였다면 그녀가 한층 더 고의적인 살인임이 분명한 두 번째 총격을 하는 것 자체가 법적으로 불가능한 일이 된다.

생각할수록 복잡미묘한 사건이 아닐 수 없었다.

윔스는 악마의 변호사 놀이를 시작했다. "딸인 멜러니는 마티 세션스가 한 번도 캐럴에게 물리적인 폭력을 쓰지 않았다고 솔직히 말했어요. 언어 폭력은 있었지만 신체를 학대하지는 않았다고 합니다. 어린 자녀들인 제이슨과 에밀리도 마찬가지로 육체적인 학대를 본 적은 한 번도 없었어요. 그렇기는 한데, MP3 녹음 파일이 하나 있었어요."

"그거로군요." 제이콥슨이 수수께끼 같은 말을 했다.

제이콥슨은 형사들에게, 마티가 캐럴에게 경찰에 무슨 말이든지 하면 죽여버리겠다고 협박하는 말이 녹음된 파일을 하나 가지고 있었다고 말했었다. 그러나 서로 다른 두 등장인물에 대한 수백 시간의 녹음 파일은, 그것이 실제로 존재했다 해도, 이미 어딘가에 파묻혀 버렸다. 재판에 회부되면 정확히 밝혔어야 할 자료였다.

"그렇지만 만약 마티가, 경찰을 부르면 죽여버리겠다고 캐럴을 협박했다면 그녀는 왜 경찰을 부른 걸까요?" 핀린슨이 말했다. "한 번도 아니고, 두 번도 아니고. 수시로? 어떻게 그녀는 세션스의 위협 때문에 긴급 구조 전화를 해놓고는 막상 구급대원들이 오면 카뷰레터에서 선을 제거해 달라고 할 수가 있었을까요? 경찰관이 집으로 왔고, '세션스가 들을 수 있는 곳 *너머*'에서 이야기를 나누는데, 어떻게 절대로 학대에 대해서는 말하지 않을 수가 있죠?"

"다음으로는 그녀의 이메일이 있어요." 핀린슨이 말했다. 캐럴은 이메일로 가학피학 성애 관련 그림 자료를 수백 건 마티에게 보냈다. 나중에 그녀는 마티가 그녀의 계정으로 로그인하여 그가 그 자신에게 보낸 메일들이라고 설명했다. 게다가 때때로 마티는 일종의 보험 증서로 삼겠다며 그녀로 하여금 자기한테 특정한 이메일을 쓰도록 감독하기까지 했다고 말했다.

제이콥슨은 핀린슨의 생각에 화답해 말했다. "요컨대 그 이야기는 마티가 수많은 이메일을 작성하느라 생각 외로 정신이 말짱한 때가 많았을 거라는 말이네요."

이 모든 것 이외에도 캐럴 앨든은 솔트레이크시티에서 가학피학 성애의 여왕이라는 평판을 얻고 있었다. 그리고 이런 것들은 그녀가 마티를 만나기 훨씬 전부터 진행돼 오던 일이었다. 반면에 마티는 가학피학 성애류의 기호에 관련된 과거 행적이 전혀 없다. 그런데 어떻게 캐럴에게만 유리한 말을 곧이곧대로 받아들일 수 있을까? 그녀의 말대로라면 캐럴은 가학피학 성애의 전적도 없고 지저분한 이메일을 보낸 적도 없다는 것인데?

"그렇다 치고, 엄마로서 앨든은 어떤가요?" 놀런이 말했다. "내 말은, 딸에게 한 일…… 진짜 이 여자, 이해가 안 돼서요. 멜러니는 첫 번째 총알이 발사되었을 때 캐럴과 '통화 중'이었어요. 그러나 캐럴은 우리에게 그렇게 말하지 않았어요. '멜러니'가 그렇게 말하는 거죠. 캐럴은 멜러니에게 무엇을 들었든 경찰에 알리지 말라고 했어요. 총성이라고 말하지 않고, '무엇'이라고 했단 말이죠. '아무것도' 말하지 말라고 한 겁니다."

"기본적으로 캐럴 앨든이 딸에게 거짓말을 한 것입니다." 제이콥슨이 말했다. "자기 딸을 징역형을 받게 할 만한 상황으로 끌어들였어요. 자기가 살겠다고 말이에요. 왜냐하면 앨든은 모든 사람에게 자기가 마티한테 저지른 일을 꾸며댈 생각이었거든요. 앨런 레이크를 제외하고 말이죠. 그것이 그녀의 계산 착오였어요."

제이콥슨은 생각을 모으느라 잠깐 말을 멈추었다. "이걸 보세요. 처음에 여자는 큰딸과 아들에게 마티를 차에 태워 애리조나의 인디언 보호구역으로 갈 거라고 말했죠. 그런데 지금은 마티가 인디언 보호구역과 실제로 관련이 있다는 증거는 아무것도 없어요. 마티가 캐럴에게 자신의 과거에 대해 무슨 말을 한 게 아니라면요. 혹은 그녀가 다른 사람에게 말을 했거나. 오케이. 그건 그렇다고 합시다. 그러나 여자가 살해 후에 한 면담에서 버튼 경사한테 한 이야기는 또 완전히 달라요. 자기와 마티가 주말을 멋지게 보내면서 결혼생활의 문제들을 해결해 보려 했다고 말한 겁니다. 마티가 이사한다는 이야기는 전혀 없었어요."

"그후 우리는, 마티가 직접 친구들한테 리키 시얼스네 집으로 옮길 계획이라는 말을 했다는 걸 알게 되었어요. 마티는 살해되기 며칠 전 자기 딸에게 이메일로도 그 이야기를 했는데, 그때도 인디언 보호구역 이야기는 없었어요. 그때 이미 마티는 집을 나가려고 한 차례 시도했었고, 캐럴이 그를 다시 데려갔죠. 살인이 일어나던 날 밤, 그는 길 한복판에 술에 곯아떨어진 채 널브러져 있었고, '그녀가 와서 데려갔어요.'"

"캐럴 앨든의 이야기는 항상 바뀌어요. 항상."

"망상을 계속 해야 하는 거죠." 핀린슨이 말했다.

"이번이 그 여자가 고친 진실의 세 번째 버전이에요." 윔스가 말했다.

"맞아요." 제이콥슨이 말했다. "그녀가 와서 마티를 데려간 건 자기가 세운 계획대로 하기 위해서였어요. 마티가 계획을 망치도록 내버려둘 수가 없었던 겁니다. 캐럴은 지배적인 여자였어요. 일이 뜻대로 되지 않는 걸 참을 수가 없었던 거죠."

"정확히 보셨습니다." 윔스가 말했다.

"생물 분류에 비유하자면 이야기의 속(屬) 하나가 있는 셈이죠." 제이콥슨이 말했다. "그 아래로 다섯 종(種)이 있는 거고요. 이야기 별로는 열 종이네요. 그러고도 잡종이 또 있고요." 그는 동그라미와 가위표를 바라보며, 연관관계를 머릿속으로 완성해 가며 칠판을 응시했다. "마치 이 여자는 생각해 보고, 또 생각해 보고, 그러다 이야기 하나가 잘 작동하지 않는다는 걸 알게 되면 언제든지 다른 이야기를 만드는 것 같아요."

그는 말을 멈추고 마음을 단단히 먹었다. "그녀는 절대로, 절대 멈추지 않습니다."

24
캐럴의 회고록

> 너무 자주 우리는 서로 닿기, 미소, 다정한 말, 귀 기울여 들어주기,
> 진솔한 칭찬 또는 배려해 주는 아주 작은 행동들, 삶을 온전히 바꿀
> 가능성들을 대수롭지 않은 것으로 치부해 버리곤 한다.
> ―레오 버스카글리아, 《사랑을 위한 탄생》[1]

세선스가 지녔던 매력 중 하나는―교도소에서 편지를 주고받는 과정에서 그가 많은 여자들에게 구애할 수 있었던 매력― 그가 타고난 이야기꾼이라는 것이었다. 그는 툭하면 자기가 사실은 아파치 족 전사인 제로니모 추장의 '조카의 손자'라는 이야기를 했다. 그러나 마티의 이야기들은 진실이 허구보다 더 이상한 경우가 많았다. 마티는 '진짜로' 북미 인디언의 혈통을 지녔다. 하지만 아파치는 절대로 아니었다.[2]

마티의 인디언 할머니는 1900년에 일곱 살 무렵이었다. 그 해에 그녀는 노새 한 마리, 곡물 두 자루에 팔려 유타 주 모로니 근처에

살던 모르몬교 가족에게 넘겨졌다. 소녀는 위노나라는 이름으로 불렸다. 소녀가 팔려오기 전의 삶에서 기억하는 건 오로지 아버지, 어머니, 두 남동생과 함께 세 개의 달 동안 밤길을 걸어 아이다호에서 멕시코로 향했었다는 것뿐이었다. 자기가 어느 부족 사람이었는지는 기억의 안개 속으로 사라졌고, 다만 네즈퍼스 또는 블랙풋 족이 아니었을까 하고 짐작할 뿐이었다. 최종 목적지가 어디였든, 그녀의 혈육은 위노나를 팔아서 남은 여정을 계속하는 데 필요한 것들을 마련할 수 있었다.

위노나는 새로운 가족과 모르몬 신앙 속에서 행복하게 지냈지만 자신의 혈통을 잊지 않으려 애썼으며, 자라면서 이따금 수상쩍은 모닥불을 피워놓고 기묘한 의식을 치르곤 했다. 마티는 열여섯 살의 끝 무렵에 할머니와 만났다. 그녀는 따뜻하고 헌신적인 마음과 엄격한 태도를 지닌 노부인이었다. 마티의 가장 가까운 형제였던 데니는 할머니와 함께 아이다호로 되짚어 가는 여행을 했던 기억을 지니고 있다. 그때 그는 일곱 살쯤이었다. 결국 할머니는, 자기 부모가 딸을 팔아가며 지켰던 동생들을 찾는 데 실패했다.

아무튼 마티의, 뛰어나지만 강박증이 있었던 아버지 톰은 절반의 인디언인 셈이었다. 마티와 데니가 태어난 1950년대에 인디언의 피가 흐른다는 건 자랑거리가 아니었다. 톰의 머리카락이 검은 이유는 인디언 혈통 때문이었지만 그는 아들들에게 갈색이라고 우기곤 했다. 나중에 1960년대가 되어 인디언의 혈통이 좋게 평가되기 시작하자 그제야 마티와 데니 둘 다 어두운 색 머리를 길게 기르고 인디언의 핏줄임을 자랑스럽게 이야기하게 되었다. 두 남자 모두 유전적 특징이라 할 보기 좋은 외모를 지니고 있었는데, 강인함, 근육질의 몸매, 넓은 어깨, 넓은 이마, 도드라진 광대뼈, 타고난 황갈색 피부 등이 그것이었다.

그러나 마티는 마티일 뿐 그가 지어낸 것처럼 빛나는 제로니모와는 연관이 없었다. 한 다스나 그보다 조금 못 미치는 교도소 출입 전적 덕분에 20년 정도를 그곳에서 보내면서 마티는 사람들에게 자기가 군대에 있었으며 베트남전에 참전했다고 말했다. 실제로는 그가 군대에 들어간 건 맞지만 딱 넉 달 동안이었고, 미국을 벗어나 본 적이 없었다. 신병 훈련을 마치자마자 오른쪽 약지가 잘리는 손도끼 사고로 의가사제대를 했기 때문이다(손가락은 봉합됐고, 사람들은 도대체 어떻게 생긴 도끼였기에 약지가 잘렸냐며 의아해했다). 그러나 마티는 엄청난 양의 사실적인 인증과 인물들을 동원해 전쟁 이야기를 화려하게 꾸며댔다. 되돌아보니 자기 인생에서 군 시절이 가장 좋았다면서.

진짜 문제는, 나중에 데니가 회상한 것처럼, 마티가 상습적인 이야기꾼이라는 점이 아니었다. 그는 자기 이야기를 사실이라고 믿었다. 그러나 딸들인 에디와 애너가 지적했듯 마티의 이야기는 딱히 누구를 해치거나 곤란에 빠뜨리는 종류는 아니었다.

한마디로 마티 세션스는 마약 중독이라는 결점을 지닌 남자였다. 캐럴이, 헤로인 중독자인 줄 모르고 사귀었다고 주장한 앤디 브리스토 이후 새로 선택한 사람이었다.

그러나 데니가 주장한 것처럼 다른 결점이 있기는 해도, 마티는 절대로 여자를 학대하지 않았다.

                          *   *   *

데니는 17년 동안 마약을 끊고 지내왔으며, 선도차(pilot car) 회사의 사장으로 잘나가고 있었다. 그는 형 마티에 대해 솔직하게 털어놓겠다면서 그건 오로지 한 가지 이유 때문임을 분명히 했다. 캐럴 앨든이 마티에 대해 아내에게 폭력을 쓰는 남자로 꾸며대는 건 사실과 아주 다르다는 걸 사람들에게 알려주기 위해서라는 것이었다.

"마티와 나는 교도소에서 한 방을 썼어요." 데니가 기억을 더듬어 말했다. "그러나 어울리는 사람들은 서로 달랐어요. 마티는 앤디 브리스토와 친하게 지냈죠. 브리스토는 솔직한 성격이었고, 마약을 했죠. 부수적으로 마약 밀매도 좀 했고요." 데니는 마티가 브리스토보다 론 래퍼티─그때만 해도 보통의 수감자였던─와 어울리는 게 더 신경 쓰였다(나중에 크라카우어의 《천국의 기치 아래》가 출간되었을 때, 래퍼티는 의붓여동생과 조카의 목을 자른 인물로 묘사되었다. 그는 경비가 가장 삼엄한 교도소로 보내졌다). "진짜 이해할 수가 없었어요. 래퍼티는 골치 아픈 녀석이었거든요." 데니가 말을 이었다. "아무튼 래퍼티는 마티가 그에게 바가지를 씌우면 양말 속에 비누를 집어넣어 샤워 중에 마티를 마구 두들겨 팼어요."

교도소에 있는 동안 마티는 여자들과 서신 교환을 즐겼다. "아마 여덟에서 열 명 정도와 꾸준히 편지를 주고받았던 것 같아요"라고 데니는 기억한다. "펜글씨를 잘 썼고, 단어도 잘 골랐죠. 아마 마티와 편지를 주고받으면 결국에는 당신도 그를 좋아하게 될 걸요." 데니와 달리 교본들을 재미로 읽곤 했던 마티는 소설 읽기도 즐겼다.

"솔직하게 말하겠어요. 마티를 미스터 원더풀로 색칠하는 일 따위는 하지 않아요. 난 그와 함께 살았어요. 누구보다 그를 잘 알죠. 단지, 절대로 여자를 다치게 할 사람은 아니에요. 마티에 대해 나쁜 이야기를 할 거리는 많겠지만 그것만은 아닙니다. 캐럴 앨든이 《내셔널 인콰이어러》에 쓴 이야기를 읽으니 속이 뒤틀리더군요. 그가 각목으로 여자를 때렸다고요? 마티는 그런 짓 안 합니다. 절대로."

한 가지 분명한 것은 마티가 다른 여러 문제로 가족들을 괴롭혔다는 것이다. 그의 아버지 톰은 마티의 거짓말에 넌더리를 냈으며, 아들의 마약 습관에 대해 어떤 도움의 손길도 내밀지 않았다(같은 시기에 톰이 동네의 길 잃은 고양이를 일일이 돌봐주는 사람으로 유명했음에도 불구하고. 캐럴이야 말할 것도 없지만, 동물에 대한 사랑은 톰과 마티의 공통점이었다). 마약을 조달하기 위해 때때로 마티는, 자신에게 '안 돼'라는 말을 차마 하지 못하는 인정 많은 어머니 조앤까지 끌어들였다.

그 자신, 과거에 마약 중독자였던 데니는 약을 사기 위해 거짓말을 하는 마티에게 강경한 태도를 보였다. 그렇다고 마티가 남동생 앞에서 장황한 거짓말을 늘어놓지 않은 건 아니었고, 데니는 별다른 해가 되지 않는 거짓말은 대충 흘려들었다. 물론 이따금은 참지 못하고 질색하기도 했다. 마티가 참석한 마지막 가족 모임에서, 추수감사절 칠면조를 나눠 먹는 행사는 서로 치고 받는 남자들의 싸움 때문에 엉망이 되어버렸다(그런데 마티가 개입한 싸움에서 언제나 먼저 주먹을 쓰는 건 마티가 아니었다. 가족 중 성질이 급한 쪽은 데니였다).

중독자를 다루는 방법을 아는 것은 고된 일이다. 데니는 마티에게 자기가 도움을 받았던 심리 치료 과정(support machanism-AA)을 소개해 주려고 노력했다.³ 그러나 마티는 몇 차례 모임에 가보고는 자기에게 맞지 않다고 결론을 내리곤 했다(종교적으로 그의 마지막 선택은 사이언톨로지였지만, 이 종교의 약물요법 반대의 신조는 따르지 않았다). 사실상 마티는 자신의 약물 및 알코올 중독을 문제로 인식하지 않는 장애가 있었다. 세션스 가족은 마티가 유타 주 델타로 내려가 캐럴 앨든과 지내는 걸 환영했다. 거기 있는 동안은 그가 솔트레이크시티에서 약물에 절어 돌아다니는 모습을 보지 않아도 되었기 때문이다. 세션스 가족은 늘 동물들을 키웠다. 한동안은 젖소까지 키울 정도였기 때문에 마티는 캐럴이 많은 동물들과 지내는 일에 익숙한 셈이었다. 이따금 마티는 솔트레이크시티에 되돌아와 친구들에게 마약을 거래할 수 있는 루트를 알려주면서 자신도 마약을 했다. 데니는 캐럴에게 기름 값을 대주면서까지 마티를 다시 델타로 데려가게 하곤 했다.

 2006년쯤, 마티는 천천히 태도를 바꾸기 시작했다. 적어도 헤로인에 관한 한은 그랬다. 그러나 여전히 술을 마셨고, 매일 캡틴모건 한 병을 홀짝홀짝 비웠다. 마티는 늘 등이 아파서 고생했는데, 마지막 몇 년 동안은—왜 그런지는 아무도 몰랐지만—척추의 손상이 심각해져서 통증을 다스리기 위해 합성 아편인 메타돈을 다량 복용했다. 데니에 따르면 마티는 넘어져서 무릎을 다치기도 했는데, 의사가 무분별하게 로탑—아편으로 만든 진통제인 코데인 유도체로서 또다른 반 합성 아편 제제—을 처방해 주었다. 중독을 끊으려는 마티의 시도는 근본적으로 '의자에 먼저 앉기 놀이'처럼 무의미한 반복이었다. 음악이 멈추면 그는 늘 다른 의자에 앉았다.

그러나 마티가 원한 변화 중 하나는 명확했는데, 그것은 캐럴과의 관계를 청산하겠다는 것이었다. 죽기 한두 해 전에 그는 가학피학 성애가 싫다고 말한 적이 있었다. 그건 그의 스타일이 아니었다. 게다가 죽기 며칠 전에 그는 이제 충분하다면서, 수지의 가족 곁, 유마 족 인디언 마을로 옮겨갈 계획이라고 선언하기까지 했다.

그래서 마티가 죽은 그 주말에 캐럴이, 그가 애리조나로 갈 계획이라고 한 것은 터무니 없는 말은 아니었을 수 있다. 다만 평소 시댁 식구들과 자주 소통하는 걸 고려해 볼 때, 마티가 그 지역의 인디언 보호구역과 아무런 연고가 없다는 걸 캐럴도 알고 있었을 법하지만 말이다.

* * *

캐럴이 마티를 고발한 내용과, 그녀가 둘의 사이를 어떤 시선으로 보았는지를 정확히 아는 것은 중요한 사안이다. 살인사건이 일어나고 3년 후, 뒤늦게 캐럴 앨든은 마티에 관한 회고록을 장황하게 썼다. 이 글에서 두 사람의 유대관계가 어떤 변화를 겪었는지에 대한 진실된 통찰을 엿볼 수는 없지만, 그녀가 자신들의 관계를 남들에게 어떻게 보이고 싶었는지는 알 수 있다.[4]

캐럴에 따르면 마티와의 유대관계는, 친구 앤디 브리스토가 죽은 후 마티가 캐럴에게 애도의 편지를 쓴 일에서 시작되었다. 캐럴은, 마티가 슬픔에 잠긴 자신의 마음에 와닿는 방식으로 반응해 준 몇 안 되는 사람 중 하나였다고 설명했다. 다른 사람들은 "귀찮은 일에서 해방되었다"는 식으로 경솔하게 굴었는 데 반해(적어도 그녀의 표

2003년, 캐럴과 마티는 캐럴의 딸 멜러니의 결혼식에 함께 참석했다. 이 커플은 그 다음 해에 결혼했다.

현으로는 그랬다) 마티는 마치 구명밧줄 같은 느낌이었다. 그녀에게 그는 '친절함, 인내, 공감, 삶을 기꺼이 포용하는 태도'로 가득 찬 사람처럼 여겨졌다. 비록 앤디에게 가졌던 것과 같은 감정이 일어나지는 않았지만 그녀는 영혼이 온통 텅 비어버린 것 같던 시기에 자신을 구원해 준 그의 친절함에 감사하는 마음과 빚을 진 것 같은 부채의식을 동시에 느꼈다.

캐럴은 다른 사람들에게 마티 이야기를 했으나 교도소에 수감된 사람과 편지를 주고받는 것을 좋지 않게 볼까봐 그의 거취에 대해서는 입을 다물고 있었다. 회고록에서 그녀는 이 때문에 다른 사람들이 마티와의 관계를 진전시키는 문제에 대해 조심하라는 경고를 하지 못했던 것 같다고 결론지었다. 그러나 캐럴은 경고를 받았더라도 마티에게 충분히 설명할 기회를 줄 뿐, 귀담아 듣지 않았을 것이라고 생각했다. 그녀는 마티가 "영적인 아젠다를 지닌 훌륭한 사람"인데 환경 때문에 영락한 거라고 여겼다. 그녀는 마티와의 인연을 "신의 부름으로 가야 할 길"이라고 느꼈다. 자신에게 그의 삶에 긍정적 영향을 미칠 수 있는 능력이 있다는 걸 알게 된 후, 그를 돕는 것이 자신의 도덕적 책무가 된 것이다.

캐럴은 마티와 함께 지낸 첫 일 년만 좋은 시기였다고 느꼈는데, 그건 자기가 여전히 슬픔의 세상에서 헤매고 있던 기간이었기 때문이 아닐까 생각했다. 말하자면 그 무엇에도 신경을 쓰거나 아웅다웅할 정신적 여력이 없었던 것이다. 그러다 점차로 안개가 걷히고 상황을 제대로 보게 되었고, 마침내 4년의 결혼생활 끝에 모든 것이 악화되었다.

회고록에서 캐럴은, 처음 눈에 띈 것이 마티가 은근히 동물들을 학대하고 있다는 조짐이었다고 썼다. 생후 석 달 된 새끼 라마 한 마리가 목이 졸린 흔적과 함께 언 채로 발견되었고, 이어 목 졸라 죽은 것이 명백한 알파카 두 마리도 발견된 것이었다. 캐럴은 마티가 관여했을 거라고 믿고 싶지 않았지만, 그 다음에 일어난 더 끔찍한 일을 직접 보고 말았다. 주차장으로 난 옆문에서 마티가, 가족 모두 애지중지하며 키우고 있던 새끼 피그미염소 한 마리를 부드러운 손길로 들어올려 살살 쓰다듬더니 다음 순간 목을 졸라 죽이는 광경이었다. 그는 합판 한 장을 죽은 동물 위에 던지고는 그 위를 밟고 서서 염소의 숨통을 완전히 끊었다. 캐럴은 아연실색했지만 자기가 본 것을 아무에게도 이야기하지 않았다고 했다.

그녀가 동물 새끼들을 묻고 기도할 수 있게 마티가 거들어주었지만 캐럴은 앞서 일어난 영문 모를 동물의 죽음도 마티의 짓이라고 확신했다. 캐럴 버전의 이야기에서는, 이때가 아이들만 있을 때 결코 마티와 함께 두면 안 되겠다고 깨달은 시점이라고 한다. 이후 그녀는 항상 아이들을 데리고 다녔다. 공원에 일하러 갈 때도, 도서관에 갈 때도 어디나 아이들을 데려갔다. 혹여나 아이들이 겁먹지 않게 즐거운 표정을 지으려고 노력했으며, 자기가 알고 있다는 사실을 마티가 눈치 채지 못하게 하려고 애썼다. 그러면서 상황을 어떻게 해야 개선할 수 있을지 생각할 시간을 벌었다.

캐럴에 따르면 마티는 자기가 무능해서 일을 못한다고 캐럴에게 솔직하게 털어놓으면서 애통해했다고 한다. 자기가 모자란 사람이라는 생각이 든다고 했다는 것이다. 캐럴의 회고록에는 자신이 마티에게 정시에 출퇴근하는 정규직을 갖고 있는가 아닌가로 그를 판단하지 않는다고 위로해 주었다고 쓰여 있다. 마티는 대신에 자기가 세탁과 청소를 하고, 동물 돌보기, 잔디 깎기는 물론 에밀리와 제이슨의 숙제를 봐주는 일로 캐럴을 돕겠다고 맹세했다.

캐럴은 동물들이 예전 같지 않다고 느끼기 시작했다고 썼다. 알고 보니 마티가 맡기로 한 이후 제대로 먹이지도, 씻기지도 않아서였다. 어느 날 그녀가 건초 더미를 세어보았더니, 놀랍게도 그 전주 분량이 그대로 남아 있었다. 심지어 평소보다 일찍 일어나 동물들에게 물을 주고 오면 그녀가 뒤돌아서자마자 마티가 쏟아버린다는 사실도 알게 되었다. 이어서 그는 고양이 두 마리와 조그만 개 세 마리를 가두어놓기 시작했다. 이 동물들은 천성대로 바깥을 돌아다니지 못하게 되자, 사방에다 오줌과 똥을 싸놓고 쓰레기를 쑤셔서 흩어놓았다. 고약한 냄새가 진동했다. 마티는 늘 술을 마시고 기분이 저조한 상태로 지냈기 때문에 문제를 의논할 엄두도 내지 못했다. 그녀는 속상해서 할 수 있는 만큼만 치우고 내버려두었다. 그녀는 일을 했지만, 그는 약속을 저버렸다(그러나 많은 사람들이 지적하듯, 캐럴이 살았던 모든 집은 하나같이 무질서하고 불결했다).

한번은 마당에서 마티가 새끼 생쥐 둥지를 불태우고 있는 걸 보고 다가갔더니 마티가 뒤돌아보면서 이를 드러내고 웃으며 이렇게 말했다고 한다. "어미가 없을 때 새끼들을 제거하는 제일 쉬운 방법이 불에 태우는 거야." 말을 끝내고 소리 내어 웃어대는 그의 모습을 보면서 캐럴은 마티가 자기를 죽이겠다는 협박을 실행에 옮기기라도 하면 아이들이 그야말로 무서운 위험에 떨어지겠구나 하는 확신을 갖게 되었다.

캐럴의 글에 따르면 심지어 그는 자기 술친구들과 아들 제이슨 둘 다 있는 앞에서 그런 협박을 재차 확인하듯 되풀이하기도 했다. 암캐 같은 년이 경찰을 부르기라도 하면 뼈가 가루가 될 때까지 밟아 산 채로 수직 갱도에 던졌다가 불태워 죽이겠다고 하면서. 뿐만 아니라 열네 살이던 제이슨에게 '불량배들' 무리에 섞여 대마초를 피우라고 윽박지르기까지 했다. 이 대목은 완전히 허구는 아니었던 것이, 나중에 경찰 발표에서도 마티가 제이슨에게 성적이 오른 데 대한 보상으로 대마초를 주었다는 이야기가 나온다.

캐럴은 마티가 처음 통제 수단으로서 성적 학대를 하기 시작했을 때, 사람들에게 보이기가 심하게 민망한 곳에 멍 자국을 남겼다고 주장했다. 또 집 컴퓨터 관리자로서 캐럴의 이메일 계정 정보를 가지고 있다가 그녀의 계정으로 로그인하여 자기에게 성적 학대를 해 달라고 애원하는 편지를 쓰는가 하면, 때로는 실제로 그녀를 시켜서 자기에게 메일을 쓰게 강요하기도 했다. 그녀는, 이것이 그녀의 진실을 없애버리고 경찰에게 사태의 심각성을 알리지 못하게 하기 위한 일종의 보험 장치였다고 말했다.

그녀는 만약 자기가 정말 가학피학 성애에 탐닉하는 사람이었다면, 무엇 때문에 그 일로 그를 죽였겠느냐고 지적했다. 그러면서 경찰이 찾아낸 섹스 토이들과 각종 장비들은 마티가 이베이 사이트에 올려 팔아보려고 했던 것이었다고 적었다.

캐럴은 마티가 2피트 떨어진 데서 자기를 잡으려 해서 죽였다고 말한다. 그가 캐럴에게 무엇을 하려고 했는지, 만약 그녀를 잡았다면 어떻게 아이들을 죽이려고 했는지에 대한 그림이 생생히 그려진다고 했다. 그런 절체절명의 상황에서는 그녀에게 다른 선택의 여지는 없었다. 그렇게 되기 전까지는 그녀도 이전에 늘 그랬던 것처럼 그가 어딘가에서 곯아떨어졌다가 이튿날 미안한 기색으로 일어날 것으로만 생각했다. 캐럴은 마티의 친구들이 함께 가학 놀이를 하자고 몰려올까봐 그것도 늘 안절부절이었다. 그녀로서는 아무

2006년 6월 중순, 솔트레이크 아트 페스티벌에 참석한 캐럴과 마티. 마티가 죽기 한 달 전이다. 두 사람 모두 행복해 보이지 않는다.

도 도와줄 수 없는 상황에서 스스로를 지킬 권리가 있었다.

캐럴에게는 마티와 총격에 대한 이야기를 자꾸 바꿔야 했던 이유들이 충분히 있었다. 첫째, 살해 전까지는 경찰에서 그녀와 마티의 관계를 자세히 물은 적이 한 번도 없었으며, 남편에 대한 아내로서의 최소한의 도리가 마음에 걸렸고, 다른 사람들 특히 그의 두 딸에게 아버지의 추한 행동을 낱낱이 알게 하고 싶지 않았다. 마티가 근본이 나쁜 사람이라기보다는 약물 때문에 뇌 손상을 입은 거라고 생각했기 때문에 만천하에 알리고 싶지는 않았던 것이다. 게다가 캐럴은 자기 아이들이 극심한 트라우마를 지니게 될까봐 걱정되었다. 그러나 최악은 그런 상황에서 그 사람과 함께 지내는 자신이 뭔가 모자란 사람인 것으로 와전되어 이웃의 입방아에 오르내리는 일이었다. 사람들은 마티가 전 남편인 브라이언에게 유리한 법정 증언을 해서 자기를 엄마로서 부적합한 사람으로 만들고 아이들을 데려가게 하겠다고 위협하는 것이 얼마나 무시무시한 일이었는지 상상도 못할 것이었다. 그녀는 집도, 아이들도 다 잃어버릴 상황이었다. 실제로 그녀가 두 번째 경찰에 신고했을 때, 마티는 브라이언에게 전화해서 그녀가 이상하게 행동하니, 아이들을 그 집에서 키우는 게 좋겠다고 했었다. 아이들을 빼앗겠다는 마티의 위협이 행동으로 옮겨지는 순간 캐럴은 그가 용서할 수 있는 마지막 선 너머로 가버렸다고 생각했다. 사실상 그녀가 그와 감정적으로 단절되었음을 깨닫고 뼛속까지 분노하게 된 것은 이때부터였다.

캐럴의 회고록에는, 그럼에도 불구하고 그녀의 마음에는 마티의 행동이 약물, 알코올, 정신적인 병증 때문에 생긴 것이며, 그 역시도 자기가 동정해야 할 희생자라는 생각이 동시에 들었다고 한다. 그래서 교도소에 있던 첫 여덟 달 동안 그녀는 마티가 자신에게 했던 행동들을 마음 속에만 넣어두고서 마티와 그의 딸들이 자기 아버지에 대해 좋은 기억을 간직할 수 있게 보호하려 했던 것이라고 한다.

교도소에서 캐럴은 마티와 다른 여자 사이에 오갔던 수백 통의 이메일을 받았다. 알고 보니 마티는 자신의 '재산을 빼낼' 계획을 세우고 있었다(그러나 이에 대해 검찰 측에서는 캐럴이 말하는 재산이라는 게 무엇인지 모르겠다고 되물었다). 캐럴은 그나마 마티가 자기를 진정으로 사랑했었다고 믿은 것이 한심스럽게 느껴졌다. 치료 후, 그녀는 지금까지도 그에게 분노를 느끼기가 힘들고, 여전히 그를 그리워하며 마음 속에서 기억의 두려운 부분들을 몰아내려는 감정이 인다고 썼다. 그런데 이것이 그녀에게서 우려되는 부분이다. 그녀는 자기를 해칠지도 모르는 사람들로부터 스스로를 떨어뜨려 놓는 일에 자신이 없는 것이다. 캐럴의 표현대로라면 그녀는 마티를 용서하고 싶어 하는 자신을 발견하는 일이 혼란스러웠다고 하는데, 그러면서 동시에 어린 두 딸과 자신 사이에 끼어들어 '훼방 놓으려는 비정상적 장애물' 같은 전 남편 브라이언은 절대로 용서할 수 없다고 생각하는 것이다. 그 누구도, 자기와 아이들 사이에 끼어들 수 없다고 그녀는 거듭거듭 주장했다.

캐럴은 마티와의 관계를 구원받은 것 같은 느낌의 상실, 돌보는 사람이 된 느낌, 공포로 얼어붙는 것 같은 느낌 등으로 묘사한다. 그녀의 표현대로라면 그녀는 경찰을 부르기는 했지만 한 번도 체포가 되기를 바란 적은 없었다. 그가 고통을 덜어주는 약물들을 끊는 중이어서 많이 힘들다는 걸 알고 있었기 때문이다. 자기가 경찰을 부른 건 단지 모닝콜처럼 그를 흔들어 정신을 차리게 하거나 아니면 떠나게 하려는 것뿐이었다. 그녀는 '그가' 떠날 결심을 하게 만들고 싶었다고 표현하고 있다. 그렇게 하면 그가 거부당했다는 느낌을 받지 않을 거라고 생각한 것이다.

캐럴은 스스로를 바라보는 시선만큼이나 자신이 마티를 바라보는 시선이 별로 달라지지 않았다고 주장한다. 마티는 처음부터 속이기 쉬운 표적을 찾고 있었고, 캐럴은 죄의식, 낮은 자존감, 필요한 사람이 되고 싶어 하는 욕구 때문에 속임수를 간파하지 못한 것이다. 캐럴에 따르면, 자신은 직관적으로 사랑이 모든 것을 바로잡는다고 느끼며, 아무리 그런 믿음이 반복적으로 성과 없이 끝난다 해도 감정을 바꿀 수가 없는 사람이다. 그러면서도 다른 사람들을 바로잡기 위해 살아온 삶의 결과가 결국 스스로의 삶을 망쳐놓고 말았다는 걸 깨닫지 않을 수 없었다. 그녀는 마침내 자기가 마티를 여전히 사랑하는 것과는 별개로 마티가 "진절머리 나게 사악한 인물"임을 인정하는 지점에 도달했다고 말한다.

캐럴은 마티의 생명을 거두는 순간까지도 학대가 계속되었다고 여전히 주장하고 있다. 그녀에 따르면 결국 그녀의 인생은 정부의 은전 안에서 매일매일 줄어들고 있다. 그녀는 자신이 잘못을 저질렀을 때는 항상 완벽하게 인정하고 죄값을 받아들일 줄 아는 사람으로 살아왔다고 확언할 수 있었다. 마티를 죽였다고 솔직하게 인정하면서 그보다 작은 죄과들을 굳이 숨길 이유가 무엇이 있을까? 병리학적 이타주의의 기능장애 패턴에 사로잡히고, 육체적으로도 교도소에 수감된 상태지만 그럼에도 불구하고 그녀는 스스로와 타인의 진실과 직면할 수 있는 심리적인 자유를 구가하고 있다. 그러나 역시, 그녀 인생에서 가장 중요한 진실과 정부의 처분에 따라 주어진 하찮은 현실 사이의 극명한 대조는 쓰라리다. 만약 유일한 방책인, 자기가 수감되어 있지 않다고 스스로 일깨우는 일을 계속하지 않았다면 그녀는 죽었을 것이다. 그녀는 자기들이 그 다음날 돌아갔을 때 마티가 그녀의 아이들에게 무슨 짓을 했을지 생각도 하기 싫었으며, 마티가 했을 법한 행동 중에서도 가장 끔찍한 부분에 대한 상상이 그녀가 마티를 쏜 이유였다.

　　　　　＊　＊　＊

　마티와 캐럴 사이의 사적인 관계에서 세세한 부분을 다른 사람들이 알 수는 없다. 그들의 관계에 대해 핵심적인 증언을 해줄 당사자 두 사람 중 한 명은 이미 죽고 없다. 그러나 두 사람과 가장 가까운 사이였던 목격자들의 진술은 확보되어 있다. 경찰에 따르면 캐럴 앨든의 아이들은 마티 세션스가 캐럴 앨든을 육체적으로 학대하는 걸 한 번도 본 적이 없다고 분명히 진술했다. 아이들뿐 아니라 그 누구도 그가 그녀를 물리적으로 때리거나 몸을 다치게 하는 걸 본 사람은 '한 명도 없다.'

25
언론 플레이

> 많은 변호사들에게 익숙한 문구인 '미디어에 의한 재판'은 쌍방의 경쟁적인 합법적 원칙, 즉 언론의 자유와 공정한 재판 및 공판을 받을 권리에 흠집을 만들 수 있다. 이는 양자 공히 마찬가지다. 유죄인 것처럼 보이는 (그러나 아직 판결이 나지 않은) 피고에게 대중의 비난이 쇄도할 수 있고, 피고를 유죄로 몰아간다는 여론(아직 검찰에서 아무런 증거도 제시하지 않았는데도)을 불러일으킬 수도 있기 때문이다.
> ─마이클 웜스, 《살인사건의 준비와 심리─검찰과 변호인의 시각》[1]

밀라드 카운티 교도소는 진한 갈색의 교배종 가축 떼가 가득한 방목장의 울타리를 등지고 산쑥 군락이 펼쳐진 파반트 계곡의 열린 사면 위에 자리잡고 있다. 이 지역의 목장주들은 지역 고유종인 붉은색과 흰색이 섞인 헤리퍼드 종의 가축보다 비계가 적은 블랙앙구스 종을 선호했기 때문에 자연스럽게 교배종이 주류를 이루게 되었다. 가축 떼가 바로 앞에 있었지만 교도소에서의 캐럴 앨든의 삶은 자신이 사랑한 동물들에게서 완전히 분리되었다. 그녀는 엄격하게 구획된 일과에 따라 단조로운 일상을 보냈다.

그 와중에도 캐럴은 자신을 옹호하는 대중 홍보를 기획하는 일로 늘 바빴다. 언론 매체에 많은 편지를 보내고 자식들에게 자신에게 유리한 행동을 하도록 지시를 내렸다. 그녀의 이런 활동이 최고조에 이른 사례는 2007년 3월 26일자 《내셔널 인콰이어러》지의 영국판에 실린 기사였다. "정조대를 강요한 '사악한' 남편을 아내가 죽이다"[2]라는, 기사 내용을 넌지시 암시하는 듯한 제목은 실제로 경찰이 한 말을 인용한 것이었다. 기사의 본문은 굵은 글씨로 이렇게 시작되었다. "경찰에 따르면 '예술가인 캐럴 앨든은 가학 성애자인 남편의 손아귀에서 지옥 같은 삶을 견디며 살았다. 남편은 술주정과 구타를 일삼았으며 정조대 착용까지 강요했다. 결국 그녀는 더 이상 참을 수 없는 지경에 이르렀고, 남편을 쏘아 죽였다'고 한다."[3] 기사의 나머지 부분은 살인에 대한 보다 직접적인 설명으로 구성되었다.

캐럴이 언론과 동정적인 외부의 제3자에게 쓴 편지들은, '불의에 희생된 인물 이야기'로 편집자의 환상을 자극했다. 기사들은 이를 잘 정리하여 어린 시절의 고난과 결혼생활의 끔찍한 학대를 이겨내고 '남자'에 대항해 용기 있게 진실을 말하는 여자로 묘사했다. 캐럴은 스스로를 "자유로운 사고의 히피, 시온커튼 뒤에 숨은 열광적 애국주의 모르몬교 집단의 독립적 여성주의자"로 표현했다.[4]

살인사건이 일어난 지 일 년 반 후에는 캐럴의 스물한 살짜리 딸 크리스털이 똑같은 방식으로 기사를 냈다. 동정을 유도하는 스토리라인에 자극적인 인용 투의 제목을 단 기사들이었다. "정조대를 차야 했다!'는 제목의 기사가 영국판 《픽미업(Pick Me Up)》[5]에도 실렸고, 특히 미국판 《내셔널 인콰이어러》 지에 "사랑으로 결혼하고, 살기 위해 죽인 여인, 사랑하는 전과자가 또다시 가학적 성애 괴물로 변하다"[6]라는 기사가 실린 것은 큰 홍보 성과였다. 여기서 마티는 제멋대로 자란 머리카락에 온몸에 문신을 새긴 괴물로서, 캐럴을 친절한 말로 꼬여내어 그녀의 사랑으로 자신이 치유될 수 있다고 가르치는 인물로 그려진다. 그는 캐럴이 다른 남자와 바람을 피우고 있다는 생각에 사로잡혀 이웃집이나 상점에 갈 때에도 늘 따라붙어서 감시했다. 크리스텔에 따르면 그 중에서도 최악은 이렇다. "어머니의 음부에 피어싱을 하게 하고, 다른 남자와 자지 못하게 정조대를 차라고 강요한 것이었어요. 마치 중세처럼요. 얼마나 아팠겠어요. 학대에 따르는 정신적 고통은 또 얼마나 컸겠어요. 철저히 모욕적이었을 것입니다."[7]

살인을 한 날 오후에 캐럴은 유치장에 갇힌 상태에서 크리스텔에게 자기편이 되어주어서 고맙고 힘들게 해서 미안하다는 편지를 썼었다. 크리스텔은 언론에 보낸 편지 말미에 이를 밝히면서 통렬한 글을 덧붙였다. "엄마는 절대로 그럴 사람이 아니었어요. 그가 엄마를 죽이려 해서 엄마가 그를 죽일 수밖에 없었다는 걸 가석방위원회에서 알아주시기를 간절히 바랍니다. 엄마를 조속히 풀어주세요. 오랫동안 고통스러웠던 우리 엄마는 자유를 누릴 자격이 있어요."[8]

뇌 성형

어린아이의 이야기가 부모의 전폭적인 지지를 받는다는 것은 잘 알려진 사실이다. 심지어 반대되는 증거가 있을 때조차도 그렇다. 이는 시작부터 성숙이 완료될 때까지 내내 이어진 발달 과정의 결과이다. 과학자들은 어머니와 아기 사이에 존재하는 놀라운 공명과 동조 현상을 밝혀냈다. 어머니와 아기는 일정 깊이의 수준에서는 마치 하나의 생명체처럼 기능하기도 한다. 이 '어머니와 아기 공명체'는 잠자는 패턴, 뇌의 패턴, 심장 박동의 리듬, 시선의 방향, 표정, 말투까지 공유한다.[9] 어머니는 목소리 하나만으로, 또는 밀치는 행동만으로, 아니면 포근하게 달래는 방식 수백 가지로 자식을 자극하거나 위무할 수 있다.

아기의 뇌는 오랜 시간에 걸쳐 발달한다. 감정을 담당하는 대뇌의 변연(가장자리 - 옮긴이) 영역은 이른 시기에 발달하지만, 이성적 사고와 감정 조절을 담당하는 전두엽 전부는 훨씬 더 천천히 발달한다(아기와 유아들이 쉽게 짜증내고 떼쓰는 것은 이 때문이다).

아기의 뇌가 질서정연하지만 느리게 발달하는 것을 지원해 주기 위해 어머니의 전두엽 전부는 두 배의 임무를 자청하며 아기의 전두엽 전부의 역할까지 수행하는데, 최소한 아기의 전두엽 전부가 제대로 작동할 때까지는 이 상태가 계속된다.[10] 결국 유아가 성숙해 감에 따라 부모의 관심과 세상을 보는 방식이 유아나 아동의 사고를 형성하게 되며, 이 과정에서 일부 신경활동이 다른 신경활동을 눌러가면서까지 상대적으로 증강되는 것이다.[11]

말하자면 성인, 특히 어머니는 어린아이의 뇌 발달에 지대한 영향을 미치는 존재라는 뜻이다. 이에 대해 예일 대학 정신의학과 교수 브루스 웩슬러는 "그리하여 아주 이른 나이 때부터 어른들과의 사회적 상호작용이 그 상호작용 기저에 있는 메커니즘을 형성하며, 유아의 주의가 기울어지는 방향과 태도에 영향을 미치는 것이다. 또 이것이 개인의 성인으로서의 삶 전체에 걸쳐 관심의 향방을 좌우하는 자기 조절 메커니즘의 발달을 조정한다"[12]고 밝히고 있다.

늘 그렇듯이 뇌의 양 반구는 아이가 성장하면서 세상과 상호작용하는 과정에서 서로 다른 측면에 초점을 맞춘다. 좌반구는 다소 느리지만 박차를 가하여 사물의 조각을 분석하는 데 집중하며 그것들을 우반구로 보내준다. 우반구에서는 이를 융합하여 세상을 맥락 속에서 풍부하게 경험하게 하는 일을 한다. 사실상 우반구는 정서를 담당하는데, 이 부분이 진화론적으로 보면 대뇌 변연 시스템과 훨씬 강하게 연결되어 있으며, 다른 사람들과 상호작용하는 일에 훨씬 더 강하게 초점이 맞추어져 있다. 캐럴린 잔 왁슬러는 국립 정신건강연구소의 최고 발달 심리학자 중 한 명으로 그곳에서 연마한 연구 기법을 이용하여, 예민한 어린아이들이 우려할 만한 역할 전도 상황에 휩쓸려 들어갈 수 있음을 밝혀냈다. "부모가 아이를 위안이나 부모다움, 친밀함 또는 놀이의 대상 등 부모의 필요를 충족시키는 쪽으로 대하면, 아이는 그 필요에 부응하려는 시도를 하게 된다"[13]는 것이다. 이는 아이가 부모를 돕거나 돌보려는 노력을 하게 만드는 '감정이입적 과잉 각성'을 촉진하게 되며, 나아가 아이는 자기 자신의 필요를 심하게 억제하기 시작한다.

앨든 가족의 지인 한 사람은 크리스털이 아이 때부터 자기 엄마의 고민을 들어주는 역할을 해왔다고 증언한다. 크리스털은, 심지어 나라 반대편에 있는 친지를 방문했다가도 유타로 돌아오면 어김없이 몇 시간씩 전화기에 붙들려 앉아서 캐럴과 '강박 돌봄' 식의 통화를 하면서 엄마가 겪은 매일의 위기 상황들을 들어주고 함께 분석하곤 했다. 캐럴의 드라마에서 이런 식으로 아이들을 목격자 겸 공모자로 이용하는 것은 정상의 경계를 넘어선 행태였다. 십대 중반이었던 크리스털을 불러 앤디 브리스토의 화장식을 지켜보게 한 것이 그 예다. 나중에 크리스털은 작은 창으로 사람의 시체가 타 들어가는 모습을 어떻게 지켜보았는지 자세히 묘사하기도 했다.

크리스털은 일찍부터 돌봐주고 동정할 가치가 있는 사람과 그렇지 않은 사람에 대해 배웠다. 예를 들어 자기 엄마를 조금이라도 비판할 여지가 있는 사람에 대해서는 즉시 혐오감을 드러내 보이는 식이었다. 물론 자기 엄마를 손가락질하면 누군들 발끈하지 않겠는가? 하지만 그 엄마가 캐럴 앨든이라면 글쎄, 그 어떤 공평무사한 사람이라도 크리스털 앞에서는 캐럴에게 흠집도 내지 못할 것이었다. 이쯤 되면 오랫동안 캐럴의 끝나지 않는 불운에 함께 휘말렸던 아이들에게 어떤 변화가 일어났는지 궁금하지 않을 수가 없다. 이를 잔 와슬러는 '감정이입적 과잉 각성'이라고 표현했다. "감정이입적 과잉 각성은 아이들이 자기 부모를 돕고 돌봐주려고 노력하는 첫 해에 시작될 수 있다. 이 '어른스러운' 행동은 어린이로서 자연스럽게 갖게 되는 불안감을 가려버리며 이어 아이 자신의 필요를 억누르기 시작한다. 이로써 부모와 자식 사이의 동반의존 패턴이 발달할 수 있다."[14]

* * *

캐럴의 자녀 중에서 가장 나이가 많은 딸 멜러니 역시 자기 엄마에게 예속되어 있다. 캐럴과 다른 가족 구성원들에 따르면 멜러니는 놀랄 만큼 자기 어머니를 잘 봉양하며 기회가 될 때마다 만나러 오는 마음씨 고운 젊은 여성이다. 캐럴이 솔트레이크시티 인근의 드레이퍼에 있는 유타 주 교도소에 수감되어 거의 150마일 떨어진 곳에 있어도 멜러니의 태도와 행동은 변함이 없다. 캐럴이 쓴 글을 보면 멜러니는 캐럴의 교도소 계좌에 돈을 넣어주고 있으며, 자신의 부담으로 매주 어머니의 전화를 받는다고 한다. 뿐만 아니라 가석방이 되면 캐럴을 모셔가 자기 가족과 함께 지낼 계획도 세운다고 한다.[15]

어머니와 딸의 관계든, 남편과 아내의 관계든 그 기저에 있는 진정한 동기를 알아내기란 늘 어려운 일이다. 멜러니는 친지 한 사람에게 이렇게 말하기도 했다. 캐럴이 다른 사람에게 마티에 관한 거짓말을 믿게 하려고 둘러대는 데 자신도 너무 익숙해져서 언제부터인가 엄마의 말을 정말로 믿기 시작했다고 말이다. 그러면서도 캐럴이 정말 마티를 사랑했고, 사랑은 맹목적인 것이라고도 했다.

또다른 지인은 더 깊은 이야기를 들려준다.

> 어느 정도는, 아이들 모두가 자기 엄마에게 심각한 문제가 있다는 점을 이해합니다. 그러나 캐럴에게 전적으로 책임이 있다는 사실을

믿기가 너무 고통스러운 거죠. 누구나 그렇듯이 그녀에게도 자신이 원한 삶을 꾸려갈 기회가 몇 번이고 있었지요. 그녀가 집세를 내지 않아 살던 집에서 매번 퇴거당한 것은 돈이 없어서가 아니었어요. 자녀부양 지원금, 생활보호대상자 지원금, 가족들의 원조 등으로 돈이 있었거든요. 그렇지만 그녀는 항상 자신의 문제를 상황 탓으로 돌렸어요. 아니면 함께 사는 남자들이거나 뭐 그런 것들이요. 피해자로 생계를 꾸려가는 법을 배워버린 거죠.

마지막으로 그는 이렇게 덧붙였다. "아이들 모두가 알아요. 그러나 동시에 아이들은 몰라요. 알고 싶지 않은 겁니다. 진실에 직면해버리면, 자신들이 자라면서 믿었던 것 모두가, 그야말로 '모든 것'이 거짓말이었다는 걸 받아들여야 하니까요."

26

예심, 그리고 대단원

> 사람들은 두 가지가 서로 맞지 않을 때도 어딘가 숨겨진 것이 있을 거라 믿으면서, 제3의 무언가가 둘을 연결시켜 줄 것이라고 생각한다. 그러기가 쉽다.
> ―움베르토 에코, 《푸코의 진자》[1]

캐럴 앨든 사건의 수석검사인 마이클 윔스는 매우 사려 깊은 사람이다. 예를 들면 그는 'mountain'이라는 단어를 말할 때도 흔히들 간과하는 미묘한 소리에 특별한 애정이 있는 것처럼 't' 부분을 신경 써서 분명히 발음한다. 또한 문법과 논리에 맞춰 정확한 언어를 구사하는 것을 선호한다. 윔스의 아내인 팸은 남편에게 사과 파이와 체리 파이 중 어느 쪽을 더 좋아하느냐는 질문보다는 그의 대답이 '예스'가 될 수 있게 질문하는 요령을 터득했다.[2]

좋은 변호사는 절대로 두 가지 중 하나를 선택해야 하는 질문을 하지 않는 법이다. 그럴 때의 대답에는 선택을 위한 고민이 개입되며 단호함이 결여될 여지가 있기 때문이다.

웜스는 영국에서 나고 자랐으며, 열다섯 살 때 미국으로 건너왔다. 고등학교 때 만난 사람들이 그를 다소 차갑다고 느꼈다면 아마 그 때문이었을 것이다. 그러나 그의 성격에는 다른 측면도 있다. 그가 학부를 북텍사스 대학으로 선택한 이유가 다름아닌, 그 대학이 그 해 《플레이보이》 잡지에서 전국에서 파티를 많이 하는 대학 2위로 꼽혔기 때문이라는 것(1위 대학은 안타깝게도 사립이라서 경제적 형편이 되지 않았다). 웜스는 일단 오스틴 소재 텍사스 대학에서 법학 학위를 받은 뒤, 군대에 복무하면서 전세계를 돌아다녔고, 군 수석 순회 검사 자리에까지 올랐다가 마침내 워싱턴 D.C.의 군사재판국 수장이 되었다.

웜스는 역사 지식의 보고이기도 하다. 그는 단순히 역사적 사건의 연도만 외우는 것이 아니라 마그나 카르타(대헌장)의 상징과 의미를 이해한다. 1215년 6월 15일이라고 정확한 날짜까지 댈 수 있는 건 물론이다. 웜스가 매우 정밀한 기억의 소유자인지 어떤지 물으면 그의 아내 팸은 어깨를 으쓱하며 대답한다. "글쎄, 저장 공간에 비해 더 많이 들어찬 것은 사실이죠."[3] 웜스는 이에 불만을 세기한다. "나는 다른 사람들보다 더 영리한 게 아니에요." 그러면서 그는 토머스 에디슨의 유명한, 천재는 1퍼센트의 영감과 99퍼센트의 노력으로 이루어진다는 말을 슬쩍 끌어온다. "그러나 시간 외 근무는 사절입니다."

웜스는 한마디로 표현하면 '미국 변호사협회를 위한 살인사건의 재판 방법'이라 할 책을 한 권 펴냈다.[4] 그가 주장하는 법정에서 지

마이클 웜스가 2010년 8월, 러시아 상트페테르부르크에 서 있다. 그는 여행을 떠나기 전날, 미국 변호사협회를 위한 협력 작품 《살인사건의 준비와 심리—검찰과 변호인의 시각》을 끝냈다.

켜야 할 단 하나의, 견고하며 지극히 중요한 원칙은 '저들에게 땀 흘리는 걸 보여주지 마라'이다. 즉 상대편에게 중요한 것을 절대로 보여주지 말고, 절대로 상대가 득점한 것을 눈치 채지 못하게 하라는 것. 실제로 상대편이 그를 "괴롭혀도"("괴롭혀도"라는 말에 인용 부호를 단 것은 이 침착한 남자를 괴롭히는 것이 실제로 중요하기 때문이다), 웜스는 절대로 표정을 바꾸지 않는다. 심지어 상대 변호사가 무례하게 굴어도 웜스는 그대로 되받아치거나 화를 내지 않는다. 다만 상대에게 친절함을 빼고 대할 뿐이다. 다른 변호사가 배심원단 앞에서 무례하게 굴 때도 그는 판사가 무례함에 알맞은 패널티를 줄 것이라고 믿는다. 무엇이든—상대편에서 무언가를 할 때—웜스는 그저 가만히 서서 정중하게, 지루한 표정으로 쳐다보기만 한다. 물론 때로는 '정중한 태도로' 억지로 하품을 참거나 손목시계를 흘긋 쳐다보기도 한다.

마이클 웜스는 법정에서의 도전을 위해 태어난 사람이라 해도 과언이 아니다. "그건 체스 게임처럼 복잡하게 얽혀 있을 뿐 아니라, 구슬로 경식 야구를 하는 것과도 같습니다"라고 그가 말한다. 그는 잠깐 생각에 잠겼다가 다시 말을 이어나갔다. "그러나 누구라도 공감이라는 걸 거부할 수는 없습니다. 피해자 가족의 감정을 이해해야 해요. 또 배심원단도 이해해야 하고요. 단, 객관성을 잃어버릴 만큼 감정적으로 개입해서는 안 됩니다. 그런 다음엔 피고인의 심리상태도 이해할 필요가 있어요. 그 또는 그녀의 눈으로 보고 헤아려 배심원단 앞에 상황을 제시하는 거죠. 그러나 그 다음엔 피고의 심리상태를 배심원단이 이해할 수 있는 정도의 일반적 기준에 맞추어 재구성한 다음 또다시 배심원단 앞에 내놓아야죠." 실제로 웜스는 이 모든 일을 숨쉬듯 자연스럽게 해낸다.

사안들을 독특하게 대위법적으로 병치하는 그만의 방법론으로, 마이클 웜스는 유타 주 최고의 검사 중 한 명으로 꼽힌다.

* * *

  웜스: "최종 논고를 진행할 준비가 되었습니다."[5]
  에어 재판장: "하십시오."
  웜스: "감사합니다, 재판장님. 첫 번째 죄목은 가정폭력, 즉 살인입니다. 최초의 행위로 개시되는 범죄의 구성 요소들은 피고가 작

년 7월 28일과 29일경 행한 구성 요소 번호 1, 마티 세션스의 죽음의 원인이 된 행위입니다."

"여러분들이 오늘 들은 증언은 그녀가 남편 마티 세션스를 죽였고, 그 이유는 그가 두려워서라는 것이었습니다. 그녀는 자신이 복도에 면한 세탁실에 숨어 있었고 그가 복도를 따라 다가왔다고 설명했습니다. 그녀는 숨어 있다가, 같은 날 일찍 사 와서 세탁실에 숨겨놓았던 총을 꺼내 들었습니다. 피고에 따르면 마티는 복도를 걸어와 세탁실을 지나쳐 갔다가 다음 순간 돌아서서 주먹을 쳐들었습니다. 그때가 피고가 첫 번째로 그를 쏜 순간이었습니다. 왼쪽 갈비뼈에 쏘았다고 했습니다."

윔스는 자신의 왼쪽 늑골 앞부분을 가리켜 보였다. 캐럴이 경찰에 한 최초의 진술은, (완곡하게 말해서) 그녀의 이야기가 번복을 시작하기 전에는, 그녀가 마티를 등 뒤가 아니라 정면에서 쏘았다는 내용이었다. 윔스는 계속해서 논리정연한 범죄 요약 설명을 이어갔다.

윔스 : "부검 보고서의 내용은 이 최초의 총격과 일치하지 않습니다. 사실상 총은 등 뒤에서 발사되었으며, 총알이 빠져나간 상처는 몸의 오른쪽 앞부분에 나 있었습니다. 그러나 첫 총격은 의사의 말에 따르면 치명적이지 않았던 것으로 보입니다."

"피고에 따르면 두 번째 총격은 그녀가 마티가 쓰러지는 소리를 듣고 나서 5분 후에 그가 머리를 땅으로 향한 채 엎드려 있을 때였습니다. 그녀는 딸에게 전화를 걸기 위해 전화기를 제대로 놓으려고 그를 지나쳐 가고 싶었다고 했죠. 그 때문에 그녀는 가서 베개를 가지고 나와 그의 머리 위에 대고 베개를 겨눠 총을 쏘았어요. 총알은 베개를 관통해 그의 머리에 박혔고요. 이 두 번째 충격이, 소위 최후의 일격으로 피해자의 목숨을 앗았을 가능성이 매우 높다고 의사는 말합니다. 당연히 말이죠. 두 번째 구성 요소는 그녀가 그를 고의로 죽였다는 점입니다. 이 요소에 대해 여러분이 들은 증언은, 피고가 자신이 마티를 두 차례 쏘았다는 걸 알고 있다는 것이었습니다. 그녀가 그렇게 말했죠. 그녀는 그를 쏘기로 작정했고, 왜 그래야 하는가도 스스로에게 납득시켰어요. 이 경우 자기 본위이기는 하지만 소위 동기가 성립된 겁니다."

"물론, 아시다시피 동기는 범죄의 구성 요소가 아닙니다. 그러나 이 사건에서는 고의성의 증거가 될 수 있습니다. 치명적인 두 번째 충격은, 그녀가 버튼 경사에게 자신이 피해자의 머리를 쏜다는 걸 알고 있었다고 말한 것으로 보아 고의적으로 치명상을 입히려 한 것입니다. 총알이 뇌를 관통하면 죽는 것이 거의 확실하지요. 이것은 누구나 아는 상식에 속합니다."

"총의 발사 각도와 머리 정수리 부분에 난 총상의 입구, 그리고 턱과 목구멍 사이로 난 총상의 출구가 모두, 피해자가 처음 쓰러진 그 자리에서 총알이 바닥과 평행한 상태로 발사되었다는 사실과 일치합니다. 그래서 움직이지 않고 누운 남자의 뇌 속으로 총알이 들어간 것이지요. 두 번째 충격은 고의적인 처형 저격이라고 추론해도 무리가 없을 듯합니다."

"두 번째 죄목은 수사 방해입니다. 재판장님, 이 죄목의 첫 번째 구성 요소는 피고가 2006년 7월 28일에서 29일 사이에 했던 행위에 대해 고치거나, 번복하거나, 감추거나, 없애버렸다는 것입니다. 피고는 남편을 살해할 때 입었던 옷을 없앴다고 인정했습니다. 또한 그녀는 다른 옷으로 갈아입기 전에 호스 물로 몸을 씻어 증거의 흔적까지 제거했으며, 피해자의 피가 묻어 있고 총알 구멍이 난 베개까지 없앴습니다. 이것들이 모두 범죄 현장에서 사라졌습니다."

"두 번째 구성 요소는, 일급 중죄, 즉 모살에 해당하는 행위를 한 그녀가 수사, 체포, 기소, 유죄 판결, 처벌 등을 훼방, 지연, 또는 방해할 목적으로 한 의도적인 행동들입니다. 이것이 고의성을 띤 것이라는 가장 명백한 증거는 그녀가 증거를 감추려고 구덩이를 판 것입니다. 그녀는 집 뒤에 무덤을 파고 시체와 베개를 끌어다 넣었어요. 명백히 땅에 파묻고 위에 흙을 덮었습니다. 다른 누구도 초대되지 않은 장례식이었죠. 집 뒤 구덩이에 시체와 베개를 쑤셔넣고, 연못을 만드느라 더 깊게 파놓은 구덩이를 메워놓은 것처럼 꾸며 쉽게 발견되지 못하게 한 것이라고 추론해 볼 수 있습니다."

"더욱이 다음날까지 수사를 조금이라도 지연시키려 한 추가적인 증거는 그녀가 911에 전화하지 않는 쪽을 선택했다는 사실입니다. 왜냐하면 그녀에게 자수하라고 말한 앨런 레이크와 이야기를 나눈 뒤에야 신고가 이루어졌기 때문입니다. 사건 직후에 체포 영장이 발부되었다면 증거도 그만큼 많았을 것입니다. 재판장님께서 별도의 질문이 없으시다면 이에 대해서 더 드릴 말씀은 없습니다."

에어 재판장 : "질문 없습니다, 윔스 씨."

윔스 : "감사합니다."

에어 재판장 : "슬레이븐스 씨는요?"

슬레이븐스 : "글쎄요, 저는 우선 주 법에 비추어, 해당 살인을 일급으로 추정할 근거가 없다는 말씀을 드리고 싶습니다. 피고의 무모한 행위가 죽음을 초래한 것이라고 생각합니다."

에어 재판장 : "당신은 누군가의 머리에 바로 대고 총을 쏘는 것이 고의적인 행위라고 생각하지 않는다는 말씀인가요?"

슬레이븐스 : "그건 복잡한 문제입니다. 알겠습니다. 제 주장은 첫 번째 총격에 국한된 것으로 이해해 주시기 바랍니다."

에어 재판장 : "그렇군요. 윔스 씨?"

윔스 : "간단히 말하면 이렇습니다, 재판장님. 정당방위 이론으로 가겠다고 하면, 그녀의 첫 번째 총격이 정당방위를 위해 뒤에서 쏜 것이 되고, 두 번째 총격은 정당방위를 위해 뇌를 관통하도록 쏜 것이 되는 겁니다."

* * *

에어 재판장 : "본 법정은 증거에 의거, 우리 주 최고 재판소 제정 법률에 따라 피고 앨든 부인의 법적 책임 여부와, 그녀가 마티 세션스의 죽음을 초래한 것에 대해 소송의 원인이 될 수준의 믿을 만한 증거가 있는 것으로 판결합니다. 그에 관해서는 의문의 여지가 없습니다. 또한 본 법정은 그녀가 고의로 또는 알면서, 또한 인간의 목숨이 명백히 위험한 상황 하에서 그렇게 행동했으며, 그녀가 피해자를 두 차례 쏘았고, 그 중 한 번이 피해자를 마침내 죽음으로 몰고 갔다는 점에 대해 믿을 만한 증거를 가지고 있습

니다. 죄목 두 번째와 세 번째에 대해서도 피고가 법 집행을 방해하려 한 명백한 증거가 있습니다. 가장 중요한 증거가 될 베개를 비롯해 몇 가지 증거가 될 물품들을 없앤 것이 그것입니다."

슬레이븐스 : "그러면 베개에 관해서 유죄라는 말씀이십니까?"

에어 재판장 : "베개는 물론이고 시체를 숨기려 한 행위, 옷을 벗고 호스로 몸을 씻어 증거를 남기지 않으려 한 행위도 포함됩니다. 이것들은 모두 법 집행을 방해하는 행위입니다. 또한 그녀가 시체를 옮기고 훼손한 것으로 볼 수 있는 믿을 만한 증거가 있습니다. 따라서 세 가지 건에 대해 모두 죄상의 인정 여부를 물을 수 있는 사안으로 판단합니다. 다만 슬레이븐스 씨가 제기한 다른 사항들은, 나의 소신으로는, 그런 사실들로부터 판결을 이끌어 낼 법관의 소관이며, 법적 책임 여부의 결정을 하는 예심 판사의 소관이 아니라고 여깁니다. 나는, 오늘 들은 증거만으로도, 공판에 회부할 충분한 증거가 있다고 생각합니다. 자, 슬레이븐스 씨의 의뢰인은 지금 죄상의 인정 여부 절차를 밟기를 원합니까?"

슬레이븐스 : "의뢰인과 잠깐 얘기를 나누겠습니다. (……) 의뢰인께서 죄상의 인정 여부 절차에 응할 준비가 되어 있습니다, 재판장님."

* * *

예심은 끝났다.

이제 진짜 판결이 시작될 것이었다.

그러나 법정 전투의 화염이 가시기 시작하자 한 가지가 가슴 아프게 모습을 드러냈다. 그녀의 끊임없는 절규가 모든 사람들을 미칠 지경에 몰아넣기 시작한 것이다.

캐럴의 관선 변호사로 임명된 무표정한 피고 측 변호인 제임스 슬레이븐스에게는 끊임없이 따라다니는 문제가 하나 있었다. 그 동안 슬레이븐스는 이혼, 가정 법률, 입양, 형사 사건 등을 주로 맡아 왔다. 그런데 카운티와의 계약은 곤궁한 처지의 피고인, 이 사건에서는 캐럴 앨든 같은 사람들을 대변해 줄 것을 요구받는다는 뜻이었다.

그러나 일이 꼬이느라 그런 것인지, 그가 관선 변호사로서 이전에 맡았던 '곤궁한 처지의 피고인'이 바로 마티 세션스였다. 더 정확히 말하면 슬레이븐스는 캐럴을 상대로 마티를 변호했었다.

이것은 슬레이븐스로서는 의뢰인에 대한 의무라고 하는 측면에서 매우 혼란스러웠을 것이고, 유타 주 최고 재판소에까지 상정될 만한 궁극적인 법적 질문이 될 수 있는 문제였다. 과연 이전에 대립했던 의뢰인을 위해 공정하게 법정 대리인의 역할을 다 할 수 있을까? 더 까다로운 것은, 과거에 대립했던 지금의 의뢰인이 당시 의뢰인이었던 사람을 끝내 죽이기까지 한 사건에서 공정한 변호라는 것이 이루어질 수 있을까 하는 것이었다.

캐럴 자신은, 지지자들에게 슬레이븐스가 변호를 맡는 것에 단호히 반대를 표명한다고 분명히 밝혔다. 그녀의 표현에 따르면 "명백한 이해의 충돌"[6]이었다.

그러나 기록을 보면 정작 슬레이븐스를 사건에서 배제하려고 애쓴 사람은 캐럴이 아니었다. 오히려 그녀의 적수라 할 검찰 측이었다. 검찰로서는 슬레이븐스가 가정폭력과 관련해 마티 세션스를 담당했던 전력 때문에 지나치게 내부자의 지식을 많이 갖고 있다고 여겼다. 이것이 재판에서 캐럴에게 유리하게 작용하거나 항소를 제기할 기반이 될 수도 있을 것이었다. 또한 반대로 앨든이 끝내 유죄를 선고받았을 때에도 그녀 입장에서는 슬레이븐스가 이전의 의뢰인이었던 마티에 대한 책임과 의무 때문에 이번 사건에서 자신에게 충실하지 않은 것이라고 호소를 해도 뭐라 할 말이 없을 것이었다. 혹은 슬레이븐스가 반대심문에서 확보한 마티의 정보를 지니고 있었다고 그녀가 불만을 제기할 수도 있었다. 하지만 슬레이븐스는 마티와 '대리인과 의뢰인'의 관계를 맺었던 기간 동안 따로 만나 지식이나 정보를 받은 적이 없기 때문에 마티 세선스에 대해 내부 지식을 지닌 것은 없었다고 진작에 솔직히 털어놓은 상태였다. 보류 중인 소송은 중개인들을 통해 처리되었기 때문에 사실상 그는 마티를 직접 대면한 적이 있는지 기억도 하지 못한다고 했다. 따라서 더 큰 문제는 슬레이븐스가 지닌 밀라드 카운티의 내부 지식이었다. 카운티의 사정에 정통한 그가, 캐럴에게 동정적인 태도를 보일 수 있을 만한 배심원들이 선정될 수 있게 슬쩍 힘을 실어줄지도 모르는 일이었다. 무엇보다 적수의 입장에서는 그간 슬레이븐스가 법정에서 펼친 활약과 타의 추종을 불허하는 법정 테크닉 덕분에 그는 대부분의 제3자들이 아는 것보다 훨씬 더 위협적인 상대였다. 그러나 아무리 주 당국이 이의를 제기해도, 슬레이븐스를 배제하기 위한 검찰의 모의는 재판을 몇 개월 지연시키는 결과가 될 뿐 무위에 그쳤다.[7]

이 모든 것들은 캐럴이 단순히 이해 충돌을 주장하지 않았으면,

혹은 반대로 자신은 이해 충돌이 '있었다고' 생각한다고 강경하게 말했으면 피할 수 있었을 일들이었다. 자신을 지지해 주는 사람들에게 보낸 수많은 편지에서 캐럴은 비통하게 끊임없이 자신의 변호사에 대해 불만을 토로했다.[8] (사람들은 캐럴의 변호사였던 사람에 대해 한결같이 형편없었다는 인상을 지니고 있다.) 심지어 자신이 사법 체계에 의해 "늘 처음부터 다시 희생되는" 느낌이라고 썼다.[9] 그러나 법정에서 그녀는 슬레이븐스가 자신을 대리하기를 원하느냐는 질문에 가타부타 대답하기를 거부했다. 에어 재판장이 슬레이븐스가 대리인으로 나서는 것에 거부감이 있느냐고 직설적으로 물었을 때 캐럴은 이렇게 대답했다. "제 입장에서는 최종적으로는 불만이 없습니다." 그녀는 이어서 "당신들이 다른 사람들 눈에 이해가 상충하는 것으로 보일까봐 걱정하는 걸 알아요. 따라서 법정에서 최선의 판결을 내려주시기만 한다면, 모든 것에 대해 열린 마음으로 임하겠습니다"라고 말했다.[10]

항소에서 캐럴은 이렇게, 절대로 자신의 입으로 이해 충돌의 주장을 포기하지 않으면서 불만을 제기하는 자신의 능력을 깔끔하게 발휘했다. 마이클 웜스 검사는 나중에 이렇게 말하곤 했다. "기본적으로 그녀는 말하는 상대와 그날의 상황에 따라 자신의 변호사에 관해 두 가지 방향으로 다른 진술을 하려 했어요. 패트릭 놀런과 내가 판사실에 가서 그 이야기를 했는데, 판사는 그 문제에 대해서는 아무 조치도 하지 않겠다고 말하더군요."[11]

27

마티의 좋은 면

> 우리는 주의를 기울여 대상의 본질을 결정하는 요소를
> 찾아내지만, 우리가 기울이는 주의 자체가 대상과 무관하게
> 무엇을 찾아낼지 결정하기도 한다.
> —이언 맥길크리스트, 〈주인과 그의 밀사〉[1]

놀랍게도, 캐럴 앨든을 헐뜯지 않는 사람들 중에 애너 루튼버, 즉 마티 세션스의 맏딸이 포함되어 있다.[2] 그녀는 조용하고도 분명히 말한다. "나는 캐럴을 나쁜 사람이라고 말하고 싶지 않아요. 그러는 건 내 방식이 아니에요. 아버지도 우리가 그녀를 증오로 대하기를 원하지는 않으실 겁니다. 아버지는 아마 우리가 그녀를 용서하기를 바라실 거예요."

캐럴의 오락가락하는 기분에 따라 부모나 의붓부모에 대한 애착이 명백하게 갈리는 캐럴의 자녀들과 달리 마티의 자녀들은 아버지의 유대관계에 대해 냉정하고 침착한 태도를 보였다. 마티의 두 딸

은 모두 마티와 캐럴의 만남을 환영했다. 물론 둘의 관계가 약간은 별나다고 느꼈는데, 그건 캐럴이 마티의 타입이 아니라고 생각했기 때문이다. 대지의 어머니 같기도 하고 나이 든 히피 같기도 한 캐럴의 분위기는 그 동안 마티가 좋아하고 데이트하고 결혼했던 다른 여자들과는 사뭇 달랐다. 에디는 "참 다르다고 생각했어요. 하지만 좋은 사람이었어요"라고 말했다. 그러나 캐럴을 좋아하기는 했지만 에디 역시 아버지와 의붓어머니의 집을 처음 찾아갔을 때는 적잖이 당혹스러워했다. 현관문 옆에 방수포에 덮인 죽은 염소가 있었던 것이다. 게다가 집이 너무 더러워서 또 한 번 놀랐다. 마티는 한 번도 그런 식으로 무질서하거나 불결하게 지낸 적이 없었다. 에디는 침실에 들어가다가 거기서 새끼 염소를 발견하고는 한층 더 놀랐다(어미 염소가 새끼를 낳다가 합병증을 일으켜서 안락사시켜야 했다고 캐럴이 말해주었다). 그럼에도 에디의 눈에 그들이 사는 모습은 행복해 보였다. 에디의 언니인 애너 역시 캐럴을 좋아했다. 애너는 당시 다섯 살 난 딸 우쉬(이 가족이 애슐리를 부르던 애칭 - 옮긴이)를 할아버지와 할아버지의 부인 옆에서 일 주일 동안 지내게 해주었는데, 우쉬는 그 시간을 너무 좋아해서 다시 가자고 조를 정도였다.

"아버지를 아는 사람들은 누구나 그분을 좋아했어요"라고 애너는 말한다. "사교적이고, 말투가 부드러웠어요. 친절하고, 따뜻한 마음을 지녔고, 머리가 매우 비상하셨죠. 아버지를 무너뜨린 가장 큰 문제는 마약이었습니다. 그 문제만 아니었다면 '모든 것'이 달라졌을 거예요. 아버지도 그걸 알고 계셨어요. 마약이 그분을 나쁜 사람으로 만들지 않았더라면 누구보다 훌륭한 인격자였을 거예요."

마티에게는 자타 공인의 매우 심각한 흠이 있었지만, 희한하게도 캐럴과 그 자녀들을 제외하고는 마티를 정말로 아는 사람들 중에 그에 대해 나쁜 말을 하는 사람은 찾아볼 수가 없었다. 예를 들어 델타에서 마티가 일했던 액자 가게 주인 트레비스 존스 같은 사람은 《트리뷴》지 기자에게 이렇게 말했다. "마티는 멋진 사람이었어요. 뭘 배우든 끝까지 깨치는 사람이었죠."[3] 마티의 직장 동료였던 열아홉 살의 제시 쿤스도 비슷한 반응이었다. "진짜 멋진 사람이었어요. 우리 할아버지 같은 느낌이었죠." 쿤스는 이렇게 말했다. "마티는 캐럴과의 관계 때문에 괴로워했어요. 그녀가 다른 남자를 만나고 있다고 믿었거든요. 그는 정말 캐럴을 사랑했고 어떻게든 해답을 찾으려 했어요."[4]

* * *

러스 크룩은 마른 몸매의, 밀라드 카운티에서 오래 산 사람인데 가축 경매장에서 일할 때 마티와 캐럴을 자주 만났다. 그의 회상이다.

> 마티는 좋은 사람 같았습니다. 정중했어요. 모두들 그를 찾아가고 싶어 했어요. 상당히 진지했고, 가축에게도 잘했어요. 그가 가축을 함부로 대하는 모습을 본 적이 없습니다. 마티와 캐럴은 양과 염소를 샀어요. 그는 양과 염소를 다룰 줄 알았죠. 양이란 녀석들은 학대 당하면 똘똘 뭉쳐서 달리고 머리를 한데 모읍니다. 마티의 양이 학대받았다는 증거는 한 번도 본 적이 없어요.
> 양을 차에서 내릴 줄 모르는 사람들이 많습니다. 사실 좀 웃길 수도

있는데, 손을 짚고 무릎으로 기면서 개처럼 헐떡거려야 하거든요. 그러면 양이 겁을 집어먹고 트럭에서 내립니다. 양을 다치게 할 일이 없지요. 마티는 이 방법을 알고 있었어요. 정말로 동물을 잘 다루는 사람이었어요. 그녀도 동물에게 잘했죠.

그 둘은 늘 함께 경매장에 왔어요. 자신들이 구입할 동물들을 잘 보려고 앞자리에 앉곤 했어요. 살찐 새끼 양을 데려와 팔기도 했어요.[5]

* * *

이제 70대 중반에 접어든 조 트루히요는 캐럴과 마티가 살았던 곳에서 4분의 3마일 떨어진 곳에 있는, 계곡에서 가장 오래된 집에 산다.[6] 인구밀도가 낮은 사우스 트랙에서, 트루히요와 마티네는 이웃집이나 마찬가지였다. 조는 캐럴과 마티가 처음 이사했을 때 반갑게 도움의 손길을 내밀었다. 마티는 감사의 의미로 조에게 컴퓨터와 관련된 일들을 처리해 주었다. 이웃간의 정이 생겼다. 조는 캐럴에게 병아리와 공작 몇 마리를 주고 건초를 주는 등 이런저런 도움을 주었다. "그녀에겐 동물들이 많았어요"라고 그는 말한다. "너무 많았죠. 그래도 잘 돌보기는 했어요." 나이 많은 사람으로서 조는 캐럴의 문신을 보고 충격을 받았다. "남자들이야 문신을 하는 게 흔한 일이지만 여자가, 그것도 온몸에 문신을 한 건 아무래도 낯설더라고요. 뭐, 나쁘다는 게 아니라 예사롭지 않고 눈에 띄는 일이지 않소." 조는 큼직하게 새겨진 '앤디 브리스토'라는 문신에 대해 말했다. 세로로 2인치 가량 되는 글자들이 등의 위쪽 부분 양 어깨 사이에 걸쳐져 있었다. 두 번째 문신은 크고 장식적인 기호였는데,

삼각근 위에 새겨져 있었다. 세 번째는 좀 작은 문신으로, 뉴질랜드에서 십대 때 만났던 친구 중 한 명의 이름을 가슴 위에 직접 새긴 것이었다.

조는 꽤 너른 땅을 소유하고 있었고, 방목하는 젖소를 살피러 하루 예닐곱 차례는 밖으로 나갔는데 때로는 늦은 밤일 때도 있었다. 더욱이 조의 집에서는 델타 타운 방향으로 세션스의 집과 길이 훤히 내려다보였다. 그러므로 조야말로 다른 누구보다 세션스 일가의 출입을 가장 잘 파악하고 있는 사람이었다. 조는 캐럴이 빨간색 지프를 타고 하루 두세 차례 타운까지 왔다갔다 하는 모습을 자주 보았다. 반대로 운전면허증과 차가 없는 마티는 대부분의 시간을 집에 머물렀다. 그렇다고 마티가 집안에만 갇혀 사는 건 아니었고, 며칠에 한 번 정도씩은 10마일 떨어진 타운까지 자전거를 타고 가서 쿼런과 캡틴모건을 사오곤 했다.

이따금 조는 타운에 가는 길에 마티를 태워 가기도 했는데, 그럴 때면 마티는 평소 자랑 삼는 원주민 혈통에 대해 재미있게 이야기를 늘어놓으며 말벗이 되어주었다. 조는 군 경력이 있었지만 마티가 군대 이야기를 하는 걸 들어본 적은 없었다. "마티는 한두 잔 마시는 걸 좋아했어요. 나한테도 권했는데, 나는 술 마시던 나날은 다 지나갔다고 말해주었죠. 그래도 술주정은 한 번도 한 적이 없어요."

조의 기억에 남은 별난 사건이 하나 있었다. 사냥철이 빠르게 다가오고 있을 때였는데, 그날이 엘크 사냥 면허 신청 마감날이라는 사실이 갑자기 생각났다. 조는 인터넷 신청을 부탁하려고 친구인 마티네 집으로 건너갔다. 두 사람은 안방에 있는 컴퓨터 앞에 나란히 앉았고, 마티가 웹페이지를 넘기고 있었다. 두 사람이 이야기를 하는 중에 전화가 울렸다. 마티가 전화를 받았고, 상대 쪽에서는 전화를 끊었다.

조의 회상에 따르면 마티는 그 순간 끊어진 전화를 노려보다가 뭔가 할 말이 있는 것처럼 고개를 절레절레 흔들었는데, 어찌 보면 아무 말도 하고 싶지 않다는 뜻 같기도 했다. 마침내 그는 조 쪽으로 돌아서서 말했다. "조, 아무래도 내 아내라는 사람이 다른 남자와 놀아나는 것 같아요."

"그게 무슨 말이야? 말도 안 돼! 그저 떠도는 가십이겠지"라고 조가 대답했다. "누가 그런 말을 하던가?"

"오, 아니에요. 뜬소문이 아닙니다. 그녀가 직접 나한테 한 말이에요."

"그런 일이 어디 있어!"

"그녀가 그 남자의 아파트 열쇠를 보여주었어요. 자기가 설거지와 빨래를 해주러 거기 드나든다고 말했다고요."

두 사람은 망연자실해 앉아 있다가 마침내 당면한 볼일, 즉 엘크 사냥 면허 신청 건을 처리하기 시작했다. 전화가 다시 울렸다. 이번에도 상대편에서는 아무런 응답이 없었다.

마티가 또 고개를 저었고, 조는 그가 무슨 말을 해야 할지 생각 중이라는 걸 알 수 있었다. "혹시 앨런 레이크라는 남자의 이름을 들어본 적 있어요?" 마침내 마티가 물었다.

조는 당시를 떠올리며 기억나는 대로 말했다. "음, 물론 알고 있었죠. 앨런이라면 아이 때부터 알던 사람이오. 앨런 레이크라고? 말도 안 된다고 생각했소. 그러나 나중에야 앨런 레이크를 내 땅 근처에서 본 기억이 나더군요. 그땐 토끼나 꿩 같은 걸 사냥하고 있다고 생각했지. 그런데 그가 얼쩡거린 다른 이유가 있었을지도 몰라요. 앨런은 살인사건이 있고서 이틀 후에 나를 찾아왔었어요. 친구가 태워다 주었더라고요. 날이 추웠는데도 앨런은 맨발이었어요. 앨런은 살인이 일어난 밤에 술 한잔 하려고 나왔다가 술에 취해서 곯아떨어졌다가 일어났다고 했어요. 깨 보니 소파에 캐럴이 있더랍니다. 그도 많이 놀란 상태더군요."

델타에서도 캐럴과 앨런 레이크 사이에 뭔가가 있다고 생각하는 사람들이 더러 있었다. 캐럴은 아무런 관계도 없다고 부인했지만, 마티를 쏘고 난 다음날 아침 그녀가 앨런 레이크의 탁자에 남겨둔 메모는 두 사람 사이에 대해 빼도 박도 못할 증거가 되었다.

"언제든지 전화할 수 있어요. 지금이라도. 그 사람이 죽었어요. 지금 당장 믿을 만한 친구가 절실하게 필요해요."[7]

앨런은 너무 충격을 받았고 즉시 경찰에 신고했다.

조 역시도 살인사건에 심한 충격을 받았다. "마티는 좋은 친구였어요. 캐럴은 구덩이에서 빠져나오려고 거짓말에 거짓말을 보태고 있어요."

"마티가 캐럴한테 비열한 짓을 했다고? 오, 세상에, 아닙니다." 마티의 캐럴에 대한 학대 여부를 묻는 질문에 대해서도 조의 대답은 사뭇 단호했다.

* * *

심지어 캐럴의 가족까지 마티에 대해 좋게 이야기한다. 캐럴의 친척 한 명은 제이슨, 에밀리와 함께 필모어 소재의 아름다운 코아 캠프장에서 함께 했던 캠핑을 떠올렸다.[8] 캐럴과 마티가 같이 저녁을 먹으러 캠프장을 찾았다. 마침 제이슨이 근처의 들판을 답사하러 나갔다가 바위 하나를 가지고 돌아오자, 마티는 차분하고 부드럽게, 사람이 땅에서 뭔가를 가져오면 반드시 돌려줄 줄도 알아야 한다고 설명해 주었다. 그는 캐럴의 가족에게 신사다운 태도를 보였다. 이야기를 들어보면 그가 말하고 생각하는 방식에 영적인 무언가가 있는 것 같다고 생각했으며, 모두들 마티를 좋아했다고 한다.

마티의 의붓여동생인 로즈마리 샐리어는, 어머니와 재혼한 사람의 아들인 큰 오빠에 대해 따뜻한 추억들을 간직하고 있다. 마티는 자신보다 스무 살이나 위였지만 두 사람은 이따금 서로를 찾아가거나 이메일을 통해 소식을 주고받았다. 로즈마리는 마티가 죽기 며칠 전에도 이메일을 보냈다. 마티가 캐럴의 집에서 나올 예정이라고 해서 함께 저녁이라도 먹으며 이야기해 보자는 내용이었다.

로즈마리는 오빠의 약물 중독 상황을 정확히 파악하고 있었지만, 그가 자상하고 따뜻한 사람이라는 것 또한 알고 있었다. 법정에서 샐리어는 자기 오빠에 대한 무자비한 총격을 "냉혈"이라고 표현했으며, 세션스의 두 딸과 아홉 손자들 모두가 피해자라고 했다.[9] "이혼이라고 하는 쉬운 방법이 있었어요"라고 샐리어는 어느 기자에게 말했다.[10]

후에 밝혀졌듯, 7월 25일, 즉 마티가 살해되기 사흘 전은 에디 세션스의 생일이었다. 에디는 아버지가 생일 축하 전화를 해주지 않아 속상해했고, 그녀의 남편이 장인에게 아내가 실망하고 있다는 이메일을 보냈다.[11] 이틀 후인 7월 27일에 마티가 응답 메일을 보냈다. 에디에게 연락하지 못해서 정말 미안하며, 큰 문제가 있어서 그렇다는 내용이었다. 그는 캐럴이 자신에게 거짓말을 많이 한다면서, 자기 생각에는 캐럴이 다른 사람을 만나는 것 같다고도 썼다. 또 조만간 캐럴의 집에서 나올 것이며 친구와 함께 지낼 예정이라고 했다.

이틀 뒤 마티는 살해되었다. 에디는 즉시 남편이 받았던 이메일을 경찰에 넘겨주었다. 그러나 한편으로 애너와 에디 두 사람 다 충격에 휩싸였다. 아버지의 죽음이 마치 수지 세션스가 당한 끔찍한 살인의 갑작스러운 반복처럼 느껴졌기 때문이었다. 그들의 충격은 캐럴이 자신들의 아버지를 어떤 사람으로 묘사하는지 알고 나서는 더 커졌다. 끊임없이 화를 냈다고? 그녀에게 폭력을 썼다고? 성적인 학대? 캐럴이 묘사한 사람은 절대로 그들의 아버지가 아니었다. 적어도 캐럴과 함께 지내기 전까지 그들이 알던 그 사람과는 거리가 멀었다.

"제가 아는 한 아버지에게 '분노'에 관한 문제 같은 것은 없었어요"라고 에디 세션스가 말한다. 사실 마티의 장황한 범죄 이력을 다 꿰고 있는 경찰에서조차 마티는 "폭력적이지 않았다. 결코 주먹질을 하는 사람이 아니었다"고 했다. 마티의 고문과 학대에 대해 캐럴이 고발한 것에 대해 질문하자 에디는 이렇게 답한다.

믿지 않습니다. 제 아버지가 그녀에게 손찌검을 했다고 믿지 않아요. 아버지가 언성을 높였다거나 정신적으로 학대했다면 이해하겠어요. 사실은 그것도 사실이라 말할 수가 없네요. 왜냐하면 한 번도 우리에게나 아버지의 아내들한테 손대는 걸 본 적이 없기 때문이에요. 심지어 내 의붓어머니와도 싸우는 걸 본 적이 없어요. 말다툼을 할 때도 방에 들어가서 하는 분들이었어요. 우리들 앞에서는 그런 일이 한 번도 없었다는 겁니다.

캐럴과 우리 아버지가 캐럴의 자녀들 문제로 의견 차이가 있었다는 건 알고 있어요. 두 분이 그 일로 다퉜죠. 아버지는 다투고 나면 애꿎게 허드렛일에 열중하거나, 상대가 방에서 나가면 뒤통수에다 대고 "불이나 꺼" 하는 식으로 무뚝뚝한 면이 있었어요. 그러나 그녀를 때렸다거나, 그녀가 말하는 식으로 학대했다는 건 믿을 수 없어요. 말도 안 돼요. 아버지가 교도소에 있었던 기간만큼 기록도 많이 쌓여 있을 텐데, 한번 찾아보세요. 폭력이나 학대에 대한 이야기는 하나도 없을 겁니다. 그런 건 우리 아버지의 방식이 아니에요.

애너는 한마디 더 덧붙였다. "아버지는 캐럴의 아이들을 사랑했어요. 그애들한테 잘하셨어요."

두 사람은 마티가 '늘' 동물을 사랑했다는 이야기도 했다. 젊었을 때에도 마티는 여럿이 어울려 코요테를 잡을 덫을 놓으러 가자는 제의를 거절했다. 꽤 돈을 벌 수 있는 일이었는데도 동물이 고통받는 걸 볼 수 없어서였다. 자기 아버지와 마찬가지로 마티도 고양이를 아주 사랑했다. 그는 약에 취한 채로도 몇 시간씩 고양이 부퍼와 놀아주곤 했다. "형이 동물을 다치게 하는 걸 한 번도 보지 못했어요"라고 동생 데니는 말한다. "그가 바뀐 모습이라니, 상상할 수가 없네요. 갑자기 다른 면이 드러났다는 건가요? 그건 형이 아니에요. 전혀."[12]

에디와 데니 두 사람 모두 마티의 세 번째 부인인 데비 맥클레인이 마티에게 남모르게 학대당한 적이 있는지 기억해 내려 애쓰면서 말했다 "그녀는 아버지에게 여러 가지 면이 있다고 했어요. 그러나 아내를 때리는 사람은 아니었어요. 한 번도요. 그랬다면 그녀가 아버지와 결혼하지 않았을 거예요." 데비는 마티와 오랫동안 알고 지낸 사람이었다. 사실, 마티의 첫 아내와 절친한 친구 사이였다. 짐작되듯이, 데비와 마티가 결혼한 뒤에도 마티는 약속을 어기고 다시 마약을 했다. 그를 도와주려고 애썼지만 데비는 마티를 결국 가석방위원회에 몇 차례나 돌려보냈다. 그 때문에 마티는 교도소에 재수감되는 신세가 되었다. 데비는 데니에게, 자기 때문에 교도소에 갇히게 된 상태에서도 마티가 그 일로 자기를 겁준 적이 한 번도 없었다고 말했다. 사실, 손찌검이라는 걸 한 적이 한 번도 없었다고 했다. 두 사람은 마티의 마약 때문에 이혼했지만 여전히 친구로 지내고 있었다(데비 역시 마티가 죽은 이듬해에 사망했다).

"슬레이븐스와 캐럴이 아버지의 전과 기록을 들추면서 아버지가 나쁜 사람이고, 그래서 이런 일이 벌어졌다는 식으로 몰아가려 한 적이 있어요." 에디가 말한다. "그러나 판사는 그 자료를 무시했어요. 과거가 어떻든, 그와 캐럴 사이에 무슨 일이 벌어졌든 그게 아버지를 죽일 일은 아니지요. 아버지 역시 인간입니다."

"아버지가 의붓어머니 앞에서 언성을 높이는 것도 들어본 적이 없어요." 애너가 맞장구 친다. "그게 내가 받아들이기 가장 힘든 부분이에요. 학대가 있었을 리 없어요. 일생 동안 한 번도 내보이지 않던 행동을 어느 순간 상습적으로 해대는 괴물로 돌변하다니, 사람이란 게 그렇지는 않잖아요. 캐럴은 자신이 말하는 식의 피해자가 아니에요. 아버지는 목숨만 잃은 것이 아니라 배신당했어요. 아무도 아버지가 어떤 사람이었는지 몰라요. 아버지는, 마음이 넓고 좋은 사람이었어요." 추억을 더듬으면서 애너의 목소리가 갈라졌다. "아이를 가졌다고 말씀드렸을 때 얼마나 행복해하시던지요. '내가 할아버지가 되는 거냐'라고 하시더니 울먹거리시는 거예요. 아버지는 그런 분이셨어요. 캐럴이 말하는 그런 괴물이 아니라고요."

동생 데니는 이렇게 이야기를 마무리 짓는다. "1994년 3월 8일에 교도소 밖으로 나서면서, 다시는, 다시는 돌아오지 않겠다고 내 스스로 맹세를 했었어요. 그러나 내년에 그 맹세를 깰 생각입니다. 내 발로 가석방위원회 앞에 가서 설 작정입니다. 캐럴이 살인을 하고서 도망치고 있다는 걸 가석방위원회에 알리겠어요. 나는 사형 따위 믿지 않아요. 형도 마찬가지였죠. 그녀는 주어진 날들을 착실히 살아내야 할 겁니다. 내가 다시 한 번 교도소에 들어가서라도 확인해 볼 거니까요." 그는 자기가 형과 신기할 만큼 닮은꼴이라는 생각에 키득키득 웃는다. "그녀가, 내가 형의 유령이라는 생각을 하기 바랍니다."[13]

* * *

아마 이 모든 것들 중 가장 흥미로운 것은 마티가 죽기 6개월 전에 슬레이븐스가 마티를 변호했던 협박 및 가정폭력 사건일 것이다. 말다툼 끝에 마티가 결국 캐럴을 향해 물건을 집어던져서 그녀가 아이들을 데리고 집을 빠져나왔다는 내용이었다. 캐럴은 차를 몰고 도망쳐서 보호시설에 도착해서야 911에 신고했다.

보안관들이 도착했을 때, 마티는 쪽지를 남겨둔 채 나가버리고 없었다. "바람 피우는 아내한테 질렸다. 그 여자는 늘 자기 주제에 넘치는 걸 바라지. 그러면서도 내가 장애자라서 싫다는 말을 할 용기는 없지. 끝내는 것 외엔 선택이 없어. 당장!"[14]

마티가 집어던졌다는 물건은, 알고 보니 베개였다.

28

우리가 아는 정신질환들

더 깊이 믿어라. 보이지 않는 순간에도 빛을 향해 얼굴을 들어라.
— 빌 윌슨, 알코올 중독자 협회(단주회, 알코올 중독자 갱생회.
1935년 미국 시카고에서 시작됨 – 옮긴이)[1]의 공동 설립자

"비전문가들 중에서는 극소수만이, 우리가 정신질환의 기본적인 것들에 대해서조차 아는 것이 지극히 적다는 사실을 깨닫는다"라고 대니얼 셀러는 저서인 《정신이상 – 정신의학의 고민(Unhinged: The Trouble with Psychiatry)》에서 말했다.[2] 셀러는 하버드 의학 대학원에서 수학하였고, 터프츠 대학교에 재직 중이며, 15년 동안 정신과 의사로 일해온 사람이다.

셀러는 또 이렇게 썼다. "사실상 우울증, 정신분열증, 조울증, 불안장애 등을 포함한 모든 정신질환에서 무지의 그림자가 지식의 희미한 불빛들을 압도해 버린다."[3]

우리는 특정한 신경병 증상들이 거짓말하는 경향을 동반한다는

것을 알고 있다. 예를 들어 사이코패스는 거짓말을 술술 늘어놓는 능력이 있는데, 유별난 형태로 구성된 신경이 그 주된 원인이다.[4] (사이코패스는 오른쪽 뇌가 눈에 띄게 결손되어 있는 것으로 알려졌는데, 바로 공감을 담당하는 부분이다.)[5] 경계선 성격장애 환자들도 이 결손을 공유하며 여기에 더하여 불가사의할 만큼의 교묘한 조종 능력까지 가지고 있다.[6] 경계선 성격장애는 애착장애로도 불리는데, 유아기 때 돌봐주는 사람(caregiver)과 효과적인 관계를 형성하는 데 실패한 것이 주원인이다.[7] 이 장애 역시 감정이입을 담당하는 뇌 우반구의 장애로 생각된다.[8]

반(反)사회적, 경계선 증후군의 문제는 "나는 아무 문제도 없어. 미친 건 세상이야!" 라는 확신에 찬 기능장애에 포함된다는 것이다. 이런 믿음이, 특히 나르시시즘의 극단적 성향을 보이는 사람들에게 동반되면 정신의학적 도움에 마음을 열기는 대단히 어려워진다. 이런 장애를 지닌 사람들은 우격다짐으로 정신과 의사 앞에 데려다놓아도—교도소 프로그램의 경우에서처럼—자신들의 잘못을 스스로가 아닌 다른 모든 사람들에게 전가시키는 속임수를 쓸 것이다.

캐럴의 경우 여전히, 누군가가 상대를 명백히 학대하는 상황일 때, 예를 들어 남자가 술에 취해 정신이 없는 채로 여자를 강간할 때조차도, 자기는 항상 본능적으로 그 사람을 도와야 한다는 충동부터 일어난다고 주장한다. 그에게 다가가 원조의 손길을 내밀지 않으면 엄청난 죄책감에 시달린다는 것이다. 캐럴은 자기가 너무 착한 게 늘 문제가 된다고 사람들에게 에둘러 말하곤 하는데, 그녀를 잘 아는 사람들은 오히려 자신의 감정을 상하게 한 사람들을 공공연하게 욕보이는 그녀의 성향, 자기 식으로 일이 안 돌아가면 무턱대고 경찰이나 아동보호서비스를 끌어들이는 버릇, 심사가 틀어질 때의 신랄한 기질, 무엇보다 자신의 자녀들을 상대에게 적대적으로 만드는 능력 등을 예로 들면서 대단히 끔찍해한다.

캐럴의 말은, 들을 당시에는 상당히 그럴 듯하다. 그런데 시간이 좀 지나서 되새겨보면 그제야 뭔가 이상하다는 느낌이 온다. 앞뒤가 맞지 않는다는 걸 깨닫게 되는 것이다. 첫 남편인 리처드 센프트는 파경에 이르러서야 자신이 속아왔고 교묘히 조종당해 왔다는 걸 깨달았다고 했다. 세인트루이스의 미주리 대학 영어과 관리 교수인 조 캐롤은 이렇게 분석한다. "그녀에게는 장기적인 동반자로 삼을 남자를 탐지하는 레이더가 있는지도 모른다. 근본은 선량하면서 병리적 행동에 유난히 둔감하고, 무슨 일인지 상상조차 하지 못해서 대응책 같은 걸 세울 엄두를 못 내는 그런 남자들을 고르는 능력 말이다."[9] "그들은 사람이 한 번도 찾아가지 않은 외딴섬의 새들처럼, 선원들에 대한 본능적인 두려움이 없어서 쉬운 먹이를 찾아 손바닥으로 날아든다."[10]

랜디 크레거와 폴 메이슨이 공저한 경계선 성격장애에 대한 고전적인 책 《달걀껍질 위를 걷는 건 그만(Stop Walking on Eggshells)》에서는 이와 비슷한 반응, 즉 거짓말과 속임수가 결국 그럴 듯하게 들어맞는 현상을 '전구 효과(light bulb effect)'라고 불렀다. 왜냐하면 이 술수나 거짓말들이 갑자기 촉발되기는 했지만 목적 있는 행동처럼 보이기 때문이다.[11] 그러나 캐럴도 혼자였다면 나쁜 행실을 일삼지 않았을 수도 있다. 마티 세션스의 마약 중독은, 수지 세션스처럼 필생의 사랑을 그에게서 발견하는 경우가 있었다고는 해도, 번번이 결혼생활의 문젯거리가 되곤 했다. 캐럴 앨든과 마티 세션스는 상호작용하면서 서로를 부추기는 결과를 가져왔던 것이다. 두 사람이 만나기 이전에 지녔던 고통의 공감대 때문에 서로 고통을 주고받는 것이 정당화되는 느낌을 가질 수 있었기 때문이다.

그렇기는 해도 캐럴의 교묘한 술수에 수십 년을 당하며 살았던 한 사람은 이렇게 말한다. "어느 날 아침 캐럴이 잠에서 깨어 '100달러가 필요해. 인정 많은 모르몬 교도들을 찾아가 사기를 좀 쳐야겠어'라고 혼잣말하는 식이 아니에요. 그렇게 간단하지가 않습니다. 캐럴은 매우 합리적인 지성을 지녔고, 그것이 깊은 정서적 불합리성과 손을 맞잡고 작동하거든요. 안타까운 건 그녀의 뇌에서 합리적 부분이 '이상한' 부분에 굴종하고 만다는 거예요. 이상한 부분이 결정을 내리고 나면 그제야 합리적인 부분이 "이걸 어떻게 실행하지?"라고 묻는 거죠.'"

* * *

마티가 자신의 생식기에 억지로 피어싱을 하게 했다는 캐럴의 주장은, 《내셔널 인콰이어러》의 머리기사인 "성조대를 강요한 '사악한' 남편을 아내가 죽이다"에서 보듯, 이 사건을 새롭고 무시무시한 국면으로 이끌었다.[12] 캐럴이 법정 진술에서 마티가 정조대를 강요했다는 대목에 이르러 고개를 피고인석 탁자에 떨어뜨린 채 흐느끼는 모습을 연출하자 이야기는 과장의 정도를 훌쩍 뛰어넘었다.[13]

캐럴은 마티가 죽자마자 과거 사실들로 마티를 고발하는 것을 자

캐럴 앨든이, 마티가 정조대를 강요했다는 이야기가 언급되자 머리를 피고인석의 탁자에 파묻고 흐느끼고 있다. 그러나 이것은 단지 더 큰 폭탄선언의 서막에 불과했다.

제하려 했다고 말했다. 하지만 결국 그녀가 한 이야기들은 가지를 치고 뻗어나갔으며, 이야기대로라면 그녀의 입장에서는 초인적인 능력들이 필요했을 것이다. 예를 들면, 캐럴은 조시 그레이트하우스 부보안관에게 자신의 몸에 네 개의 생식기 피어싱이 있는데, 각각 두 개씩 양쪽 음순에 시술되어 있다고 말했다. 마티가 이 구멍들에 정조대를 채우려 했지만 실패했다는 것이다. 그런데 나중에 이 부분을 다시 묘사하면서 캐럴은 피어싱이 12개(양 음순에 6개씩)이며, 마티가 6시간에 걸쳐 천천히 시술한 거라고 고쳐 말했다. 너무 고통스러워서 기절을 반복했고, 그때마다 마티가 전기 클럽을 자신의 등에서 예민한 부위에 갖다 대는 식으로 충격을 주어 깨어나게 했다는 것이다.[14] 당시 그녀는 몇 주일 동안 앓아누웠으며, 패혈증으로 사경을 헤맸다고 한다.

이런 식의 꾸며내는 이야기들은 성격장애를 지닌 사람들에게 흔히 보이는 증상으로, 주로 반사회적 및 경계선 성격장애자들에게서 흔히 나타난다.[15] 물론 가학피학 성애자들 중 성격장애 환자들이 많다는 것은 뜨거운 논쟁거리다. 심리학자들이 쓴 《정신장애 진단 통계 편람》에 그런 식의 변칙적인 성적 행위를 포함시키는 부분에 대해 소리 높여 항의하는 집단에서는, 이것이 성적 라이프스타일의 자유로운 선택에 대한 차별이라고 주장한다.[16]

또 어느 연구에서는 "성적으로 점잖지 못한 사람들이라고 해서 일반적으로도 행실이 바르지 못하다는 생각이 과연 공정한 것인가?"라는 날카로운 질문을 던졌다.[17] 사실 교도소에 수감된 사람들이 그렇지 않은 일반인들에 비해 사디즘이나 그에 연관된 행위를 하는 비율이 훨씬 높다는 건 새삼스러운 일이 아니지만 쉽게 판단할 일은 아니다. 그러나 "뚜렷한 신경생물학적 기질이나 성도착과의 상관성"을 밝혀내지는 못했다 해도, 적어도 변덕스러운 뇌 기능과 도착적인 성적 행위의 높은 발생률이 연계되어 있음은 부정할 수 없는 사실이다.[18] 더불어 신경전달물질과 성 호르몬이 가학피학 성애 성향에 대한 우리의 이해를 돕는 데 중요한 역할을 할 것 역시 분명하다.[19] (2006년의 한 연구는 권력이—고통을 주고받는 것이 아니라—가학피학 성욕의 핵심에 자리하고 있다는 놀라운 결론을 내리기도 했다.)[20]

캐럴의 가학피학 성애 경향과 관련해서는 한 번도 밝혀지지 않은 매머드급 폭로가 하나 더 있었다. 마침내 지역의 남자 한 명이 캐럴이 자기에게 생식기 피어싱을 자랑스럽게 보여주었다고 실토한 것이다. 뿐만 아니라 다른 남자 한 명도 비슷한 행동을 본 것 같다고 했다. 캐럴이 법정에서 보여준 민망해하는 태도나 엎드려 흐느끼는 행동과는 모순이 아닐 수 없다. 그러한 노출 행동은 그녀에게서 강요에 못 이긴 피해자의 모습을 희석시키고, 동시에 그녀가 부리는 교묘한 술수를 엿보게 하는 실마리가 되었다. 만약 검찰에서 이런 내용들을 미리 알고 있었더라면 이런 지식을 캐럴 측 변호사를 제압하는 핵심 무기로 쓸 수도 있었을 것이다.

그러나 검사들은 이 사실을 인식하지 못했다.

* * *

그렇다면 캐럴 앨든에게서 보이는 발달 및 공황장애의 모습이 실제로도 아버지에 의한 괴롭힘(사실이든 아니든)과 관련되어 있을까?

캐럴과 터놓고 지낸 오랜 지인 페니 패커는 나중에 이런 말을 했다. "캐럴이 중학생 때 그애와 내내 잘 지냈지만 자기 아버지가 괴롭혔다느니 하는 이야기를 한 적은 한 번도 없었어요. 그 부분에 관해서는 완전한 성인이 될 때까지 절대로 입 밖에 내지 않았죠. 사실 이야기는 했는데, 아버지가 어떻게 했는지, 이렇다 저렇다 분명하게 말한 적은 한 번도 없었고, 늘 추측에 맡겨두었죠. 말하자면 아버지가 성적 학대를 가했다는 걸 넌지시 돌려 표현하기 위해 애매한 비유를 끌어다 대곤 했지만 절대로 곧이곧대로 말하지는 않았어요. 마사지 숍에서 일할 때도 마찬가지였고요. 난 캐럴의 부모와 친구들을 알고 있어요. 그런 일이 일어났다는 걸 이해할 수가 없어요."[21]

캐럴의 십대 후반과 이십대 초반에 알고 지냈던 사람 한 명은 그

때까지도 캐럴이 모호한 비유를 들어가며, 절대로 자세한 이야기는 하지 않은 채 자기 아버지의 학대 행위를 비난했다고 증언한다. 처음에는 캐럴의 말에 '그렇구나' 했는데, 그녀의 가족을 알아가면서 점차로 그녀의 이야기가 미심쩍어지기 시작했다고 한다.

그러나 유년기에 성적 학대를 당하는 일이 경계선 성격장애를 초래할 수 있다는 사실은 짚고 넘어가야 할 중요한 부분이다. 청년기 경계선 성격장애 이해의 전문가이며 정신과 의사인 블레즈 아귀레는 "학대가 더 가혹할수록, 더 자주 반복될수록, 학대자가 피해자와 더 가까운 사이일수록, 또한 '입 다물라'는 협박이 심할수록 병도 더 심해진다"고 썼다.[22] 그러나 방정식의 다른 항에서 보면 경계선 성격장애 환자들이 워낙 학대에 대한 거짓 주장을 쉽게 늘어놓는 것도 간과할 수는 없다. 흔히 정서적 욕구―그리고 이 욕구가 충족되지 않았을 때 귀착되는 보복―가 이런 증상의 동기인 경우가 많다. 법정 정신의학자인 리처드 홀은 이런 거짓 주장들이 "규칙적으로 일어나는 경향이 있으며", 특히 경계신 성격장애자들의 기본 특성을 지닌 사람들에게서 더 그렇다고 쓴 바 있다.[23] 홀은 수사관들에게 고발하는 당사자를 상대로 이전에 거짓으로 고발한 전적이 있는지, 그 고발에 패턴이 있는지를 미리 살펴봐야 한다고 충고한다. 패턴이 발견되면 고발 자체를 진지하게 받아들이기가 훨씬 더 어려워진다. 피해자들과 거짓 고발이 뭉치면 섬세하고 정확하게 대응하는 일이 매우 힘들어질 수 있다.

그러나 《가정에서 꼭 필요한 경계선 성격장애 가이드(The Essential Family Guide to Borderline Personality Disorder)》의 저자 랜디 크레거는

경계선 성격장애에 동반되는 행동이 워낙 다양하기 때문에 일부 행동을 일반화시키는 것은 피해야 한다고 경고한다. 크레거는 '학대'란 말 자체가 개념이 명확하지 않으며, 경계선 성격장애자들은 "분리증세와 더불어 자신들의 유년기를 매우 고통스럽게 여기며, 부모는 모두 나쁜 존재라고 생각한다"[24]면서, 이 환자들이 노골적으로 거짓말을 하는 동안은 "정신적, 정서적 혼란 때문에 진실이 아니어도 상관없다는 단호한 믿음을 지니게 된 상태"[25]라고 했다.

이처럼 명백한 증거를 완전히 무시하고 노골적으로 거짓 주장을 하는 단계에서는, 사실 따위는 멀리 던져버리고 자신만의 버전으로 구성된 이야기를 끈질기게 주장하는 뇌 좌반구의 득세 이론을 다시 꺼내들 수밖에 없다.

캐럴은 이십대 후반과 삼십대에 이르러, 아버지에 대해 모호하게 빗대는 말들을 가족에게 하기 시작했다. 때로는 분노에 차서, 대체로는 복수심에 불타서. 그녀의 가족들은 아직도 그녀의 애매한 표현들에 대해 혼란스러웠던 기억을 지니고 있다. 누군들 은근히 빗대면서 낌새를 흘리다가, 더 자세히 이야기해 보라고 하면 싫다고 하고, 다음 순간 어깨를 으쓱하면서 "농담이야"라며 대수롭지 않은 얼굴을 하는 사람과 대화라는 걸 할 수 있겠는가?

캐럴의 양친은 나머지 자녀들과 친밀한 관계를 유지하고 있으며, 누구도 캐럴처럼 과도한 십대의 불안을 나타내지 않았다. 그녀의 부모는 그저 캐럴이 이십대가 되어 다른 자식들처럼 안정을 찾아가기를 바라는 것밖에 도리가 없었다. 그러나 캐럴이 아버지에게 보이는 적대감은 더 극심해졌고, 때로는 이성을 잃는 수준으로까지

높아졌다.

어떤 식인가 하면, 캐럴이 첫 결혼을 하고 얼마 지나지 않았을 때 이따금 우유를 먹지 못하는 아기의 엄마들이 찾아와 캐럴이 기르는 염소에게서 젖을 구할 수 없겠느냐고 물어보는 일이 있었다. 아마 고속도로에서도 염소가 보이기 때문이었을 것이다. 그런데 캐럴은 이들을 붙들고 염소 젖 이야기는 하지도 않고 다른 이야기만 늘어놓기 일쑤였다. 낯선 사람들과는 하등 상관없는 자기 아버지에 대한 독설이었다.

이런 유형의 비이성적인 분리증세 역시 경계선 성격장애의 또 다른 양상이다. 분리증세를 일으키면 그 대상은 무조건 착하거나 무조건 악하며, 그 중간은 존재하지 않는다. 마찬가지로 캐럴은 자기 아버지를 툭하면 온통 검은색으로 칠해버렸다. 캐럴이 이처럼 흑백으로 양분해 보는 태도는 사실상 그녀와 교분을 맺었던 다른 사람들에게도 고루 적용되었다. 캐럴의 남편들이나 애인들은 캐럴의 행동에 불만을 보이기 전까지는 모두 착한 사람이었다. 그러다가 불만을 토로하는 순간부터 모조리 나쁜 사람이 되었다.

마티와 결혼할 무렵 캐럴과 아버지의 관계는 편치 않은 휴전상태로 접어들고 있었다. 두 사람 사이의 대화는 최소한으로 유시되있다. 예를 들어 캐럴이 집에 전화를 했는데, 우연히 아버지가 받게 되면 '여보세요'라고 한마디 하고는 곧바로 어머니에게 바꿔주는 식이었다. 마티 살해사건이 일어났을 시점에 그녀의 아버지는 암 수술 후 회복 중에 있었다. 암은 강건하고 활동적인 그에게는 청천벽력 같은 시련이었다.

마티의 살해는 아버지와 딸 사이의 암묵적인 휴전을 깨버렸다. 두 사람은 전화로 열띤 공방을 벌이기 시작했다. 그녀가 법정에서 어린 시절에 아버지로부터 괴롭힘을 받았다는 사실을 밝히겠다고 했고, 그 때문에 불거진 공방이었다. 캐럴의 아버지는 엄청난 충격을 받았다. 그는 결국 두 달이 채 못 되어 세상을 떠났다. 암 때문이 아니라 뇌졸중을 일으킨 것이다. 아버지가 사망하고 사흘째에, 캐럴은 그를 기리는 의미로 복잡하게 얽힌 섬유 재질의 송어를 창작했다.

그런 다음 그녀는 곧장 아버지를 고발할 계획에 착수했다. 48년을 함께 지낸 남편을 잃고 상실감에 젖은 캐럴의 어머니는 기습공격을 당한 느낌이었다. 스스로를 변호할 수 없는 아버지를 상대로 무슨 고발을 한다는 건지 이해할 수 없었다. 캐럴은 고발을 해야 판사가 정상을 참작해 줄 거라고 설명했다. 그녀는 정확한 고발 내용이 무엇인지, 법정에서 무슨 얘기를 할 작정인지는 전혀 설명하지 않고 다만 모든 것이 진실임을 맹세한다고 했다. 나중에 캐럴은 다른 사람들에게, 자기 가족이 수사관에게 무슨 일들이 있었는지 말해주기를 전면 거부했다고 말하면서 가족의 뒷받침이 없었음을 비난하곤 했는데, 가족들 입장에서는 당연히 아는 게 없어서 말해줄 수가 없었을 뿐이다.

수사관들 중 한 명은 캐럴의 외부 전화 녹음테이프를 듣고는 고개를 절레절레 흔들었다. "전화 내용이 한결같이 매사 누군가 다른 사람의 잘못이라는 거예요. 모든 일이 다 자기만 손해라고 하더군요." 다른 경관 한 명도 같은 말을 했다. "기절하는 줄 알았어요. 정말 기함을 했어요. 아버지가 돌아가시고서 가족과 처음으로 통화하는데 돌아가신 분에 대한 이야기는 한마디도 없고, 가족의 안부를 묻는 내용도 아예 없었어요. 처음부터 끝까지 '나, 나, 나'였어요. 모든 전화가 다 그런 식이었죠. '그녀의' 처지, '그녀의' 미래. 그 여자한테는 자기 외엔 아무것도 중요하지 않았어요. 얼마나 몰인정하던지, 며칠 동안 그 생각이 떠나지를 않더군요."

경계선 및 반사회적 성격장애의 가장 치명적인 부분이 서로 교차하는 지점에 나르시시즘이 버티고 있다. 나르시시즘이야말로 가장 교활하며 가장 이해하기 힘든 특질이다.

등 짚고 뛰어넘기 식 논리

캐럴린 잔 왁슬러는 수십 년 간 국립정신보건원에서 어린이들에게서 불안, 우울, 공격성을 야기하는 환경적 요인과 특성에 관한 해답을 궁구했다. 까다로운 기질 또는 성격, 충동, 부정적 정서 같은 특성들을 이해하는 작업은 물론 엄한 훈육, 부모로서의 거절 같은 정서적 요소의 영향도 연구했다. 또한 세대를 이어 내려가며 가계를 관찰하는 종단 연구를 통해, 아이의 타고난 성격적 특질들이 양육에 따른 후천적 특질과 엮여서 어떤 영향을 미치는지 알아낼 수 있게 되었다. 이를 위해 그녀는 고위험 환경에서 자라는 아이들(예를 들면 어머니가 우울증을 앓는 경우)과 저위험 환경(어머니가 심리학적으로 건강한 경우)에서 자라는 아이들을 비교했다. 그녀는 과학적 근거가 있는 결과를 얻어내려면 방법론이 매우 중요하다는 것을 잘 이해하는 사람이다. 환경 요소와 성격이 궁극적으로 가정폭력을 야기할 수 있음을 이해시키는 일에 견고한 과학이 반드시 뒷받침되어야 한다는 사실을 그녀는 경험을 통해 보여주었다.

캐럴린 잔 왁슬러가 제안한, 매 맞는 여자의 이해에 접근하는 최선의 정리 방법은 매 맞는 위기 상황의 여자들을 대상으로 하는 장기적 연구를 포함시키는 것이다.[26](이를 전문용어로는 종축적 전후 설계 연구라고 한다.) 이런 연구에서는 대상 여자들의 성격적 특질과 문제점들, 기만과 폭력에 반응하는 다양한 성향뿐 아니라 이전부터 존재했던 특질들까지 폭넓게 평가한다. 마찬가지로, 여자들의 상대자들에 대해서도 비슷한 수준의 평가가 이루어진다. 이런 평가들은 구타나 가정폭력 상황의 '전'과 '후' 모두에 대해 적용되며, 이론적으로 이 방법론을 통하면 모든 사람들이 매 맞는 여자에 대해 명확히 이해할 수 있게 된다. 그러나 안타깝게도, 이 방법론은 사고 실험(thought experiment)으로만 그쳤다. 잔 왁슬러가 어린이들에 대해 수행했던 연구와 달리 연구 대상에 포함되는 성인 여자, 남자들은 이미 다양한 삶의 경험들을 해온 터여서 여자들(남자들)이 폭력적인 상대와 관계를 맺기 이전의 앞선 경험에서는 충분한 계측 양을 얻기가 불가능했던 것이다.

대신에 잔 왁슬러는 매 맞은 전적이 있는 여자들을 같은 경험을 지닌 다른 여자들과 서로 비교해 가며 심도 있게 관찰하는 심층 연구 방법을 택했다. 그리고 이는 매를 맞은 경험이 전혀 없는 피실험자 그룹과의 비교와 연계하여 이루어져야 했다(매 맞는 남자들도 있으므로 성별은 교체될 수 있다).

일단 심층 연구가 끝나면 여자들은 환경과 심리학적 기능에 따라 서로 다른 그룹으로 분류될 수 있다. 이 분류는 당사자들의 보고만 근거로 삼는 것이 아니라 그들을 아는 임상의학자와 가족 구성원들 양자로 구성된 관찰자들의 직접 관찰과 평가도 포함시키게 된다. 그런 다음 연구자들은 산출된 결과들을 잘 살펴서, 스스로 매 맞는 상황 속으로 빠져드는 여자들의 특질을 종합하여 피해자가 되기 쉬운 여자들의 비율을 합리적으로 추정하게 된다. 이것이 이유를 불문하고 매를 맞는 여자들 전체에 대한 심층적 이해가 발전할 수 있는 핵심 단계이다. 누구는 스스로를 이런 상황에 밀어넣고, 또 누구는 그렇게 하지 않는다는 건 무슨 의미일까? 또 똑같이 폭력을 경험했지만 똑같이 폭력으로 되받아치는 여자와 그렇지 않은 여자의 차이는 무엇일까?

르노어 워커가 내비쳤듯이, 이 여자들 중 일부는 단순히 불운한 선택을 한 정상적인 사람들이다. 또다른 이들은 자신을 중시하는 특성 때문에 자기만족적이며, 상대에게서 처음에는 문제성 있는 특질들을 보지 못한 사람들이다(이런 사람들은 지배적, 독단적이며, 관리자 기질이 있는 사람들에게 끌리는 경향이 있다. 그런데 이 긍정적으로 포장된 특질들은 커플이 서로를 더 잘 알아감에 따라 혐오스러워지게 되며, 폭력적인 상대는 더욱 횡포하고 지배적으로 변하게 된다). 이 두 번째 그룹에는 중요한 변형 그룹이 포함되기도 하는데, 정상이기는 하지만 타인의 정서를 읽는 데 익숙하지 못한 여자들, 정신적으로 미성숙한 여자들, 누가 보아도 분명한 사실인데 그것을 보지 않으려는 여자들, 유약한 성격이 문제가 되는 사람들이 이에 속한다.

그 다음으로는 이전부터 있던 본인의 성격적인 문제들이 폭력적인 상대를 부추겨 공격 행위를 하게 하는, 피해자 성향이 있는 그룹이다. 이 그룹에 속한 사람들은 그들 스스로 상대에게 반사회적 행동을 함으로써 학대를 촉발시킨다. 그런가 하면 자신의 폭력성을 표출하기 위해 실제로 일을 꾸미는 여자도 있을 수 있다. 이런 여자들(남자들)이 존재할 수 있다는 걸 인정하기는 쉽지 않다. 자칫 자신도 모르게 폭력 상황에 빠져든 무고한 여자들에게 낙인을 찍는 일이 될 수 있기 때문이다. 그러나 객관적 입장에서 구타에 대해 파악하려면 일단은 폭력 상황에 얽힌 사람들 쌍방을 다 살펴보는 것이 중요하다. 린다 밀스가 훌륭한 저서 《난폭한 파트너들》에서 지적했듯이 "여성 피해자가 지배적인 학대자의 공포 속에서 살아가는 일, 즉 가정폭력에 대한 대중적 인식은 오늘날 폭력 때문에 갈등하는 미국인 커플들의 극히 일부를 대변하는 것에 그친다." [27]

이 연구에서 가장 중요한 것은 여자들이 자신의 성향을 파악하고 상대에게도 자신이 어떤 사람인지 이해하게 함으로써, 폭력 상황이 발생하기 전에 미리 위험 신호를 감지하게 하는 것이다. 나아가 이런 식의 관계에 한번 빠졌다 하더라도 다시는 잘못된 선택을 하지 않게 도와주는 것이다. '피해자에게 손가락질하는' 식의 연구 행태에서 벗어나 피해자가 원점으로 되돌아가지 않게 지원해 주는 일이다. 여자들 역시 '어쩔 수 없는 피해자'라는 시각을 버리고 스스로에게 이런 건설적인 질문을 던져보는 것이다. "자, 내가 통제할 수 있는 부분이 어떤 거더라? 또다시 이런 선택, 이런 관계를 계속하지 않으려면 무엇을 더 파악해야 할까?"

현재 매 맞는 여자 증후군은 과학적 토대가 부족한 채로 등 짚고 뛰어넘기를 하는 모양새를 하고 있다. 그리고 유타를 포함한 대부분의 주에서 법 속에 숨어, 법정에서 여자 쪽에서 남자를 공격하거나 살해하여 피고 입장에 서는 경우에 여자를 비호해 주는 방편으로 이용된다. 이렇게 법이 여성 피고를 위한 방패로 이용된다는 것은 '정상'인 여자가 오로지 폭력적인 남성 파트너 때문에 문제에 휘말렸다는 의미이며, 변호사가 늘 하는 말 역시 그 파트너로 인해 야기된 문제들에 대처하는 과정에서 정당방위로 남자를 다치게 하거나 죽였다는 것이다. 그러나 사실은 많은 상황들이 이보다 훨씬 복잡하거나 미묘할 수 있다. 캐럴과 마티의 경우에도 둘의 관계에서 빚어진 상황들이 겹겹이 베일에 싸여 있을 뿐 아니라, 캐럴 앨든이 이전부터 지니고 있던 성격적 특질들 역시 남편을 죽이는 지경에까지 이르는 데 많은 영향을 미쳤다.[28]

데이비드 파이그먼은 존 F. 디가르디 법학 공훈 교수이자 캘리포니아 해스팅스 대학에서 만든 법률·과학·보건 정책 컨소시엄의 감독인데, 매 맞는 여자 증후군과 관련된 상황을 요약하면서 캐럴 앨든 사건에 대해 이렇게 썼다.

> 매 맞는 여자 증후군에 대해 이야기해 줄 신뢰성 있는 증언자의 주장들을 찾아보면, 존재하는 연구 자료들은 마치 열역학의 제2법칙(열이 고온의 물체에서 저온의 물체로 이동한다는 것- 옮긴이)처럼 견고해 보이는 한 덩어리뿐이다. 처음에는 이 가설이 한 연구자의 임상 결과보다 조금 더 지지를 받았다. 5년 뒤 워커는 가설을 더 철저히 검

중했다면서 두 번째 책을 출간했다.[29] 그러나 사실상 이 책은 연구자들이라면 절대로 의심하지 않는 가설들을 입증하기 위해 갖다 붙인 사이비 과학의 방법론을 짜깁기한 것과 별반 다를 게 없었다.[30] 솔직히, 1984년의 책은 그나마 심리학과 졸업생들에게 경험적 리서치를 '하지 않는' 방법에 대한 우수한 사례 연구집 역할을 해줄 수 있었다. 아무튼 판사들은 연구자들의 정치적 아젠다에 찬성하거나 과학을 직시 또는 이해하지 않고 있었기 때문에 매 맞는 여자 증후군을 기꺼이 법정으로 받아들였다. 그러나 차츰 법 해석자들도 이 가설이 경험적 기반 없이 세워졌으며, 심지어 이를 떠받치는 원래의 정치적 이데올로기에도 적대적이라는 사실을 깨닫기 시작했다. 간단히 말해 과학을 법에 끌어들여 정책 입안에도 도움을 얻겠다는 노력은 가상했지만, 적어도 매 맞는 여자 증후군은 과학에도, 좋은 정책에도 아무런 도움이 되지 않았다는 게 명백해졌다. (……)
이 신드롬은 아무런 경험적 근거가 없기 때문에 피고인이 어떤 경우에도 정당방위라고 주장할 핑계로 삼을 수 있다. 실제로 청부업자를 고용해 남편을 죽여달라고 1만 달러를 지불한 피고인조차도 르노어 워커의 가설을 앞세운 사례가 있다. 이 가설이 이런 식으로 남용되면 법이 가정폭력의 진정한 필요성에 부응할 수 없게 하는 악영향을 미치게 될 것이며, 나아가 법적 토대를 허물어버릴 수도 있다.[31]

파이그먼은 1999년에 이 글을 썼는데, 린다 밀스가 10년이 지난 후 쓴 책 《난폭한 파트너들》의 서문에서도 상황은 바뀌지 않았다.

2008년, 한 여자가 남편에게 맞았다고 911에 신고한다. 경찰은 신속히 출동해 사건을 심각하게 다룬다. 경찰관은 그것이 시간 낭비라고 생각하지 않으며, 남자를 밖으로 데려가 진정시킬 생각도 하지 않는다. 다짜고짜 가해자에게 수갑을 채워 경찰서로 연행해 갈 뿐이다. 남자는 취조당한 후 바로 수감된다. 그러는 동안 여자와 아이들은 다른 경관이 호위해서 쉼터로 데려다준다. 여자를 자기 집에서 때리는 일은 우리 사회에서 범죄로 확실히 각인되어 있으며, 형사법 체계도 그에 준해서 적용된다.

그러나 이런 대중의 인식과 공공정책에서의 거대한 변혁이 사회를 덜 폭력적으로 만든 것이기는 한가? 구타하는 사람들이 전보다 줄어들었나? 구타자들이 자신의 행동에 책임을 질 줄 알게 되었나? 여자들은 좀더 안전해졌나? 혹은 자신의 삶을 좀더 제어할 수 있게 되었을까? 안타깝게도, 이 사회 문제를 수년간 연구한 사람으로서 나는 이 질문 중 어느 것에도 확신 있게 그렇다고 대답할 수가 없다. 오히려 반 가정폭력 운동의 이데올로기와 수사법이 너무 완고해서 새로운 속신을 만들어내는 결과가 되어버렸다. 속신까지는 아니더라도 매우 편파적인 믿음이 생겨, 오래전 우리가 맞서 싸웠던 것들만큼이나 해로운 영향을 끼칠 수도 있을 지경이다.[32]

페미니스트들은 르노어 워커의 연구가 매 맞는 여자들에 대한 연구와 지지에 시동을 걸었다고 하면서, 워커에 대한 비판에 이의를 제기할지도 모르겠다. 그런데 정확히 이것이 문제의 핵심이다. 좋은 의도를 지녔다고 해서 규칙을 어겨도 되는 것은 아니다. 워커의 작업은 중요한 연구의 시작이 되었어야지, 끝이 되어서는 안 되는 것이었다. 좋은 의도가 나쁜 과학을 가려주기 위한 변명이 될 수 있을까? 게다가 그것이 결국 많은 이들에게 손해를 끼치는데도?

르노어 워커와 캐럴 앨든 모두 이 질문의 해답을 찾는 일에 본보기가 될 수 있다.

좋은 부모, 나쁜 자손

좋은 부모에게서도 세상 속에서 조화롭게 살아가기가 무척 힘든 아이, 심지어 나쁜 행위를 일삼는 인간이 되는 아이가 생길 수 있다는 사실이 과학적으로 밝혀지고 있다. 이런 경우는 임신부가 수두에 걸려 고열에 시달리느라 태아의 중요한 세포들이 자리를 이탈했거나, 부주의하게 디에틸스틸베스트롤 같은 약물을 복용했거나, 그도 아니면 여러 가지 불운한 환경 때문에도 생길 수 있다. 아니면 유전자의 불운한 집합 때문일 수도 있다. 마티 세션스와 그의 동기간들이 중독에 빠지기 쉬운 유전적 소인을 가지고 있었을 가능성이 높다는 점이 이런 예다. "좋은 부모에게서도 나쁜 자손이 생길 수 있음을 인정하기"는 최근 《뉴욕 타임스》에 정신과 의사 리처드 프리드먼이 기고한 기사의 제목이다. 이 기사에 프리드먼의 동료이며 웨일코넬메디컬 대학의 소아정신의학과 박사인 테오도어 샤피로가 한 말이 소개되었다. "현재 어떤 소아정신과 의사든 공통적으로 인정하는 부분은, 정신질환이 종종 어릴 때부터 생긴다는 것, 가족들의 반응이 상황을 악화시키기도 하지만 전적으로 가족 탓은 아니라는 점이다. '나쁜 어린이는 없고, 나쁜 부모만 있다'고 여기던 시대는 갔다." [33]

　　　　　＊　＊　＊

　캐럴의 맏아들인 커너 러섹은 양가의 특색을 골고루 물려받았다. 짙은 금발은 자라게 두면 자연스럽게 물결치며, 튼실한 체구와, 지적 능력에 걸맞지 않은 느긋한 태도를 지녔다. 브레이니악(brainiac, 머리는 비상하나 비현실적인 - 옮긴이)한 기질은 아버지 쪽의 특성이다. 이른 나이부터 전국을 떠돌아다니며 살았지만, 커너는 뛰어난 지적 능력을 인정받아 영재 육성 프로그램에 따른 입학 특혜를 받고 고등학교에 들어갔다. 안타깝게도 이 프로그램에서는 지정된 날에 '체크인'을 하러 출석해야 했는데, 나중에 집에서 하는 자율 프로젝트의 허가를 받은 것도 소용없이, 커너에게는 집에서 해야 할 일이 너무 많았다. 가족들이 보기에도 커너의 최우선적인 역할은, 아버지가 다른 두 동생 제이슨과 에밀리의 베이비시팅이었다고 한다. 결국 이 머리 좋은 청소년의 교육은 아무런 지원도 받지 못한 채 허우적거렸다. 그는 약물과 알코올을 접하기 시작했다.

　캐럴의 두 번째 남편 브라이언 폴슨은 첫 남편 리처드와 매우 달랐다. 브라이언은 스스로 캐럴의 드라마에 뛰어들었고, 두 사람은 아이들이 지켜보는 가운데 툭하면 길고 긴 고함의 향연을 벌였다. 이런 전투에서 캐럴은 늘 유리한 위치에 있었다. 무슨 일이 벌어져도 편을 들어주는 다섯 명의 자식들이 버티고 있었기 때문이다. 커너 역시 캐럴을 응원하는 관객 중 한 명일 따름이었다. 그런데 어느 날 저녁 십대 후반이었던 커너는 술에 취해서 기어이 캐럴과 브라이언의 싸움에 협력자로 나섰다. 도끼로 의붓아버지의 기물을 부숴

버렸던 것이다.

그러나 자신의 편을 들어 난폭한 행동을 한 커너에게 캐럴은 의외의 반응을 보였다. 그 일로 커너의 삶은 곤두박질쳤다.

겁에 질린 캐럴이 경찰에 신고를 했고 커너는 체포, 구금되었다. 법적인 절차를 밟는 과정에서 브라이언의 재산 손해액은 천정부지로 치솟았고, 덕분에 범죄의 질 자체가 중죄로 바뀌어 커너는 징역형에 처해졌다.

어머니가 자신에게 그렇게 했는데도, 커너는 형기를 마치고 나서 캐럴과의 관계를 회복하기 위해 노력했다. 그러나 중독 환자를 위한 사회복지 시설에서 상담을 받으며 그는 어머니의 행동을 거리를 두고 바라보게 되었다. 덕분에 캐럴이 똑같은 패턴으로 그에게 반응했을 때, 그는 또다시 기능장애적 상호작용에 빠져드느니 차라리 연락을 끊는 쪽을 택했다. 대신에 그는 아버지와 긍정적인 유대관계를 이어나갔고, 놀랍게도 의붓아버지인 브라이언과도 연락하며 지냈는데, 이 점이 그에게 좋은 영향을 미쳤다. 커너에 따르면 리처드도, 브라이언도 결코 어머니와 자기 중 한 쪽을 택하라고 요구하지 않았다. 반면 캐럴의 태도는 자기편이 되든지 적이 되든지 양자택일이었다. 절충이나 타협은 없었.

커너의 여동생인 멜러니는 오빠가 어머니를 화나게 하자 어떤 취급을 받는지 지켜보았다. 멜러니는 천성이 정직한 사람이었고, 그녀 역시 자식을 둔 어머니로서 마티의 살해에 관해 경찰에 솔직하게 털어놓았다. 어머니가 거짓말을 종용했다는 사실도 인정했다.

한 경관이 수감 중인 캐럴과 그녀의 아들 커너의 전화통화를 들었는데, 커너는 어머니가 의붓아버지를 살해한 후 멜러니에게 시킨 일에 대해 소름끼칠 만큼 사무적이었다고 한다. "커너와 그 엄마 사이의 전화는 아마 그 사건을 외부에서 관찰할 수 있었던 몇 안 되는 기회 중 하나였을 겁니다. 어머니로서가 아닌, 체면도 상식도 없는 캐럴의 행동에 커너는 급격히 정나미가 떨어져버린 것 같았습니다. 직접 듣지 않는 한 아마 아무도 이해할 수 없을 것입니다."

자신의 싸움에 협력자로 끌어들였다가 다음 순간 배신해 버리는 어머니의 태도 돌변은 커너에게 일생일대의 충격이었다. 천만다행으로 커너는 이른 나이에 겪은 트라우마틱한 경험과 극심한 배신감에서 벗어났으며, 순전히 독학으로 고도의 기술을 지닌 웹 디자이너가 되었고, 행복한 결혼생활을 꾸리고 있다. 그는 피해자 만들기의 견본이라 할 생활환경에서 자란 덕에 자칫하면 삶 자체가 엉뚱한 방향으로 휘어버릴 수도 있었지만, 감정을 단단히 추스르고 햇빛 쪽으로 진로를 돌렸다.

29

거래

> 우리는 관대한 소원이 지니기 십상인 위험을 알아채야 한다. 우리가 지닌 본성의 패러독스 때문에 누구라도 일단 자기 동료를 새삼스러운 시선으로 흥미롭게 보기 시작하면, 그는 이어 동정의 대상이 되고, 자신의 지혜를 확인시켜 주는 대상이 되었다가 종국에는 탄압의 대상이 되고 만다.
>
> ─라이오넬 트릴링, 《자유 상상》[1]

유타 주 필모어 뒤쪽에 마치 쓸데없이 큰 구두상자처럼 처박혀 있는 텍사코 스테이션은 제임스 슬레이브스의 사무실이 있는 이름없는 모텔이었다(이용하시려면 두 개의 벨을 모두 울려주시오. 법률사무실 및 1-6호실). 캐럴의 관선 변호인인 슬레이브스는 보안관 사무실 지하에 있는 화이트보드 벽면 같은 호화로운 장비는 가지고 있지 않았다. 대신에 코카콜라 자판기 하나만 덩그러니 놓인 로비 바로 아래에서 퀸사이즈 매트리스를 덮은 폴리에스테르 침대보 위에다 파일 폴더들을 늘어놓았을 뿐이다.

반면에 검찰은 널찍한 작전실뿐 아니라 주에서 가장 뛰어나고 노련한 검사들을 보유하는 이점까지 누리고 있었다. 마이클 윔스와 패트릭 놀런은 제각기 유타 주에서 일어난 최고의 난제들을 해결하면서 수년간 기량을 연마한 최고의 전문가들이었다.

슬레이븐스는 모텔 침실의 긁힌 자국투성이의 옷장을 쳐다보면서 변호인 팀의 회의 장면을 상상하는 것 외에는 다른 방도가 없었다. 슬레이븐스가 지닌 무기는 오로지 그 자신이었다. 혼자서도 검찰 팀과 겨룰 수 있을, 기소인 측의 약점을 알아내는 일에 불가사의할 정도의 능력을 보이는 수십 년 경력의 소유자인 그 자신뿐이었다. 더 나쁜 건 이 사건에서 그가 베어링에 끼인 돌 조각처럼 합리적으로 풀리기를 기대할 만한 게 '하나도' 없다는 것이었다. 이를테면 분명한 근거를 들어 합의를 요구할 수 있는 다른 변호사와 달리, 슬레이븐스는 분명하거나 말거나 고민할 만한 것조차 없었다. 옴 오른 개처럼, 인정사정없이 긁을 일밖에 없었다. 남들 눈에 꼴사납든 말든.

그런데 사실은, 그렇게 보이지 않을지 모르지만, 책략으로 똘똘 뭉친 슬레이븐스는, 순수하고 고집스러우며 궁극적으로는 참기 힘든 방식으로 검찰의 전략에서 구멍을 발견해 냈다. 아무런 방편 없이 혼자 피고인의 변호를 해야 하니, 많은 이들, 심지어 궁핍해서 관선 변호인을 써야 하는 자신의 의뢰인에게서도 욕을 먹는 슬레이븐스는, 눈앞을 스쳐간 땅다람쥐를 쫓아가는 테리어(애완견의 일종 - 옮긴이)의 열정을 가지고 그 구멍으로 달려갔다.

동반의존, 매 맞는 여자, 그리고 피해자의 존엄

동반의존, 정말로 매를 맞고 사는 여자들, 매를 맞았다고 주장할 뿐인 여자들에 대한 우리의 지식은 원시적인 수준에 머물고 있다. 여러 기준학자(criteriologist)들은 동반의존이 견고한 과학적 연구 기반을 지니지 않고 있으며, 기준 자체가 다른 장애들과 겹쳐져 있다고 말한다. 그러나 《정신장애 진단 통계 편람》에 실린 '많은' 장애들도 증상이 겹치며, 과학적 근거라는 것도 매우 희박하다(UCLA의 로버트 빌더가 신경정신병학적 천재들을 개괄하면서 보여주었듯이).[2]

의학 연구 분야의 성차별은 역사가 깊으며, 심지어 제도적으로 고착화되어 있다.[3] 성차별적인 이유 때문에 동반의존의 세심한 분석을 회피하는 연구자들이 꽤 많다. 뿐만 아니라 피해자의 존엄이라는 거룩한 위치 때문에도 동반의존 연구를 꺼린다. 누가 감히 피해자를 건드리는 악당이 되고 싶겠는가?

* * *

자신이 내놓은 정신병적 방어기제의 생존 가능성을 시험해 보기 위해 슬레이븐스는 캐럴 앨든이 검찰과 변호인 측을 모두 결과에 승복시킬 수 있을 만한 정신감정을 받아봐야 한다고 강경하게 주장했다. 그러기에 딱 알맞은 사람이 하나 있었다. 앞서 소개한 뛰어난 정신의학자 스티븐 골딩이다. 그러면 양측이 모두 동의할 만한 공정한 결과를 내놓을 수 있을 것이다. 전문가다운 안경을 낀 골딩이, '물 위를 걷는 기적을 행할' 가장 근접한 인물이었다.

불유쾌한 반응(늘 그렇듯이) 속에서도 슬레이븐스의 요청은 열외로 내쳐지지 않았다. 검사, 형사, 경관들이 캐럴의 교묘한 술수를 파헤치고 있다는 정보가 쏟아져 나오자 골딩이 똑같은 방법으로 캐럴 앨든을 탐색할 것은 기정사실처럼 보였다.

반면 슬레이븐스에 대해서 말하자면, 검찰로서는 슬레이븐스가 생각하는 걸 알아내는 일이 늘 고역이었다.

예심이 마무리된 후 슬레이븐스는 에어 재판장 앞에서 윔스와 논쟁하면서 은밀한 쿠데타를 시도했다. 캐럴이 그저 매 맞는 아내로 살아온 깨끗한 법률 위반자일 뿐이라고 주장한 것이다. 이전에 범죄와 연루된 적도 없는 사람에게 일급 살인의 유죄 판결을 내리는 것은 너무 가혹하다는 것이었다. 슬레이븐스에 따르면 그녀는 76-3-402항에 의거, 정상을 참작하여 더 낮은 등급의 유죄 판결로 감형되어야 했다.

그러나 골딩이 정신분석학자로서 그렇듯이, 성실하며 널리 존경받는 판사로서 에어 재판장은 소신에 따라 검찰 측의 주장을 받아들였다. 골딩의 견해는 주 정부의 입장을 약화시키고 학대받은 여자로서의 캐럴의 입장을 강화시켜 주는 내용을 포함하고 있었으므로 사실 골딩의 판정이 슬레이븐스의 비장의 패였는데 말이다.

유타 주 유수의 정신병적 방어기제 전문가이며, 법무부 범죄국 국장인 크레이턴 호튼이 검찰 측이 제시한 형량의 분석을 시작했다. 주 정부의 검찰 측 전문가로서의 축적된 경험상, 핵심은 가정 내 살인사건에서 유일한 생존자가 존재하고(캐럴처럼), '그 나쁜 자식'을 비난할 만한 증거가 나오면(마티 세션스가 그랬던 것으로 짐작되는 것처럼) 배심원들은 대체로 처음의 구형보다 형량을 낮추어 평결하는 것이 일반적이었다.

캐럴의 일차 구형은 소형 화기에 의한 일급 모살죄에 대해 10년, 재판 방해죄에 대해 1~15년, 사체 훼손죄에 대해 0~5년 징역, 여기에 총기에 의한 가정폭력 가중처벌이 더해졌다(남편을 살해했으므로 캐럴은 유타 주법 조항에 의거, '책임 있는 지위'[position of trust, 신뢰를 바탕으로 하는 관계에서의 범죄행위에 대해 더 가혹한 처벌을 할 수 있게 책임을 묻는 요건 - 옮긴이]를 지니는 것으로 여겨졌다. 또한 이에 따라 판결 법정[판결을 내리기 위한 목적]과 사면위원회[캐럴의 수감 기간을 결정하기 위한 목적] 모두 이 지위를 판결에서 형량을 증대시키는 요소로 간주했다. 게다가 가정폭력 가중처벌이 있었다). 기본적으로 캐럴은 20년~종신형을 받을 가능성이 있었다. 설사 최소 형량인 25년 내외를 받는다 해도 교도소에 있는 동안 죽을 확률이 높았다.

재판이 배심 심리로 간다면 결말이 한층 복잡하게 얽힐 가능성은 있었다. 캐럴이 자유의 몸으로 걸어나가려면 배심원 전원의 만장일치 무죄 평결이 필요했다. 유죄든 무죄든 배심원의 평결이 만장일치가 되지 않으면 불일치 배심이 되어 다시 심리를 해야 하는데, 그러나 이 불일치 배심은, 재심리에 들어가면 한쪽에 일방적으로 불리한 평결이 되기 십상이므로 대개는 검찰과 피고 측 모두 처분에 동의할 만한 최종 협상안 결정으로 귀결된다. 따라서 불일치 배심 후 양측은 재차 처분 논의를 하여 합의된 처분을 이끌어내는 것이 보통이다.

처음부터 피고인 측이나 검찰 양자에게 이 모든 것의 결론은 합의를 이끌어내는 것이었다. 이것이 첫 심리에서 배심원 만장일치로 패하는, '안면 달걀 세례(egg-in-the-face)'의 위험한 상황을 피하는 길이었다.

정말 위험한 비즈니스였다. 슬레이븐스는 짧은 분석 시간 동안 정신의학자에게 캐럴의 진실을 납득시키는 수밖에 없다는 것을 알았다. 그러나 과연 캐럴이 자신과 동등한 배심원들을 납득시킬 수는 있을까? 진짜로 동등한 배심원단이란 있을 수 없겠지만, 아무튼 배심원단 중에 조 트루히요 같은 이웃이나 델타 시의 동료 일꾼들이 끼어 있기라도 하면 캐럴은 완전히 망할 판이었다.

모든 징후가 캐럴이 유죄를 인정하지 않으리라는 것을 가리키고 있었다.

주 법무부 최고위급에서 장시간 회의를 거친 후 크레이턴 호튼과 패트릭 놀런은 슬레이븐스에 대한 작업에 들어갔다. 논리적으로 가능한 결말은 캐럴이 살인으로 유죄 판결을 받는 것이었다(유타 주법에는 '2급 살인'이 없었다). 캐럴이 살인을 인정한다면 10년~종신형을 받게 되며, 적어도 1급 중죄 모살로 판결되는 위험은 피할 수 있을 것이었다. 사실 이렇게만 되어도 캐럴이 모살을 했다고 믿고 있는 검찰로서는 당연한 판결을 포기하는 것이 되므로 이를 악물 만한 일이었다. 그럼에도 불구하고 양측이 모두 살인으로 합의를 본다면, 한편에서는 분노와 위험, 어떤 식으로든 결론이 나올 때까지 들게 되는 엄청난 재판 비용을 피해갈 수 있을 것이고, 또 한편에서는 범죄자가 무죄 방면되어 법정에서 걸어나가는 일은 막을 수 있을 것이었다. 즉 모두에게 좋기도 하고 나쁘기도 한, 합리적인 타협이었다. 캐럴 입장에서는 결국, 사람을 살해한 중죄인이 되는 것이기는 했다. 슬레이븐스는 캐럴의 형벌에서 총기 사용에 따른 징역 일 년 연장을 빼달라고 했으며, 검찰 측도 이에 동의했다.

이어 슬레이븐스는 자신의 고객에게도 이 조건을 제시했다. 이후의 상황을 간단히 줄여 말하면, 캐럴은 검찰과 변호인이 1~15년이라는 불명확한 형기에 대해 합의한 유죄 판결을 기꺼이 받아들이겠다고 했다. 물론 원칙상으로 판결은 가석방위원회에서 내리는 것이었다.

수석 검사인 마이클 웜스가 자주 말하듯 '합의 완료'였다.

* * *

나중에 캐럴은 이 합의를 받아들인 것은 딸 멜러니 때문이었다고 했다. 멜러니가 재판 방해죄로 기소될지도 모른다는 위협을 받고 있었기 때문이라는 것이다. 수십 년의 경험에서 비롯된 폭넓은 전문적 식견을 자랑하는 마이클 웜스는 이를 다음과 같은 말로 되받아쳤다.

> 법 집행자가 목격자를 협박하는 일은 흔치 않다. 협박당해서 하는 모든 말에는 결국 이의가 제기되기 때문이다. 그건 사람을 때려서 자백하게 하는 것과 같은 효과를 지닌다. 달리 말해 나 같으면 협박당한 목격자(검찰을 싫어할 게 뻔한)를 법정에 세우지 않는다는 것이다. 그들은 자기들이 좋아하는 변호인에 의해 '반대심문'에도 증인으로 나설 것이고, 검사한테 어떻게 협박을 당했으며, 어떤 식으로

아까 한 말을 강요당했는지 줄줄 늘어놓을 것이다. 따라서 법을 집행하는 경관이 자기 입으로 "여자를 협박했습니다"라고 말하기 전까지 나는 그녀가 협박당했다는 진술을 받아들이지 않을 것이다.[4]

* * *

"그녀가 받은 판결에 기분이 좋았어요"라고 제이콥슨 형사가 말한다. 그는 부검사인 패트릭 핀린슨과 함께 보안관 사수실의 뒤쪽 테라스에 앉아 있다.[5] 두 사람은 점심시간을 이용해 사건을 되짚어 보고 있다.

제이콥슨이 말을 잇는다. "이런 상황에서 배심원들이 어떤 평결을 내릴지 판단하기는 쉽지 않죠. 여자에겐 아이들이 있었고, 마티는 그렇게 착한 피해자가 아니었으니까요. 무슨 말인지 아실 겁니다. 사람들은 그의 과거만 보고서 진정 어린 동정을 보내려고 하지 않지요. 그게 제일 힘든 부분이에요." 숨기려고 노력하지만 제이콥슨에게서 측은지심이 엿보인다. "마티와 캐럴의 가족 모두에게 마음이 갑니다. 두 가족이 똑같이 이 일로 타격을 많이 받았어요."

중간에 핀린슨이 중요한 부분을 덧붙여 준다. "캐럴이 수감된 게 딱 1년인데 말이죠. 딱 1년. 그분들한테 그녀가 진짜로는 얼마나 교묘한 술수를 쓰는 사람인지 보여주기에는 충분한 시간이었어요."

사실, 검찰 입장에서는 합의에 제동을 걸 수 있는 요소가 하나 있었다. 캐럴 앨든은 주립 교도소에 가야 했다. 카운티 교도소에 1년간 수감된 것과 상관없이 그녀에게는 보호관찰이 주어지지 않았다. 유타 주에는 범죄자들에 대해 재고의 여지를 두고 판결을 내리는 독특한 법이 있는데, 일부에게는 불공평하게 보일 수도 있는 것이, 이 시스템이 기본적으로 최종 판결을 추후 사면과 가석방위원회의 손에 맡기는 형태이기 때문이다. 그러나 또 다른 시각에서 보면 이 것이야말로 대단히 공평한 시스템이기도 한데, 배심원의 평결과 최종 판결을 분리시킴으로써 재판 현장에서 생길 수 있는 선입견을 배제하고, 유타 주의 여러 카운티에서 제각기 내려지는 판결을 더 일관성 있는 한 채널로 집중시키는 방법이 될 수 있기 때문이다. 달리 말하면, 비슷한 범죄에 대해 비슷한 판결이 내려질 수 있다는 뜻이기도 하며, 수감 중에 드러나는 이면이나 행동이 새롭게 고려의 대상이 될 수 있다는 뜻이기도 한 것이다. 검찰의 입장에서는 일단 캐럴이 수감 중에 진면목, 즉 교묘한 술책을 드러내기만 한다면 1~15년이라는 형량에서 15년 쪽으로 움직일 가능성이 매우 농후하다고 보는 것이다.

"내가 믿는 게 뭐겠어요?" 제이콥슨이 고개를 내저으면서 묻는다. "나는 캐럴 앨든이 여간내기가 아니며, 교활하고 이기적인 여자라고 믿고 있어요. 마티 세션스가 7월의 어느 더운 여름날 흔적 없이 사라졌다 해도 아무도 그가 왜 없어졌는지 알아내지 못했을 걸요. 거의 완전범죄였죠. 아주 작은 실수 하나만 빼면 대단히 똑똑한 여자예요."

제이콥슨은 지난 일을 되짚어보며 뒤로 기댄다. "앨런 레이크 말이죠. 그가 그녀의 실수였어요. 캐럴 앨든의 길들임 능력은 첫 대면, 첫 대화에서 시작하죠. 그녀의 제물 또는 그물에 걸려든 사람들은 그녀가 설계한 대로 됩니다. 앨런 레이크의 경우 '조만간 저 사람이 필요하겠어'라고 생각했겠죠. 그런데 그 충성 협정은 빈약했어요. 그녀가 잘못 계산한 겁니다."

그렇다고 하면 이런 의문이 생긴다. '그런데 캐럴이 정말로 앨런에게 마음이 있어서 그를 믿은 거라면? 나중에는 앨런을 떠받드는 일을 집어치우고 마음이 변했다고 하더라도 그 당시, 그 순간에는 그를 좋아했던 거라면? 그래서 그에게 전화한 거라면?'

제이콥슨은 눈을 가늘게 뜨고 하늘을 쳐다본다. "아마도 그랬을 수도 있죠."

법의학자 브렌트 터비는 제이콥슨에 대해 "그 법정 피해자 연구가는 누구보다 객관적이고 공평무사하며 가장 과학적인 수사관이라 할 수 있다"고 썼다.[6]

제이콥슨은 이렇게 결론을 내린다. "여자의 아이들은 참 안됐어요. 누구라도 그런 환경에서 자라면, 그런 사람이 어머니라면, 세상을 보는 시각이 뒤틀릴 수밖에 없지요. 캐럴은 대단히, 대단히 똑똑한 여자예요. 사람을 다루는 일에는 전적으로 천재죠. 당신이라면 어떻겠어요? 내부에서 저런 촉수가 자라는 느낌이 어떨지 상상해 보세요. 아마 그녀가 대놓고 거짓말하는 걸 당신이 잡아냈다고 해도, 그녀는 '당신을 위해서' 한 거짓말이라고 할 겁니다. 당신을 도우려고! 그런 다음 그걸 믿게 만들 겁니다."

* * *

캐럴 앨든이 쓴 글에 따르면, 그녀는 3월 11일 자신의 생일에 탄원서에 서명했으며, 그날 새벽 3시에 옆 감방에서 목을 매어 자살한 젊은 남자의 매달린 발이 벽에 부딪히는 소리를 듣고 잠에서 깼다고 한다. 그러나 법정 기록에는 그녀가 6월 중순에 탄원서에 서명한 것으로 되어 있으며, 밀라드 카운티 교도소의 인근 감방에서 목을 맨 젊은 남자에 대한 기록은 전혀 찾아볼 수 없다.

"사람들은, 그가 내게 모든 걸 주고 나자, 기다렸다는 듯 내가 미친 것처럼 그를 살해한 거라고 생각한다. 그러나 그건 전혀 사실이 아니다. 그때도 그는 여전히 내 인생의 사랑이었다"고 캐럴 앨든은 썼다.[7]

이들 뛰어난 기소인 팀은 현대 과학과 심리학이 캐럴 앨든의 진정한 캐릭터와 동기를 밝혀내 줄 것이라고 믿고 있다. 그러나 변호인인 슬레이븐스는 심리학자들이 캐럴 앨든의 인격(personality) 속에서 길을 잃을지도 모른다고 생각한다.

그래서 아는 사람들은 슬레이븐스가 캐럴 앨든과 거래를 잘했다고 말하는 것이다.

30

종결

> 나는 도덕적인 삶 자체가 지닌 위험성을 통찰하는 것이 도덕적
> 현실주의라고 여긴다. 수많은 사람들이 도덕적 독단에 빠져 있는
> 지금이야말로 그 어느 때보다도 도덕적 현실주의가 필요한 시점일 것이다.
> 이런 심각한 상태를 지적하여, 발전적인 태도를 취하게 독려해 주는
> 책들이 있다. 그러나 나아가 우리의 상태에 대해서뿐 아니라 우리
> 자신들에 대해서 내부로부터 의문을 제기하여 우리가 지닌 동기를 순화하고,
> 바람직한 충동 뒤에 무엇이 있는지 대답해 줄 수 있게
> 이끌어주는 책들은 없다.
>
> —라이오넬 트릴링, 《자유 상상》[1]

나는 오랫동안 친절함과 동정심에 관심이 많았다. 그러다가 농담처럼 들릴 수 있을 제목이지만 실제로는 매우 진지한 연구인 지난번 책 《나쁜 유전자—왜 로마는 멸망하고, 히틀러가 들고 일어나며, 엔론은 실패하고, 내 여동생은 어머니의 남자친구를 빼앗는가》를 출간하고 난 후, 갑자기 이상하리만큼 호기심이 솟구치기 시작했다. 친절이라는 감정이 잘못된 길로 접어들 수도 있을까? 사람들이란 좋은 일을 하고 있다고 생각하기 때문에 나쁜 일을

하기도 하는 걸까?

마침 《내셔널 인콰이어러》에 "사랑해서 결혼하고, 살아남기 위해 죽이다"[2]라는 무시무시한 제목의 기사가 실렸는데, 이것을 읽고 나서 나는 곧바로 이 책의 집필에 착수했다. 제목대로 이 모든 것이 사실이라면 이 이야기야말로 친절이라는 감정이 역효과를 불러일으키거나 심지어 위험을 초래할 수도 있음을 보여주는 데 딱 들어맞는 이야기라고 생각했다. 역시나 자세히 알아볼 만한 가치가 있을 것 같았다. 게다가 나는 《나쁜 유전자》 이후 변화를 위해 '상냥한' 누군가에 대해 글 쓸 기회를 찾고 있었다.

나는 캐럴 사건을 다룬 신문기사에서 감동적으로 인용되었던 캐럴의 지지자들 몇몇에게 연락을 취하여 그 지역에서 마티 세션스가 얼마나 나쁜 평판을 얻고 있는지 들을 수 있었다. 캐럴이 남을 돕고자 하는 깊은 욕망 때문에 어떤 식으로 헤어나올 수 없는 관계의 덫에 빠져드는지도 전해 들었다. 나는 캐럴과 긴 편지를 주고받기 시작했고, 그녀는 편지에다 자기가 아이들과 예술을 얼마나 깊이 사랑하는지 절절히 표현했다. 또한 가족, 타인과의 관계 그리고 관선 변호사에 이르기까지 그녀가 평생 받아온 불공평한 처우들에 대해 장황하게 묘사한 그녀의 편지에는 눈물겨운 마음까지 들었다.

편지에는 정신 나간 사이코패스에게서 다섯 아이를 지키려 했다는 이유로 부당하게 갇힌 자애롭고 충실한 어머니가 있었다. 잘못된 대상을 향한, 위험한 친절을 보여주기에 이보다 더 좋은 이야기는 없을 듯싶었다.

그러나 이 그림은 유타 주 교도소에서 캐럴을 만났을 때부터 어그러지기 시작했다.

　나는 면회실에 앉아 죄수들이 들어오는 문을 바라보고 있었다. 한참을 기다리다가 못 만나고 가겠구나 하고 일어서려는 순간―면회실은 수심에 잠겨 지난 일을 애석해하는, 미소를 띤 여성 죄수들로 빠르게 가득 찼다―캐럴이 나타났다. 잘못 알아볼 리 없는 작은 몸집을 하고서. 길게 흘러내리는 회색 머리채 때문인지 죄수복을 입고 있는데도 그녀에게서는 히피의 아우라가 뿜어져 나왔다.

　우리는 상대방의 느낌을 잡아내려는 의도를 겉으로 드러내며 이야기를 나누기 시작했다. 나는 정신 관련 질문 목록을 길게 뽑아 들고 갔었다. 그녀는 아이들에게 위험이 올 수 있다는 것을 뻔히 알았으면서도 왜 마티와의 관계에 얽혀들었으며, 그 관계에서 빠져나오지 않았는가? 혹시 그녀의 행동 중 어떤 부분이 범죄를 유발하며, 스스로를 유폐하게 만드는 것은 아닌가? 그녀는 아버지와, 성추행으로 추정되는 아버지의 괴롭힘에 대해 어떤 느낌을 갖고 있는가?

　때로는 어려운 질문을 던져 대답할 때의 표정을 살펴보는 것이 펜과 종이보다 훨씬 더 많은 것들을 간파할 수 있게 해주는 법이다.

　캐럴은 충분히 이해되는 슬픈 표정으로 나의 질문들에 대해 답하기 시작했다. 아이들에 대한 그리움, 미술용품들의 부족함, 그리고 쓸데없는 교도소 규칙들에 대해 이야기했다.

　그런데 내가 좀더 심각한 질문을 던지려고 하는 순간에 때마침 캐럴의 어머니와 여동생이 면회실에 들어섰다. 두 사람은 그날 솔트레이크시티 근처에 볼일이 있어 왔다가 겸사겸사 캐럴을 보고 가기로 약속을 했는데 차가 막혀서 늦은 것이었다.

한 차례의 포옹과 소개가 있었다. 캐럴의 어머니는 자신의 딸을 볼 수 있어서 매우 기뻐하는 표정이었고, 여동생은 좀 차분한 편이었지만 캐럴을 만나는 것에 대해서는 기쁜 낯빛이 분명했다.

그러나 캐럴의 반응은 많이 달랐다. 내가 보기에 캐럴은 어머니와 여동생을 만나는 것이 당혹스러운 듯했고, 그들의 존재가 그녀를 언짢게 하는 것 같았다. 그녀는 가족들 사이로 나를 흘깃 보았다. 좀전에 보여주었던 개방적이고 배려하는 태도가 내 눈앞에서 변하고 있었다. 나는 그녀의 태도 변화를, 어쩌면 가족들이 그녀에게 했던 일 — 도움을 가장 필요로 했던 순간에 저버린 일, 즉 아버지의 학대에 대한 신호를 무시한 일 — 때문일 거라고 생각했다.

그러나 그녀의 어머니와 여동생은 면회를 하러 와 있었고, 누가 봐도 도움이 되고 싶어 하는 태도였으며, 애정이 넘쳤다. 도무지 이해가 되지 않았다. 원치 않던 생각이 불현듯 머릿속에 떠올랐다. '어쩌면, 캐럴의 태도가 바뀐 것은, 나에게 들려주려고 계획했던 이야기를 할 수 없게 되어 그런 건 아닐까? 그 이야기들이 가족들에게 한 말과 일치하지 않기 때문에?'

느낌이란 건 중요하지만, 사실은 또 다른 문제다. 나는 이 생각을 옆으로 치워두고, 꿔다 놓은 보릿자루 같은 느낌으로 그들의 갈팡질팡하는 대화에 귀를 기울였다. 그러나 오래지 않아 그런 느낌을 나만 가진 것은 아니라는 사실을 깨달았다. '모두'가 그랬다. 교도소 안에서는 일상적인 대화를 하는 것조차도 힘든 일이었다. 그런데 교도소 안에서 다른 사람들이 듣고 있는 상황에서 완전히 낯선 대화를 하는 것은 어떨까? 그래도 나는 밀어붙였다. 죄송하다고 말하고 자리를 뜨는 방법 말고는 그런 자리에서 점잖게 벗어나는 길이란 없어 보였지만, 나는 그러기에도 너무 멀리 와버렸다.

그래서 나는 '뭐 어때. 까짓것, 한번 해보지'라고 생각하기로 했다. 준비해 온 질문들을 해도 되겠느냐고 물었더니, 의외로 모두들 고개를 크게 끄덕였다.

"왜 마티와 함께 지냈나요? 마티가 위험했을 때조차 말이죠. 마티를 집으로 불러들였을 때 아이들 생각은 안 하셨나요?"

캐럴은 자신의 마티에 대한 잘못된 사랑에 대해, 어떻게 그가 그녀를 속이고 상처를 주었는지, 그리고 아이들의 안전에 대한 공포 때문에 마티의 노예로 지내게 된 이야기를 길게 했다. 옆을 슬쩍 보니, 캐럴의 어머니와 여동생도 캐럴의 말을 집중해서 듣고 있었다. 놀랍게도 그들 역시 이런 질문을 하거나 대답을 들을 기회를 가져 본 적이 없었다.

"아버지가 정말로 당신을 추행했나요?"

나는 캐럴을 주의 깊게 살펴보았다. 캐럴의 어머니와 여동생도 몸을 앞으로 기울이며 대답을 기다렸다. 그후 나는 그녀의 비난이 본질적으로 형체가 없다는 사실을 알게 되었다. 그녀는 아버지가 했다고 추정되는 일들에 대해 가족과 관련된 사람 누구에게도 정말로 말을 한 적이 한 번도 없었다.

이때야말로 캐럴이 패를 보여줄 큰 기회였다. 어머니와 여동생 앞에서 아버지가 자신에게 했던 행동들을, 아버지가 언제 어디서 어떻게 한 것인지 자세한 정황을 설명함으로써 자신이 아버지를 비난할 수밖에 없었다는 점을 이해받을 절호의 찬스였다.

캐럴은 고통스러운 표정으로 자기에게 온통 주의를 집중하고 있는 가족들을 바라보았다. 그녀는 바닥을 응시했다. 그러더니 이야기를 다른 데로 돌려버렸다.

교도소에 다녀와서부터 나는 증거를 주의 깊게 파헤쳐 보기 시작했다. 사건에 관계된 사람들 수십 명을 인터뷰하고, 법원 기록을 읽어보고, 범죄 현장도 방문해 보았으며, 지역 주민들과 이야기를 주고받으면서 무슨 일이 벌어졌던가에 대해 상식선에서 이해할 수 있을 만한 시각을 확보하려고 노력했다.

그러면서 한편으로는 어떻게 감정이입이 잘못된 길로 빠질 수 있는지, 어떻게 하여 이타심이 치명적으로 변할 수 있는지 등 감정이입에 대해 분석하기 시작했다. 또 같은 이유로, 이 책을 위한 연구와 집필을 하는 동시에 나는 감정이입의 신경과학에서부터 자살 폭탄 테러범의 심리학에 이르는 여러 분야의 전문가들이 쓴 글을 모은 《병리적 이타주의》(옥스퍼드 대학교 출판부 간)의 편집 일까지 도맡았다. 진짜 범죄 이야기가 실린 논픽션을 편집한 것은 논픽션 저술의 완벽한 환경을 제공받는 것이나 마찬가지였다.[3]

동반의존에 대한 좋은 연구 자료를 못 찾겠다고? 그렇다면 이 분야에서 가장 사려 깊고 독립적인 마인드를 지닌 연구자 중 한 사람인 정신의학자 마이클 맥그러스에게 조사해서 써달라고 부탁해 보기 바란다. 문제 있는 부모의 아이들이 왜 지나치게 친절한 사람으로 자라는지를 이해하지 못하겠다고? 저명한 발달심리학자인 캐럴린 잔 왁슬러에게 연락하면 해결된다. 누군가 이타적인 행동을 하는 것 같은데 그 때문에 상황이 더 악화되는 이유의 실마리를 애니멀 호딩에서 찾을 수 있는 까닭이 무엇인지 알고 싶다면? 수의사인 게리 패트로넥과 그의 동료인 사회복지사 제인 나단슨에게 연락하면 최신 정보를 알려줄 것이다. 이타주의에는 문화적인 근원이 있는가? 이에 대해 알고 싶다면 아시아 문화에 대해 대단한 이해를 지닌 인류학자 존 트러퍼건에게 연락해서 그가 어떻게 생각하는지 알아보라. 자기 확신과 독선의 관계에 대해서 얼마만큼 알고 있는가? 신경학자인 로버트 버튼과 공상과학 소설 작가인 데이비드 브린이 연구가 빈약한 이 분야에 대한 지혜를 나누어줄 수 있을 것이다. 남을 잘 도와주는 사람들은 피해자가 되기 더 쉬우냐고? 로버트 호만트와 댄 케네디가 이 질문에 대한 식견을 확보하고 있다. 진화 자체는 어떤가? 진화는 우리에게 정말로 대단히 중요한 관점을 제공하는 것일까? 데이비드 슬론 윌슨, 사토시 카나자와, 요아힘 크루거에게 이 문제에 대해 진정한 도움을 줄 수 있는 접근방법이 있다.

나는, 사실에 근거해서만 새로운 지식의 세계로 발을 내디딜 뿐 선입견이나 감정에 흔들리는 법이 없는 이들과 같은 진실한 연구자들에게 온전한 존경과 감탄을 보낸다. 이들의 도움 없이는 이 책을 쓸 수 없었을 것이다.

그러나《병리적 이타주의》의 저자 중 한 명이며, 하버드의 스타 연구자인 마크 하우저에 대해서는 좀 주저할 수밖에 없다. 하우저는 그간의 연구와 2006년에 출간한 책《모럴 마인드(Moral Mind)》로 인간의 도덕성에 대한 신경과학 연구의 중심 인물로 떠올랐지만,⁴ 하버드 대학은 하우저가 8건의 중대한 과학적 위법 행위에 전적으로 책임이 있다는 사실을 발견했으며, 하우저 역시 자신이 연구 과정에서 '중대한 실수'를 저질렀음을 시인했다.⁵ 하우저는 현재 하버드를 떠나 시골로 내려가서 가장 위험성이 큰 의무 불이행자들 일부를 대상으로 비판적 사고와 추론을 가르치고 있다. 이에 대해 그는 "기막힌 경험"이라고 표현했다. 도덕성에 관한 한 '지극히 인간적인' 전문가인 하우저조차도 "인생이 구렁텅이에 빠져 있을 때 다른 사람을 돕는 것이 어떻게든 자신에게 희망을 준다"는 격언을 스스로도 놀라워하며 곱씹었다고 한다.⁶ (하우저의 관점에서 보면 자신의 사건에 관한 미디어의 보도는 "완전히 편파적이고 일방적"이었다. 그러나 그는 상황이 너무 복잡하다며 더 이상의 설명을 삼갔다.)⁷

탁월한 문학 이론가인 조세프 캐롤은 문학과 문화 이론의 궤변에 대한 전문적 식견을 발판으로 도덕적 이슈에 대해서도 남다른 통찰력을 지니게 된 사람이다. 캐롤이 하우저에 대해 한 말이 있다. "하우저야말로 '도덕적' 의미에 너무 집중해서 연구하다가 스스로 사례를 보이기 위한 희생제물이 된 경우일까? 무의식적이든 혹은 별로 의식하지 않고 한 것이든, 데이터와 결론을 억지로 일치시켜 늘어놓으면서 마음 속으로는 더 큰 선(善)을 추구한다고 생각하는? 사실 굳이 하우저의 마음 속에 들어가 보지 않고서도 우리는 그런 식의 인지 과정이 지적 생활에서 종종 일어나는 일이라고 자신 있게 말할 수 있다. 르노어 워커와 그녀를 열정적으로 옹호해 온 수많은 사람들의 사례가 딱 이런 예이다. 과학자들이 '이타적인' 목적을 위해서 객관성과 정확성, 그리고 정직성을 희생시키면 그 이타주의야말로 병리적이 되는 것이다."⁸ 그런데 사실은 연구 분야에서 이런 일들은 생각보다 훨씬 더 자주 일어난다. 앨버타 대학의 생물학자 리처드 팔머는 자신이 발견한 것에 스스로도 놀라면서, "선택적 보고(Selective reporting)는 과학계 어느 곳에서나 일어나고 있다"[9]고 말했고, 신경과학자인 조나 레흐러도 비슷한 말을 했다. "과학자들은 자기가 선호하는 가설을 확증할 수 있는 방법을 찾아내며, 이에 반대되는 것들을 무시한다. 우리의 믿음이란 것은 '맹목'의 한 종류이다."[10] 레흐러의 말을 계속 들어보자.

이런 변칙들은 경험론이 빠지기 쉬운 함정이라 할 수 있다. 많은 과학적 아이디어들이 결과와 상충되고, 효과 크기(effect size, 각 개별 연구들에서 나온 결과들을 통계 절차를 통해 표준화시킨 것을 말하며, 이 값이 크다는 것은 결국 실험의 효과가 높다는 의미이다 - 옮긴이)의 추락 때문에 시달리지만(달리 말해 처음의 발견이 크기와 의미 면에서 가치가 떨어지지만), 그럼에도 계속해서 교과서에 실리고, 표준 의료 행위로 밀어붙여진다. 왜 그럴까? 그건 이 아이디어들이 진실처럼 보이기 때문이다. 말이 되기 때문이다. 이런 아이디어들을 그냥 흘려보내면 안 된다고 여기기 때문이다. 그러나, 그렇기 때문에 감소 효과(declining effect)가 큰 문제가 되는 것이다. 문제는 데이터가 조작되고 신념이 인식 결과를 좌지우지하는 과학의 인간적 오류가 드러나는 것에 있지 않다(이런 결점들은 적어도 과학자들 사이에서는 놀랍지도 않다). 또 수많은 흥미로운 이론들이 한 순간의 유행으로 지나가고 금세 틀린 것으로 치부되어 버린다는 사실이 돌통나는 것도 문제는 아니다(이런 생각은 토머스 쿤 시대에도 이미 나왔던 것이다). 감소 효과가 문제인 것은 무언가를 증명한다는 것이 얼마나 어려운 것인가를 우리에게 상기시켜 준다는 데 있다. 우리는 툭하면 실험을 통해 진실이 밝혀지는 것처럼 위장해 왔다. 그러나 자주, 그렇지가 않다. 어떠한 아이디어가 참이라고 해서 꼭 증명될 수 있는 것은 아니다. 반대로 증명된 아이디어라고 해서 꼭 진실인 것도 아니다. 실험이 끝난 뒤에도 무엇을 믿을 건지 선택하는 일은 여전히 남아 있는 것이다.[11]

만약 실증 실험을 할 수 있는 과학적 연구 결과만 '참'이라고 하면, 이론들이 생물학적 또는 물리학적 기반으로부터 멀리 떨어져나와 떠다니는 사회심리학 같은 학문은 어떤 의미를 지니고 있을까?[12]

사실은 어쩌면, 병리적 이타주의의 개념과, 잘못된 길로 들어선 감정이입이 진보와 보수 사이의 화해—과학적 다리 같은 것—를 주선해 줄지도 모를 일이다.[13]

* * *

이 책을 쓰면서 《병리적 이타주의》 프로젝트를 동시에 진행하고 있던 어느 날, 내가 뉴욕 의학 아카데미의 회원이 되었다는 소식이 날아들었다. 알고 보니 대단히 이타적인 친구 한 명이 나를 추천했던 것이다.

그 친구와 나는 뉴욕 센트럴파크 남쪽 끝 근처에서 만나 5번가의 모퉁이를 돌아서 103번 거리에 있는 아카데미까지 함께 걸어갔다. 세계적으로 가장 명망 있는 의학의 전당들 중 하나인 그곳에, 저공비행으로 대륙을 건너온 보잘것없는 엔지니어가 서게 된 것이었다. 나는 채식주의자들의 만찬에 끼인 베이컨 햄버거 같은 느낌이 들었다. 아나운서는 나를 미시건이 아니라 미네소타에서 왔다고 소개했다. 내가 아니라고 하자 아나운서는 정정하면서 대단히 훌륭하신 뉴욕 중심적인 방식으로 한마디를 덧붙였다. "아무튼 허드슨 강 서쪽에 있는 건 마찬가지니까요."

행사가 끝난 후 친구가 나를 아카데미의 다른 주요 회원들에게 소개시켜 주었다. 그들 중 내가 존이라고 부르게 될 사람은 이 아카데미의 전 회장이었다. 존은 저녁 만찬 후에 동료들을 칭송하고, 그들이 아카데미와 아카데미의 사명에 바치는 후원을 예찬하는 연설을 했는데, 유창한 언변이 깊은 인상을 주었다. 실제로 존의 동료들에 대한 배려심 많은 찬사는 내가 들어왔던 것들 중 최고였으며, 그와 이야기해 보고 싶다는 생각이 들게 했다. 존에게 나를 소개하는 말 끝에 친구는 한마디를 덧붙였다. "그리고 이 친구, 지금 《병리적 이타주의》라는 책을 편집하고 있답니다."

존의 태도가 눈깜짝할 사이에 성인군자에서 뚱하게 바뀌었다. "《병리적 이타주의》요?" 그가 내뱉듯이 말했다. "이타주의는 절대로 병리적이 될 수가 없어요. 저기 저 남자 보이나요?" 존은 오르되브르 앞에 선, 신경쇠약에 걸린 듯한 한 남자를 가리켰다. "저 사람은 내 평생 만난 사람들 중에서 가장 이타적인 사람입니다. 그는 주고 또 주는 사람이에요. 그런 사람을 절대로 병적(병리적)이라고 말할 수는 없을 것입니다."

나는 존이 가리키는 사람 쪽으로 몸을 돌렸다. 나는 그 전까지는 한 번도 단순한 자발적 행동이 병적인 것과 연결될 수 있다고는 생각해 보지 않았다. 오로지 지나친 행동만 병적이라고 생각했다. 그러나 그 순간, 이 남자가 존을 더 많이 도와주어야 존은 이 남자를 병적(병리적)이라고 생각하지 않게 될 것이라는 생각이 떠올랐다. 실제로 그 남자가 존을 더 많이 도와주면 존은 그 남자를 거의 신성시하게 될 것이었다.

내가 입을 열어서 한마디도 하기 전에 존은 나를 조롱하듯이 비웃고는 추종자들과 함께 자리를 떠났다. 나는 '잠깐만요! 기다려요! 이타주의가 병적이 될 수 있는 건 사실이에요!'라고 말하고 싶었다. 그러나 이미 나는 그에게 괴짜들의 창고에 버려진 존재였다. 이 뛰어난 인물은 나에게 절대로 설명할 기회를 주지 않을 것이었다. 그의 생각은 이미 결정되어 있었다. '이타주의는 항상 좋은 것이다.'

이 에피소드는 이타주의에 대한 나의 관점을 바꾸어놓았다. 나는 이타주의가 어두운 면을 가지고 있을 뿐 아니라 그 어두운 면이 연구자들에 의해서 학문적으로(거의 종교적으로) 무시된다는 것을 깨닫기 시작했다. 마치 이타주의의 어두운 면을 연구하면 가장 신성한 인간의 성품이라고 생각해 왔던 이타심에 흠집을 내는 연구 결과를 찾게 될까봐 두려워하는 것 같았다.

'이타주의 연구' 프로그램과 연계되어 있는 《병리적 이타주의》 출간에 참여하고 싶어 글을 기고하려는 연구자들 역시 이타주의의 어두운 면을 다루는 부분에서 곤혹스러워하고 있다는 점이 눈에 보였다. 이는 마치 행복하게 도움을 주고받는 세상에서는 해가 결코 지지 않으며, 어둠 속으로 걸어 들어가려면 혼자서 더듬거리는 수밖에 없는 형국이었다. 결국 이들이 제출한 글에서는 이타주의가 해로울 수도 있음에 대해서는 일언반구도 찾아볼 수 없었고, 무조건 단순 찬양 일색이었다. 편집자로서 그들을 정중하게 거절하는 것은 고통스러운 아이러니였다.

과학자들은 누구나 연구에 두 종류가 있다는 걸 알고 있다. 진짜 리서치가 있고, 'research' 즉 '다시 찾기'가 있다는 것. 후자는 대부분 미디어에 내보내기 위한 허울 좋고 뻔한 결과물을 내놓는 일이다. 이런 결과물들은 귀에 쏙쏙 박히며, '누구나 알고 있는 것'이 '진실'이라는 불가침의 원칙에 도전할 필요 없이 안전하기 때문이다. 나는 이 의심쩍은 리서치들이 병리적 이타주의에서 자라난 내재적인 테마를 공유한다고 생각한다. 이런 연구 조사는 옳은 일을 하고 있다고 진짜로 믿는 듯한 르노어 워커 같은 사람들에게로 집약되는데, 독선의 뿌리가 어찌나 깊은지 이들은 자신들의 연구에 대해 논리적으로 과학적 정밀 조사나 비평을 하려는 사람들을 공격하는 방법을 어떻게든 찾아내는 지경에 이른다. 예를 들면, 르노어 워커가 자신에 대한 비판이 여성 학대에 대한 반대라고 몰아가는 식이면, 마크 하우저는 학생들에게 자신의 생각을 대놓고 강요한다는 소문이 있다. 때때로 나는 이 지나치게 독선적인 연구자들 스스로도 자신들의 연구에 대한 비난이 정당하다는 걸 알면서 일부러 그러는 것인가 하는 의심을 해보기도 한다. 어쨌든 이런 사람들은 이미 너무나 연구의 본질에서 멀어져 있어서 비판을 수용하려면 평생의 연구를 모두 잘라내 버려야 할 판이다. 아무리 과학자들이라 해도 생계를 이런 식으로 통째로 잘라낼 만큼 강단 있기는 힘든 법이니까.

반면, 머레이 스트라우스(하버드의 E. O. 윌슨도 마찬가지)처럼 기초가 잘 다져진 상식적인 연구자들도 있다.[14] 머레이는 오로지 진실을 추구하느라 기꺼이, 독단에 대한 헌신 때문에 진실을 인정하려 들지 않는 동료 연구자들로부터 온갖 터무니없는 모욕과 비방을 받는다(이들의 행동은 좌뇌 뇌졸중 환자가 고의로 손을 감추는 것이나 마찬가지다. 손이 아예 없다고 할 수 있다면 그렇게 했을 것이다). 나는 스트라우스와 윌슨을 상대로 된통 혼을 내주겠다고 나서는 혹평가들이야말로 '사악한 이타주의자'로 불려야 하지 않을까 생각한다(윌슨의 경우에는 공개적으로 물벼락을 맞기까지 했다).

두 개의 프로젝트를 진행해 가면서 나는 과학과 리서치에서 배운 것들을 캐럴 앨든의 스토리에 대입해 보았다. 그런데 캐럴의 가까운 일가친척들은 물론 살인사건 직후부터 캐럴의 일거수일투족을 감시했던 경찰과 검사들에 이르기까지 제각기 다른 정보원을 통해서 얻은 그림은 내가 쓰고 싶어 했던 것과 정반대의 것이었다. 캐럴 앨든은 자신의 감정이입에 의한 피해자라기보다는 완전히 다른 사람이었다. 많은 조사 후에, 나는 그녀가 지닌 찬란한 고유의 특질을 가리킬 적당한 말을 생각해 냈는데, 바로 '전문 피해자'라는 것이다. 그녀는 다른 사람들에게서 친절을 끄집어내어 마구 사용하는 숙련된 마스터였다. 내 책은 완전히 뒤바뀌었다.

이 책은 잘 속아 넘어가는 캐럴의 이야기가 아니라 잘 속는 우리에 관한 이야기이다.

내가 발견한 것처럼, 캐럴은 피해자에 대해 사람들이 지니는 천성적인 동정을 끌어내서 가족, 친구, 친지, 언론을 조종하는 뛰어난 능력을 가지고 있었다. 특히나 동정적이며 따지고 들지 않는 사람이라면 누구라도 자신의 동지로 만들 수 있는 사람이었다. 그러나 좋은 부모란 연민이나 창조성, 어두운 뮤즈를 좇아 자기 멋대로 사는 사람이 아니다. 부모 ― 진실된 사랑을 지닌 부모 ― 의 인생은 책임감과 선견지명을 수반한다. 수많은 동물들과 약물 중독 재소자, 전과자들을 돌보는 일보다 아이들이 진실로 필요로 하는 것을 우선시하는 능력 같은 것 말이다.

이런 관점에서 본다면, 우리 사회가 피해자의 존엄이라는 이상에 얽매어 캐럴 앨든의 조종에 말려드는 일이 크게 해로운 범죄는 아니라고 스스로 위로할 일이 아니다. 또한 구분이 안 가는 수많은 진짜 피해자들의 존엄 때문에 어쩔 수 없이 선택해야 하는 '공공의 선'에 따르는 필요악도 아니다. 캐럴 앨든 같은 사람들은, 마치 군중 속으로 돌진하는 앰뷸런스처럼, 진정한 피해자를 '창조'해 낸다.

처음 캐럴과 서신을 교환하기 시작했을 때부터 나는 동정적인 마음은 있지만 사실만 좇을 것이라고 캐럴에게 미리 경고했었다. 이후 그녀가 보낸 거의 100쪽에 이르는 편지들에서 많은 부분이 사실에서 벗어나 그녀 자신을 비호하기 위해 왜곡되었다는 사실이 밝혀졌다. 그 와중에 가장 흥미로웠던 편지는 그녀가 무력하게 학대당했다는 이야기를 털어놓았는데도 책의 저자(나)가 자신에게 휘말려들지 않는다는 걸 알아차리기 시작한 후에 자기 가족에게 쓴 것이었다. 그녀는 이렇게 가족을 안심시켰다. "걱정하지 마. 저자한테 가족 이야기는 하나도 하지 않았어."

나에게 쓴 편지에서 자기 가족들에 대해 잔인할 정도로 비난 ― 대부분의 비난은 내가 알아낸 것과는 반대였다 ― 을 퍼부었다는 것을 생각하면 캐럴의 저 문장은 최소한 슬프기는 했다.

내 책을 읽은 일부 페미니스트들은 학대당한 여성에 대한 제대로 된 연구조차도 부도덕한 검찰의 손에서 악용될 수 있다는 우려를 표했다. 그러나 부도덕한 검찰의 손에 들어가는 것이 두려워 과학적 연구를 막는다면 양심적인 검찰도 정보를 얻을 수 없게 된다. 하물며 여성을 상대로 한 폭력이 어린이들에게 미치는 영향을 감안한다면 어떻겠는가? 이것들이 맞교환할 가치가 있는 것일까?

정말 놀라웠던 것은 페미니스트인 친구 한 명이 이 책을 읽은 후 이런저런 이야기 끝에 마지막으로 내게 한 말이었다. "너도 알겠지만, 아무튼 캐럴 앨든은 병리적 이타주의자의 아주 좋은 예는 아니었어." 나는 꾹 참고 최대한 온화하게 설명해 주었다. "캐럴 앨든을 병리적 이타주의자의 예로 쓴 것이 아니야."

* * *

모든 것을 고려해 보았을 때, 이 비범한 이야기는 인간이 지닌 최고의 특성에 대한 찬사이다. 솔직히 말해서 일어난 일만 놓고 따져 보면, 특별히 잘못된 일은 거의 없으니까 말이다. 마티 세션스를 제외하고는.

캐럴이 아이들의 양육권을 갖기 위해 가정폭력 혐의를 씌웠던 캐럴의 첫 남편 리처드 센프트는 재혼해서 20년 동안 행복한 결혼생활을 해오고 있다. 리처드와 그의 두 번째 부인은 사랑의 줄타기를 했으며, 캐럴의 아이들 중 나이가 많은 몇이 여름에 펜실베이니아로 찾아갔을 때 안정된 가정생활이 어떤 것인지 엿볼 수 있는 짧은 경험을 하게 해주기도 했다. 나는 이 부부가 제공한 짧은 경험들과 재정적인 지원이, 아이들을 자신의 소용돌이 궤도 속에 두려는 캐럴의 끊임없는 노력에도 불구하고, 그 아이들이 정상적인 삶을 향해 조금씩 나아갈 수 있도록 도와준 것이라고 생각한다.

어떤 의미로, 아이들은 '캐럴의 컬트'(cult, 이교도적인 숭배 - 옮긴이)에서 성장한 셈이었다. 이 컬트의 표면적인 제1규칙은 다른 사람―특히 가난하고 불쌍한 사람들―을 돕는 일의 중요성이었다. 바꾸어 말하자면 캐럴의 아이들은 피해자의 존엄함과, 피해자들을 위해 욕심 없이 봉사하는 자신의 역할이 얼마나 중요한가 하는 생각에 세뇌당한 채 자란 것이다.

말하자면 캐럴의 아이들은 캐럴의 근원적인 욕구를 충족시키기 위해 길러진 것이다.

제1규칙의 근간을 이루는 것은 어길 수 없는 계율이다. '캐럴에 대한 어떤 비판도 즉시 거부할 것. 마찬가지로 감히 캐럴을 비판하는 사람도 누구를 막론하고 거부할 것'이 그것이다. 이 계율은 아이들에게 서서히 잠식해 들어가 마침내 그들을 파멸의 소용돌이에 가두었다. 마치 머리 위에서 흔들리는 다모클레스의 칼(BC 4세기 전반 시칠리아 시라쿠사의 참주 디오니시오스 1세가 신하인 다모클레스를 견제하기 위해 끈에 매단 칼을 다모클레스의 머리 위에 매달아놓고 참주 자리의 절박한 위험성에 대해 경고한 내용에서 유래함 - 옮긴이)처럼 캐럴의 아이들을 사랑하는 사람들 모두가 언제 닥칠지 모르는 위협을 떠안게 된 것이다. 첫 남편 리처드 센프트에게는 캐럴에게서 낳은 아이들이 세상 최고의 가치였다. 그리고 아이들을 장기판의 졸로 이용하지 않겠다는 것이 그의 확고한 신념이었다. 결국 그는 아이들을 사랑하는 데 따르는 고통스러운 대가로 면전에서 퍼부어지는 끝없는 비방과 기만을 침묵으로 일관하며 감당해야 했다. 그의 두 번째 부인 역시 이 아이들을 사랑했으므로 많은 의붓어머니들이 절대로 치르고 싶어 하지 않을 대가를 치르며 인내했다.

캐럴의 두 번째 남편 브라이언 폴슨과 그의 부인 역시 캐럴의 어린 자녀들을 위해 비슷한 짐을 짊어져야 했다. 그리고 사실, 캐럴의 수감이 가져다준 최고의 행운은 가장 어린 두 아이가 이 친엄마의 양육에서 벗어나게 된 것이었다(다른 건 차치하고도, 아이들이 전 남편들의 집에 다니러 가기라도 하면 캐럴이 쉴 새 없이 아동보호센터에 전화해서 두 사람이 아이들을 학대하느니 방치하느니 하며 고발해 대는 일은 없어졌다). 제이슨과 에밀리는 새 부모와 새로운 가정에 적응하느라 어려움을 겪기도 했지만 점차로 밝아졌다. 그러는 동안 교도소의 캐럴은 스스로 궁극의 피해자 또는 순교자로 거듭나고 있었다. 캐럴은, 가장 어리고 동정심이 많아 남을 돌보기를 좋아하며 자신의 창의적인 동력을 물려받은 에밀리에게 특별한 주의를 기울이기 시작했다. 에밀리는 자기 어머니를 이상화하는 것으로 그에 응답했다.

캐럴의 가족 중 한 명은 이렇게 말한다. "나는 절대로 캐럴이 변할 거라고 생각하지 않아요. 그녀에게는 양심의 가책이란 것이 없어요. 아예 없는 거죠. 그런 게 있어 본 적이 없어요." 또 다른 가족이 슬픈 표정으로 한마디 덧붙인다. "이 세상에는 남을 믿게 만드는 재주를 가진 사람들이 너무 많은 것 같아요. 덕분에 나는 이 늙은 나이에 점점 회의적으로 되어가는 거고요. 아무것도 모르고 순진할 때가 참 편했어요!"

우리는 결코 캐럴 앨든이 법원 명령에 따라 받은 정신감정 결과를 알 수 없을 것이다. 경계선 성격장애였을까? 아니면 조울증? 그것도 아니면 신드롬들의 무질서한 혼합이었을까? 캐럴 앨든의 주특기는 신성한 피해자의 모습으로 위장한 교묘한 기만이다. 덕분에 그녀는 정신적으로 정상인 사람처럼 비쳐졌을 가능성도 있다. 아무튼 진단과 상관없이, 캐럴을 정말로 아는 사람이라면 그녀에게 도움이 필요하다는 사실에 고개를 끄덕일 것이다. 그러나 슬픈 현실은 현재의 의학이 그녀를 진정으로 도울 수 있을 만큼 발전해 있지 않다는 것이다. 그래서 우리는 또다시, 그나마 가능한 최선의 결과를 고민하는 자리로 돌아가야 한다. 만약 뇌과학이 충분히 발달하지 못해서 캐럴에게 적절한 도움을 줄 수 없다면, 적어도 그녀를 사랑하는 사람들이 그녀로 인해서 피해를 받지 않도록 격려해 두기라도 해야 한다는 말이다.

필모어에서 캐럴의 선고가 있은 후, 판사를 도와 사건에 관한 인터뷰를 진행했던 판사보 두 명은 앨든 가족을 찾아가 그간의 일들을 언짢게 여기지 말라고 다독여주었다. 밀라드 카운티의 공무원들은 대개 이런 친절함을 지니고 있다. 이 책을 쓰는 동안 내내 나는 사건과 관련된 경관, 형사, 검사들을 두루 장시간 인터뷰했다. 리처드 제이콥슨, 마이클 윔스, 패트릭 놀런, 패트릭 핀린슨이 그들이다. 솔직히 말하면 이 사람들보다 더 좋은 사회의 파수꾼들을 본 적이 없다. 이 사람들이 외지인인 저자의 취재를 방해하자고 들면 일도 아니었을 것이다. 그런데도 사실을 추적하는 이의 열정과 세상

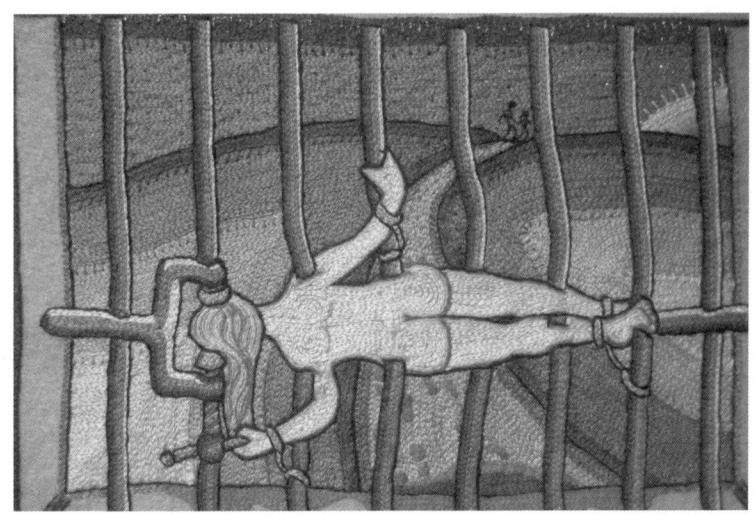

밀라드 카운티 교도소에 수감되어 있는 동안 캐럴은 '교도소'(Limbo, 구금 또는 천국과 지옥 사이라는 뜻 – 옮긴이)라는 제목으로, 나체의 여인이 감방의 철창에 꼬치처럼 꿰어져 있는 채로 멀어져 가는 아이들을 바라보는 그림을 그렸다. 이 그림은 나중에 펠트, 자수 실, 바느질용 바늘을 재료로 하여 다시 만들어졌다. 예술가인 셰릴 길리런은 수감 중인 캐럴을 인터뷰하고 와서 이런 글을 썼다. "교도소에서 소지가 허용되지 않은 바늘을 어떻게 구했느냐고 물었더니 캐럴은 빙그레 웃으며 말했다. '글쎄요, 항상 어디로든 통하는 길이 있지요. 주립 교도소에 구류 중인 남자들은 바늘을 소지할 수 있어요. 그들에게 50년대 스타일의 소프트 포르노 그림을 그려주면 대걸레 양동이 안에 바늘을 담아서 보내줍니다.'"[15] 원본의 컬러 이미지는 여인의 성기 아래쪽 바닥에 밝은 빨간색의 피 웅덩이가 그려져 있다. 마치 아이들이 그 피 웅덩이를 지나서 걸은 것처럼, 멀리 보이는 아이들의 모습 뒤로 핏빛 발자국이 이어져 있다.

을 더 나은 곳으로 만들려는 선의로, 이들은 기꺼이 시간을 내어 밝혀진 증거들에 대해 세부적인 것까지 있는 그대로 설명해 주었다. 애석하게도 캐럴 앨든의 첫 '탈의' 조사를 진행한 경찰관 조시 그레이트하우스는 인터뷰할 수 없었다. 조시는 유타 주 외곽 지역의 골칫거리인 마약상 중 한 명에 의해서 살해당했다. 사회를 보호하는 것에는 대가가 따른다.

이 책을 리서치 하면서 발견한 것은, 남녀관계에서 문제가 생기면 원인이 무조건 남자라는 식으로 몰아가는 '두루 꿰어맞추기 식' 접근 방법은 공정함이라는 관념에 손상을 입힐 뿐 아니라 실제 사람들에게도 해를 끼친다는 것이다. 그런 의미로 이 이야기의 숨은 영웅 앨런 레이크 이야기를 하자면, 그는 기지가 있는 사람이었고, 상황이 닥치면 옳은 일을 할 수 있는 바탕이 되어 있는 사람이었다. 만약 앨런이 아니었다면 마티의 가족은 어찌된 일인지 모르는 채로 수십 년 간 심적 고통을 겪어야 했을 것이다.

지나간 일이긴 하지만 어머니를 에이즈로 잃은데다, 의붓어머니와 이복 남동생을 끔찍한 살인사건으로 잃은 일 때문에 마티의 딸들인 에디와 애너는 계속해서 법정으로 끌려다녔다. 그런 상황에서 아버지가 잔인하게 살해된 것은 이들을 다시 한 번 벼랑 끝으로 내모는 일이었다. 이들이 관객이 가득 찬, 배심 공판으로 진행되는 '진짜' 재판에 나갔다면 어땠을까? 자기 아버지가 사디스트에 괴물이라는 온갖 낙인이 찍힌 채 과거의 사소한 잘못들까지 세상에 까발려져 난도질 당하는 현장에 있어야 했을 것이다. 에디와 애너에게는 《내셔널 인콰이어러》지에 실린 기사를 보는 것만으로도 가슴이 찢어지는 일이었다. '학대하는 괴물'이라는 제목 옆에 화살표가 그려져 있었는데, 그 화살표의 방향은 슬픈 표정을 한 자신들의 아버지 사진을 가리키고 있었다.[16]

마티 세션스는 한 인간이었다. 대단히 완벽하지 않은 사람이었지만 자식들과 손자, 동기간들, 그리고 부모에게는 너무나 사랑하는 사람이었다. 수지 세션스가 온 마음을 다해서 사랑한 사람이었다. 이웃을 도울 줄 알았고, 친구가 있었고, 불완전하나마 자신이 판 구덩이에서 빠져나오려고 노력했다.

* * *

교도소 안에서 캐럴은 도움을 필요로 하는 남성, 여성 재소자들과 새로운 관계를 만들어나갔다. 그러다 만나기로 하거나 출소 후에 함께 살 것을 계획하는 연애편지를 주고받은 일이 발각되었다. 동료 전과자와 편지를 주고받는 일은 엄격히 금지되어 있는 일인데도 말이다. 그러나 애초에 그녀를 교도소에 가게 한 "나를 고치기 위해 그들을 고쳐놓아야 했어"라는 식의 지리멸렬한 반복은 리처드 제이콥슨과 마이클 윔스가 옳았다는 것을 보여주었다. 캐럴의 조종 성향이 어쩔 수 없이 드러날 것이라고 했는데, 실제로 그렇게 된 것이다. 이 일로 인해서 아마 그녀는 조금 더 긴 형량을 선고받게 될 것이다. 캐럴이 교도소에 더 오래 있게 되면 무엇보다 여전히 캐럴을 우상화하는 아이들에게 좋은 일이 될 것이다. 아이들과 캐럴에게는 슬픈 일일 수도 있겠지만 적어도 이 아이들이 그녀에게서 분리되어 성장할 기회가 주어지는 것이므로.

그러는 동안에도 캐럴은 대중을 상대로 자신의 이야기를 하기 위한 예술 작품 창작 때문에 바빴다. 《15바이츠―유타의 아트 매거진 (15 Bytes: Utah's Art Magazine)》은 최근호에 "항상 길은 있다―철창 안에서 예술 인생을 이어가고 있는 캐럴 앨든" 이라는 제목의 기사를 실었다.

캐럴은 말한다. "나는 이곳에서 금지되어 있는 재료들로 정말 놀라운 것들을 만들어내고 싶습니다. 약물 남용, 빈곤, 가정폭력이 여성의 삶을 결정짓는, 복잡하게 얽힌 양태임을 진정으로 보여주는 작품들을 만들고 싶어요. 대개는 보는 사람들에게 충격을 줄 수도 있겠지만, 나로서는 그런 것이야말로 깊은 내면과 소통할 수 있는 중요한 메시지라고 생각합니다. 그렇게 할 때만 수많은 사람들의 인생에 은밀하게 스며드는 테러와 낙담을 몇 사람이라도 파악할 수 있을 테니까요."[17]

이와 비슷하게, 《솔트레이크 트리뷴》에서도 "유타 재소자들이 미술을 통해 탈출하다"라는 제목의 기사를 게재했는데, 여기에는 캐럴의 사진과 함께 코바늘로 뜬 작품 사진이 커다랗게 실렸다(그녀는 교도소에서 코바늘 뜨개질을 독학으로 배웠다).[18] 여기에 더하여 캐럴은 실크스크린 작품도 시작했다. 그녀의 실크스크린 작품은 한결같이 우아하면서 동시에 야성의 아름다움을 지니고 있다. 캐럴의 가족들은 최악의 환경에서도 의연히 대처해 나가는 그녀의 탁월한 능력을 언급하지 않을 수 없었다. "캐럴은 내동댕이쳐져도 자신의 다리로 착지해 냅니다. 고양이처럼요!"

캐럴은 또한 새로운 캠페인으로도 바쁜 시간을 보내고 있다. 《냉혹한 친절》의 출판사 편집자에게, 이 책이 충격적인 내용을 다루기 위해 자신의 인생과 전혀 상관이 없는 사람들의 인터뷰들을 짜맞추어 삐뚤어진 상상력으로 날조한 것이라는 편지를 써 보내는 일이었다. 편지는 대개, 책의 내용 때문에 자신과 자기 아이들을 상대로 협박 편지의 위협이 끊이지 않는다는 내용으로 끝맺었다.[19] 경찰에 의하면 정작 《내셔널 인콰이어러》에 끔찍한 버전으로 각색한 자신의 이야기를 떠먹이다시피 전달한 사람이 본인이면서, 그녀는 언제 그랬느냐는 듯 《냉혹한 친절》을 "《내셔널 인콰이어러》에서나 다룰 시시껄렁한 최악의 수준"이라고 비난해 댔다.[20] 캐럴은 이 모든 싸구려 장사들이 그녀 자신의 가족은 물론 사별한 남편의 가족(캐럴이 모든 자료를 제공하여 마티가 《내셔널 인콰이어러》에 학대하는 괴물이라는 딱지가 붙은 채 실린 기사와 사진을 보고도 견뎌내야 했던 바로 그 가족)에게도 대단히 무례한 행동임을 깨달았다고 말한다.

캐럴이 누구이며, 왜 그런 행동들을 하는지 우리가 알 방법이 있을까? 캐럴의 작품 활동을 몇 년간 지켜보았던 지역 예술가이며 행정가인 레베카 스미스는 이렇게 말한다.

> 어떻게 묘사해야 할지 모르겠지만, 캐럴의 뇌는 내가 알고 있는 대부분의 예술가들과는 다르게 작동합니다. 안타까운 건 천재적인 예술가들에게나 있는 '크레이지'한 부분은 또 지니고 있다는 거예요. 대부분의 아티스트들은 예술에 완전히 빠져 있다가도 언제든 자신에게서 예술을 분리해 낼 수 있는데, 캐럴의 경우 자신이 바로 본인의 예술이에요. 건강한 상태라고는 할 수 없겠죠. 그렇지만 솔직히 말하면 바로 그 이유 때문에 그녀가 용을 자화상이라고 생각하는 부분이 설명될 수는 있을 것입니다. 예를 들어 내가 용을 만들었다면 이렇게 말할 거예요. "이것은 내가 만든 용입니다. 매우 무섭게 보이겠지만 때때로 나도 이런 느낌이 듭니다. 용을 만든 건 내 내부에 있는 무서움을 배출한다는 의미입니다." 그러나 캐럴이라면 "이게 나예요." 그럴 겁니다. 휴, 할 말이 없죠. 아마도 이런 게 '크레이지'한

천재적 기질에서 오는 걸 거예요. 작품에서 자기 자신을 분리해 내지 못하는 것이죠(기묘한 것은 차치하고라도, 내가 궁금한 것은 그렇다고 하여 어떻게 자식을 본인의 '작품'이라고 여길 수가 있을까 하는 것이다). 비록 캐럴이 자기만큼 똑똑하지 않다고 생각하는 사람들을 심하게 업신여기는 경향이 있기는 하지만, 다른 부분에서는 우리와 다를 게 없어요. 우리 모두 자신과 다른 사람들에 대한 나름의 진실을 갖고 있잖아요. 다른 건 캐럴이 타인의 진실을 자신의 페르소나에 합치지 못한다는 겁니다. 물론 나도 내 자신에 대한 진실을 가지고 있고, 그것들이 다른 사람들이 가지고 있는 나에 대한 진실과 일치하지 않을 때는 그 즉시 불쾌해집니다. 그러면 나는 자아성찰을 통해서 두 개의 이미지를 통합시키려고 노력합니다. 대체로 나는 이 세상에서 내가 어떻게 기능하는가에 대해 꽤 잘 알고 있다고 생각하지만, 당연히 허를 찔려 기절초풍하는 순간들도 있죠. 다른 점이라면 아마 나는 다른 이들의 진실을 귀기울여 듣고 그들의 의미를 수용할 수 있다는 것일 거예요. 내게 동의해 주지 않는다고 해서 붕괴시키거나 헐뜯지 않고 말이죠. 내가 보기에 캐럴은 그걸 못하는 것 같아요.

그 점이 캐럴에 관해 내가 흥미를 갖는 부분이에요. 그녀는 자기가 거짓말을 하는 거라고 믿지 않아요. 그녀의 진실은 유연해서, 마치 그녀가 만든 작품처럼 자신이 원하는 방향으로 형태를 잡아가는 경향이 있습니다. 아마도 그녀는 진실 역시 옷감처럼 자르고 꿰매서 떠오르는 이미지와 합칠 수 있다고 믿는 것 같아요. 이것이 그녀가 당신의 책이 엉터리이며 거짓말이라고 하는 이유를 설명할 수 있을 것입니다. 캐럴이 자신의 정신에 대한 복잡하고 비평적인 당신의 분석을, 자신이 믿고 있는 스스로의 이미지에 합칠 수 있으리라고는 상상할 수도 없는 일이에요.

그러니, 이 모든 게 천재라서 그런 걸까요? 글쎄요. 나보다 훨씬 훌륭한 사람들에게 이 질문을 맡기죠.

캐럴의 예술을 뇌의 반구 이론들과 연관 지어서 생각해 보지 않을 수 없다. 이언 맥길크리스트가 말한 것처럼 좌뇌는 스스로가 만들어낸 것에 관심을 둔다. 따라서 "뒤틀리고, 비현실적이며, 환상적인 – 궁극적으로는 인공적인 – 이미지들을 처리하는 데 상대적으로 익숙하다." 이것은 아마 대상을 전체가 아닌 부분으로 불러들여서 분석하기 때문일 것이다. 그러면서 기괴하거나 무의미한 것들, 연속성이 없는 것들에 대해 긍정적으로 기우는 경향을 지닌 것으로 나타난다.[21] 건강하고 균형 잡힌 뇌를 가졌더라면 캐럴은 예술에 대한 관심을 잃어버렸을까? 아니면 예술에 대한 열정은 남아 있는 채로 집중하는 대상이 달라졌을까?

캐럴의 아트는 기능장애로부터 자라난, 독이 스민 열매들인 걸까? 아니면 완전히 다른 것 – 스스로를 치유하기 위한 지난한 노력에서 형성된 것이 아니라 – 에서 솟아나온 것일까? 그것도 아니면 야누스나 동전의 양면처럼 둘 다를 지닌 것일까?

뇌는 진실을 추구하는 두 가지 방법을 가지고 있다. 좌뇌에게 진실은 정확함, 즉 정적이며 불변하는 것이다. 반면 우뇌의 진실은 '비밀을 밝히는 것'이다. 그러나 진실의 베일을 벗기면서 필연적으로 또 다른 진실을 가린다.[22]

성인이 된 캐럴의 두 딸은 여전히 계속해서 어머니를 응원하고 있다. 자기 어머니에게 노예처럼 사로잡힌 멜러니는 저자에게 직접 편지를 보내왔다. 법적 조치를 취하겠다고 위협하면서. 그리고 캐럴은 자녀들을 너무나 사랑하는 사람이며 이 책이 그 사실을 부정할 권리가 없다고 주장했다. 멜러니는 이 책의 저자가 진짜 거짓말쟁이를 찾으려면 거울을 봐야 한다고도 썼다(멜러니, 크리스털, 커너는 내가 책 내용에서 오류를 바로잡고 추가적인 통찰을 제공해 달라고 수없이 부탁했으나 모두 거절했다).

크리스털 러섹 또한 자기 어머니의 사업에 자진하여 서포터로 활약하고 있다. 크리스털은 리서치를 시작하기 전에 기관감사위원회의 승인을 받았어야 하는데, 그런 절차 없이 자신과 가족들을 연구대상으로 책에서 다루었다고 오클랜드 대학(나의 모교)에 이의 신청을 했다. 이를 계기로 《냉혹한 친절》에 대한 포괄적인 평가가 시작되었고, 워싱턴 D.C.에 있는 인간연구보호사무소와 함께 리서치의 영역에 대한 세밀한 검토가 동시에 이루어졌다. 결국 이 책은 모든 과정을 통과했다.

크리스털은 내가 캐럴 앨든을 "신경증에, 냉혈한에, 전문적인 피해자"로 부당하게 묘사했다면서 자기 어머니는 내가 생각하는 것처럼 "사회에 해를 끼치는 사람이 아니"라고 불만을 제기했다.[23]

두고 봐야 알 일이다.

마티 세션스의 총격 때부터 캐럴 사건에 깊이 개입했던 한 수사관은 캐럴의 애인이었던 앤디 브리스토의 의문의 죽음, 그리고 기이할 정도로 비슷한 캐럴의 또 다른 지인의 사망 사건에 대해서도 관심을 가지고 있다. 이 사건은 캐럴이 '클리블랜드 출신의 브루터스'와 함께 오하이오에 잠시 머물렀을 때 일어났다. 그러나 안타깝게도 경찰 인력의 한계 때문에 모든 수사력은 증거와 사실 관계가 보다 분명한 2006년의 마티 세션스 살인사건에 집중되었다. 그러는 동안 밀라드 카운티 교도소에 있는 캐럴은 자신의 닉네임에 푹 빠져 있는 듯했다. 그녀가 마음에 들어 한 닉네임은 '킬러(Killer)'였다. 아마 이런 질문이 끝없이 되풀이될 것이다. '캐럴 앨든은 정말로 연쇄살인자인가?'

캐럴을 아주 잘 알고 있는—너무 잘 알고 있어서 이름을 밝히기 어려운—한 남자는 캐럴의 두 전 남편이 마티 같은 신세가 되지 않고 살아남을 수 있었던 이유는 단 한 가지라고 했다. 브라이언과 리처드가 자녀 양육비를 보냈기 때문이라는 것이다. 마티는 그러지 않았다. 이 익명의 제보자는 "잔인한 마티가 어떻게 했기에 가련한 캐럴이 총을 쏘게 되었을까?"가 아니라 "마티가 천사는 아니었을 수 있어. 그러나 캐럴 앨든과 인연을 맺으면서 자기도 모르게 그런 상황에 말려들게 된 건 아닐까?"라는 질문에서부터 시작해야 한다고 말했다.

캐럴 앨든의 편지를 조사한 수사관들은 마티 세션스가 그녀에게 피어싱을 강요했고 가학피학성의 변태적인 이메일을 쓰게 했다는 주장에 대해 혐오감을 느꼈다고 했다. 이러한 혐오감은 마티가 그녀에게 피어싱을 했다고 주장한 시점 이전에 그렸던 수많은 그림들에서 더 심해졌으며, 모든 정황이 그녀가 피어싱에 집착한다는 것을 보여주고 있었다. 사실은, 익명의 제보자 역시 살인사건이 있기 전에 캐럴이 다른 사람들과 나눈 대화에서 마티가 육체적인 학대를 해주려 하지 않는 것에 대해 캐럴이 불만을 표출한 것, 학대를 유발하기 위해서 도발한 적이 있다는 내용들이 포함되어 있었다고 거듭 말했다. 캐럴이 살인사건 전후로 사람들—심지어 자녀들까지 포함된 다수의 사람들—과 주고받은 편지에는 간혹 매우 끔찍하게 생생하고 지독히 뒤틀린 표현이 들어 있을 때도 있었는데, 수사관들이 차마 말로 옮기지 못할 정도였다고 한다. 엄청난 양의 편지들을 다 읽어본 수사관 중 한 명은 "누구라도 저런 내용을 사람에게 보내서는 안 됩니다. 더구나 자기 자식한테라니!"라고 말했다(사실, 수사관들은 재능 있고 인정 많은 캐럴의 자녀들, 수년을 지켜보면서 감탄하지 않을 수 없는 이 아이들에게 깊은 우려와 관심을 보이고 있다).

그녀의 가족 중 한 명이 정곡을 찌르는 말을 남겼다.

> 나는 아직도 이 모든 이야기들이 비현실적으로 느껴지고, 우리 가족에게 이런 일들이 일어났다는 게 믿어지지 않아요. 물론 실제로 일어난 일이고 현실이라는 것도 알고 있지만, 사실이 아니기를 바라는 마음이죠. 캐럴에게 늘 진실과 허구의 경계선이 모호하다는 걸 알고 있었어요. 나이를 먹으면서 그 흐릿한 경계선은 더 넓어졌죠. 캐럴은 그 모호한 경계선의 영역에서 너무 오래 살아왔어요. 나로서는 진실이 완벽하게 분명한 상태로 캐럴의 바로 앞에 서 있다고 해도 그 아이가 그걸 인지하거나 받아들일지 그것조차 모르겠어요. 사실 직면하기에 너무 고통스러울 수 있죠. 그래서 차라리 그 영역 속에 머무르는 거예요. 약에 취한 것 같은 상태로요. 이 책은 내가 생각하기로는 캐럴이 절대로 받아들이지 않을 시각들을 담고 있어요. 캐럴은 아마, 진정한 자유를 위해 진실을 찾고 껴안기보다는 이 책까지

도 피해자로서의 정체성을 확립해 나가는 데 이용할 겁니다.

그런 의미로, 캐럴은 스스로를 가둔 겁니다. 종신형이죠.

뇌는 무수하게 변화할 수 있는 능력이 있다. 그러나 변화를 감당하기 위해서는 변화가 필요할 때 그 사실을 이해하는 능력도 있어야 한다. 개중에는 인생으로부터 나쁜 흔들림을 받는 사람들이 있다. 변화의 허들이 뛰어넘기에 너무 높다고 치부해 버리는 기질을 타고나는 것이다. 보통 사람들은 자라면서 점차로 정신적 패턴이 굳어지는 데 반해, 이들은 변화를 수용할 수 있는 정신적 유연함이 있다. 그러나 평생을 울타리에 갇혀 사는 동물들처럼 지내면 선택의 시간이 닥쳤을 때 다른 생각을 할 수 없게 되는 것이다.

친절은 인간이 지닌 가장 성공적인 특성 중 하나다. 그러나 타인에 대한 감정이입적 돌봄, 이타심, 그리고 사랑함에 따른 근심은 뜻밖에도 가장 강력한 심리적 속박이 될 수 있다. 열정과 동정심에 내재된 감정을 냉정한 사리분별로 따져볼 필요가 있다는 것이다.

사실은, 친절의 끈을 풀어주는 것이 가장 친절한 행동일 때가 있다는 것.

감사의 말

 책을 쓰면서 법 집행관들, 수사관들, 밀라드 카운티의 검사들, 특별히 수사관 리처드 제이콥슨과 부검사 패트릭 핀린슨에게 큰 도움을 받았다. 패트릭과는 만난 지 2분 만에 토머스 쿤의 《과학 혁명의 구조(Structures of Scientific Revolutions)》와 앨든 사건과의 연관성에 대해 깊은 대화를 나누었다. 제이콥슨은 어떤 사람이냐고? 말하자면 그는 시골 수사관의 겉모습으로 위장한 비범한 과학자이다. 밀라드 카운티 같은 시골에서 뭐 그리 걸출한 인물을 배출했겠느냐고 생각하는 사람은 정말 실수하는 것이다. 또 복잡한 문제를 다루는 마이클 웜스의 능력은 기가 막힐 정도다. 이 책은 마이클의 통찰력 있는 시선의 혜택을 제대로 받은 셈이다. 그런가 하면 패트릭 놀런은 대단히 헌신적이고 재능 있는 공무원으로, 그를 만난 건 행운이었다. 나뿐 아니라 그런 사람을 데리고 있는 유타 주 또한 행운이 아닐 수 없다.
 마티 세션스의 딸 에디 세션스와 애너 루튼버, 그리고 그의 의붓누이 로즈머리 세일러는 넉넉하고 활기찬 사람으로 마티 세션스라는 인물을 그려볼 수 있는 기회를 제공해 주었다. 이 선량한 여성들에게 그의 죽음을 다시 떠올리는 건 고통스러운 일이었을 것이다. 그들의 노고에 깊이 감사드린다. 데니 세션스는 형 마티의 생전의 모습을 가장 완벽하게 보존하고 있는 인물일 텐데, 거칠었던 젊은 시절을 솔직하면서도 친절하게 되새겨주어 진심으로 감사한다.

시간을 내어 오랜 시간에 걸친 경험을 들려준 캐럴 앨든의 가족들에게도 특별한 감사를 전한다. 이 부분에서는 사실에 관한 어떤 오류나 해석도 다 나의 몫임을 재삼 강조하고 싶다. 첫 남편 리처드 셴프트는 기꺼이 자신이 겪은 일을 공개적으로 들려주었으며, 이 점에 대해 경의를 표한다. 사실 많은 분들이 캐럴 앨든과 관련된 이야기를 하는 것에 대해 난처해했는데, 그럼에도 이야기를 들려준 분들께는 일일이 이름을 밝히지 못하지만 특별한 감사를 드린다.

마이클 맥그러스와 캐럴린 잔 와슬러는 저서인 《병리적 이타주의》에 남다른 기여를 한 것만으로도 내 존경을 받을 만한 분들이다. 더욱이 자신들의 연구와 신념을 확인해 보기 위해 강도 높은 시험을 마다하지 않는 이들의 열린 의지에 큰 존경을 보내지 않을 수 없다. 이분들이 없었다면 이 책은 탄생하지 못했을 것이며, 이들의 정곡을 찌르는 통찰력은 그야말로 최고다. 머레이 스트라우스는 협박을 일삼는 사람들의 코앞에서 용기 있는 태도를 견지해 주었으며, 린 오코너는 나 스스로를 좀더 잘 이해할 수 있도록 매우 섬세한 안목을 제공해 주었다. 두 분께 진심으로 감사드린다.

아이린 스코트는 밀라드 카운티의 역사에 대한 이해를 도울 수 있게 주옥같은 자료를 제공해 주었다. 레너드 하디, 랜디 모리스, 스코트 로스는 내가 만난 사람들 중 누구보다 멋진 사람들이었다. 이들이 기꺼이 들려준 경험에 무한한 감사를 드린다. 또한 경험을 공유해 준 앨런 레이크에게도 그의 의지에 찬사를 보낸다.

예술 세계로의 길 안내를 해준 셔릴 길리언과 레베카 스미스의 통찰력에 깊은 감사를 드린다.

케빈 에이버리, 어거스틴 브레니건, 조앤 캔터, 러셀 크룩, 마거릿 코크런 박사, 하워드 딧코프, 셜리 덧슨, 돈 풀머, 샌더 그린랜드, 제러미 하먼, 빅터 해리스, 셔릴 존스, 올가 클리메키, 랜디 크레거, 맨디 로, 마이클 루빈 박사, 제리 오펜하이머, 페니 패커, 토니 페더슨 부보안관, 에드 필립스 보안관, 조시 풀슨, 리사 수얼, 태니어 싱어, 진 스미스, 브렌트 터비, 조 트루히요, 제임스 밴든 보시, 루스 웨이츠, 이분들에게도 감사를 전한다.

나의 글쓰기 친구인 에이미 앨콘은 그녀의 특별한 친구 그렉 수터와 함께 훌륭한 영감의 원천이 되어주었다. 이런 멋진 친구들이야말로 인생을 더 풍요롭게 해주는 것이 아닌가 생각한다. 기꺼이 내게 진짜 범죄의 세계를 소개해 준 로웰 코피엘에게도 매우 감사하며, 매우 힘든 상황에서도 저자에게 글을 쓰게 하는 전문가 대프니 그레이 그랜트는 그녀만의 지혜로 멀리서도 내게 큰 도움이 되었다. 또 버지니아 포스트럴은 《미래와 그 적들―창조, 진취, 진보를 넘어 성장하는 충돌(The Future and Its Enemies: The Growing Conflict over Creativity, Enterprise, and Progress)》이라는 저술로 내 생각의 기초를 단단히 해주었다. 심리학자인 마크 블룸버그의 걸출한 저서들, 특히 《자연의 변덕―기형이 발달과 진화에 대해 우리에게 들려주는 이야기(Freaks of Nature: What Anomalies Tell Us about Development and Evolution)》도 마찬가지다(특히 원고에서 부주의하게 결정론적인 방향으로 쓰인 대목 몇 가지를 정정해 준 부분에 대해 대단히 감사한다. 사실 자연과 생장은 엄청나게 복잡한 방식으로 서로 결합되는 것이 맞다). 마지막으로, 헬렌 스미스 박사는 나에게 심리학자들이 도그마의 심연을 피하여 학계에 새로운 기여를 하는 최선의 길을 제시해 보여주었다.

조세프 캐롤의 통찰력은 이 책을 한 단계 끌어올릴 수 있는 힘이 되었다. 진화론적 문학 이론가로서 조는 문학 연구를 토대부터 변화시키는 대단히 중요한 노력을 기울여온 인물이다. 그를 멘토로 삼을 수 있었던 건 내게는 그야말로 행운이었다.

오드리 퍼킨스는 훌륭한 편집자일 뿐 아니라 내가 정말 써야 할 것이 무엇인지를 파악하는 남다른 통찰력을 지닌 친구이기도 하다. 그녀의 타고난 인품이 이 책에 반영될 수 있었음은 참 다행한 일이다.

이 책에 관련해 내가 지닌 또 다른 행운은 또다시 프로메테우스북스의 선임 편집자인 린다 그린스펀 리건과 함께 작업했다는 것이다. 아울러 이 출판사의 크리스 크레머는 제작의 필수 불가결한 존재(sine qua non)가 되어주었고, 카트린 로버츠 아벨은 나중에 배너 제작에서 기량을 뽐내주었다. 그레이스 질스버거의 책 표지 디자인은 엘랑(élan, 비약 - 옮긴이)의 위험을 절묘하게 피해갔고, 줄리아 디그라프의 기량, 인내, 좋은 유머가 반영된 교정·교열과 제니퍼 코바크의 대단히 효과적인 홍보 작업에도 모두 감사드린다. 최종 편집을 맡은 윌 드루이는 책무 이상의 세심함으로 책의 가치를 한 단계 높여주었고, 편집장 스티븐 L. 미첼의 열정과 헌신에 힘입어 점 하나까지도 틀림이 없는 훌륭한 책이 나올 수 있었다. 정말 감사드린다(그럼에도 발견되는 오류가 있다면 그건 당연히 전적으로 나의 몫이다).

이 책을 펴내준 프로메테우스북스는 대단히 중요한 이슈를 담고 있지만 논란이 일까 저어해서 다른 출판사가 쉽게 손대려 하지 않는 책들을 내는 몇 안 되는 곳 중 하나이다. 이런 곳과 함께 일할 수 있다는 건 저자로서는 영광이며 특전이다. 그런 의미로 프로메테우스북스의 조너선 커츠 대표에게 특별한 감사를 표하고 싶다.

내 에이전트 리타 로젠크런즈는 문학계의 실력자로 손꼽히는 여성이다. 리타의 헌신과 직관력, 윤리, 작은 것에까지 세심하게 미치는 주의력은 감탄스러울 정도이며, 이 여성의 저자 중 한 명이 된 것은 스스로 생각하기에도 행운이다. 내 오랜 친구인 그러프러사드 마드하반은 특유의 통찰력으로 이 책과 나의 생활 양쪽을 풍성하게 채워주었으며, 코막 맥카시의 격려는 내게 말로 표현하기 어려운 의미를 전해주었다.

진정으로 나의 가족은 나를 끌어당기는 천연의 자석이나 마찬가지다. 레이철과 로시 오클리는 우리 내외가 집을 비우면 남아서 요새처럼 굳건히 지켜주었고, 집에서 집필을 할 때면 매일 주변을 즐거움이 가득한 일터로 만들어주었다. 바프티 바프티우는 이라크에서 하던 중요한 일을 제쳐두고 나를 도왔다. 케빈 멘데즈 아라세나즈의 삽화 작업에도 깊이 감사를 표한다.

그리고 내 남편 필립 오클리, 내 인생의 사랑. 그가 몇 달씩에 걸쳐 유타 주 전역을 함께 다녀주지 않았다면 이 책은 결코 세상의 빛을 보지 못했을 것이다. 그의 통찰력(그리고 인내)이야말로 모든 아이디어를 테스트해 보는 공명판이 되어주었다. 그는 나의 매일을 삶의 전율로 채워준다.

옮긴이의 말

　냉혹하다는 말과 친절이라는 말은 어울리지 않는다. 친절은 따뜻한 감정과 세트처럼 어울리는 말이다. 그러나 이것은 엄밀히는 우리의 고정관념이다. 친절의 사전적 의미는 "대하는 태도가 매우 정겹고 고분고분함. 또는 그런 태도"이다. 굳이 차갑거나 따뜻한 느낌과 연결시킬 필요가 없다는 뜻이다. 더욱이 '그런 태도'라는 부분에 방점을 두면 마음이 따뜻함과 정겨운 태도는 그야말로 별개이기가 쉽다. 무슨 말인가 하면, 친절함이 우러나는 것이 아니거나 속마음과는 반대인 '겉보기'일 수 있다는 이야기다.
　보이는 것과 실체 사이의 괴리는 흔한 이야기다. 개인이 겉으로 드러내 보이는 것 역시 마찬가지다. 무엇을 어떻게 드러내 보이는가 하는 것에는 많은 요소가 깃들어 있기 때문이다. 유전적 성향, 학습, 경험, 손익에 대한 타산, 속임수, 사회·문화·역사적 요소 등이다. 이것들이 개인의 속마음과 드러내 보이는 태도 사이의 차이를 형성한다.
　그런데 이 차이는 자각되기도 하지만 본인조차 모르는 새에 배어 나오기도 한다. 우리가 살아가면서 하는 많은 고민 중에는 자신이나 타인의 이 표리부동함이 원인인 경우가 비일비재하다. 비근한 예로 일본인들의 다테마에가 있다. 일본인들의 친절에 속지 말라는 많은 이야기들은 그들이 내보이는 지극히 우호적인 태도가 다테마에(建前), 즉 속마음과 별개로 내보이는 완곡어법 내지 형식적인 예의라는 걸 이해하지 못하는 데서 나온다. 일본인들은 이 다테마에를 의식적으로 행하며, 동시에 무의식적으로도 그렇게 행동한다. 표리부동이 의식적이기만 하거나 무조건 무의식적이기만 하다면 '관계'의 문제는 의외로 쉽게 풀릴 수 있다. 그러나 문제는 늘 매우 다양한 원인을 다층적으로 지니고 있으며, 결과도 천차만별이어서 파악이나 해법을 이끌어내기가 어렵다.

이 책의 캐럴 앨든의 경우 역시 마찬가지다. 이 여자는 남편을 살해했으며, 그 비극적인 사실의 밑바닥에는 애초에 여자가 남편에게 보인 과도하리만치 큰 친절이 '원인 중 하나'로 자리하고 있다. 그리고 '친절을 베풂'에서 '친절의 대상이었던 이를 살해함'에 이르는 과정 전체는 의식적이기도 하고 무의식적이기도 했다. 실마리를 찾아내는 일은 아리아드네의 실처럼 한 가닥으로 해결되지 않는다. 그런데 '실제로 일어난' 이 사건은 그 모든 과정이 무시된 채 '학대당해 온 아내의 자기방어적이며 우발적인 남편 살해'라는 단순하고 명쾌한 요약으로 간과될 뻔도 했다. 바버라 오클리라는 심리학자에게 발견되기 전까지는.

오클리는 처음에는, 이 사건을 동반의존증이라는 정신장애로 풀이하려는 시도를 하게 된다. 무슨 이유에서건 자신의 애착 본능을 충족시키지 못하고 자라온 이들이 상대에게 과도한 친절을 베풀어 자신과의 결속을 공고히 하려다 상대가 점점 더 무능해지고 의존적이 되면 감정이 소진되어 마침내 냉혹해지거나 무감각해져 버리는 현상의 한 경우로 본 것이다. 무능하고 폭력적인 남편에게 과도한 친절을 끊임없이 베풀어온 아내의 고갈상태.

동반의존의 관점에서 보면 흔히 수사관들이 결론 내리는 식의, 가해자와 피해자라는 극단적 구분이 모호해진다. 원래 그렇지 않았던 사람을 그렇게 변화시키는 것이 동반의존증의 나쁜 점이므로, 아내의 동반의존 성향 때문에 폭력적으로 변해간 남편도 일종의 피해자일 수 있기 때문이다. 이렇게 동반의존을 사건에 대입시키는 일은 원인 제공자로서의 매 맞는 아내를 '가정폭력의 피해자=무구한 여자'라고 보고 싶어 하는 대중적 시선에 큰 흔들림을 던지는 것으로, 이것만으로도 매우 위험한 시도일 수 있다.

그런데 앞서도 말했듯이 문제는 한층 더 복잡해서 한 가닥의 실마리로는 빠져나갈 수 없는 미궁과 같다. 오클리는 실제로 캐럴 앨든과 만나고 나서부터 이 사건을 본격적으로 탐구하기 시작한다. 가해자와 피해자의 이분법적 사고를 벗어나는 다소 위험한 시도에서 한 발 더 나아가 캐럴 앨든이라는 여자가 훨씬 더 교묘하고 기만적으로 사람들을 휘어잡고, 자신이 만든 기묘한 왕국의 지배자로 군림하는, 더 위험한 부류라는 이야기로까지 진전시킨다. 캐럴 앨든은 동반의존이라는 정신장애를 앓는 것 이상의 정신적 문제를 지녔으며, 관여되는 사람들 다수의 삶을 근본에서부터 위협하는 고단수의 조종 능력이야말로 이 여자가 지닌 가장 큰 문제라는 것이다.

오클리의 탐구는 캐럴 앨든이라는 이 대단히 특별한 여자의 다양한 아이덴티티와 페르소나를 생성하게 된 온갖 요소로 확장된다. 어느 순간부터 이 연구는 마냥 깊어지고 넓어져 그 줄기를 하나로 모으기조차 힘들어 보인다. 그런데 그것이 중요한 점이다. 재삼 말하지만 인간의 삶, 개인이 어울려 살아가는 사회에서 단순 명료하고 명쾌하며 오직 하나로 해석되는 현상이 어디 있겠는가. 결국 다소 모호하고 폭넓은 이 이야기는 온갖 뿌리를 지니고 복잡하게 얽혀 있으면서도, 남편 살해라고 하는 흔한 사건으로 표출된 캐럴 앨든 이야기의 이면을 온갖 카메라로 들여다보게 한다. 그 카메라 속은 자주 만화경처럼 맥락을 찾기가 쉽지 않아 보이지만 모종의 호기심으로 자꾸 들여다보게 된다.

흥미롭지만 쉽지 않은 이야기. 번역 과정도 일종의 심리적, 지적 도전이었던 이 책이 독자들에게도 역시 그런 도전이 되어주기를 바란다. 번역을 마친 직후보다 시간이 지나면서 곱씹으며 더 많은 생각을 하게 되는 건, 저 교묘한 여자 캐럴 앨든의 어느 부분이 나와 겹쳐지는 느낌 때문일지, 혹은 너무 달라서 느껴지는 생경함일지 모르겠다.

늘 그렇듯이 보이는 것이 다가 아니다.

2012년 11월
박은영

미주

1장
1. Anthony St. Peter, The Greatest Quotations of *All-Time* (Xlibris, 2010), p. 212.
2. Alois Pichler and Herbert Hrachovec, eds., *Wittgenstein and the Philosophy of Information: Proceedings of the 29th International Ludwig Wittgenstein-Symposium 2006* (Frankfurt am Main: Ontos Verlag, 2008), p. 140.

2장
1. Melody Beattie, *Codependent No More: How to Stop Controlling Others and Start Caring for Yourself*, 2nd ed. (Center City, MN: Hazelden, 1986), p. 32.
2. These quotes and reminiscences, unless otherwise noted, are from e-mail correspondence between Michael McGrath and the author during 2010.
3. Michael McGrath, "Codependency and Pathological Altruism," in *Pathological Altruism*, edited by B. Oakley et al. (New York: Oxford University Press, in press).
4. P. Mellody, A. W. Miller, and K. Miller, *Facing Codependence: What It Is, Where It Comes from, How It Sabotages Our Lives* (HarperOne, 1989).
5. A reviewer on Amazon's page for the book; the review is titled "I'm Finally Understanding Quirks About Myself," Amazon.com, 2000, http://www.amazon.com/Facing-Codependence-Where-Comes-Sabotages/dp/0062505890 (accessed November 22, 2009).
6. S. J. Katz and A. Liu, *The Codependency Conspiracy: How to Break the Recovery Habit and Take Charge of Your Life* (Grand Central Publishing, 1991).
7. R. Subby, *Lost in the Shuffle: The Co-Dependent Reality* (Health Communications, 1987).
8. Benjamin James Kaplan, Virginia Alcott Sadock, and Pedro Ruiz, eds., *Kaplan*

& *Sadock's Comprehensive Textbook of Psychiatry*, 9th ed. (Philadelphia: Lippincott Williams & Wilkins, 2009), p. 1264.
9. McGrath, "Codependency and Pathological Altruism."
10. Ibid.
11. L. L. Stafford, "Is Codependency a Meaningful Concept?" *Issues in Mental Health Nursing* 22, no. 3 (2001): 273-86; J. P. Morgan, "What Is Codependency?" *Journal of Clinical Psychology* 47, no.5 (1991): 720-29.
12. Dana N. Jackson, "Admissibility of Evidence of Battered Woman's Syndrome Evidence on Issue of Self-Defense," Georgia State University "Re search Guides" website, http://libguides.law.gsu.edu/content.php?pid=110018&sid=829255 (accessed August 28, 2010); David L. Faigman, *Legal Alchemy: The Use and Misuse of Science in the Law* (New York: W. H. Freeman, 1999), p. 72.

3장

1. Stella H. Day and Sebrina C. Ekins, *Milestones of Millard: A Century of History of Millard County, 1851-1951* (Art City Publishing Company, 1951), p. 598.
2. Ibid., p. viii.

4장

1. Ambrose Bierce, The Devil's Dictionary (Plain Label Books,1925), p. 125.
2. What follows is based on Sergeant Morris Burton's and Josie Greathouse's testimonies, as recorded in the Fourth Judicial District Court, in and for Millard County, State of Utah, *State of Utah, Plaintiff, v. Carole Alden Sessions, Defendant*, Case No. 061700168, before the Honorable Donald J. Eyre, Fourth District Court, 765 South Highway 99, Fillmore, Utah 84631, transcript, preliminary hearing, January 8, 2007.

5장

1. Sander Greenland and Charles Poole, "Problems in Common Interpretations of Statistics in Scientific Articles, Expert Reports, and Testimony," *Jurimetrics* (in press).
2. These quotes and reminiscences, unless otherwise noted, are from e-mail

correspondence between Michael McGrath and the author during 2010.
3. S. F. Brosnan, "Nonhuman Species' Reactions to Inequity and Their Implications for Fairness," *Social Justice Research* 19, no.2 (2006): 153-85; ibid.; M. D. Hauser et al., "Food-Elicited Calls in Chimpanzees: Effects of Food Quantity and Divisibility," Animal Behaviour 45, no.4 (1993): 817-19.
4. Iain McGilchrist, *The Master and His Emissary: The Divided Brain and the Making of the Modern World* (New Haven, CT: Yale University Press, 2010), p. 86.
5. Linda G. Mills, *Violent Partners: A Breakthrough Plan for Ending the Cycle of Abuse* (New York: Basic Books, 2008), p. xi.
6. Lenore E. A. Walker, *The Battered Woman Syndrome*, 3rd ed. (New York: Springer, 2009).
7. Ibid.
8. 순수주의자들은 '통제 그룹'이라는 말을 쓰는 것에 문제가 있다고 생각할 수 있으며, '비교 그룹'이 실제로 더 알맞은 용어일 수도 있다. 그러나 유행병학자이자 통계학자인 샌더 그린랜드가 말했듯 "모든 건강-과학(그리고 사회과학) 연구에서 40년 넘게 이 말이 비교 그룹(comparison group)과 같은 의미로 쓰였다." E-mail communication, August 28, 2010.
9. Lenore E. A. Walker, *The Battered Woman Syndrome*, 3rd ed. (New York: Springer, 2009), Preface.
10. Lenore E. A. Walker, *The Battered Woman Syndrome*, 2nd ed. (Springer, 1999), p. 146.
11. J. W. Dixon and K. E. Dixon, "Gender-Specific Clinical Syndromes and Their Admissibility under the Federal Rules of Evidence," *American Journal of Trial Advocacy* 27 (2003): 25; M. McMahon, "Battered Women and Bad Science: The Limited Validity and Utility of Battered Woman Syndrome," *Psychiatry, Psychology and Law* 6, no. 1 (1999): 23-49.
12. Personal communication with the author, September 22, 2009.

6장

1. Stella H. Day, *Builders of Early Millard: Biographies of Pioneers of Millard County 1850 to 1875* (Art City Publishing; repr. 1998 by J. Mart Publishing, Spanish Fork, UT, 1979), p. 451.

2. These quotes and reminiscences are from a personal interview with "Penny Packer" (a pseudonym), June 2009.
3. Cornelia deBruin, "Bad Taste? Critics Say Art Gives Wrong View of Utah Women," *Salt Lake Tribune*, January 5, 1993.
4. Jean Decety, Philip L. Jackson, and Eric Brunet, " The Cognitive Neuropsychology of Empathy," in *Empathy in Mental Illness*, edited by Tom F. D. Farrow and Peter W. R. Woodruff (New York: Cambridge University Press, 2007).
5. Y. Cheng et al., "Expertise Modulates the Perception of Pain in Others," *Current Biology* 17, no.19 (2007): 1708-13.
6. J. Decety and J. A. Sommerville, "Shared Representations between Self and Other: A Social Cognitive Neuroscience View," *Trends in Cognitive Sciences* 7, no. 12 (2003): 527-33.
7. J. L. Goetz, D. Keltner, and E. Simon-Thomas, "Compassion: An Evolutionary Analysis and Empirical Review," *Psychological Bulletin* 136, no. 3: 351-74.
8. L. Rueckert and N. Naybar, "Gender Differences in Empathy: The Role of the Right Hemisphere," *Brain and Cognition* 67, no.2 (2008): 162-67.

7장

1. Iain McGilchrist, *The Master and His Emissary: The Divided Brain and the Making of the Modern World* (New Haven, CT: Yale University Press, 2010), p. 86, citing *King Lear*, act 3, scene 5, lines 34-35.
2. Unless otherwise noted, all quotes from Carolyn Zahn-Waxler are from Carolyn Zahn-Waxler, "The Legacy of Loss: Depression as a Family Affair," in *Breaking the Silence: Mental Health Professionals Disclose Their Personal and Family Experiences of Mental Illness*, edited by Stephen P. Hinshaw (New York: Oxford University Press, 2008).
3. Carolyn Zahn-Waxler and Carole Van Hulle, "Empathy, Guilt, and Depression: When Caring for Others Becomes Costly to Children," in *Pathological Altruism*, edited by Barbara Oakley et al. (New York: Oxford University Press, in press).
4. The author's husband, Philip, for one. He's also a master mechanic. In other words, Philip is both an empathizer *and* a systemizer.
5. S. Baron-Cohen, *The Essential Difference* (New York: Basic Books, 2004);

Simon Baron-Cohen, "Autism, Empathizing-Systemizing (ES) Theory, and Pathological Altruism," in *Pathological Altruism*, edited by B. Oakley et al.
6. 실제로는 분류적인 성향이 되는 원인이 더 복잡할 수도 있다. 테스토스테론의 분비양뿐 아니라 테스토스테론에 대한 민감성도 동시에 작용할 수 있기 때문이다.
7. 이 이론은 미국 행동신경학의 아버지인 게슈빈트(Norman Geschwind, 1926-1984)에 의해 걷어차인 셈이 되었다.
   Norman Geschwind and Albert Galaburda, *Cerebral Lateralization: Biological Mechanisms, Associations*, and Pathology (Cambridge, MA: MIT Press, 1986). See also W. H. James, "Further Evidence That Some Male-Based Neurodevelopmental Disorders Are Associated with High Intrauterine Testosterone Concentrations," *Developmental Medicine & Child Neurology* 50, no. 1 (2008): 15-18, and references therein.
8. C. Zahn-Waxler et al., "The Origins and Development of Psychopathology in Females and Males," *Development and Psychopathology* 1 (2006): 76
9. A. Von Horn et al., "Empathizing, Systemizing and Finger Length Ratio in a Swedish Sample," *Scandinavian Journal of Psychology* 51, no.1 (2009): 31-37. Citing E. Herrmann et al., "Humans Have Evolved Specialized Skills of Social Cognition: The Cultural Intelligence Hypothesis," *Science* 317, no. 5843 (2007): 1360. M. H. McIntyre, "The Use of Digit Ratios as Markers for Perinatal Androgen Action," *Reproductive Biology and Endocrinology* 4, no. 10 (2006): 1-9; Baron-Cohen, "*E-S* Theory." But see S. A. Berenbaum et al., "Fingers as a Marker of Prenatal Androgen Exposure," *Endocrinology* 150, no. 11 (2009): 5119. John Manning's *Digit Ratio: A Pointer to Fertility, Behavior, and Health* (Rutgers University Press, 2002).
10. E-mail communication with the author, May 1, 2010.
11. McGilchrist, *The Master and His Emissary*. See Baron-Cohen, *The Essential Difference* (New York: Basic Books, 2004). See also L. Shlain, *The Alphabet Versus the Goddess: The Conflict between Word and Image* (Penguin, 1999). E. oldberg, *The New Executive Brain: Frontal Lobes in a Complex World* (Oxford University Press, 2009).
12. Helen Thomson, "We Feel Your Pain: Extreme Empaths," *New Scientist* no. 2751 (March 15, 2010).
13. R. Bachner-Melman et al., "The Relationship between Selflessness Levels and

the Severity of Anorexia Nervosa Symptomatology," *European Eating Disorders Review* 15, no. 3 (2007).
14. E. Bachar et al., "Selflessness and Perfectionism as Predictors of Pathological Eating Attitudes and Disorders: A Longitudinal Study," *European Eating Disorders Review* 18, no. 6 (November?December 2010): 496-506.
15. Rachel Bachner-Melman, "The Relevance of Pathological Altruism to Eating Disorders," in *Pathological Altruism*, edited by B. Oakley et al.
16. Ibid.
17. Lynn E. O'Connor et al., "Empathy-Based Pathogenic Guilt, Pathological Altruism, and Psychopathology," in *Pathological Altruism*, edited by Barbara Oakley et al.
18. Zahn-Waxler and Van Hulle, "Empathy, Guilt, and Depression."
19. From e-mail correspondence from Joseph Carroll, Curators' Professor of English, University of Missouri, St. Louis, August 28, 2010.
20. Olga Klimecki and Tania Singer, "Empathic Distress Fatigue Rather Than Compassion Fatigue?—Integrating Findings from Empathy Research in Psychology and Social Neuroscience," in *Pathological Altruism*, edited by Barbara Oakley et al.
21. L. W. McCray et al., "Resident Physician Burnout: Is There Hope?" *Family Medicine* 40, no. 9 (2008): 626-32.
22. Matthieu Ricard, a monk who collaborates with Tania Singer and Olga Klimecki, gave a short interview in which he talks about the distinction between empathic distress and compassion: http://www.huffingtonpost.com/matthieu-ricard/could-compassion-meditati_b_751566.html. (The quotes in the figure caption are from the video accompanying this story.)
23. Madeline Li and Gary Rodin, "Altruism and Suffering in the Context of Cancer Caregiving: Implications of a Relational Paradigm," in *Pathological Altruism*, edited by Barbara Oakley et al.; Klimecki and Singer, "Empathic Distress Fatigue Rather Than Compassion Fatigue?" in *Pathological Altruism*, edited by Barbara Oakley et al.; M. Paris and M. A. Hoge, "Burnout in the Mental Health Workforce: A Review," *Journal of Behavioral Health Services and Research* 37, no. 4 (2009): 519-28; D. Edwards et al., "Stress and Burnout in Community Mental Health Nursing: A Review of the Literature," *Journal of*

Psychiatric and Mental Health Nursing 7, no.1 (2000): 7-14; L. W. McCray et al., "Resident Physician Burnout: Is There Hope?" *Family Medicine* 40, no. 9 (2008): 626-32.

24. Klimecki and Singer, "Empathic Distress Fatigue Rather Than Compassion Fatigue?" citing T. D. Shanafelt et al., "Burnout and Self-Reported Patient Care in an Internal Medicine Residency Program," *Annals of Internal Medicine* 136, no. 5 (2002): 358; J. J. Hillhouse, C. M. Adler, and D. N. Walters, "A Simple Model of Stress, Burnout and Symptomatology in Medical Residents: A Longitudinal Study," *Psychology, Health & Medicine* 5, no.1 (2000): 63-73; C. P. West et al., "Association of Perceived Medical Errors with Resident Distress and Empathy: A Prospective Longitudinal Study," *JAMA* 296, no. 9 (2006): 1071; C. R. Figley, "Compassion Fatigue: Psychotherapists' Chronic Lack of Self Care," *Journal of Clinical Psychology* 58, no. 11 (2002): 1433-41.

25. Klimecki and Singer, "Empathic Distress Fatigue Rather Than Compassion Fatigue?" citing R. Schulz et al., "Patient Suffering and Caregiver Compassion: New Opportunities for Research, Practice, and Policy," *Gerontologist* 47 (2007): 4-13.

26. E-mail communication between Margaret Cochran and the author, February 8, 2010.

27. Ibid.

28. Zahn-Waxler, "The Legacy of Loss: Depression as a Family Affair."

29. See Barbara Oakley, Ariel Knafo, and Michael McGrath, "Pathological Altruism—an Introduction," in *Pathological Altruism*, edited by B. Oakley et al.

30. M. Reuter et al., "Investigating the Genetic Basis of Altruism: The Role of the COMT Val158Met Polymorphism," *Social Cognitive and Affective Neuroscience* (2010) (E-pub ahead of print). But also see the wonderful article by I. Dar-Nimrod and S. J. Heine, "Genetic Essentialism: On the Deceptive Determinism of DNA," *Psychological Bulletin*, December 13 (2010) (Epub ahead of print), which cautions against determinism in thinking about issues related to genetics.

31. Zahn-Waxler, "The Legacy of Loss: Depression as a Family Affair."

8장

1. Linda Lawrence Hunt, *Bold Spirit: Helga Estby's Forgotten Walk across*

    Victorian America (New York: Random House, 2003), p. 251.
2. B. S. McEwen, "Steroid Hormones and Brain Development: Some Guidelines for Understanding Actions of Pseudohormones and Other Toxic Agents," *Environmental Health Perspectives* 74 (1987): 177 ;C. Viglietti-Panzica et al., "Organizational Effects of Diethylstilbestrol on Brain Vasotocin and Sexual Behavior in Male Quail," *Brain Research Bulletin* 65, no.3 (2005): 225-33.
3. E. J. O'Reilly et al., "Diethylstilbestrol Exposure in Utero and Depression in Women," *American Journal of Epidemiology* 171, no.8 (2010): 876-82.
4. 캐럴의 어머니는 통상적으로 수두가 태아에게 영향을 미치는 단계를 지났다고 여겨지는 임신 8개월이었다. 그러나 수두는 만삭일 때도 태아에게 심각한 손상을 줄 수 있음이 여러 연구 결과 밝혀졌다.
5. Mark S. Blumberg, *Body Heat: Temperature and Life on Earth* (Cambridge, MA: Harvard University Press, 2004). 많은 관련 연구가 있으나 마크 블룸버그의 연구가 환경과 발달 중인 태아의 복잡한 상관관계를 드러내는 데서 대단히 혁혁한 성과를 거두었다.
6. P. V. Gejman, A. R. Sanders, and J. Duan, "The Role of Genetics in the Etiology of Schizophrenia," *Psychiatric Clinics of North America* 33, no.1 (2010): 35-66. See also M. F. Fraga et al., "Epigenetic Differences Arise during the Lifetime of Monozygotic Twins," *Proceedings of the National Academy of Sciences of the United States of America* 102, no. 30 (2005): 10604.
7. Sharon Begley, "DNA as Crystal Ball: Buyer Beware," Newsweek, May 18, 2010, http://www.newsweek.com/2010/05/18/dna-as-crystal-ball-buyer-beware.html (accessed December 19, 2010). Iain McGilchrist, *The Master and His Emissary: The Divided Brain and the Making of the Modern World* (New Haven, CT: Yale University Press, 2010), p. 53.
8. T. F. D. Farrow and P. W. R. Woodruff, *Empathy in Mental Illness* (New York: Cambridge University Press, 2007).

9장

1. W. H. Auden, "The Guilty Vicarage," in *Harper's*, May 1948, pp. 406-12.
2. What follows is an abbreviated version of the court records in the Fourth Judicial District Court, in and for Millard County, State of Utah, *State of Utah, Plaintiff, v. Carole Alden Sessions, Defendant*, Case No. 061700168, before the

Honorable Donald J. Eyre, Fourth District Court, 765 South Highway 99, Fillmore, Utah 84631, Reporter's Transcript of Proceedings, Preliminary Hearing, January 8, 2007.
3. 예비심문은 보통 배심원이 결정되기 전에 예비 배심원을 상대로 하는 조사인데, 전문가의 자격으로 참석한 증인에 대해서도 쓴다.

10장

1. Ewan McGregor played Renton in Danny Boyle's 1996 drama, *Trainspotting*, which follows the adventures of a group of friends immersed in Edinburgh's drug scene, based on the novel by Irvine Welsh.
2. These reminiscences are based on interviews with Denny Sessions in August 2010. As Denny notes, the events described here have been passed down into family lore, and so may diverge to some extent from actual facts.
3. Guestbook of Thomas LeRoy Sessions, http://www.legacy.com/guestbook/ deseretnews/guestbook.aspx?n=martin-sessions&pid=18714546 (accessed August 24, 2010).
4. Steven Okazaki, *Black Tar Heroin, the Dark End of the Street*, 1999, http://www.youtube.com/watch?v=9Yt4Mmn7ofI (accessed August 24, 2010).
5. Anna Ruttenbur's recollections here are based on telephone conversations between Anna Ruttenbur and the author, August 2010.
6. Comments throughout the chapter from Anna Ruttenbur and Edee Sessions-Wagers are from telephone conversations between them and the author during August-September 2010.
7. Edee Sessions's recollections here are based on telephone conversations between Edee Sessions and the author, August 2010.
8. This statement is according to Edee and Denny Sessions and Anna Ruttenbur, speaking from their knowledge of the family as a whole.
9. Patty Henetz, "Spurned Advances Led to Killings, Records Say," *Deseret News*, November 6, 1991.
10. "Judge Declares W. V. Man Incompetent," *Deseret News*, June 3, 1992, http://www.deseretnews.com/article/230163/JUDGE-DECLARESWV-MAN-INCOMPETENT.html (accessed August 15, 2010).
11. Stephen Hunt, "1991 Shootings: Woman Who Survived Testifies about

Murderous Rampage," *Salt Lake Tribune*, February 27, 2008.
12. Linda Thomson, "Details of Killings Emerge: After Years at Utah State Hospital, Tiedemann on Trial for 1991 Slayings," *Deseret News*, February 27, 2008, http://www.deseretnews.com/article/695256762/Details-ofkillings-emerge.html (accessed August 15, 2010).
13. "Attorney Says W.V. Man Who Is Charged in 2 Murders, Rape May Not Be Competent," *Deseret News*, November 27, 1991, http://www.deseretnews.com/article/196074/ATTORNEY-SAYS-WV-MAN-WHO-IS-CHARGED-IN-2-MURDERS-RAPE-MAY-NOT-BE-COMPETENT.html (accessed August 15, 2010).
14. Geoffrey Fattah, "High Court to Hear '91 Homicide Case," *Deseret News*, August 28, 2006, http://www.deseretnews.com/article/645196757/High-court-to-hear-91-homicide-case.html (accessed August 15, 2010).
15. Stephen Hunt, "Lone Survivor Testifies in 1991 Slayings," *Salt Lake Tribune*, June 11, 2003.
16. Linda Thomson, "Tiedemann Gets Prison for Slayings," *Deseret News*, May 3, 2008, http://www.deseretnews.com/article/695276101/Tiedemann-gets-prison-for-slayings.html (accessed August 15, 2010).
17. Linda Thomson, "Details of Killings Emerge: After Years at Utah State Hospital, Tiedemann on Trial for 1991 Slayings." See also Geoffrey Fattah, "Jury Delivers Guilty Verdicts on All Counts in Tiedemann Trial," *Deseret News*, February 28, 2008, http://www.deseretnews.com/article/695257234/Jury-delivers-guilty-verdicts-on-all-counts-in-Tiedemann-trial.html (accessed August 15, 2010); Laura Hancock, "Man Charged in '91Slayings of 3," Deseret News, November 14,2002, http://www.deseretnews.com/article/948553/Man-charged-in-91-slayings-of-3.html (accessed January 13, 2011).
18. Ben Winslow, "Convicted Double Murderer Asks for Release," *Deseret News*, October 3, 2008, http://www.deseretnews.com/article/700263584/Convicted-double-murderer-asks-for-release.html (accessed August 16, 2010). See also State v. Tiedemann, no.20050676, Supreme Court of Utah, 2007.

2008년에 열린 석방과 사면 위원회의 첫 심리에서 타이드먼은 자신이 누구에게도 해를 끼치지 않았다며 선서를 거부했다. 그리고 노르웨이로 갈 수 있게 풀어달라고 요청했다. 위원회의 위원인 척 함즈(Chuck Harms)는 타이드먼에게 "나는 우리 주의 시민들은 당신이 풀려나 다른 나라로 떠나는 그 사이의 시간조차도 당신이 거리를 활보하는 걸 용납하지 않을 거라고 생각합니다"라고 말했다. 이에 대해《데저릿 뉴스》의 벤 윈슬로는 이렇게 썼다. "이 말에 타이드먼은 한대 얻어맞은 것 같은 기색이었다. 그는 조용히 자리에 앉아 두꺼운 안경 뒤에서 빠른 속도로 눈을 깜박거리더니 말했다. "어, 좋아요. 당신 후회할 거요.""

11장

1. Michael D. Wims, Charles Ambrose, and Jack B. Rubin, *How to Prepare and Try a Murder Case: Prosecution and Defense Perspectives* (American Bar Association, in press).
2. Quotations and events described here are based on the recollections of Richard Jacobson during interviews with the author in 2009 and 2010.
3. Personal interview between Relda Jacobson and the author, June 5, 2010.
4. Brent E. Turvey and Wayne Petherick, *Forensic Victimology: Examining Violent Crime Victims in Investigative and Legal Contexts* (New York: Elsevier, 2009), p. xvii. The substance of the paragraph is as laid out in the original—only the tense has been changed.

12장

1. P. J. Buchanan, *Where the Right Went Wrong: How Neoconservatives Subverted the Reagan Revolution and Hijacked the Bush Presidency* (St. Martin's Griffin, 2005), p. 125.
2. Biographical information in this brief section follows from a telephone interview with James Slavens, October 8, 2010.
3. What follows is an abbreviated version of the court records in the Fourth Judicial District Court, in and for Millard County, State of Utah, *State of Utah, Plaintiff, v. Carole Alden Sessions, Defendant*, Case No. 061700168, before the Honorable Donald J. Eyre, Fourth District Court, 765 South Highway 99, Fillmore, Utah 84631, Reporter's Transcript of Proceedings, Preliminary Hearing, January 8, 2007. Misspoken words have been largely eliminated, and the text has been tightened, but care has been taken to preserve context.

13장

1. Stella H. Day and Sebrina C. Ekins, *Milestones of Millard: A Century of History*

of Millard County, 1851-1951 (Art City Publishing Company, 1951), p. 47.
2. State's Memorandum in Opposition to Defendant's 402 Motion to Reduce Conviction, Case No. 061700168 in the Fourth Judicial District Court of Millard County, State of Utah, State of Utah, Plaintiff, v. Carole Elizabeth Alden, Defendant, August 20, 2007, pp. 3-5, Judge Donald J. Eyre Jr.
3. Ibid. (The text is taken virtually verbatim from an e-mail Carole wrote to a friend.)
4. Ibid.
5. Ibid.
6. Police inventory, items from inside home, item 20-B.
7. Dialogue reconstructed from the recollections of officials affiliated with the investigation of the gun purchase.

14장

1. Edward Mendelson, "'We Are All Here on Earth to Help Others…,'" The W. H. Auden Society, http://audensociety.org/vivianfoster.html (accessed October 19, 2010).
2. Malcolm Gladwell, "Dangerous Minds," New Yorker, November 12, 2007, http://www.newyorker.com/reporting/2007/11/12/071112fa_fact_gladwell-currentPage=all (accessed September 17, 2010).
3. Brent E. Turvey and Wayne Petherick, Forensic Victimology: Examining Violent Crime Victims in Investigative and Legal Contexts (New York: Elsevier, 2009).
4. B. E. Turvey, Criminal Profiling: An Introduction to Behavioral Evidence Analysis (New York: Academic Press, 2008).
5. Turvey and Petherick, Forensic Victimology, pp.xxv-xxvi.
6. Ibid., p. xxxii.
7. David R. Koon, "Politics and Legislation," in Career Development in Bioengineering and Biotechnology, edited by G. Madhavan, B. Oakley, and L. Kun (New York: Springer, 2008).
8. Turvey and Petherick, Forensic Victimology, p. 20.
9. Ibid., p. xxi, citing J. A. Holstein and G. Miller, "Rethinking Victimization: An Interactional Approach to Victimology," Symbolic Interaction 13, no. 1 (1990):

103-22.
10. Brent E. Turvey, "Pathological Altruism: Victims and Motivational Types," in *Pathological Altruism*, edited by B. Oakley et al. (New York: Oxford University Press, in press), p. xxii.
11. "Illegal Alien Makes 'Living' Filing Hundreds of Frivolous (ADA) Lawsuits," *Live Leak*, 2010, http://www.liveleak.com/view?i=cb6_1284398099 (accessed September 14, 2010).
12. Charlie Deitch, "Cashing In... Or Catching Up: Do Some ADA Lawsuits Potentially Pit Disability Activists against Businesses?" *Pittsburgh City Paper*, May 22, 2008, http://www.pittsburghcitypaper.ws/gyrobase/Content?oid=oid%3A46860 (accessed September 14, 2010).
13. Ibid.
14. Ibid.
15. Joe Johnson, "Fake Crime Reports Becoming Real Pain: Police, Fed up with Wasting Time, Money, Vow to Charge Pretenders," *AthensBanner-Herald*, February 28, 2010, http://www.onlineathens.com/stories/022810/new_568808185.shtml (accessed September 11, 2010); Nancy Martinez, "DPS Hopes to Crack Down on False Crime Reports," *University of Southern California Daily Trojan*, March 23, 2010, http://dailytrojan.com/2010/03/23/dps-hopes-to-crack-down-on-false-crime-reports/ (accessed September 16, 2010).
16. Carey Roberts, "Domestic Violence Fairytales Threaten Constitutional Protections: The Violence against Women Act Includes a Definition of Domestic Violence That Is So Wide You Could Drive a Mack Truck through It," *PajamasMedia*, September 2, 2010, http://pajamasmedia.com/blog/domestic-violence-fairytales-threaten-constitutional-protections/ (accessed September 16, 2010).
17. Ibid.
18. Skip Downing, "On Course," http://www.oncourseworkshop.com/ (accessed June 13, 2010); S. Downing, *On Course: Strategies for Creating Success in College and in Life*, 6th ed. (Boston: Wadsworth Publishing, 2010).

15장

1. Letter from Carole Alden to author.

2. Personal interview with "Penny Packer," July 2009.
3. E-mail from Richard Senft to author, July 8, 2010.

16장

1. Seymour Barofsky, ed., *The Wisdom of Mark Twain* (New York: Citadel Press, 2003), p. 72.
2. These quotes and reminiscences, unless otherwise noted, are from e-mail correspondence between Michael McGrath and the author during 2010.
3. Later researchers agreed there was a problem. See D. V. Canter et al., "The Organized/Disorganized Typology of Serial Murder: Myth or Model?" *Psychology Public Policy and Law* 10, no.3 (2004): 293-320, L. B. Schlesinger et al., "Ritual and Signature in Serial Sexual Homicide," *Journal of the American Academy of Psychiatry and the Law Online* 38, no. 2 (2010), Malcolm Gladwell, "Dangerous Minds," *New Yorker*, November 12, 2007, http://www.newyorker.com/reporting/2007/11/12/071112fa_fact_gladwell?currentPage=all (accessed September 17, 2010).
4. As noted in Brent E. Turvey, "Criminal Profiling in Court," 2007, Forensic Solutions LLC, http://www.corpus-delicti.com/prof_archives_court.html#pd (accessed July 26, 2010), citing Gregg McCrary's January 24, 2000, deposition related to *Alan Davisetal. v. State of Ohio*, no. 312322, p. 121.
5. *Investigation of Allegations of Cheatingon the FBI's Domestic Investigations and Operations Guide (DIOG) Exam* (US Department of Justice, Office of the Inspector General, Oversight and Review Division, 2010).
6. See also Gladwell, "Dangerous Minds"; B. Snook et al., "The Criminal Profiling Illusion: What's Behind the Smoke and Mirrors?" *Criminal Justice and Behavior* 35, no. 10 (2008): 1257; Craig Jackson et al., "Against the Medical-Psychological Tradition of Understanding Serial Killing by Studying the Killers," *Amicus Curiae* (2010), article in press; Ian Sample, "Psychological Profiling 'Worse Than Useless,'" *Guardian*, September 14, 2010, http://www.guardian.co.uk/science/2010/sep/14/psychological-profile-behavioural-psychology (accessed January 11, 2011).
7. Turvey, "Criminal Profiling in Court."
8. Brent E. Turvey and M. McGrath, "False Reports," in *Criminal Profiling: An*

Introduction to Behavioral Evidence Analysis, 4th ed., edited by Brent E. Turvey (London: Academic Press, in press).

9. 흥미롭게도 이 원고를 읽은 일부 페미니스트들은 "대학생 네 명 중 한 명이 강간당한다"는 통계를, 아무도 믿지 않는 허수아비 논증(straw man argument, 상대방의 주장을 쉽게 공격할 수 있도록 단순화하거나 왜곡해서 그것을 허물어뜨리는 형식의 논증인데, 그 내용을 불문하고 논리적 오류에 속한다 - 옮긴이)이라며 반박한다.

10. 비록 '무임승차권' 아이디어가 여성 운동가들로 하여금 정서적인 부분에서 뜨거운 쟁점을 자극하는 일이 될지라도 풍부한 증거가 존재하는 것만은 분명하다.

11. Cynthia McFadden, "Many Campus Assault Victims Stay Quiet, or Fail to Get Help: One in Four College Women Will Be Raped before They Graduate, According to Justice Department Study," *ABC News/Nightline*, 2010, http://abcnews.go.com/Nightline/college-campus-assaults-constantthreat/story?id=11410988 (accessed September 11, 2010). Citing Rana Sampson, "Acquaintance Rape of College Students: Problem-Oriented Guides for Police Series No. 17," *USDepartmentofJustice*, http://www.cops.usdoj.gov/pdf/e03021472.pdf (accessed September 15, 2010).

12. Anny Jacoby, "College Campus ape Rate 10 Times Higher Than Detroit's? Don't Believe Everything the Justice Department Tells You…," September 19, 2010, http://annyjacoby.wordpress.com/2010/09/19/college-campus-rape-rate-10-times-higher-that-detroit%E2%80%99s-don%E2%80%99t-believe-everything-the-justice-department-tells-you (accessed February 4, 2011).

13. Brent E. Turvey and Wayne Petherick, *Forensic Victimology: Examining Violent Crime Victims in Investigative and Legal Contexts* (New York: Elsevier, 2009), pp. 239-40. Specifically, Walker states that battered woman syndrome was listed in the *DSM-III-TR* (1987) under section 309.81, but there is no section 309.81. The *Forensic Victimology* discussion from pages 237-48 describes many other problems with Walker's work from a scientific perspective.

14. Sporadic criticism of Walker's work has been published, but her standard response is a deflection: an accusation that critics are against battered women. See, for example, Michael McGrath, Lenore Walker, and Arnold Robbins, "More on Battered Women Syndrome: The Debate Continues…" *Psychiatric Times*, October 26, 2009, http://www.psychiatrictimes.com/display/article/10168/1481281 (accessed May 1, 2010).

15. E-mail communication, Mike McGrath to the author.
16. For far more detail, see the following: Straus, "Bucking the Tide in Family Violence Research"; M. A. Straus, "Women's Violence toward Men Is a Serious Social Problem," *CurrentControversiesonFamilyViolence* 2(2005): 55-77; Murray A. Straus, "Current Controversies and Prevalence Concerning Female Offenders of Intimate Partner Violence: Why the Overwhelming Evidence on Partner Physical Violence by Women Has Not Been Perceived and Is Often Denied," *JournalofAggression,Maltreatment & Trauma* 18 (2009): 552-71; Murray A. Straus, "Processes Explaining the Concealment and Distortion of Evidence on Gender Symmetry in Partner Violence," *European Journal on Criminal Policy and Research* 13 (2007): 227-32.
17. M. A. Straus, *Beating the Devil Out of Them: Corporal Punishment by Parents and Its Effects on Children* (Boston: Macmillan, 1994).
18. Straus, "Bucking the Tide in Family Violence Research."
19. Ibid.
20. Straus, "Partner Physical Violence."
21. Shannan Catalano, *Intimate Partner Violence in the United States* (Bureau of Justice Statistics, 2006); C. M. Rennison and S. Welchans, "Intimate Partner Violence (No. NCJ-178247)" (Washington, DC: Department of Justice, 2000); Straus, "Women's Violence toward Men Is a Serious Social Problem."
22. 이 부분에 대해 스트라우스는 이렇게 썼다. "1970년대에 어린이 학대 사례는 해마다 10퍼센트씩 늘어났으며, 매 맞는 여성을 위한 쉼터 수백 군데가 문을 열었다. 미국에서 어린이 학대와 아내 구타가 만연한다는 것에 대한 완벽한 의견 일치가 있던 때였다. 이후 '보호 요인(protective factor)'의 급격한 증가에 따라 어린이 학대와 아내 구타를 방지하려는 노력이 그야말로 다방면으로 이루어졌다. 교육 수준 상승, 결혼과 초산 연령 증가, 자녀 수의 감소, 가족 대상 상담의 증가, 체벌 금지, 어린이 학대를 방지하기 위한 국가적 프로그램과 법적, 제도적 장치 등이 그것이다. 아내 구타 금지를 위한 노력도 비슷한 수준으로 이루어졌다. 성 평등 사상의 제고나 가정 내 폭력을 근절하려는 여성운동이 이를 뒷받침했다.

1985년에 실시된, 제2차 전국 가정폭력 조사에서 리처드 젤스(Richard Gelles)와 나의 이론이 옳다는 것이 확인되었다. 이 조사에서 어린이 학대는 47%, 아내 구타는 27% 줄어든 것으로 나타난 것이다(Straus & Gelles, 1986). 그러나 이 결과는 어린이 보호론자들과 여성 운동가들에게는 의심과 적개심의 대상이 되었다. 그들이 실제 일상에서 겪는 일들과 상치된다는 것, 그리고 여성에 대한 남성의 폭력은 대폭 줄어들었으나 남성에 대한 여성의 폭력이 줄어들지 않은 것은 가정폭력 근절 캠페인이 여성에 의한 폭력을 간과하고 이루어지기 때문일 것이라는 우리의 예측에 반발한 것이었다.

《크리스천 사이언스 모니터(Christian Science Monitor)》지에서 대표적인 여권 신장론자인 리처드 버크(Jones)를 인터뷰한 내용(18 November 1985, pp. 3-4)을 보면 그는 "범죄 통계의 패턴에 대해 우리가 알고 있는 것은 오로지 47% 하락이 믿기 어려울 정도로 전례 없는 수치라는 것이다. 수치가 이 정도로 큰 폭으로, 이런 속도로 떨어진 적은 한 번도 없었다"라고 말하고 있다. 그러나 실상 다른 범죄율은 더욱 큰 폭으로 빠르게 변했다. 살인은 1963년과 1973년 사이에 100% 넘게 증가했다가, 1980년과 1984년 사이에는 우리 연구가 남성(배우자 폭행)에 대해 확인한 것보다 더 빠른 연간 비율로 떨어졌다.

나는 이런 것들이 사회학자들로 하여금 증거에 다가가지 못하게 눈을 가리는 관념론적이거나 이론적인 또 다른 장벽이라고 믿는다. 그 이후, 1992년에 동일한 질문을 가지고 카우프만 칸터(Kaufman Kantor)가 실시한 전국 조사에서 남성에 의해 저질러지는 폭행은 계속해서 줄어들었고, 여성에 의한 폭력은 여전히 변동이 없었다(Straus, 1995; Straus, Kaufman Kantor, & Moore, 1997). 더 최근에는 핀켈러(Finkelhor)와 존스(Jones)의 연구에서 어린이 학대 사례가 지속적으로 줄고 있음이 밝혀졌다(Finkelhor, 2008; Jones & Finkelhor, 2003). 스트라우스, "가정 폭력 연구의 흐름을 거스르다(Bucking the Tide in Family Violence Research)."

17장

1. Jeremy McCarter, "Drama Queen: Sarah Bernhardt Was Part Gaga, Part Streep," Newsweek, September 27, 2010, p. 59, http://www.newsweek.com/2010/09/16/palin_is_a_pale_imitation_of_this_sarah.html (accessed February 2, 2011).
2. Vince Horiuchi, "Artist's Works Are Her Therapy," *Salt Lake Tribune*, June 26, 2005.
3. Ibid.
4. Letter from Carole Alden to the author.
5. "Beware of Lizard," *Deseret News*, 1993, http://www.deseretnews.com/article/267732/CAPTION-ONLY-BEWARE-OF-LIZARD.html (accessed June 2, 2010).

6. Richard P. Christenson, "Artists Define, Break Down Boundaries," *Deseret News*, March 7, 1993, http://www.deseretnews.com/article/279329/ARTISTS-DEFINE-BREAK-DOWN-BOUNDARIES.html?pg=2 (accessed June 2, 2010).
7. Brandon Griggs, "Arts Festival Comes Alive," Salt Lake Tribune, June 23, 2006.
8. "Doll Museum Featuring Dinosaur, Dragon Exhibit," *Deseret News*, October 11, 1994, http://www.deseretnews.com/article/380691/DOLL-MUSEUM-FEATURING-DINOSAUR-DRAGON-EXHIBIT.html (accessed June 2, 2010).
9. "Bike Was Boy's Only Possession," *Deseret News*, September 8, 1991, http://www.deseretnews.com/article/181980/BIKE-WAS-BOYS-ONLY-POSSESSION.html (accessed June 2, 2010).
10. Dennis Lythgoe, "Replacement of Boy's Bike Proves Bad News Can Have a Happy Ending," *Deseret News*, September 26, 1991, http://www.deseretnews.com/article/print/185059/REPLACEMENT-OF-BOYS-BIKE-PROVES-BAD-NEWS-CAN-HAVE-A-HAPPY-ENDING.html (accessed June 2, 2010).
11. Ibid.
12. Francisco Kjolseth, "Hatching a Surprise—Holiday Spirit Brings Exotic Emus to Young Bird Lover Battling Cancer; Holden Girl Is Given a Surprising Present: Exotic Emu Chicks," *Salt Lake City Tribune*, January 2, 2002.
13. Ibid.
14. Lynn Arave, "New Pets, Good News Cause for Celebration," *Deseret News*, January 2, 2002, http://www.deseretnews.com/article/887315/New-pets-good-news-cause-for-celebration.html (accessed June 2, 2010).
15. E-mail from Krystal Rusek to author, September 28, 2010.
16. W. R. Anderson et al., "The Urologist's Guide to Genital Piercing," *BJU International* 91, no. 3 (2003): 245-51.
17. Ibid.
18. C. Young and M. L. Armstrong, "What Nurses Need to Know When Caring for Women with Genital Piercings," *Nursing for Women's Health* 12, no. 3 (2008): 128-38.
19. Ibid.
20. Letter from Carole Alden to the author.
21. Ibid.
22. Ibid.

23. Sheila Isenberg, *Women Who Love Men Who Kill* (New York: Simon & Schuster, 1992), p. 138.
24. Ibid., pp. 199-200.
25. Personal interview with "Penny Packer," July 2009.
26. "Forced to Wear a Chastity Belt!" Pick Me Up, February 7, 2008, http://www.pickmeupmagazine.co.uk/real_lives/Forced_to_wear_a_chastity_belt_article_177843.html (accessed June 10, 2010).
27. Letter from Carole Alden to the author.
28. Personal interview between Rosemary Salyer and the author, June 6, 2010.
29. Letter from Carole Alden to the author.
30. Telephone interview, LaRee Bristow and the author, July 2, 2010.

18장

1. G. Apollinaire and P. F. Read, *The Cubist Painters* (University of California Press, 2004), p. 9.
2. Personal interview between Irene Scott and the author, April 30, 2009.
3. 에드 게인이 형제를 살해하는 걸 본 사람은 없지만 현장에는 온갖 기괴한 것들이 단서로 남아 있었다. 예를 들면 헨리는 사유지에 난 조그만 산불 때문에 질식해 쓰러지면서 바위에 머리를 찧은 것으로 추정되었는데, 정작 그의 사체는 타버린 땅에서 아무런 화상 자국도 없이 발견됐다. 당시에는 누구도 유순한 말투에 얌전한 행동거지를 하며, 남을 잘 돕는 에드를 의심할 생각을 하지 못했다. Harold Schechter, *Deviant: The Shocking True Story of the Original "Psycho"* (Pocket, 1998), pp. 31-32.
4. Robert D. McFadden, "Prisoner of Rage—A Special Report: From a Child of Promise to the Unabom Suspect," *New York Times*, May 26, 1996, http://query.nytimes.com/gst/fullpage.html?res=9B05E7D91139F935A15756C0A960958260&pagewanted=all (accessed September 4, 2010).
5. J. Hinckley and J. A. Hinckley, *Breaking Points* (Chosen Books, 1985).
6. N. C. Sharp, "The Human Genome and Sport, Including Epigenetics, Gene Doping, and Athleticogenomics," *Endocrinology & Metabolism Clinics of North America* 39, no. 1 (2010): 20-15.
7. A. Knafo and S. Israel, "Genetic and Environmental Influences on Prosocial Behavior," in *Prosocial Motives, Emotions, and Behavior: The Better Angels of*

Our Nature, edited by M. Mikulincer and P. R. Shaver (Washington, DC: American Psychological Association Publications, 2009).
8. Personal interview with Irene Scott.

19장

1. Stella H. Day and Sebrina C. Ekins, *Milestones of Millard: A Century of History of Millard County*, 1851-1951 (Art City Publishing Company, 1951), p. 601.
2. Randy Morris's recollections ensue from a telephone interview between Randy Morris and the author, July 9, 2010, and e-mail communication from Randy Morris to the author, August 11, 2010.
3. Scott Ross's recollections are from a telephone interview between Scott Ross and the author, July 9, 2010.
4. Leonard Hardy's recollections are from a telephone interview between Leonard Hardy and the author, July 10, 2010.
5. All quotes from Richard Senft are from e-mails and a telephone interview with the author during July-September 2010.
6. Jane Nathanson and Gary Patronek, "Animal Hoarding—How the Semblance of a Benevolent Mission Becomes Actualized as Egoism and Cruelty," in *Pathological Altruism*, edited by Barbara Oakley et al. (New York: Oxford University Press, in press).
7. Allan N. Schore, *Affect Regulation and the Origin of the Self: The Neurobiology of Emotional Development* (Hillsdale, NJ: Lawrence Erlbaum Associates, 1994), p. 104.
8. A. N. Schore, *Affect Dysregulation and Disorders of the Self*, edited by Daniel J. Siegel, Norton Series on Interpersonal Neurobiology (New York: W. W. Norton, 2003), p. 37.
9. Nathanson and Patronek, "Animal Hoarding," citing S. Bonas, J. McNicolas, and G. M. Collis, "Pets in the Network of Family Relationships: An Empirical Study," *Companion Animals and Us: Exploring the Relationships between People and Pets* (2000): 209-36.
10. A nice overview that gives insight into the many factors involved is M. Radke-Yarrow and E. Brown, "Resilience and Vulnerability in Children of Multiple-Risk Families," *Development and Psychopathology* 5, no. 4 (2009): 581-92.

See also E. E. Werner, "Risk, Resilience, and Recovery: Perspectives from the Kauai Longitudinal Study," *Development and Psychopathology* 5, no. 4 (2009): 503-15.
11. Nathanson and Patronek, "Animal Hoarding."
12. Ibid.
13. Sue-Ellen Brown, "Self Psychological Theoretical Constructs of Animal Hoarding," *Society & Animal, Journal of Human-Animal Studies* (2009), as cited in Nathanson and Patronek, "Animal Hoarding."

20장

1. L. Chang, *Wisdom for the Soul: Five Millennia of Prescriptions for Spiritual Healing* (Washington, DC: Gnosophia Publishers, 2006), p. 284.
2. A pseudonym.
3. This chapter is based on a personal interview by the author in Delta, Utah, with Allen Lake, June 19, 2009; and also a telephone conversation, September 2010.

21장

1. K. J. Connolly and M. Martlew, *Psychologically Speaking: A Book of Quotations* (Leicester, UK: British Psychological Society, 1999), p. 5.
2. Robert Burton, *On Being Certain: Believing You Are Right Even When You're Not* (St. Martin's Griffin, 2008).
3. Robert Burton, "Pathological Certitude," in *Pathological Altruism*, edited by B. Oakley et al. (New York: Oxford University Press, in press).
4. Ibid.
5. Ibid.
6. Ibid.
7. Ibid.
8. David Brin, "Self-Addiction and Self-Righteousness," in *Pathological Altruism*, edited by B. Oakley et al.
9. Burton, "Pathological Certitude."
10. Madeline Li and Gary Rodin, "Altruism and Suffering in the Context of Cancer Caregiving: Implications of a Relational Paradigm," in *Pathological*

Altruism, edited by Barbara Oakley et al.
11. Karen G. Jackovich, "Sex, Visitors from the Grave, Psychic Healing: Kubler-Ross Is a Public Storm Center Again," *People* 12, October 29, 1979, http://www.people.com/people/archive/article/0,,20074920,00.html (accessed July 29, 2010).
12. Ibid.
13. "Behavior: The Conversion of K," *Time*, November 12, 1979, http://www.time.com/time/magazine/article/0,9171,946362-2,00.html (accessed July 29, 2010).
14. Ibid.
15. Li and Rodin, "Altruism and Suffering in the Context of Cancer Caregiving."
16. Robert Burton, "Pathological Certitude."
17. D. L. Smith, *The Most Dangerous Animal: Human Nature and the Origins of War* (New York: St. Martin's Griffin, 2009), p. 114.
18. Iain McGilchrist, *The Master and His Emissary: The Divided Brain and the Making of the Modern World* (New Haven, CT: Yale University Press, 2010), pp. 25-28.
19. Ibid., pp. 27-28.
20. Ibid., pp. 72, 77-79.
21. Ibid., p. 84.
22. Ibid., p. 234. citing V. S. Ramachandran and S. Blakeslee, *Phantoms in the Brain: Probing the Mysteries of the Human Mind* (Quill, 1999), pp. 131-32.
23. McGilchrist, The Master and His Emissary, p. 235.
24. Ibid., pp. 192-93.

22장

1. J. Winokur, *The Big Curmudgeon: 2,500 Irreverently Outrageous Quotations from World-Class Grumps and Cantankerous Commentators* (New York: Black Dog & Leventhal, 2007), p. 36.
2. Ben Winslow, "Woman to Take Plea Deal in Murder Case," *Deseret Morning News*, June 22, 2007.
3. Ibid.
4. Quotes in this section are based on a telephone interview between Sylvia

Huntsman and the author, May 5, 2009.

23장

1. Johann Wolfgang Goethe, *Maximsand Reflections of Goethe* (A translation of *Sprüche in Prosa: zum ersten Mai erläutert und auf ihre Quellen zurückgeführt von G. v. Loeper*, Berlin, 1870), New Edition, translated by Bailey Saunders (New York: Macmillan, 1906), p. 90.
2. All "War Room" conversations are based on composite recollections of those involved and portray a general sense of attitudes and opinions.
3. Letter from Stephen L. Golding, PhD, to James Slavens RE: Statev. Sessions, January 8, 2007.

24장

1. Leo F. Buscaglia, *Born for Love: Reflections on Loving* (New York: Ballantine, 1994), p. 232.
2. The stories of Marty's grandmother, and related stories of Marty's younger years, are based on the recollections of Marty's younger brother Dennis Sessions, from interviews conducted in August-September 2010.
3. 데니는 약물 중독자의 사회복귀 훈련 시설에 머물 때 2주일 동안의 점심 값으로 가지고 있던 돈 40달러를 간식 판매 트럭 앞에서 떨어뜨린 적이 있었다. 그 돈은 오갈 데 없는 그가 가진 돈의 전부였다. 거의 굶다시피 하고 2주일을 보낸 데니가 2주 뒤 무심코 그 간식 판매 트럭을 지나치게 되었을 때, 그때까지 그 돈을 보관하고 있던 간식 판매업자가 데니를 알아보고 고스란히 돈을 돌려주었다. 이 일로 데니는 인생의 큰 전환점을 맞이하게 된다. 그리고 17년 후 데니는 어느 모로나 모범적이며 안정된 삶을 살고 있다. 기만이 마티를 망쳐버린 반면 정직함이 데니를 치유한 것이다. 그리고 "화를 내려놓을 수 있으면 된다. 어떻게 느끼는가가 사고방식을 결정하므로 감정을 변화시켜 생각을 바꿀 수 있다"는 자신만의 심리학적 견해를 들려주었다.
4. Based on extensive correspondence with Carole Alden.

25장

1. Michael D. Wims, Charles Ambrose, and Jack B. Rubin, *How to Prepare and Try a Murder Case: Prosecution and Defense Perspectives* (American Bar Association, in press).

2. "Wife Kills 'Depraved' Hubby Who Made Her Wear Chastity Belt," *National Enquirer*, UK ed., March 26, 2007, pp. 36-37.
3. Ibid.
4. Letter from Carole Alden to the author.
5. "Forced to Wear a Chastity Belt!" *Pick Me Up*, February 7, 2008, http://www.pickmeupmagazine.co.uk/real_lives/Forced_to_wear_a_chastity_belt_article_177843.html (accessed June 10, 2010).
6. John Cooke, "Woman Marries for Love—Then Kills for Survival," National Enquirer, April 7, 2008, p. 48.
7. "Forced to Wear a Chastity Belt!"
8. Ibid.
9. Bruce E. Wexler, *Brainand Culture: Neurobiology,Ideology, and Social Change* (Cambridge, MA: MIT Press, 2006), p. 96.
10. Ibid., p. 109.
11. Ibid., p. 104.
12. Ibid. See also E. Nagy et al., "The Neural Mechanisms of Reciprocal Communication," *Brain Research* 1353 (2010): 59-67.
13. Carolyn Zahn-Waxler and Carole Van Hulle, "Empathy, Guilt, and Depression: When Caring for Others Becomes Costly to Children," in *Pathological Altruism*, edited by Barbara Oakley et al. (New York: Oxford University Press, in press).
14. Ibid.
15. Letter from Carole Alden to the author.

26장

1. Umberto Eco, *Foucault's Pendulum*, trans. William Weaver (New York: Harcourt, 2007), p. 49.
2. The information regarding Michael Wims is based on a personal interview, telephone interviews, and e-mails between Michael Wims and the author, 2010.
3. Personal interview with Pamela Wims, May 10, 2010.
4. Michael D. Wims, Charles Ambrose, and Jack B. Rubin, *How to Prepare and Try a Murder Case: Prosecution and Defense Perspectives* (American Bar Association, in press).

5. The following information is based on testimony recorded in the Fourth Judicial District Court, in and for Millard County, State of Utah, *State of Utah, Plaintiff, v. Carole Alden Sessions, Defendant*, Case No. 061700168, before the Honorable Donald J. Eyre, Fourth District Court, 765 South Highway 99, Fillmore, Utah 84631, transcript, preliminary hearing, January 8, 2007.
6. Letter from Carole Alden to the author.
7. Ruling on State's Motion to Disqualify Defense Counsel, Case No. 061700168, Judge Donald J. Eyre, August 28, 2006.
8. Letters from Carole Alden to the author; police sources.
9. Letters from Carole Alden to the author.
10. Motion to Stay the Proceedings and Supporting Memorandum, Case No. 061700168 in the Fourth Judicial District Court of Millard County, State of Utah, *State of Utah, Plaintiff, v. Carole Elizabeth Alden, Defendant*, September 21, 2006, p. 3, Judge Donald J. Eyre Jr. citing the August 14 hearing, 2006.
11. Interview, Mike Wims and the author, July 20, 2010.

27장

1. Iain McGilchrist, *The Master and His Emissary: The Divided Brain and the Making of the Modern World* (New Haven, CT: Yale University Press, 2010), p. 133.
2. Comments throughout the chapter from Anna Ruttenbur and Edee Sessions-Wagers are from telephone conversations between them and the author during August-September, 2010.
3. Lisa Rosetta, "Killer Paints Picture of Marriage Gone Bad," *Salt Lake Tribune*, September 3, 2006.
4. Ibid.
5. Interview between Russ Crook and the author, June 16, 2009.
6. All quotations from Joe Trujillo are from a telephone interview between Joe Trujillo and the author, July 8, 2010.
7. State's Memorandum in Opposition to Defendant's 402 Motion to Reduce Conviction, Case No. 061700168 in the Fourth Judicial District Court of Millard County, *State of Utah, State of Utah, Plaintiff, v. Carole Elizabeth Alden, Defendant*, August 20, 2007, pp. 3-5, Judge Donald J. Eyre Jr., p. 7.

8. 이 아름다운 야영지는 파반트 밸리의 압도적인 풍광을 한눈에 보여주며, 캐럴이 살인을 한 그 해에 일 년 동안 수감돼 있었던 밀라드 카운티 교도소의 뒤쪽을 볼 수 있는 곳에 위치해 있다.
9. Nate Carlisle, "Wife Sentenced in Manslaughter," *Salt Lake Tribune*, September 7, 2007.
10. Nate Carlisle, "Accused Slayer of Husband Calls Him Abusive, Depraved," *Salt Lake Tribune*, January 9, 2007.
11. All quotes and reminiscences from Edee Sessions are from telephone interviews between Edee Sessions and the author, August-September 2010.
12. These reminiscences are based on interviews with Denny Sessions in August 2010.
13. Ibid.
14. Rosetta, "Killer Paints Picture of Marriage Gone Bad."

28장

1. *Daily Reflections: A Book of Reflections by A. A. Members for A. A. Members* (Alcoholics Anonymous World Services, 1990), p. 336.
2. Daniel Carlat, *Unhinged: The Trouble with Psychiatry—A Doctor's Revelations about a Profession in Crisis* (New York: Free Press, 2010), p. 80.
3. Ibid.
4. Yu Gao and Adrian Raine, "Successful and Unsuccessful Psychopaths: A Neurobiological Model," *Behavioral Sciences & the Law* 28, no. 2 (2010): 194-210.
5. Iain McGilchrist, *The Master and His Emissary: The Divided Brain and the Making of the Modern World* (New Haven, CT: Yale University Press, 2010), p. 85.
6. S. Akhtar and H. Parens, *Lying, Cheating, and Carrying On: Developmental, Clinical, and Sociocultural Aspects of Dishonesty and Deceit* (Jason Aronson, 2009).
7. H. R. Agrawal et al., "Attachment Studies with Borderline Patients: A Review," *Harvard Review of Psychiatry* 12, no. 2 (2004): 94-104.
8. W. M. Dinn et al., "Neurocognitive Function in Borderline Personality Disorder," *Progress in Neuro-Psychopharmacology and Biological Psychiatry*

28, no. 2 (2004): 329-41.
9. E-mail communication from Joseph Carroll to the author, August 29, 2010. See "What Is Literary Darwinism," interview with David DiSalvo, *Neuronarrative*, http://neuronarrative.wordpress.com/2009/02/27/what-isliterary-darwinism-an-interview-with-joseph-carroll/, posted February 27, 2009 (accessed January 13, 2011).
10. Ibid.
11. Paul T. Mason and Randi Kreger, *Stop Walking on Eggshells: Taking Your Life Back When Someone You Care About Has Borderline Personality Disorder* (Oakland, CA: New Harbinger Publications, 1998), p. 19.
12. "Wife Kills 'Depraved' Hubby Who Made Her Wear Chastity Belt," *National Enquirer*, UK ed., March 26, 2007.
13. Nate Carlisle, "Accused Slayer of Husband Calls Him Abusive, Depraved," *Salt Lake Tribune*, January 9, 2007.
14. Letter from Carole Alden to the author.
15. Akhtar and Parens, *Lying, Cheating, and Carrying On*.
16. R. B. Krueger, "The *DSM* Diagnostic Criteria for Sexual Sadism," *Archives of Sexual Behavior* 39, no. 2 (2010): 325-45.
17. F. M. Saleh and F. S. Berlin, "Sexual Deviancy: Diagnostic and Neuro biological Considerations," *Journal of Child Sexual Abuse* 12, no. 3 (2004): 53-76.
18. Ibid.
19. F. M. Saleh and F. S. Berlin, "Sex Hormones, Neurotransmitters, and Psychopharmacological Treatments in Men with Paraphilic Disorders," *Journal of Child Sexual Abuse* 12, no. 3 (2004): 233-53.
20. P. A. Cross and K. Matheson, "Understanding Sadomasochism," *Journal of Homosexuality* 50, no. 2 (2006): 133-66.
21. Personal interview with "Penny Packer," July 2009.
22. B. A. Aguirre, *Borderline Personality Disorder in Adolescents: A Complete Guide to Understanding and Coping When Your Adolescent Has BPD* (Beverly, MA: Fair Winds, 2007), p. 119.
23. Richard C. W. Hall and Ryan C. W. Hall, "False Allegations: The Role of the Forensic Psychiatrist," *Journal of Psychiatric Practice* (September 2001): 343-46.

24. E-mail from Randi Kreger to the author, November 2010.
25. Ibid.
26. The musings about how to better understand battered women are based on ideas outlined by Carolyn Zahn-Waxler, August, 2010.
27. Linda G. Mills, *Violent Partners: A Breakthrough Plan for Ending the Cycle of Abuse* (New York: Basic Books, 2008), p. xii.
28. 2010년 9월 마이클 웜스와 저자 사이의 이메일 교환 내용을 바탕으로 하였다. 타고난 성격적 특질에 문제가 있는 사람에 대해서는 살인에 따른 처벌도 경감해 주어야 한다고 생각할지 모르지만 일반적으로는 그렇지 않고 법적으로 심각한 정신병이 있는 경우만 이에 해당한다. 법적으로 행위에 대한 책임을 지지 않거나 경감받을 수 있는 심각한 정신병이란 사물을 변별할 능력, 의사를 결정할 능력이 없거나 또는 그 능력이 미약한 상태가 지속되어야 한다. 따라서 인격장애가 있다고 해서 곧장 심신미약자로 인정되지는 않는다. 정신과 의사들의 성경이라 할 수 있는《DSM》에도 거짓말, 속임수, 재산을 손상시켜 타인의 기본권을 침해하는 행위를 반복하는 것, 도둑질, 불법적인 행위를 지속하는 것 등이 반사회적 인격장애의 특징으로 기재되어 있지만 이 장애가 반드시 정신병을 의미한다고 적시되어 있지는 않다. 반사회적 인격장애를 지닌 이의 불법행위에 대해서는 별도로 법정에서 전문가의 검사와 견해를 통해 심신미약의 정도 및 해당 범죄가 저질러졌을 때 피고의 상태를 판별해야 한다. 사실 교도소라는 곳은 반사회적 인격장애를 보이는 인물들이 많다. 웜스는 이렇게 말했다. "일부 정신 건강 전문가들은 반사회적 인격장애자들을 '고전적인 개자식'이라고도 부릅니다. 나쁜 사과가 좋은 사과로 바뀌지 않는다면, 나쁜 사과를 상자에서 골라내 교도소에 쑤셔넣을 필요가 있는 거지요."
29. Lenore Walker, *The Battered Woman* (New York: Harper and Row, 1979).
30. Lenore Walker, *Battered Woman Syndrome* (NewYork: Springer-Verlag, 1984).
31. David L. Faigman, *Legal Alchemy: The Use and Misuse of Science in the Law* (New York: W. H. Freeman, 1999), pp. 72-75.
32. Mills, *Violent Partners*, p.xi.
33. Richard A. Friedman, "Accepting That Good Parents May Plant Bad Seeds," *New York Times*, July 12, 2010, http://www.nytimes.com/2010/07/13/health/13mind.html?_r=1&scp=1&sq=bad%20seed&st=cse (accessed July 16, 2010).

29장

1. Lionel Trilling, *The Liberal Imagination: Essays on Literature and Society* (New York: New York Review of Books, 2008; original ed., 1950), p. 220.
2. R. M. Bilder, "Phenomics: Building Scaffolds for Biological Hypotheses in the Post-Genomic Era," *Biological Psychiatry* 63, no. 5 (2008): 439; R. M. Bilder et al., "Phenomics: The Systematic Study of Phenotypes on a Genome-Wide Scale," *Neuroscience* 164, no.1(2009): 30-42.
3. B. Levin, *Women and Medicine*, 3rd ed. (Scarecrow Press, 2002).
4. E-mail communication from Michael Wims, July 19, 2010.
5. Personal interview with Pat Finlinson and Richard Jacobson, June 17, 2009, at the Millard County Sheriff's Office.
6. Brent E. Turvey and Wayne Petherick, *Forensic Victimology: Examining Violent Crime Victims in Investigative and Legal Contexts* (New York: Elsevier, 2009), pp. xxxii-iii.
7. Carole Alden, letter to author.

30장

1. Lionel Trilling, *The Liberal Imagination: Essays on Literature and Society* (New York: New York Review of Books, 2008; original ed., 1950), p. 220.
2. John Cooke, "Woman Marries for Love—Then Kills for Survival," *National Enquirer*, April 7, 2008, p. 48.
3. Although I've made a note to myself to never again commit to having two books with the same deadline.
4. Marc D. Hauser, *Moral Minds: How Nature Designed Our Universal Sense of Right and Wrong* (New York: Ecco, 2006).
5. Nicholas Wade, "Harvard Finds Scientist Guilty of Misconduct," *New York Times*, August 20, 2010, http://www.nytimes.com/2010/08/21/education/21harvard.html?_r=1&ref=nicholas_wade (accessed September 3, 2010). Nicholas Wade, "Harvard Researcher May Have Fabricated Data," *New York Times*, August 27, 2010, http://www.nytimes.com/2010/08/28/science/28harvard.html# (accessed September 3, 2010). Nicholas Wade, "Difficulties in Defining Errors in Case against Harvard Researcher," New York Times, October 25, 2010, http://www.nytimes.com/2010/10/26/science/26hauser.

html (accessed October 29, 2010).
6. E-mail communications with Marc Hauser, December 22-23, 2010.
7. Ibid.
8. E-mail communication from Joseph Carroll to the author, September 4, 2010.
9. Jonah Lehrer, "The Truth Wears Off: Is There Something Wrong with the Scientific Method?" *New Yorker*, 2010, http://www.newyorker.com/reporting/2010/12/13/101213fa_fact_lehrer?currentPage=all (accessed January 4, 2011).
10. Ibid.
11. Ibid.
12. A prescient study in this regard is Augustine Brannigan, *The Rise and Fall of Social Psychology: The Use and Misuse of the Experimental Method* (New York: Aldine de Gruyter, 2004). See also Stephen Cole, ed. *What's Wrong with Sociology?* (Transaction Publishers, 2001); Rogers Wright and Nicholas Cummings, eds., *Destructive Trends in Mental Health: The Well-Intentioned Path to Harm* (Brunner-Routledge, 2005); D. Carlat, *Unhinged: The Trouble with Psychiatry—A Doctor's Revelations about a Profession in Crisis* (Free Press, 2010).
13. Some text in footnote taken directly from my original article: B. Oakley, "Kiss My APA!" *Psychology Today*, August 10, 2009, http://www.psychologytoday.com/blog/scalliwag/200908/kiss-my-apa (accessed January 3, 2011).
14. Ed Douglas, "Darwin's Natural Heir," *Guardian.co.uk*, February17, 2001, http://www.guardian.co.uk/science/2001/feb/17/books.guardianreview57 (accessed December 30, 2010).
15. Gillilan, "There's Always a Way."
16. John Cooke, "Woman Marries for Love—Then Kills for Survival," *National Enquirer*, April 7, 2008.
17. Sheryl Gillilan, "There's Always a Way: Carole Alden Continues the Artistic Life Behind Bars," *15 Bytes: Utah's Art Magazine*, 2010, http://www.artistsofutah.org/15bytes/10july/page1.html.
18. Jennifer W. Sanchez, "Utah Inmates Escape through Art," *Salt Lake Tribune*, September 13, 2010, http://www.sltrib.com/sltrib/news/50179924-78/art-prison-says-inmates.html.csp (accessed September 19, 2010).

19. Letter from Carole Alden to Prometheus Books, dated August 8, 2010.
20. Ibid.
21. Iain McGilchrist, *The Master and His Emissary: The Divided Brain and the Making of the Modern World* (New Haven, CT: Yale University Press, 2010), pp. 55-56.
22. Ibid., p. 151.
23. E-mail from Krystal Rusek to the author, September 28, 2010.

사진과 그림 저작권

24쪽 Marty Sessions's side table. Photograph courtesy Stuart Alden.
44쪽 Carole and Marty's double-wide trailer, as seen from the main road. Photograph courtesy Stuart Alden.
63쪽 Carole Alden's self-portrait as dragon. Photograph courtesy Art Access/VSA Utah.
77쪽 Carolyn Zahn-Waxler. Photograph courtesy Krakora Studios.
80쪽 Empathizers-systemizers. Illustration courtesy the author.
87쪽 Two ways empathic people can react when they see someone else in pain. Illustration courtesy Olga Klimecki. With kind permission from O. Klimecki and T. Singer, "Empathic Distress Fatigue Rather Than Compassion Fatigue? Integrated Findings from Empathy Research Is Psychology and Social Neuroscience," in Pathological Altruism, edited by B. Oakley, A. Knafo, G. Madhavan, and D. S. Wilson (New York: Oxford University Press, in press).
96쪽 Carole as a baby. Photograph courtesy Stuart Alden.
99쪽 Carole at dog obedience class. Photograph courtesy Stuart Alden.
107쪽 Carole Alden with James Slavens. Photograph courtesy Chris Detrick and the Salt Lake Tribune.
111쪽 Marty Sessions's grave. Photograph courtesy the Utah Attorney General's Office.
113쪽 Hallway where Marty Sessions died. Photograph courtesy the Utah Attorney General's Office.
115쪽 The pillow. Photograph courtesy the Utah Attorney General's Office.
123쪽 Marty on his sixth birthday. Photograph courtesy Edee Sessions-Wagers.
127쪽 Marty Sessions. "Anybody who knew my Dad liked him." Photograph courtesy Edee Sessions.

135, 317쪽 "How to Prepare and Try a Murder Case," by Mike Wims, ⓒ 2010 by the American Bar Association. Reprinted with permission. All rights reserved. This information or any portion thereof may not be copied or disseminated in any form or by any means or stored in an electronic database or retrieval system without the express written consent of the American Bar Association.
137쪽 The trunk. Photograph courtesy the Utah Attorney General's Office.
140쪽 Back porch cum chicken coop. Photograph courtesy Stuart Alden.
141쪽 Dilapidated Buick. Photograph courtesy Stuart Alden.
143쪽 The hallway where Marty Sessions was killed. Photograph courtesy Stuart Alden.
145쪽 Child's bedroom. Photograph courtesy Stuart Alden.
150쪽 James K. Slavens. Photograph courtesy James K. Slavens.
157쪽 The master bedroom. Photograph courtesy Stuart Alden.
169쪽 Brent Turvey and Mike McGrath on the Great Wall of China. Photograph courtesy Michael McGrath, MD.
184쪽 Carole at age fourteen. There were happy times mixed in with what her parents hoped was simply a typically turbulent teenage phase.
187쪽 Carole, age eighteen, models a dress of her own creation. Photograph courtesy Stuart Alden.
213쪽 "Library Square Sea Dragon" in reflecting pool. Photograph courtesy Steve Wilson Photography.
265쪽 Muller-Lyer optical illusion courtesy Robert Burton, MD.
306쪽 Carole and Marty at the wedding of Carole's daughter Melloney, 2003. Photograph courtesy Stuart Alden.
311쪽 Carole and Marty at Salt Lake Arts Festival, 2006. Photograph courtesy Stuart Alden.
327쪽 Michael Wims. Photograph by David Williams, supplied courtesy Michael Wims.
355쪽 Carole Alden sobs in the courtroom. Photograph courtesy Chris Detrick and the Salt Lake Tribune.
404쪽 "Limbo" (Skewered Woman). Photograph courtesy Art Access/VSA Utah.

찾아보기

| 인명, 용어 |

가정폭력 42, 50, 53, 172, 200-203, 349, 367, 368, 377, 407
가학피학 성애 145, 218, 219, 295, 305, 310, 356, 412
감정이입 65-70, 75, 77-87, 352, 390, 398
감정이입 과잉반응 89
감정이입적 과잉 각성 321, 322
감정이입적 피로 85-88
강간 트라우마 증후군 198
강박신경증 261
게슈빈트 갈라부르다 이론 79
게인, 에드 231
경계선 성격장애 352, 353, 356, 358-360, 362, 403
골드버그, 엘코논 5
골딩, 스티븐 283-286, 288, 294, 375, 376
괴테, 요한 볼프강 폰 283
교정자 65, 72
그레이트하우스, 조시 45-47, 112, 113, 355, 404
그린랜드, 샌더 49

글래드웰, 말콤 168
기억 회복 요법 34
길모어, 게리 232
길모어, 미칼 232
길버트, 네일 198
나단슨, 제인 249, 250, 252, 391
나르시시즘 352, 362
남근 선망 34
놀런, 패트릭 103-106, 109, 112, 114, 285, 288-291, 295, 336, 374, 378, 403
다우닝, 스킵 178
대뇌 좌우 분화 이론 272
더글러스, 존 193
데이, 스텔라 161, 237
돌봄 강박증 61-73, 91, 322
동반의존 27-34, 66, 70, 71, 84, 86, 89-91, 322, 390
도너, 디트리히 142
디에틸스틸베스트롤 94, 95, 234, 369
디케타, 장 67
라마찬드란, 빌라야누르 274
래퍼티, 론 103, 285, 302
랜턴 119
러섹, 커너 214, 217, 370-372, 411

러셀, 크리스털 215, 216, 225, 226, 318, 319, 322, 411
레이크, 앨런 41, 42, 106, 107, 255-259, 296, 342, 343, 381, 382, 405
레흐러, 조나 393
로버츠, 캐리 176
로스, 스코트 238, 239, 253
리먼, 캐럴린 엘리 바트리지 61
리카드, 마티유 86
마약(약물) 중독 28, 29, 30, 50, 72, 103, 126, 133, 221, 224, 225, 353, 407
매 맞는 여자 증후군 34, 35, 49-60, 198-200, 288, 366, 367
맥그러스, 마이클 27, 28, 33, 35, 49-51, 55, 57-60, 169, 193-196, 198, 199, 222, 390
맥길크리스트, 이언 5, 75, 81, 272-275, 337, 410
맥클레인, 데비 347
맨슨, 찰스 231
메이슨, 폴 353
메카터, 제레미 205
멜로니, 피아 30
멜먼, 레이첼 바크너 82
모네 210
모리스, 랜디 237-240, 253
뮬러-라이어 착시 그림 265
미러 뉴런 66, 67
밀스, 린다 54, 365, 367,
바람, 제이 267-269
바론 코언, 사이먼 79, 80

반 고흐 210
반 홀, 캐럴 78
반사회적 성격장애 69, 352, 356, 362
발달 및 공황장애 357
버스카글리아, 레오 299
버튼, 로버트 8, 261, 262, 269, 391
버튼, 모리스 38, 41-45, 105-107, 112, 154, 296
범죄 프로파일링 193, 194
베르니니 210
병리적 이타주의 314, 394, 397, 400
보즈먼, 멜러니 111, 245, 294-296, 306, 323, 371, 372, 379, 411
분류자 80, 81, 84
분리증세 360
뷰캐넌, 패트릭 J. 149
브라운, 수 앨런 252
브리스토, 앤디 72, 220, 223-227, 301, 302, 305, 322, 340, 411
브린, 데이비드 266, 391
블룸버그, 마크 6
비어스, 앰브로즈 43
비트겐슈타인, 루트비히 21
비티, 멜로디 27, 30, 31, 70
빅 브라더 123
사이코패스 206, 352, 386
샐리어, 로즈마리 226, 344
샤피로, 테오도어 369
서비, 로버트 31
세션스, 드니스 데니 120, 122, 124, 125, 300-304, 347, 348
세션스, 수지 128, 130-133, 345, 353,

405
세션스, 애너 126-129, 133, 301, 337, 338, 346, 348, 405
세션스, 에디 126-129, 301, 338, 345, 347, 405
세션스, 재닛 120
세션스, 조앤 119-122, 124
세션스, 토머스 주니어 120, 124
세션스, 톰 120-124, 300, 303
센프트, 리처드 186-190, 206, 208, 209, 214, 220, 244, 245, 247, 353, 370, 400, 401, 412
셰익스피어, 윌리엄 15
셸러, 대니얼 351
쇼비니즘 123
스미스, 레베카 210, 408
스미스, 헬렌 7
스코어, 앨런 248
스코트, 아이린 229, 230, 235
스트라우스, 머레이 201, 202, 397, 398
스페리, 로저 271
슬레이븐스, 제임스 103-107, 114, 115-116, 149-155, 158, 288, 292, 332-336, 347, 349, 373-376, 378, 379, 383
슬론 윌슨, 데이비드 15, 18, 391
시카고, 주디 210
신경성 식욕 감퇴 80-84
싱어, 데니어 85, 86, 87
아귀레, 블레즈 358
아스퍼거스 증후군 80, 81
아이젠버그, 샤일라 221, 223

아폴리네르, 기욤 229
안면 달걀 세례 378
애니멀 호딩 247-252
애더튼, 주디스 132
애착 이론 248, 250
애착장애 352
앰브로스, 찰스 135
야웨이, 쳉 68, 69
어린이의 부모화 78
에코, 움베르토 325
에킨스, 세브리나 161, 237
역할 전환 78
오든, W. H. 101
오이디푸스 콤플렉스 34
오츠, 조이스 캐롤 7
오카자키, 스티븐 125
오코너, 린 83
와일드, 오스카 277
우뇌 뇌졸중 273
우울증 76, 80, 83, 84, 86-89, 225
워커, 르노어 55-60, 198-200, 364, 366-369, 392, 397
웩슬러, 브루스 321
윌슨, E. O. 397, 398
윌슨, 빌 351
윔스, 마이클 103, 104, 115, 135, 284, 286, 288, 289, 293, 294, 297, 317, 325-329, 331, 332, 336, 374, 376, 379, 403, 406
융, 칼 구스타브 261
이디오 사방 185
자폐증 80, 81, 83, 84, 96, 97

잔 왁슬러, 캐럴린 75-77, 84, 88-90, 321, 362, 363, 390
재탄생 요법 34
전구 효과 353
정당방위 15, 43, 102, 279, 288, 290, 294, 332, 366
정신분열증 85, 96, 97
제이콥슨, 리처드 38-40, 135-140, 142, 144-146, 155, 286, 287, 289, 291-297, 380-382, 403, 406
조력자 29, 62
조울증 85, 96, 403
종축적 전후 설계 연구 363
치카틸로, 안드레이 231
카나자와, 사토시 391
카진스키, 데이비드 232
카진스키, 테어도어 232
카포티, 트루먼 8, 15
칼로, 프리다 210
캐럴, 조세프 7
캐롤, 조 353
캐롤, 조세프 392
케네디, 댄 391
코스, 메리 196
코크런, 마거릿 6, 87
코퍼스딜릭타이 167, 168
코피엘, 로웰 5
퀴블러 로스, 엘리자베스 267-269
크나포, 에리얼 90
크라카우어, 존 103, 285, 302
크레거, 랜디 353, 358
크루거, 요아힘 391

크룩, 러셀 339
클리메키, 올가 85, 86
킴볼, 레트 116
타이드먼, 에드거 130-133
터비, 브렌트 167-170, 172, 173, 196, 382
테스토스테론 79, 80
톡소플라즈마증 95
투렛 증후군(틱장애) 80, 83
트라우마 증후군 55
트러퍼건, 존 391
트루히요, 조 340-343, 378
트릴링, 라이오넬 373, 385
트웨인, 마크 193
파이그먼, 데이비드 366, 367
팔머, 리처드 393
패커, 페니 61-65, 72, 73, 186, 224
패트로넥, 게리 247, 250, 252, 391
패튼, 조지 181
페더릭, 웨인 168, 170
페더슨, 토니 38-43, 45, 113
폴슨, 브라이언 190, 208, 209, 212, 214, 217, 218, 220, 223, 312, 313, 370, 371, 402, 412
폴슨, 에밀리 209, 238, 294, 344, 370, 402
폴슨, 제이슨 191, 209, 238, 294, 309, 310, 344, 370, 402
푀츨, 호프와 274
프라제타, 프랭크 210
프리드먼, 리처드 369
피해자 의식 208

피해자 코스프레 218
피해자의 존엄 172-179, 189, 399
핀린슨, 패트릭 38-40, 61, 103, 152, 284, 285, 288, 289, 291, 292, 294, 295, 297, 380, 403
핑커, 스티븐 7
하디, 레너드 239-243, 253
하먼, 프랜스 B. 37
하우저, 마크 391, 392, 397
행위무능력자 132
헌츠먼, 실비아 278, 279, 281
헌트, 린다 로렌스 93
헤흐트, 제니퍼 마이클 7
호만트, 로버트 391
호튼, 크레이턴 376, 378
홀, 리처드 358
홀, 존 포스터 167
확실성 장애 261
확실성의 오류 271
활동 항진 80
후성적 변이 94-97
힝클리, 존 232

| 작품명 |

《가정에서 꼭 필요한 경계선 성격장애 가이드》 358
《검은 슬레이트》 7
《괴물들과 싸우는 사람 — FBI에서 연쇄 살인자를 추격하며 보낸 나의 20년》 194
《괴테의 격언과 사상》 283
《그들》 7
《기쁨과 의혹의 신화 — 역사》 7
《나쁜 유전자》 385, 386
《난폭한 파트너들》 54, 365, 367
《냉혈한》 8, 15
《달걀껍질 위를 걷는 건 그만》 353
《당신이 두려워하는 것은》 6
《대담한 영혼》 93
《동반의존 똑바로 보기》 30
《동반의존은 이제 그만》 27, 30
《마음은 어떻게 작동하는가》 7
《마인드 헌터 — FBI 엘리트 연쇄 범죄팀의 내부》 194
《매 맞는 여자 중후군》 55, 56
《맥베스》 15
《모럴 마인드》 391
《무서워하는 마음》 7
《무심결에 놓치다》 31
《미국 정신의학회 약물 남용 치료 교과서》 32
《미국 정신의학회 정신의학 교과》 32
《밀라드의 마일 표석 — 밀라드 카운티의 백 년 역사》 161, 237
《밀라드의 마일 표석》 37
《발달 심리학》 78
《밧줄 배워보기》 144
《범죄 프로파일링 — 행동 증거 분석 개론》 169
《법정 피해자 연구》 55, 168
《병리적 이타주의》 16, 390, 391, 394-396
《브레이킹 포인트》 232

《블랙 타르 헤로인》 125
《비밀의 집》 5
《사랑을 위한 탄생》 299
〈사막 요람〉 62
〈사이코〉 231
《살인사건의 준비와 심리 – 검찰과 변호인의 시각》 135, 317
《상실의 유산 – 가정사로서의 우울증》 88
《새롭게 실행하는 뇌》 5
〈아담스 패밀리〉 237
《아이 속의 악마를 벌한다고?》 201
《아이다호 법률 리뷰》 152
《악마의 사전》 43
《우익이 망가지는 지점》 149
《이솝 우화집》 146
〈입체파 화가들〉 229
《자연의 변덕》 6
《자유 상상》 373, 385
《장미를 비틀어, 가시를 내게 보내라》 144
《정신이상 – 정신의학의 고민》 351
《정신장애 진단 통계 편람》 32, 34, 199, 356, 375
《종교는 진화한다》 18
《죄의 목사관》 101
《주인과 그의 밀사》 5, 75, 81, 272, 337
《죽음과 빈사에 관하여》 267
《죽이는 남자를 사랑하는 여자》 221
《중독 의학의 원리》 32
《중독 장애의 일상 교과서》 32
《진화론의 유혹》 18
《진화와 문학 이론》 8
《천국의 기치 아래》 103, 285, 302
《캐플런과 섀덕의 정신의학 개론》 32
〈트레인스포팅〉 119
《푸코의 진자》 325
《한정된 예산으로 신체 결박하기》 144
《현명한 역설》 5
《확실성에 대하여》 8, 261